Une psychanalyse
Pourquoi ?

Du même auteur

Les Enfants inadaptés, Paris, Presses universitaires de France, 1972 (6e édition 1995).
Genèse de la personne, Paris, Presses universitaires de France, 1985.
Histoire de la psychanalyse, Paris, Presse universitaires de France, coll. «Que sais-je ?», 1988 (4e édition 2000).
L'Intelligence et ses troubles. Des déficiences mentales de l'enfance aux souffrances de la personne, Paris, Dunod, 2000.
Êpitre aux enfants qui se cachent dans des grandes personnes, Paris, Presses universitaires de France, coll. «Êpitres», 2000.

Avec J.-P. Aublé et Y. Compas, *L'Enfant en difficultés. L'aide psychologique à l'école*, Paris, Dunod, 1994 (3e édition 1998).
Avec M. Perron-Borelli, *Le Complexe d'Œdipe*, Paris, Presses universitaires de France, coll. «Que sais-je ?», 1994 (2e édition 1996).

Direction d'ouvrages

La Pratique de la psychologie clinique, Paris, Dunod, 1997.
Psychanalyse, neuro-sciences, cognitivismes, avec C. Couvreur, A. Oppenheimer, J. Schaeffer, Paris, Presses universitaires de France, coll. «Débats de la psychanalyse», 1996.

Dans la collection des Monographies de la Revue française de psychanalyse, Paris, Presses universitaires de France :
– avec A. Le Guen, A. Oppenheimer, *Complexe de castration et angoisse de castration*, 1991.
– avec D. Ribas, *Autismes et psychoses infantiles*, 1994.
– avec A. Fine, F. Sacco, *Psychanalyse et préhistoire*, 1994.
– avec G. Le Gouès, *Scènes originaires*, 1996.
– avec D. Le Bœuf, G. Pragier, *Construire l'histoire*, 1998.
– avec J. Chambrier, V. Souffir, *Psychoses*, 3 volumes, 1998.

À paraître

Sous la direction de A. de Mijolla, en coll. Avec B. Golse, S. de Mijolla-Mellor, *Dictionnaire de la psychanalyse*, Paris, Calmann-Lévy.

Roger Perron

Une psychanalyse Pourquoi ?

InterEditions

Dessin de couverture : *Jean-Pierre Desclozeaux*

ISBN 2 10 005321 3

Table des matières

Introduction – *Pourquoi ce livre ?* 1

I – La psychanalyse, la cure analytique et les analystes

1 Qu'est-ce que la psychanalyse ? 5

2 À qui s'adresse la psychanalyse ? 11

3 Pourquoi souhaiter entreprendre une cure psychanalytique ? 15

4 Quelles sont les règles de la démarche psychanalytique ? . 21

5 Pourquoi un divan ? 27

6 Pourquoi payer ? 31

7 Comment choisir un psychanalyste ? 37

8 Quel est le déroulement de la cure ? 41

9 Qui interprète, pourquoi, comment ? 45

10 La psychanalyse guérit-elle ? 49

11 La psychanalyse peut-elle faire peur ? 53

12 Qu'est-ce que le transfert ? 57

13 Qu'est-ce qu'un traumatisme psychique ? 63

14 Peut-on tenir à son malheur ?. 69

II – Les bases de la psychanalyse

15 Qu'est-ce que l'inconscient ? 73

16 L'inconscient : un peu, beaucoup, passionnément, pas du tout ? 79

17 Pourquoi accorder tant d'intérêt aux rêves ? 85

18 Qu'est-ce qu'un fantasme ? 91

19 Qu'est-ce que la pulsion ? 97

20 Que sont les défenses ? 103

21 Qu'est-ce qu'un complexe ? 109

22 Qu'est-ce que le complexe d'Œdipe ? 113

23 Qu'est-ce que le complexe de castration ? 119

24 Que dire des femmes ? 125

25 Sommes-nous tous bisexuels ? 131

26 Tout expliquer par le sexe ? 135

III – La psychanalyse et l'enfant

27 Comment le psychanalyste entend-il l'enfant ? 139

28 Comment se développe le psychisme ? 145

29 Pourquoi l'enfant est-il si curieux ? 151

30 Comment le psychanalyste comprend-il l'échec scolaire ? 155

31 Faut-il tout savoir de son enfant ? 161

32 Toute vérité est-elle bonne à dire ? 167

33 De quoi l'enfant a-t-il peur ? 173

34 Les parents sont-ils toujours coupables ? 177

35 Tout est-il joué à six ans ? 181

IV – La psychanalyse et l'adulte

36 Qu'est-ce que l'autisme infantile ? 187

37 Qu'est-ce qu'une névrose ? 195

38 Qu'est-ce que l'hystérie ? 201

39 Qu'est-ce qu'une phobie ? 207

40 Peut-on se persécuter soi-même ? 211

41 Qu'est-ce qu'une psychose ? 215

42 Comment affronter le deuil ? 221

43 Peut-on être trop raisonnable ? 227

44 Comment aimer ? 233

45 La cure analytique : aliénation ou liberté ? 239

46 La psychanalyse aide-t-elle à devenir agent de son destin ? 245

47 Peut-on refaire sa propre histoire ? 249

48 La psychanalyse a-t-elle une éthique ? 253

49 La psychanalyse est-elle encore vivante ? 257

50 Comment s'informer ? voir, écouter, lire 263

Introduction

Pourquoi ce livre ?

La psychanalyse ne fait pas de miracles. Pourtant elle peut venir en aide à des personnes qui souffrent.

Le psychanalyste se propose d'aider à vivre, à mieux vivre, des gens qui endurent le malheur quotidien, insidieux, tenace, d'être « mal dans sa peau ». Des gens qui n'ont personne à qui le dire, en tout cas personne qui puisse l'entendre, et qui d'ailleurs ne trouveraient pas les mots pour le dire. Pourtant ces personnes se sont beaucoup dit, et on leur a beaucoup dit : « Mais enfin, secoue-toi, allez, courage, travaille, distrais-toi, intéresse-toi à ceci, à cela, regarde X, Y, eux, ils ont du ressort, etc. » Mais si vous constatez que justement c'est tout cela qui vous est impossible, vous vous le reprochez, et la misère s'augmente de se sentir ainsi incapable. Vous avez usé, et peut-être abusé de stimulants, de remontants, de drogues prescrites par un médecin, et peut-être d'autres drogues non remboursées, comme le tabac, l'alcool, voire pire…

Et encore ne s'agit-il là que de misères « ordinaires ». Il y a aussi cet homme qui vit dans un univers hostile peuplé d'obscurs persécuteurs, cette femme dont toute la vie n'est qu'une quête de l'homme introuvable qui lui donnera enfin ce qu'elle désire, même si elle ne sait pas ce que c'est ; il y a cette personne hantée par les microbes qui doit se laver les mains trente fois par jour ; il y a cet enfant autiste... La liste des malheurs humains est inépuisable.

Un jour vient où l'on se dit que ce n'est pas seulement « la faute à pas de chance ». On se dit que peut-être on y est pour quelque chose, dans sa façon d'être, de penser, de sentir, de se conduire... Mais de quoi s'agit-il ? Alors on réfléchit mais on se bute vite aux murs de l'incompréhensible. On se documente. On lit des articles de journaux ou de magazines, on attrape au vol une émission de radio ou de télévision qui traite de ces problèmes, mais on n'est guère plus avancé. On se dit qu'on a besoin de voir quelqu'un qui sache écouter et peut-être aider. Mais qui ? On se renseigne, on demande aux amis, on cherche dans les petites annonces et dans les rubriques « Psy » de l'annuaire des téléphones. Mais ceux qui proposent ainsi leurs services sont-ils fiables ? Il y a, paraît-il, des gens qui se disent psychanalystes et qui ne sont que des charlatans. D'ailleurs, tous les psychanalystes ne seraient-ils pas des charlatans ? Pourquoi faut-il payer, peut-être cher, et peut-être longtemps, pour simplement parler ? Ne risque-t-on pas d'entrer là dans une dépendance pire que le mal ? Et d'ailleurs, au fond, la psychanalyse, qu'est-ce que c'est ?

Toutes ces questions sont légitimes. Je les ai beaucoup entendues. J'ai souvent tenté d'y répondre, dans les termes les plus simples, les plus vrais que je pouvais trouver. Comme beaucoup de mes collègues, il m'est arrivé de recevoir en consultation quelqu'un qui avait manifestement grand besoin d'aide, mais qui, mal aiguillé, s'était trouvé aux mains d'un pseudo-psychothérapeute aux méthodes aberrantes ; on peut constater alors à quel point cela peut aggraver les choses. Ce que je ressens dans des cas de ce genre, c'est une certaine colère contre cet exploiteur – conscient ou inconscient, peu importe au fond – de la misère humaine. Mais la colère est vaine si elle ne débouche pas sur une action. Cette action ne peut être hélas que limitée : car aucune disposition légale ne protège actuellement en France les appellations « psychanalyste » ou « psychothérapeute ». Mais on peut au moins tenter de mieux informer le public.

C'est pour cela que j'ai écrit ce livre.

Comment lire ce livre ?

Les cinquante brefs textes qui suivent ont été rédigés de façon à pouvoir être lus indépendamment les uns des autres. Ainsi, flânez et grappillez autant qu'il vous plaira, fût-ce en ouvrant le livre au hasard.

Cependant, du point de vue de l'auteur, ils se succèdent selon une certaine logique. Il y est question d'abord des aspects pratiques de l'analyse, ensuite de quelques-uns de ses fondements théoriques, puis de l'approche psychanalytique de l'enfance et des troubles de l'adulte, pour enfin aborder quelques questions fondamentales, notamment celle de la liberté. De plus, chaque terme ne peut être redéfini à tout moment. Ainsi, si après le grappillage vous reprenez dans l'ordre, vous percevrez mieux cette construction du texte.
Bon courage !

1

Qu'est-ce que la psychanalyse ?

La meilleure définition qu'on puisse en donner est sans doute celle qu'avait énoncée Freud en 1922 :

> « Psychanalyse est le nom : 1) d'un procédé d'investigation des processus psychiques qui autrement sont à peine accessibles ; 2) d'une méthode de traitement des troubles névrotiques qui se fonde sur cette investigation ; 3) d'une série de conceptions psychologiques acquises par ce moyen et qui fusionnent progressivement en une discipline scientifique nouvelle. »

Autrement dit, le terme désigne tout à la fois une démarche de connaissance du fonctionnement psychique, une thérapeutique et une théorie. Chacun de ces termes demande cependant à être précisé.

• La psychanalyse est « un procédé d'investigation des processus psychiques qui autrement sont à peine accessibles ». Par « processus psychiques », on entend à peu près tout ce qui peut se passer au sein du psychisme.

Mais qu'est-ce que le psychisme ? La meilleure réponse est sans doute de considérer qu'en tout être humain fonctionne ce que Freud a très justement nommé un « appareil psychique », c'est-à-dire un système organisé, qui obéit à certaines lois de fonctionnement et sert un certain nombre de buts (ce sont ses « fonctions »). L'homme est un ensemble très complexe de tels systèmes fonctionnels, ou appareils, étagés en une structure d'ensemble elle-même hiérarchisée. Soit par exemple, en allant « de bas en haut » : le système qui règle les échanges biochimiques de la cellule ; le système immunitaire (ce qui se dérègle dans le sida), celui qui maintient constante la température du corps ; les grands appareils de la circulation sanguine, de la respiration, etc. ; le système perception-action (celui qui permet par exemple d'ajuster la vue d'un objet et sa préhension) ; le système de régulation des conduites (par exemple lorsqu'on utilise un apprentissage complexe comme tricoter ou écrire) ; enfin, couronnant le tout, le psychisme, lui-même considéré comme un « appareil ».

Il y a homologie de bas en haut, du fait que chacun de ces systèmes ou appareils est en quelque sorte tout à la fois « tourné vers ce qui lui est extérieur » et préoccupé de lui-même. Sur son versant externe, chacun concourt à la vie de l'individu par les fonctions qu'il assure : il a un rôle adaptatif, en tenant compte des conditions présentes de vie de l'individu (c'est évident, par exemple, en ce qui concerne la régulation de la température du corps). Sur son versant interne, chacun met en jeu, en son sein même, des régulations qui assurent sa cohérence et sa permanence au fil du temps (il est essentiel que le cœur soit et reste « auto-régulé »). Il en va de même de l'appareil psychique : il est au service de l'adaptation, aux objets, aux événements, aux personnes ; mais aussi, système très complexe, il s'efforce vigoureusement de maintenir sa cohérence et sa permanence dans le temps (dans le cadre d'une question ultérieure, on verra que c'est la source de puissantes résistances au progrès de la cure psychanalytique).

Les processus psychiques, c'est tout ce qui peut survenir au sein de l'appareil psychique : des sensations, des images, des souvenirs, des représentations, des émotions, des raisonnements logiques, etc.

Il n'y a rien là sans doute que ne puissent accepter n'importe quelle méthode, n'importe quelle théorie psychologique. Mais pourquoi Freud précise-t-il que la démarche qu'il désigne comme « psychanalyse » porte sur des processus « autrement à peine accessibles » ? Parce que, à la différence d'autres approches, il considère que pour une large part ces processus sont inconscients, c'est-à-dire restent inconnus du sujet lui-même. Il faut ici éviter un malentendu : s'ils restent inconnus, ce n'est pas par inattention, négligence, ou à la façon dont peuvent s'exécuter « automatiquement » des gestes familiers, dont cependant on pourrait suivre très exactement la séquence pour peu qu'on y prenne garde (on pourrait dire tout cela « subconscient » ; notons au passage que le terme est absent du vocabulaire psychanalytique). L'idée fondamentale de Freud – et qui reste centrale à la psychanalyse – c'est qu'il existe des processus psychiques inconscients *par nature*, parce que s'opposent à leur prise de conscience des mécanismes très actifs. Ainsi, si une dame déclare « le docteur a dit que mon mari pourrait manger tout ce que je veux » (au lieu de « tout ce qu'il veut »), elle exprime là fort bien sa position dans le couple, mais à la faveur d'un lapsus dont elle ne s'aperçoit pas. Si on le lui fait remarquer, il est assez probable qu'elle niera énergiquement une telle interprétation (et éventuellement tiendra rancune de la remarque à son auteur) : il s'agit bien de mécanismes qui s'opposent *activement* à l'admission d'un sens qui doit rester caché.

En évoquant ainsi des processus psychiques inconscients, Freud ne dit pas qu'ils sont « inaccessibles » (ce qui serait condamner la psychanalyse à mort dès sa naissance : car que pourrait-on dire de phénomènes radicalement inaccessibles, et quelle pourrait même être leur existence ?) ; il dit qu'ils sont « autrement à peine accessibles ». Ils le sont, par la méthode qu'il propose, mais à grand-peine…

• La psychanalyse est « une méthode de traitement des troubles névrotiques qui se fonde sur cette investigation ». Troubles névrotiques ? Le terme « névrose » est hérité de la psychiatrie du XIXe siècle, où l'on croyait que ces troubles (de l'humeur, de la pensée, de la conduite) étaient dus à une « inflammation des nerfs » :

cette conception naïve est depuis longtemps abandonnée, mais le terme est resté pour désigner des troubles de l'appareil *psychique* (il existe certes des altérations et troubles portant sur l'anatomie et la physiologie du système nerveux et des nerfs eux-mêmes, mais c'est l'objet de la neurologie). Lorsqu'il écrit cela, en 1922, Freud pense essentiellement à ce qu'il appelle les « psychonévroses » (hystérie, obsessions, phobies) et les « névroses actuelles », développées sous l'impact d'un traumatisme violent, d'une privation sexuelle insupportable, etc. : ce sont les cas mêmes dont l'étude l'avait conduit à créer la psychanalyse. Depuis, l'éventail des cas traitables s'est considérablement élargi, du côté des psychoses, des « états limites », des affections psychosomatiques, voire de certaines « structures perverses » (que le lecteur ne s'effraie pas de ces termes, ils seront envisagés plus loin), et du côté des troubles de l'enfance.

S'agit-il cependant uniquement de traiter des maladies et d'en rechercher la guérison, et le psychanalyste est-il nécessairement un médecin ? L'extension du champ des cures possibles conduit à répondre négativement à ces questions. Dans leur grande majorité, les personnes actuellement prises en charge par les psychanalystes ne peuvent en aucune façon être considérées comme des malades, au sens de la « maladie mentale » (terme pratiquement réservé aujourd'hui aux « grandes psychoses ») : ce sont la plupart du temps des personnes qui souffrent de conflits internes douloureux, amputants, désadaptants, et souvent d'un « mal être » vague mais fort pénible, et qui demandent une aide pour mieux vivre. Il ne s'agit donc pas de rechercher une « guérison », mais de favoriser une évolution vers plus d'équilibre interne et d'adaptation à l'entourage, bref, de permettre aux gens d'être plus heureux (ou moins malheureux, ce qui est déjà beaucoup...). Le psychanalyste n'est donc pas nécessairement un médecin (et Freud lui-même a toujours très nettement maintenu cette position).

• La psychanalyse est aussi « une série de conceptions psychologiques acquises par ce moyen et qui fusionnent progressivement en une discipline scientifique nouvelle ». Autrement dit, un corps de connaissances, patiemment élaboré, qui s'efforce de rendre compréhensibles des phénomènes observables (les processus psychiques) tout en assurant au mieux sa cohérence interne, et ceci par des démarches rationnelles. L'un des reproches les plus absurdes qui aient été faits à la psychanalyse, c'est sans doute en effet de l'accuser d'irrationalité (d'autres ont d'ailleurs au contraire reproché à Freud d'être trop « rationaliste », au sens du rationalisme prévalent au début du XXe siècle). Car ce reproche d'« irrationalité » confond la méthode et l'objet : la psychanalyse traite en effet de processus psychiques largement irrationnels (parce qu'inconscients, grevés de conflits, d'affects, d'émotions, etc.), mais elle s'efforce, sans conteste, d'en traiter rationnellement.

Est-elle pour autant « scientifique », comme l'affirme Freud ? Les controverses ne manquent pas à ce sujet, parmi les psychanalystes eux-mêmes ; tout dépend évidemment de ce que l'on entend par « science ». La psychanalyse n'est certainement pas, et ne sera sans doute jamais, « scientifique » au sens de la physique ou de la chimie ; peut-être l'est-elle en d'autres sens du terme, mais ceci sera repris plus loin.

2

À qui s'adresse la psychanalyse ?

Le psychanalyste aimerait pouvoir répondre : à tout le monde ; mais ce n'est pas exact. Si l'on a bien voulu lire la réponse à la question précédente (qu'est-ce que la psychanalyse ?), on admettra qu'il faut distinguer selon les demandes qui peuvent lui être adressées, en tant que démarche de connaissance, en tant que méthode d'aide au psychisme souffrant, ou en tant que corps théorique.

Considérons donc ces trois variantes de la question : à qui peut-elle s'adresser ?

• **La psychanalyse en tant que corps théorique, qu'ensemble de connaissances sur le fonctionnement psychique** : il va de soi – ou il devrait aller de soi – que ce savoir est par principe accessible à tout le monde, en tout cas à toute personne curieuse de s'informer. Comment ?

Sans doute d'abord en lisant. Mais quoi ? Il ne faut pas se précipiter sur n'importe quoi, si l'on ne sait rien de la psychanalyse ou si l'on en sait ce que tout le monde « sait », du genre : « Ah oui, le complexe d'Œdipe c'est quand le petit garçon veut coucher avec maman et tuer papa », déclaration qui risque d'être suivie d'un rire ironique et blasé, mais qui constitue (pardonne-moi, lecteur) une parfaite méconnaissance de la question. Donc lire. Qui, quoi ?

Sans aucun doute Freud. À peu près toute son œuvre écrite (considérable) est aujourd'hui traduite en français. Mais choisir : certains textes de Freud sont difficiles. Ne pas commencer par exemple par *Inhibition, symptôme et angoisse* (1926), commencer plutôt par l'*Introduction à la psychanalyse* (1916-1917), ou *La Psychopathologie de la vie quotidienne* (1901), ou encore, en plus drôle, « Le mot d'esprit et ses rapports avec l'inconscient » (1905), textes qu'il avait explicitement écrits pour faire comprendre ce qu'est la psychanalyse à un public non informé. Si l'on lit les textes cliniques de Freud réunis sous le titre *Cinq Psychanalyses*, bien garder présent à l'esprit que, même si ces observations et leurs commentaires sont passionnants, aucun psychanalyste sérieux ne procède plus ainsi aujourd'hui…

Qui d'autre que Freud ? Ici s'ouvre une énorme littérature, mais là encore choisir. Ne pas se précipiter sur Lacan, dont l'hermétisme risque fort de rebuter (un hermétisme porté sur des sommets vertigineux par certains de ses disciples : je dois bien avouer que, parfois, je n'y comprends rien…). La meilleure solution est sans doute de demander son opinion à tel ami qui a aimé un livre ou un article, voire à son libraire (s'il s'en trouve encore…), de tirer profit d'une conversation, d'une conférence, d'une émission de radio ou de télévision (encore que la psychanalyse, qui s'adresse au plus intime des souffrances personnelles, s'accommode mal des exigences du spectacle et de la recherche du sensationnel…).

Donc s'informer, par tout moyen disponible, en essayant de comprendre ce dont il est question, et en acceptant d'abandonner, provisoirement et « pour voir », des préventions du genre : « C'est forcément un tissu de sottises » ; on peut bien sûr rester sur cette position, mais c'est dommage… Si l'on accepte ce préalable (mais je sais que, puisque vous êtes en train de lire ceci, vous remplissez cette condition), si donc on l'accepte, alors on découvrira probablement un univers passionnant : ce qui se passe en soi-même, et qu'on ne soupçonnait pas. Saura-t-on ainsi *tout* de la psychanalyse ? non (par exemple, on peut très bien comprendre ainsi ce qu'est le transfert, mais c'est autre chose que de l'avoir éprouvé sur un divan, au fil des semaines, des mois, voire des années). Mais on aura beaucoup appris.

• **La psychanalyse en tant que méthode d'aide au psychisme souffrant** : lorsqu'un psychanalyste reçoit en consultation quelqu'un qui sollicite une telle aide, il se pose toujours une question fondamentale, à laquelle il consacre un ou plusieurs « entretiens préliminaires » : la psychanalyse en général, et moi en particulier, pouvons-nous répondre utilement à cette demande ?

La réponse peut être négative : la psychanalyse en tant que telle n'y peut rien, car la nature des difficultés et le fonctionnement psychique de cette personne relèvent d'autres modes d'action ; ou bien : peut-être un autre psychanalyste peut-il prendre ce cas en charge, mais pas moi. Bien entendu, dans tous ces cas, le psychanalyste s'efforce alors de rendre sa réponse négative acceptable, et de rediriger la demande ailleurs.

La réponse peut être positive ; mais quelle forme d'action choisir et proposer au consultant ? Ce peut être une « cure classique », dite « divan-fauteuil », à raison d'au moins trois séances de trois quarts d'heure par semaine (telles sont les règles incontournables que j'ai adoptées, en accord avec beaucoup de mes collègues). Ce peut être une « psychothérapie psychanalytique en face à face », une ou deux séances par semaine (trois quarts d'heure également), ou bien des rendez-vous « à la demande », au gré du consultant ; ou bien encore d'autres techniques thérapeutiques animées par un psychanalyste, telles que le psychodrame analytique, les thérapies mère-bébé, les thérapies familiales, certaines thérapies corporelles, etc. Ce que sont ces techniques, et ce qui préside à leur choix dans tel ou tel cas particulier, sera envisagé plus loin, sous d'autres questions.

• **La psychanalyse en tant que démarche de connaissance des processus psychiques** : bien entendu, c'est dans le cadre des situations proposées par un psychanalyste, et avec son aide, qu'on a les meilleures chances de la mettre en œuvre. Mais, dans une certaine mesure, le psychanalyste n'est pas indispensable. Reprenons le cas du lapsus de la dame qui dit : « Le docteur a dit que mon mari pouvait manger tout ce que je veux » (alors que son intention était de dire : « tout ce qu'il veut »). Elle le remarque, ou on le lui fait remarquer. Quatre réactions possibles de sa part : *a*) elle proteste, s'indigne, se met en colère, et risque fort, par la vivacité de sa réaction, de confirmer ce qu'elle dénie (une position de maîtrise sur son mari) ; *b*) elle déclare que « ça n'a pas de sens », et refuse de s'y intéresser ; *c*) elle déclare que c'est une simple erreur de langage, parce qu'elle était fatiguée, distraite, etc., parce que « je » et « il » sont des petits mots si proches qu'on peut bien s'y tromper, etc., c'est-à-dire se réfugie derrière une façade d'explications peut-être justes mais superficielles, qui ont précisément pour fonction d'éviter d'y regarder de plus près ; *d*) frappée de ce que ce lapsus pouvait exprimer d'inconscient, elle accepte d'y regarder de plus près et de s'interroger honnêtement sur ce qui, à son insu, s'est ainsi exprimé de ses relations à son mari. Elle est en bonne voie pour découvrir quelque chose sur elle-même, si pénible que ce puisse être… Personne ne peut empêcher quelqu'un de choisir l'une des trois premières solutions ; mais pour qui veut savoir un peu plus ce qu'il est, la quatrième est évidemment préférable. Si la personne qui choisit cette voie veut aller plus loin, alors elle peut aller voir un psychanalyste qui l'y aide…

3

Pourquoi souhaiter entreprendre une cure psychanalytique ?

Les demandes d'aide sont fréquemment du type : « Je me sens limité dans mes possibilités. Professionnellement, je reste cantonné dans un emploi médiocre, où j'exécute des tâches subalternes et sans intérêt, je n'arrive pas à m'affirmer en face de mes collègues et de mes chefs, on ne me fait pas confiance mais je ne me fais pas confiance moi-même, je n'ai pas de perspectives professionnelles », etc. Sur un plan plus personnel : « Je suis gauche, timide, j'ai des difficultés de contact, je parle peu, je crains toujours qu'on juge ridicule ou sans intérêt ce que je vais dire », etc. Parfois aussi : « Lorsque je dois fournir un effort intellectuel soutenu, je suis habité de pensées parasites qui m'empêchent de travailler ; si j'ai à passer un examen, surtout oral, ou plus simplement à répondre à des questions précises face à quelqu'un qui est investi d'autorité, je suis envahi par une panique qui me rend stupide. Certaines situations m'inspirent une telle crainte *a priori* que je les évite, de sorte que bien des occasions de contact social qui seraient à la fois agréables et utiles me sont fermées. Bref, je souffre de quantités d'inhibitions.

Je ne suis pas "bien dans ma peau", et mon efficacité en est entravée. Peut-on arranger ça ? »

La demande est donc alors double : sortir d'un état de mal être qui rend la vie pénible ; et devenir « efficace ». Le sujet sent bien alors que l'un est condition de l'autre. L'analyste en est bien d'accord, mais il sait que, s'il répond à cette demande, il faudra du temps pour explorer les racines du mal être et saisir la genèse et le sens des inhibitions, afin de favoriser une réforme du fonctionnement psychique dans le sens désiré ; il pense que l'efficacité viendra, en quelque sorte, de surcroît. Le consultant lui, de façon bien compréhensible, veut des résultats rapides. Il n'est pas rare alors qu'il ait tendance à poser sa demande dans les termes usuels d'une consultation médicale : « Voilà ce qui ne va pas, arrangez-moi ça » ; et il risque d'être rebuté par la réponse de l'analyste impliquant que cela dépendra d'abord de la continuité de son effort de changement (mais, proteste-t-il intérieurement, c'est justement ça qui me manque !) et que cela risque d'être long. Peut-être se tournera-t-il vers une thérapie promettant des résultats plus rapides, une thérapie « efficace » (n'est-ce pas ce qu'il recherche ?), comportementale par exemple, voire une prescription de médicament, voire même l'inscription dans un groupe aux marges de la secte « psy » et qui promet des miracles. Il est libre, et même de mal choisir.

Mais s'il donne suite à sa demande, le psychanalyste va s'interroger sur la démarche thérapeutique envisageable, en fonction de ce qu'il perçoit des difficultés du consultant, de son mode de fonctionnement psychique, de la façon dont il présente sa demande, et de ce qu'il semble prêt à accepter. On peut en effet envisager trois types de travail (ceci dans mon expérience, mais une expérience partagée avec nombre de mes collègues).

• La première est l'analyse « classique » (divan-fauteuil). C'est souvent en principe la meilleure solution, mais en principe seulement. Elle suppose que le sujet ait déjà fait un certain chemin personnel vers la remise en cause de soi-même que cela suppose, qu'il l'accepte, et qu'il en attende réellement un bénéfice… pas trop et trop vite cependant. Car s'il vient avec l'illusion du miracle à brève échéance, l'analyste ne peut que tempérer cet enthousiasme : « Vous en tirerez bénéfice certainement, cependant cela ne peut se faire du jour au lendemain ; le chemin est long et difficile, mais il en vaut la peine. »

• Seconde solution, la poursuite du travail d'analyse en face à face. C'est préférable en bien des cas, notamment lorsque le sujet veut réellement rechercher ce qui en lui-même produit les inhibitions dont il souffre, mais dit souhaiter que cette recherche reste relativement localisée à ce type de problèmes. Il veut bien d'une réflexion assistée, mais il manifeste clairement qu'il tient à garder la maîtrise de ce qui se passera. L'analyste y voit bien à l'œuvre, d'emblée, les défenses auxquelles on aura affaire, mais il se dit qu'elles sont légitimes, et que d'ailleurs il ne servirait à rien de tenter de les forcer. Si le travail s'engage sur ces bases, cela prendra probablement figure pendant un bon moment d'introspection aidée, ce qui est déjà beaucoup ; progressivement cependant, il est probable qu'on ira vers du plus intime, du plus difficile, du plus fondamental, bref vers du « matériel » plus directement en prise sur l'inconscient.

• Il est des cas cependant où l'inhibition est massive et où les difficultés d'expression sont majeures ; le sujet ne parvient pas à trouver « les mots pour le dire », et d'ailleurs il a la sensation de n'avoir pas grand-chose à dire ; tout ce qu'il sait, c'est qu'il souffre de son isolement, de sa gaucherie, de son mutisme, sur le fond d'une sorte de vide intérieur. Dès lors la « cure par la parole », quelque forme qu'elle prenne, semble devoir être malaisée. On peut alors penser au psychodrame psychanalytique. En quoi cela consiste-t-il ? Il s'agit d'une sorte d'exercice d'improvisation théâtrale, impliquant un ou des patients, et plusieurs psychanalystes. Le patient évoque un événement de sa vie (présente ou passée), une personne de son entourage, un rêve, une idée, etc. Le thérapeute qui fait fonction de « directeur de jeu » en propose la mise en scène ; le patient définit les personnages et distribue les rôles, lui-même jouant toujours… et l'on voit ce qui se passe. La règle est de toujours « faire semblant », comme au théâtre ; mais cela bien sûr ne se développe pas au hasard. Le patient en vient vite à exprimer, sous les apparences de la fiction, des aspects essentiels des conflits qui l'habitent, et les thérapeutes orientent l'action pour faciliter cette expression. Après chaque scène, le meneur de jeu suggère, plus ou moins succinctement, une interprétation de ce qui vient de se passer. Cette technique, dont le côté ludique séduit souvent, peut être fort utile pour aider des personnes qui ne pourraient s'exprimer par le seul moyen de la parole, et qui parfois souffrent de plus d'inhibitions de la pensée elle-même.

Telles sont les principales démarches qui peuvent être proposées aux personnes qui demandent une aide pour dépasser ce qu'elles déplorent comme un manque d'assurance et d'efficacité dans leurs entreprises. Quelle que soit la solution adoptée, il faudra du temps, et d'abord pour que s'apaise le sentiment d'urgence. Nous vivons dans une civilisation où la réussite est glorifiée, où elle est tenue pour d'autant plus enviable qu'elle est plus éclatante et plus rapide. Les personnes dont j'évoque ici le cas ont souvent le sentiment humilié de ne « pas être à la hauteur » de ce qui est attendu d'elles et de ce qu'elles exigent d'elles-mêmes, et en demandent d'urgence la réparation. Il faut donc un certain temps pour les aider à apaiser cette humiliation et à accéder à autre chose : le simple plaisir d'être.

Cela peut paraître abstrait, cela ne l'est pas. Je pense à cet homme qui arrivait à sa séance d'analyse excédé des décisions à prendre, des courriers en instance, des coups de téléphone à donner, des fax à envoyer, etc., qui s'allongeait sur le divan avec un soupir de soulagement, qui disait : « C'est le seul endroit au monde où je peux trouver un moment paisible… », et qui, regardant les fleurs posées sur un guéridon, disait : « Quelle paix… ces fleurs, c'est ma mère quand j'étais malheureux : elle aimait les fleurs… » Il lui arrivait de somnoler en séance, et de s'en déclarer heureux. Winnicott a écrit quelque part, évoquant les fondements du psychisme : « Faire et être objet d'actions, certes, mais d'abord être » (« *doing, being done, but first being* »). D'autres civilisations, qui n'ont pas développé comme la nôtre le culte de l'efficacité des actions, savent cela : cela s'appelle la sagesse. Une analyse heureusement conclue permet d'atteindre une certaine forme de sagesse. Mais l'expérience montre que, lorsqu'on parvient ainsi à se rééquilibrer, à apaiser les tensions et les conflits internes, à vivre plus en paix avec soi-même et avec l'entourage, l'efficacité peut venir de surcroît.

4

Quelles sont les règles de la démarche psychanalytique ?

Il s'agira ici des règles et, plus largement, des principes généraux qui président aux situations où quelqu'un, un « patient » (et le terme peut-être pris dans bien des sens...) a sollicité et reçoit l'aide d'un psychanalyste dans l'intention de réduire les maux dont il souffre. Le « paradigme » – le modèle – est fourni par la « cure classique », c'est-à-dire la situation divan-fauteuil, mais il est transposé assez directement dans la situation « face à face », et au-delà dans des situations comme le psychodrame analytique, etc.

Deux règles fondamentales sont d'ordinaire énoncées, côté patient et côté analyste.

- Côté patient, il s'agit de la règle de libre association. Freud, après avoir essayé de l'hypnose et de la suggestion, où l'on *imposait* au patient certaines idées – ou l'éviction de certaines idées – s'était convaincu que, pour accéder à l'inconscient, mieux vaut laisser le patient, parfaitement vigile, laisser surgir en lui ce qui peut en témoigner, les « rejetons du refoulé » ; à une condition cependant, qu'il accepte de relâcher les contrôles, les censures, les exigences rationnelles qui en bloquent ordinairement l'émergence. Rien, dès l'instant où cela se présente à la conscience – une idée, une image, une sensation, une émotion – ne doit être écarté sous prétexte que c'est absurde, inconvenant, désagréable, etc. : tout doit être accepté et dit, et on en recherchera les connexions et les sens possibles. Cette règle est restée fondamentale. Elle est ordinairement énoncée lors de la première séance, sous une forme comme : « Vous dites tout ce qui vous vient à l'esprit, même si cela vous paraît sans importance, absurde, désagréable, difficile à dire. » Le patient s'aperçoit vite, en effet, que bien souvent il est tenté d'étouffer dans l'œuf ce qui se présente, ou, s'il n'y parvient pas, tenté de ne pas le dire, car cela pourrait être fort désagréable pour lui-même ou pour l'analyste. S'il joue le jeu, il verra bientôt que ces résistances sont à peu près immanquablement le signe qu'il s'agit en fait de quelque chose d'important...

• La seconde règle, côté analyste, allie l'« attention flottante » et la « neutralité bienveillante ». L'analyste est en fait dans une position aussi difficile que le patient, pour des raisons à la fois du même ordre et différentes. Il doit, lui aussi, laisser son esprit aussi ouvert que possible au surgissement de ce que suscitent en lui les dires du patient ; les idées préconçues, les convictions *a priori*, les théories rigides, sont ses pires ennemis, dans la mesure où elles risquent de fermer son écoute au plus précieux : l'inattendu. Et pourtant il est sans cesse attaché à établir des liaisons entre ce qui vient en ce moment et ce qui est venu auparavant (parfois des mois auparavant), à rechercher du sens, des sens souvent multiples et apparemment contradictoires, à réfléchir sur l'opportunité de dire quelque chose (et comment ?) ou de s'abstenir, etc. Autrement dit, laisser son esprit aussi libre, vacant et réceptif que possible, et cependant rester constamment sous tension. Il y réussit plus ou moins selon les moments, cela va sans dire, mais telle est bien sa visée. L'exercice est difficile ; c'est l'une des raisons majeures de la nécessité d'une analyse personnelle préalable et d'une formation longue, sur laquelle on reviendra plus loin. Quant à la « neutralité bienveillante », elle désigne une attitude où il s'abstient de tout jugement moral, et plus largement de tout jugement de valeur ; il doit impérativement s'efforcer de laisser de côté, le temps de la séance, ses propres options politiques, religieuses, sociales, morales, etc. : tout ce qui témoigne du fonctionnement psychique du patient est bon, en tant que témoin de la vie psychique, fût-ce une vie souffrante... Le terme « neutralité bienveillante » est cependant contestable : parce qu'une « bienveillance » paternaliste serait à l'opposé de l'attitude du psychanalyste (qu'il vaudrait mieux dire « fraternelle »), et parce que le psychanalyste n'est pas neutre : il centre toute sa position sur une valeur majeure, la Vie, et d'abord la vie psychique. Il vaut mieux vivre que mourir, et la vie psychique est la plus belle forme de ce miracle qu'est la vie elle-même. Cela ne se démontre pas, mais cela se communique.

Telles sont les deux règles fondamentales. Mais un certain nombre de principes généraux en découlent.

• Le psychanalyste ne donne jamais de conseils. Il devrait être bien connu que les conseils, si bien intentionnés soient-ils, connaissent deux destins : on les suit ou on ne les suit pas. Si l'affaire tourne mal, dans tous les cas on en voudra au conseilleur, et cela permettra fort opportunément de rejeter sur lui toute la responsabilité (il arrive même qu'on suive un conseil sachant que cela tournera mal, précisément dans ce but). Donc le psychanalyste ne donne jamais de conseils ; mais il aide son patient, dans toute la mesure du possible, à élaborer une position du problème et une solution qui seront bien les siennes, qui équilibrent au mieux son propre fonctionnement psychique. Cela, bien souvent n'est pas facile, car l'analyste ne peut, ce faisant, encourager l'élaboration d'une solution qui, exclusivement centrée sur la position du patient, apparaîtrait à l'évidence gravement préjudiciable à d'autres personnes (et c'est encore plus difficile s'il garde bien présent à l'esprit que ces personnes, ce sont celles dont lui parle le patient, et qu'il n'en connaît rien d'autre)....

• Le secret doit être absolument maintenu sur tout ce qui se dit et survient au cours de la cure. L'analyste s'interdit absolument de dire à quiconque ce qui se passe dans la cure de M. X, et même que M. X a entrepris avec lui un travail psychanalytique personnel (le patient, bien entendu, peut en parler à qui bon lui semble et autant qu'il le veut). Cependant, il y a des exceptions à cette règle du secret que s'impose l'analyste, et il faut ici que les choses soient bien claires. Il y en a trois : *a*) lors d'échanges informels entre analystes, lorsqu'on sollicite une opinion, un avis, un conseil (car c'est ici possible !) ; *b*) lors des « supervisions » où un analyste en cours de formation expose un cas à un collègue expérimenté ; *c*) dans le cadre de publications, nécessaires si l'on veut animer par de la clinique le travail théorique et l'information du public. Dans *tous les cas* l'anonymat du patient est rigoureusement préservé, même entre collègues. Lorsque des détails personnels permettraient une identification, les analystes qui discutent du cas entre eux s'engagent à participer du secret ; dans le cas des publications, on s'attache très soigneusement à transposer tous les détails (profession, âge, situation sociale, événements majeurs de la vie, etc.) qui permettraient cette identification (ce qui n'est pas toujours facile si l'on veut préserver la vérité des faits qui importent), et parfois on n'a d'autre solution que de demander l'accord du patient lui-même (mais il est préférable alors qu'il s'agisse d'une cure terminée). Le respect rigoureux par l'analyste de ces règles de secret est fondamental, car c'est seulement ainsi que la confiance du patient peut lui être assurée, et que lui-même peut sentir qu'il joue loyalement le jeu. Bien entendu, rien n'interdit à l'analyste de prendre des notes sur les séances, à son seul usage personnel ; quant à moi, comme beaucoup de mes collègues, je ne prends des notes qu'*après* la séance, pour ne pas gêner au cours de celle-ci le jeu de l'« attention flottante » (de sorte que l'image conventionnelle, familière aux caricaturistes, de l'analyste armé d'un bloc est à cet égard particulièrement mal venue).

• Il est préférable que le patient ne soit pas informé de la vie personnelle de l'analyste, qui s'abstient donc rigoureusement d'en dire quoi que ce soit (par contre, le patient a bien évidemment le droit de connaître sa situation professionnelle), comme d'exprimer ses opinions politiques, religieuses, etc. On exprime parfois cela en disant que l'idéal est que la personne de l'analyste soit ainsi pour le patient une pure « surface de projection », c'est-à-dire remodelable au gré des aléas du transfert selon des processus qu'on a ainsi les meilleures chances d'analyser ; ou encore que l'analyste se doit d'être un pur « miroir » pour le patient. Ces formulations sont contestables, dans la mesure où elles pourraient laisser croire que l'analyste idéal est passif ; bien au contraire, ainsi qu'il a été dit plus haut, sa meilleure position en séance est caractérisée par une sorte de tension permanente de son activité psychique.

• L'analyste s'attache au maintien rigoureux du « cadre » ; par ce terme, on désigne les conventions passées initialement par une sorte de « contrat » accepté par les deux parties, et qui concerne la fréquence des séances (au moins trois par semaine dans le cas d'une cure « classique », divan-fauteuil, mais Freud, lui, en imposait cinq ou six… ; une ou deux dans la situation de face à face), leur horaire, les honoraires, le paiement des séances manquées (car toute séance manquée est due, quelles qu'en soient les raisons : ceci, qui paraît parfois « léonin », c'est-à-dire relever du diktat, se fonde sur de fortes raisons, qui seront précisées plus loin), l'anonymat de l'analyste, etc. Il n'est pas rare qu'un patient qui à l'origine avait apparemment accepté ce contrat sans réticence le remette ensuite en cause, voire l'attaque avec vigueur. Au-delà des raisons qu'il invoque, il s'agit toujours de mouvements transférentiels majeurs (par exemple, il manifeste par là qu'il ressent la clause qu'il attaque comme une intolérable oppression de l'analyste, sur le même mode où, à l'adolescence, il avait attaqué l'autorité de son père). Face à ces « attaques du cadre », l'analyste doit rester solide, et s'attacher à en dégager le sens transférentiel. Il va de soi qu'il aura dû veiller, lors de la fixation du « contrat » initial, à en proposer des clauses qui ne soient pas abusives, notamment en termes de temps (convenir d'un horaire qui ne crée pas pour le patient des difficultés excessives) et d'argent (proposer des honoraires compatibles avec les revenus du patient, et tels que, même s'il y consacre une somme pour lui importante, sa vie n'en soit pas gravement altérée). Comme beaucoup de mes collègues, je suis très fermement opposé à la pratique des « séances à durée variable » (interrompues par l'analyste à tout moment). Cette pratique constitue une forme particulièrement pernicieuse d'oppression du patient, qui risque fort de se sentir livré par là sans défense au bon plaisir de l'analyste ; en conséquence, les séances sont toujours de 45 minutes, quoi qu'il advienne. Les interruptions pour vacances sont toujours énoncées dans leur principe général lors de la fixation du « contrat » initial, et annoncées longtemps à l'avance. L'analyste ne supprime une séance (toujours en en prévenant le patient à l'avance) qu'en cas de nécessité absolue, et donc en fait très rarement (à cet égard, il constate vite qu'il est beaucoup plus strictement lié à l'obligation d'être présent aux séances que certains de ses patients...). Enfin, en séance, l'analyste veille au respect du cadre en supprimant toute interférence extérieure en cours de séance.

En définitive, le respect de ces règles et de ces principes, malgré mais en fait grâce à leur caractère strict, instaure la situation la plus propice au cheminement du patient vers ce qui constitue le but de toute l'entreprise : aller vers sa vérité personnelle, accéder à plus de liberté.

5

Pourquoi un divan ?

L'idée d'aller s'allonger sur un divan plusieurs fois par semaine en présence de quelqu'un, « simplement pour parler », peut paraître au profane assez incongrue, voire vaguement effrayante ; d'ailleurs, ajoute-t-on parfois, « bien vite je ne saurais plus quoi dire... » Cette dernière déclaration est en fait plutôt de nature à faire plaisir au psychanalyste : ainsi, cette personne ne sait pas encore quel immense territoire constitue sa propre vie psychique, et quel plaisir – mêlé certes d'inquiétudes, voire d'angoisses – elle aura à le découvrir si elle donne suite à son projet...

Mais pourquoi un divan ? Simplement parce que, ainsi que Freud l'avait constaté il y a bien longtemps, cela favorise – en principe et dans la plupart des cas – une détente du corps et de l'esprit favorable au jeu de la libre association. L'analyste est assis derrière, hors du champ du regard du patient ; c'est ainsi que, sans doute, il constitue au mieux cette « surface de projection » évoquée dans la question précédente.

Il arrive cependant qu'au contraire quelqu'un vive cette perspective avec beaucoup d'appréhension. Il appartient bien sûr à l'analyste de ne pas la méconnaître, et d'aider le consultant à en envisager la nature et les sources. Ceci peut prendre beaucoup de temps ; il est donc alors préférable de continuer à travailler « en face à face », jusqu'à ce qu'advienne le temps du divan... s'il doit advenir.

Il faut en effet bien souligner ici qu'un travail authentiquement psychanalytique peut s'instaurer aussi bien en face à face que dans le dispositif divan-fauteuil. Désigner la première situation comme « psychothérapie » et la seconde comme « cure classique » est assez usuel, mais présente un inconvénient sérieux, celui de laisser croire que seule la seconde permet véritablement l'instauration d'un processus analytique, tandis que la première n'en serait qu'une pâle copie, instaurée faute de mieux. C'est inexact. Un travail psychanalytique au plein sens du terme peut s'instaurer dans l'un et l'autre cas. Ce qui compte en fait pour orienter vers l'une ou l'autre de ces deux situations, c'est le fonctionnement psychique du patient, dans les circonstances de sa vie et au moment où il présente sa demande, mais aussi celui de l'analyste, et leur accord, ou pour mieux dire leur « accordage », pour définir le meilleur plan de travail possible.

Il est des personnes qui souhaitent une telle aide sous le coup d'un deuil, d'une rupture affective, d'une grave désillusion, d'une amère déception professionnelle, etc., et sont lasses de chercher dans un soutien médicamenteux un secours qui leur apparaît insuffisant : bien au-delà d'un corps malade, c'est une personne qui souffre et demande à être entendue. Le plus urgent peut être alors d'aider ces consultants à passer un cap difficile dans le cours de leur vie ; ce n'est qu'ensuite que, éventuellement, on pourra proposer d'aller plus loin avec la « cure classique ». D'autres souhaitent explicitement une aide pour un certain travail d'introspection poursuivi depuis longtemps, mais qui leur paraît maintenant gagner à être assisté. Dans des cas de ce type, l'analyste a souvent conscience de « travailler au niveau du moi », comme il le dira peut-être en son jargon, c'est-à-dire d'être une sorte de collaborateur pour une réflexion soutenue du patient sur lui-même. Il se peut que le patient, remis sur pied (sorti de ce qu'en général il appelle sa « dépression »), reparte vivre sa vie. Il se peut aussi qu'il souhaite aller plus loin dans la recherche des causes profondes de la façon particulièrement malheureuse dont il a vécu cet épisode : c'est alors qu'on peut envisager le passage « sur le divan », pour retravailler bien plus avant toute son histoire personnelle, et analyser comment se sont mis en place les mécanismes responsables. Ce ne sera pas « mieux », ce sera plus.

Il est d'autres cas où d'emblée peut être posée l'« indication d'analyse » avec le dispositif divan-fauteuil. Il s'agit en général de personnes qui sont parvenues à la conclusion que « quelque chose » se répète dans leur vie, et qu'elles en sont au moins en partie responsables. Par exemple, lors d'engagements amoureux successifs, c'est toujours le même type de femme (ou d'homme...) qui séduit, la même phase initiale est vécue dans les mêmes illusions, les tensions surviennent ensuite sur le même mode, la rupture survient elle aussi sur le même mode... Lors des premières expériences le sujet se dit : « Cette fois ce sera bien différent... », mais le processus se répète. Alors vient un moment où cessant d'avoir recours aux procédés défensifs les plus banaux (c'est la faute aux autres, c'est la faute à « pas de chance », etc.), il se dit qu'il sollicite à son insu de telles répétitions, et que c'est d'abord en lui-même qu'il doit en rechercher les mécanismes. Il souhaite regarder en lui-même, même s'il sent bien que ce sera pénible. S'il vient dans ces dispositions consulter un analyste, celui-ci sera fondé à lui proposer d'emblée une « cure classique ».

Le travail de l'analyste ne se borne cependant pas à ces deux situations. Il est des cas où le fonctionnement psychique du patient ne permet pas un travail psychanalytique sous l'une des deux formes qui viennent d'être envisagées. C'est le cas lorsqu'une affection authentiquement organique, traitée par telle ou telle spécialité médicale, relève en partie de causes psychiques favorisantes, et en tout cas présente de graves répercussions à ce niveau : on peut alors suggérer une approche dite « psychosomatique » adaptée à ces cas, et qui met en œuvre des démarches spécifiques. Dans d'autres cas où les choses se jouent plus au niveau de l'action que de la pensée, on pourra diriger le consultant vers un psychodrame psychanalytique, ou vers une technique de relaxation conduite par un psychanalyste. Dans d'autres cas encore le problème est à traiter, non pas au niveau d'une personne, mais de deux ou plusieurs personnes : lorsqu'un bébé va très mal, on peut ainsi penser à traiter le couple mère-bébé lui-même, ou, lorsque c'est toute la famille qui souffre, envisager une thérapie familiale, etc.

Toutes ces démarches thérapeutiques sont conduites par des psychanalystes et supposent tout l'arrière-plan théorique et clinique de la psychanalyse, mais aussi une spécialisation au sein même de la psychanalyse. Cependant, tout psychanalyste lorsqu'il est consulté a pour charge de proposer la meilleure orientation possible, compte tenu de la nature des problèmes présentés et du fonctionnement psychique du consultant. Sa position lors du « premier entretien » (éventuellement poursuivi par un deuxième, un troisième...) est bien de diagnostic, mais aussi de pronostic dans telle ou telle solution envisageable.

Et pour le consultant ? Il est fréquent que dans un tel ouvrage on donne des conseils pour affronter le « premier entretien avec un psychanalyste ». Ce ne sera pas le cas ici. Il ne s'agit pas d'un examen (au sens scolaire ou au sens médical) à préparer. Le seul conseil qui puisse se donner est : dites aussi sincèrement, aussi spontanément que possible, et dans les mots qui viennent, ce qui vous fait souffrir... S'il s'agit de chercher une vérité de soi-même, cela commence ainsi.

6

Pourquoi payer ?

C'est peut-être la question qui revient le plus souvent. Dans une société préoccupée d'efficacité à court terme et de rentabilité des investissements, il paraît à beaucoup choquant de consacrer tant de temps et d'argent à… à quoi, au fait ? À parler ? Mais « ce ne sont que des mots »… On ne devrait cependant pas méconnaître le pouvoir des mots : ce sont eux qui, pour une bonne part, font l'amour… mais aussi la guerre. Et le psychanalyste a vu pour sa part bien des gens qui souffrent de ne pas trouver les mots pour le dire. Pour dire quoi ? Eh bien, justement, nous allons chercher ce qui jusqu'ici était indicible et si douloureux à être indicible. Mais, réplique le sceptique, « je peux très bien parler tout seul, et ça ne me coûtera rien ! ». Un temps viendra, peut-être, où il admettra que parler tout seul est fort triste, et qu'on y tourne en rond à faire soi-même les questions et les réponses, les seules questions et les seules réponses qui s'avèrent possibles dans le cadre d'un système fermé à, précisément, être seul ; et que parler à quelqu'un, pour quelqu'un, avec quelqu'un, ouvre une toute nouvelle dimension à la recherche de soi-même. C'est d'ailleurs le plus souvent une solitude intime mais douloureuse qui conduit quelqu'un chez le psychanalyste.

Bon, admettons. Mais pourquoi payer, et éventuellement payer cher ? un confesseur ne se fait pas payer… À cela, on peut faire observer que le contrat est d'une autre nature. Chacun peut bien sûr, s'il y trouve ce qu'il cherchait, parler avec un confesseur, un « directeur de conscience » (ce qui d'ailleurs n'est nullement incompatible avec le fait de parler aussi avec un psychanalyste). Mais ce qu'il y cherchera sans doute, c'est l'allégement de ses culpabilités, le pardon et le « rachat » de ses fautes, le renoncement à des désirs jugés coupables, l'affermissement dans une voie posée comme plus vertueuse, etc., c'est-à-dire précisément une « direction de conscience », au regard d'une morale fondée sur une transcendance (Dieu, ou de quelque façon qu'on nomme ce principe) ; quant au « directeur » lui-même, c'est cette transcendance qu'il sert, où il fonde ses raisons de refuser un paiement personnel. Le psychanalyste, lui, n'invoque aucune transcendance, c'est-à-dire qu'il se situe en marge de toute religion. Est-il extérieur à toute morale ? bien sûr que non ! Sans doute, il ne juge pas, ne condamne pas, ne promet aucun « pardon », n'offre aucun rachat, et n'oblige à rien. Mais il fonde son action sur quelques valeurs simples : il est au service de la vie, et tout ce qui sert la vie est meilleur que ce qui l'étiole, la fige, la compromet ; tout ce qui existe dans la vie psychique doit être reconnu comme existant, pour pouvoir être modifié de façon à jouer de façon plus souple, plus heureuse, plus naturelle ; le but est d'aider le patient à devenir sujet et agent de son propre destin ; enfin, tout ceci doit advenir dans le respect d'autrui.

Très bien. Mais si ses buts sont si nobles, pourquoi se fait-il payer ? D'abord, pour les mêmes raisons que vous : il doit bien gagner sa vie…

Mais il se fait payer très cher ? On entend souvent dire : il est choquant que de tels traitements soient réservés aux plus riches ! Il faut ici être clair. Il n'est pas exact que ce soit réservé aux gens riches : il n'est pas difficile actuellement, en France tout au moins, d'obtenir une prise en charge par la Sécurité sociale, et un certain nombre de centres de traitement accordent une gratuité totale (ou presque dans certains cas). Même lorsque ce n'est pas le cas, le psychanalyste sérieux veille à proposer des honoraires acceptables par le patient, ou, si cela reste en deçà de la marge qu'il s'est fixée, il le réoriente (en France, actuellement c'est-à-dire dans ces années 2000, la marge se situe entre 200 et 400 francs français, parfois moins, pour des séances de 45 minutes). Vous pensez qu'avec de tels honoraires il vit grassement ? Calculez son revenu mensuel, sachant qu'avec dix ou douze clients (s'il atteint ce nombre) qui viennent le voir une à trois ou quatre fois par semaine, il a fort à faire. Tenez compte qu'un psychanalyste sérieux (il n'a donc rien de commun avec tel ou tel personnage qui se pare abusivement du titre) s'est donné une formation qui, après ses études de médecin ou de psychologue clinicien (six à huit ans), a duré elle-même sept à dix ans... Et sachez que parfois, après toute une journée passée à recevoir toutes les misères du monde, il lui arrive d'être bien las... Somme toute, est-il illégitime qu'il se dise qu'il a, lui aussi, le droit de gagner sa vie ?

Vous pouvez cependant objecter, à juste titre, que si les revenus de l'analyste ne sont pas exorbitants, la charge peut être bien lourde pour le patient qui, lui, paie cela une à trois ou quatre fois par semaine. Je redirai d'abord que le contrat initial doit prévoir une charge qu'il puisse assumer, même si éventuellement elle représente une part notable de son revenu. Mais d'autres considérations, liées à la nature même de l'entreprise, entrent en jeu.

La plus importante est que, dans la société où nous vivons, l'argent est un signe autant qu'un témoin de la valeur accordée aux choses. Témoin cette mésaventure d'un jeune analyste que je ne nommerai pas : ému par le triste sort d'un consultant qui avait fait état de ressources très modestes, il avait fixé des honoraires eux-mêmes très modestes ; par la suite, il a fallu longtemps à ce patient pour avouer qu'il avait triché, et pour quitter son sentiment qu'un analyste qui demandait si peu ne valait pas cher (en fait, il avoua tout cela quand sa femme entreprit elle-même une analyse avec quelqu'un qui demandait le double, ce dont il se montra fort humilié...). Chaque séance, si elle est payée un prix qui ne soit pas négligeable, prend de ce fait valeur et consistance : on hésite alors à y tuer le temps en la meublant de broutilles sans intérêt. On hésite encore plus à la manquer (sachant qu'elle devra être payée) sous prétexte qu'on ne « se sent pas en train » : il y a inévitablement, dans le cours d'une analyse, des moments où l'on sent bien que ce sera pénible, et où on est tenté de dire comme l'enfant qui rechigne à aller à l'école, qu'on a « bobo ventre »...

Mais enfin, il peut se produire des circonstances exceptionnelles ? L'analyste ne doit-il pas continuer à s'occuper de son patient, même si dans un cas extrême celui-ci ne peut plus payer ? Écoutez donc cette histoire. C'est celle d'une jeune avocate, fort intelligente, mais en grande souffrance psychique, qui gagnait bien sa vie au début de son analyse. Pour des raisons liées à des difficultés intimes qui détruisaient sa vie, elle traverse une crise profonde où elle renonce à toute vie personnelle, résilie le bail de son appartement, se dépouille de tous biens matériels et cherche refuge dans un monastère ; elle quitte un emploi qui lui répugnait et vit de travaux mineurs. Vient le moment où elle déclare à l'analyste qu'elle ne peut plus payer, et l'analyste a toutes raisons de penser que c'est vrai. Elle le supplie de continuer, mais gratuitement. L'analyste est alors pris dans un dilemme : va-t-il lui dire qu'on arrête, et la renvoyer seule avec sa souffrance ? impossible. Va-t-il accepter de continuer gratuitement ? impossible aussi, car à ses yeux le sens de tout ceci est clair : sans qu'elle l'ait vraiment délibéré, elle a fait en sorte d'en arriver à un extrême dénuement, où elle obtienne enfin ce que, ressent-elle, elle n'avait jamais obtenu de son père : qu'il l'aime. Si l'analyste accepte de continuer à la recevoir, trois fois par semaine, « pour rien », ce sera, enfin, le signe qu'il l'aime. Il a traversé un moment difficile, en proie à des supplications de plus en plus insistantes. Finalement, il a proposé un compromis : réduire la fréquence des séances de trois à une fois par semaine, mais au même tarif que précédemment. S'il a alors été intraitable sur le maintien du paiement, croyez bien que ce n'était pas par appât du gain... Il lui paraissait vital de maintenir le lien et de conserver des chances d'analyser ce qui se jouait là. Il a fallu deux ans ensuite pour que cette crise se résolve, mais elle l'a été, heureusement.

C'est peut-être un cas exceptionnel, mais il met bien en lumière la nécessité du paiement. Car si un analyste prend quelqu'un gratuitement en traitement, on n'évitera pas que la question se pose : pourquoi ? qu'attend-il en retour ? Cherchez vos réponses, vous verrez bien quelles idées peuvent vous venir… Le paiement est ce qui garantit le caractère professionnel de la situation.

Voici pour l'argent (ce qui n'épuise pas la question bien sûr). Et le temps ? Pourquoi cela doit-il durer si longtemps ? Je soigne un rhume, une grippe, avec un médicament qui me guérit en trois jours ; si je me casse une jambe, elle sera réparée en trois heures, et je marcherai comme avant dans trois semaines. Alors, vous, les psychanalystes, accélérez un peu votre rythme, mettez au point des techniques plus efficaces ! c'est d'autant plus nécessaire que la pharmacopée psychiatrique (les antidépresseurs, les anxiolytiques, etc.) s'enrichit de jour en jour, et que bientôt personne n'aura plus besoin de vous… À ceci on peut répondre qu'il n'est certes pas question de négliger ces actions médicamenteuses, mais qu'elles ne sauraient répondre à tout : le savent bien les personnes qui traînent depuis des années la même misère intime, provisoirement et répétitivement calmée par une drogue qu'il faut prendre et reprendre, jusqu'à en faire une quasi-toxicomanie ; et que, si par exemple le drame est de n'être pas aimé, et de ressentir cela depuis son enfance, aucun médicament ne peut guérir cette blessure, tandis que le seul fait de pouvoir en parler à quelqu'un qui sait se taire mais entendre, pour la première fois, change tout.

Bien. Mais quelques séances pourront y suffire, et je partirai rassuré ? Plût aux Dieux qu'il en allât ainsi ! Mais, en général, ce n'est malheureusement pas le cas ; et le psychanalyste a de bonnes chances de voir revenir, sous quelques semaines ou quelques mois, le patient qui s'était prématurément déclaré en bonne forme après une amélioration passagère. C'est certes fâcheux, mais c'est ainsi. Les raisons n'en sont pas difficiles à trouver. Car une misère personnelle, un malheur persistant, voire un mal être qui gâchent la vie, peuvent certes être dus pour une part à des circonstances malheureuses ; mais pour une bonne part aussi les causes en sont internes à la personne même : l'humanité applique depuis toujours, avec brio, le vieux précepte : « Faites votre malheur vous-même ! » C'est sur cela que l'analyse peut agir. Alors, pourquoi est-ce si long ?

Simplement parce que cette personne qui est là, qui a quarante ans, et qui depuis quarante ans (ou presque) contribue à son propre malheur, a mis quarante ans à se construire ainsi. Il n'est pas imaginable qu'elle se refasse, pour mieux fonctionner, en quelques semaines. Un long cheminement va être nécessaire pour que se modifie en elle, au plus intime d'elle-même, ce qui allait mal.

7

Comment choisir un psychanalyste ?

Il faut savoir, tout d'abord, que le titre de psychanalyste n'est protégé en France par aucune disposition légale : n'importe qui, avec ou sans formation, peut se prévaloir du titre ; les gens ne manquent pas, malheureusement, qui s'en prévalent sans qualification sérieuse, voire sans aucune qualification. Le titre de médecin, ou de psychologue, ne suffit pas : au-delà de ces formations de base, la pratique de la psychanalyse exige une formation spécifique. Il faut donc être prudent avant de consulter. La référence à telle ou telle « association internationale », voire « mondiale », n'offre en elle-même aucune garantie, puisque les statuts d'une telle association peuvent être déposés sous la loi de 1901 avec un minimum de formalités et sans que les pouvoirs publics contrôlent ce qu'elle recouvre (sauf atteinte à l'ordre public, aux bonnes mœurs ou aux dispositions relatives aux sectes). Quant à la publicité dans des journaux ou magazines de tel ou tel « praticien », cela devrait être plutôt un facteur dissuasif…

Le monde de la psychanalyse est en France si divers qu'il est difficile cependant de donner une description générale des procédures de formation sérieuses. On ne parle bien que de ce que l'on connaît : je donnerai donc ici des informations sur les procédures suivies par les deux instituts de psychanalyse (Paris et Lyon) qui sont les organes de formation de la *Société psychanalytique de Paris* (*SPP*), association 1901 reconnue d'utilité publique, qui compte actuellement environ six cents membres. Ceci pour la double raison que je les connais bien et qu'elles s'inscrivent dans le cadre de règles générales édictées par l'*Association psychanalytique internationale* (*API*, ou, selon le sigle en anglais, *IPA*).

Quelques mots d'abord sur cette *API*. Il s'agit d'une organisation fondée par Freud lui-même en 1910 et qui depuis s'attache très soigneusement à définir et faire appliquer les règles de la formation et de la pratique psychanalytiques au sein des sociétés nationales composantes (actuellement, une soixantaine de sociétés ou groupes d'études locaux), lesquelles réunissent environ dix mille membres.

C'est dans le cadre général des règles édictées par l'*API* que se situe la formation des psychanalystes conduite par les instituts de la *SPP*. À quelques exceptions près, il est demandé aux candidats à cette formation d'être médecins (de préférence psychiatres) ou psychologues cliniciens, soit cinq à huit ans pour cette préparation de base.

Seconde clause, qui ne souffre aucune exception : faire une analyse personnelle, étant posé qu'on ne saurait être analyste sans être passé soi-même, longuement, par une telle expérience (et la faire avec un membre de la *SPP*, ceci seul pouvant assurer suffisamment une bonne transmission). À la différence d'autres sociétés composantes de l'*API*, la *SPP* a supprimé depuis longtemps toute distinction entre analyse « didactique » (entreprise dans le but de devenir analyste) et analyse « thérapeutique » (pour des raisons plus personnelles) : on avait constaté en effet qu'arguer d'une analyse « didactique » pouvait, chez certaines personnes campées sur une position du genre « je vais très bien, c'est juste un diplôme de plus… », servir de cuirasse contre la remise en cause personnelle profonde qu'exige toute analyse.

Après une durée qui, disent les textes, « ne peut qu'exceptionnellement être inférieure à trois ans », toute personne qui satisfait à ces conditions préalables peut demander à être admise comme élève par un institut de la *SPP*. Elle est alors reçue en entretien par trois membres formateurs de la *SPP*, qui en rendent compte à une commission dite « du cursus », laquelle choisit entre trois éventualités : acceptation, ajournement (ce qui signifie que la demande pourra être représentée plus tard), ou refus.

Si elle est acceptée, cette personne devient élève de l'institut et admise à la pratique de cures contrôlées (ou « sous supervision »). Ceci signifie que l'analyste en formation est admis à pratiquer deux analyses, dans le dispositif divan-fauteuil de la « cure classique », au rythme minimum de trois séances de trois quarts d'heure par semaine, sous condition d'en rendre compte et d'en discuter chaque semaine avec un analyste formateur (pour l'un des cas en relation individuelle avec un formateur, pour l'autre dans le cadre d'un groupe de supervision conduit par un autre formateur). Après une durée de supervision qui pour chaque cas va en général de deux à quatre ans, l'analyste formateur en rendra compte à la commission du cursus qui suit le parcours de l'élève. Celui-ci, parallèlement, aura fréquenté des séminaires et groupes de travail, qu'il choisit librement dans un très large éventail d'activités animées par les membres de la *SPP* (aucun programme n'est imposé).

Vient le moment où, au terme de ce parcours, l'élève demande la « clôture » de son cursus de formation : celle-ci est prononcée par la commission du cursus, sur la base des informations disponibles (rapports des superviseurs, avis des directeurs de séminaires, activités dans le cadre de l'institut, etc.). Aucun diplôme n'est délivré, mais l'intéressé peut prendre le titre d'« ancien élève de l'Institut de la *SPP* ».

Il n'est pas possible ici de préciser les raisons de telle ou telle de ces dispositions, qui ont été longuement élaborées (la réflexion sur ces procédures n'a pas cessé depuis la création de la *SPP* en 1926), et continuent à l'être. Ce qui vient d'être énoncé est en effet le tableau de la situation au moment où ces lignes sont écrites, janvier 2000, mais pourra être quelque peu modifié par la suite.

Depuis le début de l'analyse personnelle jusqu'à la clôture du cursus, la formation aura donc duré en général huit à dix ans, qui s'ajoutent aux cinq à huit ans de la formation préalable de médecin (psychiatre) ou de psychologue clinicien.

Le parcours n'est cependant pas pour autant terminé, car, au-delà de ces procédures, l'analyste ne cesse jamais en fait sa formation théorique et clinique. Il pourra la poursuivre au mieux, dans le fil de cette trajectoire, en devenant membre de la *SPP*. Il pourra alors en effet, s'il le souhaite, poser sa candidature au titre de « membre affilié » de la *SPP*, et y être admis selon les procédures usuelles dans une association 1901 (examen de la candidature par une commission des candidatures et vote sur rapport de cette commission). Il pourra par la suite, s'il remplit les conditions nécessaires, accéder au rang de membre adhérent, puis de membre titulaire (formateur).

8

Quel est le déroulement de la cure ?

Lorsqu'un consultant, en réponse à sa demande d'aide, se voit proposer une analyse, il pose souvent, et légitimement, deux questions : « Combien de temps cela va-t-il durer ? » et : « Comment cela se passe-t-il ? » À la première question, on peut répondre, pour que l'entreprise ne démarre pas sur un malentendu : « Cela se compte en années... » Il est beaucoup plus délicat de répondre à la seconde question. On peut bien sûr donner la définition du cadre (divan-fauteuil, ou face à face), énoncer la règle de libre association et en expliciter l'intérêt, et s'il en est temps énoncer les clauses du « contrat » qui pourrait être proposé. Au-delà, il n'est guère d'autre réponse possible Certes, le psychanalyste pourrait en dire bien plus, en pensant à toutes les cures qu'il a déjà conduites, et en en tirant quelques informations générales. Mais il risquerait fort alors de rebuter le consultant par une formulation mal venue, et surtout de pré-diriger en quelque sorte l'analyse à venir en semblant en fournir un modèle à suivre. La seule chose qu'il puisse dire est à peu près : aucune cure n'est semblable à une autre, parce que chacune est une aventure ; nous verrons bien, et l'intérêt de l'entreprise est justement de laisser la cure se dérouler comme *vous* aurez besoin qu'elle se développe ; la visée de toute cure psychanalytique est la liberté, et la liberté ne peut pas se définir *a priori*.

Il est possible que le consultant ne soit guère satisfait de cette réponse, voire la prenne pour une dérobade. Il se peut alors qu'il préfère ne pas donner suite : c'est son droit, mais c'est sans doute que sa motivation était assez chancelante. Mais si sa motivation est mieux affirmée, s'il attend de l'entreprise des bénéfices personnels, il est probable qu'au contraire sa curiosité sera aiguisée, et qu'il donnera son accord. Et, effectivement, on verra bien…

Mais nous ne sommes pas ici dans une telle situation ; c'est pourquoi on peut en dire plus. Il n'y a rien là de secret, puisqu'il s'agit, en bref, de ce qui se trouve par ailleurs largement exposé, commenté, discuté, dans quantité d'ouvrages et de revues de psychanalyse. Qu'on se rappelle bien, cependant, que ce « schéma type » n'est qu'une sorte d'image générique du déroulement de la cure, que chaque cas est spécifique, et que telle ou telle phase, tel ou tel aspect peut y manquer ou au contraire y prendre une importance et une durée particulières.

Les premières séances sont souvent marquées par l'émotion de la première rencontre et par une très vive curiosité marquée de quelque inquiétude. Chez la plupart des patients, cette inquiétude porte sur la position de l'analyste dans cette situation inédite, sur leur propre position (la crainte de ressentir, d'exprimer, de dire, voire d'agir des idées et des émotions d'ordinaire barrées par les règles usuelles des contacts sociaux), et, en deçà sur l'émergence possible de ce monstre redoutable, l'inconscient. Phase souvent très riche par sa spontanéité, et où l'analyste peut alors repérer quelques-uns des thèmes essentiels à venir. Il ne le dit bien sûr pas tout de suite, bien au contraire : non qu'il pense devoir le dissimuler, mais parce qu'il sait bien que tout un cheminement préalable va être nécessaire pour que ce soit admissible par le patient et prenne réellement fonction dans son travail psychique (l'interprétation sauvage prématurée est toujours inutile, parfois néfaste).

À cet émoi du début succède ce qu'on qualifie parfois, avec un peu d'humour, de « lune de miel analytique », faite d'émerveillement du patient devant la richesse insoupçonnée de son propre fonctionnement psychique, et de gratitude pour l'analyste qui en permet la révélation, un analyste volontiers idéalisé. L'analyste cependant garde la tête froide : il sait bien que cela n'a qu'un temps…

Car vient le temps des choses sérieuses – non pas qu'elles soient plus importantes, mais elles sont sans doute plus graves. Car la cure analytique a pour fonction essentielle de remettre au jour tout ce qui auparavant était rendu et maintenu inconscient par le jeu du refoulement et d'autres défenses (la dénégation, le déni, l'isolation, etc.), mais aussi de réactiver tout ce qui, sans être à proprement parler inconscient, était tenu à l'écart et rendu aussi inactif et indolore que possible. Ceci par des attitudes du type : « Puisque je n'y peux rien, je mets mon mouchoir par-dessus, je m'y résigne, je fais ce que je peux pour penser à autre chose, travaillons ça vaut mieux, j'ai d'ailleurs tout pour être heureux », etc. Toutes ces tactiques peuvent s'avérer utiles pendant un temps, mais ne résolvent pas le problème ; en général l'insatisfaction, l'amertume, l'angoisse montent progressivement, et le sujet en vient à se dire qu'il en est train de gâcher sa vie : c'est alors qu'il se décide à consulter un psychanalyste. Lorsque, dans cette seconde phase de la cure, après la « lune de miel », tout cela revient en force, il vit des moments difficiles à mesure qu'émergent les désirs insatisfaits et les interdits qui s'y opposent, les frustrations, les deuils méconnus, les haines obscures, les culpabilités, les pensées inavouables, etc. Les défenses se mobilisent. Elles peuvent, selon les patients, produire des effets bien différents. Certains sont tentés d'abandonner, fût-ce en se saisissant de prétextes. Ce fut le cas de cet homme qui souffrait de graves inhibitions ; d'abord animé d'une foi du charbonnier envers l'analyse, il faillit rompre le jour où il découvrit que son analyste avait par ailleurs quelques fonctions d'enseignement : il avait vécu toute sa scolarité comme un martyre imposé par des sadiques… D'autres réagissent par une aggravation de leurs troubles, comme pour bien établir que tout cela est inutile, et même nuisible, qu'il faut donc arrêter (et l'entourage ne manque pas, assez souvent, de proclamer : « Je te l'avais bien dit ! »). D'autres encore cimentent de solides défenses contre l'émergence même de tout ce qui est trop pénible :

c'est la « traversée du désert », où se succèdent les séances consacrées à la relation de petits faits rendus sans importance parce que vidés de toutes leurs résonances, etc.

L'analyste s'y attend. Il sait qu'il doit tenir bon ; il ne cherche pas à bousculer son patient, à brusquer les choses, car il sait bien qu'à attaquer les défenses de front il risquerait fort de les durcir. Sans relâche cependant il établit des liens, suggère des sens possibles, offre des interprétations : toute sa visée est de maintenir l'analyse vivante. En tout ceci bien sûr il est particulièrement attentif au développement et aux modalités du transfert (c'est-à-dire de la façon dont jouent à son égard des sentiments, des attitudes, des schémas relationnels, etc., antérieurement mis en place avec d'autres personnes, au premier chef les parents).

Si tout va bien, on sort un jour du désert, et l'analyse prend son véritable essor. Alors se réélabore toute la dynamique psychique, alors se réécrit l'histoire personnelle ; ce qui s'y joue fera l'objet de la plupart des questions posées plus loin.

Vient le moment où l'on peut envisager la fin de la cure. Cela s'analyse, et il arrive que cela prenne du temps : car il s'agit d'une séparation, après un long parcours commun, et de tout ce que cette séparation peut raviver d'inquiétudes, de blessures anciennes, de deuils même. L'objectif est qu'elle se fasse à l'amiable, sur une date décidée en commun, ni trop éloignée, ce qui lui ôterait toute réalité, ni trop proche pour qu'on ait le temps de s'y ajuster…

Répétons-le, il s'agit là d'une sorte d'image générique du déroulement de la cure analytique, sans qu'aucun cas particulier s'y ajuste vraiment, exactement comme une photo générique n'est le portrait d'aucune personne réelle…

9

Qui interprète, pourquoi, comment ?

On trouve en général dans le grand public deux images parfaitement contradictoires du psychanalyste : c'est un monsieur (une dame) qui de temps à autre vous dit ce qu'il faut penser de ce que vous venez de dire, ou de ne pas dire, mais en définitive de vous-même ; ou : c'est un monsieur (une dame) qui ne dit strictement jamais rien. S'il se rencontre un analyste conforme à l'une de ces deux images, je pense personnellement qu'il a tort. Le premier de s'installer comme une sorte de devin qui vous délivrerait des vérités sur votre inconscient, des vérités que vous seriez prié d'accepter telles quelles ; le second de vous laisser indéfiniment livré à vos questions, vos doutes, vos angoisses, votre solitude.

Car à la question : qui interprète ? la meilleure réponse est je crois : le psychanalyste et le patient, mais sans doute le patient d'abord. Simplement parce que l'expérience montre qu'une interprétation donnée prématurément par l'analyste est sans effet, voire fâcheuse parce qu'elle risque de conforter des résistances. Par exemple : tout patient aujourd'hui sait bien au début de son analyse qu'il y sera question de son père, de sa mère, et de ses relations avec eux ; il sait quelque chose, même de façon approximative, des « marottes » des psychanalystes, et notamment du complexe d'Œdipe. De sorte que si on interprète trop vite en termes œdipiens un incident de son enfance, il risque de l'accueillir comme une banalité : oui, bien sûr, mais ça ne m'apprend rien... Et effectivement ça ne lui apprend rien. Si par contre cet incident ayant été évoqué, on lui laisse le temps de cheminer, si peuvent en surgir les résonances affectives, parfois très vives mais jusque-là occultées, si par association viennent d'autres souvenirs, d'autres pensées, d'autres émotions, alors se constitue un réseau vivant, vivant de tout son poids de passé et de présent, de douleurs, d'inquiétudes, d'amour et parfois de haine, un réseau beaucoup plus significatif que la banalité initiale.

Mais c'est sans doute d'abord aux yeux du psychanalyste que cette signification d'ensemble se dégage, parce qu'il y est préparé par sa position d'écoute quelque peu en recul de ce qui se rejoue là sous ses yeux, par les arrière-plans théoriques dont il dispose, et par son expérience clinique. Il se peut qu'alors tout cela s'organise à ses yeux sous le signe de la conflictualité œdipienne. S'il juge que les temps sont mûrs, il le fait remarquer à son patient (en termes aussi simples que possible, et en s'abstenant d'explications abstraites et de références théoriques). Il a alors la satisfaction d'entendre son patient dire : « Oui, bien sûr... », et par là reconnaître clairement ce qu'au fond maintenant il savait, parce qu'il avait cheminé assez longuement vers cette compréhension pour l'avoir « au bord de la conscience », comme on dit « l'avoir sur le bout de la langue ».

La bonne interprétation c'est certainement cela : une mise en forme par le langage permettant qu'émerge à la pleine lumière de la conscience ce qui jusque-là peinait à y accéder. La cure analytique est une collaboration entre deux personnes. Si la parole y est si importante, c'est parce que, si tâtonnante soit-elle, elle permet au patient d'exprimer à l'analyste ce qui n'avait jamais pu être dit, et parce que l'analyste aide à trouver les mots pour le dire ; au-delà des mots, le langage est l'instrument nécessaire pour penser ce qui jusque-là ne pouvait pas l'être.

Il s'agit là du travail de l'interprétation, au sens le plus exact du terme. Cette définition est exigeante, de sorte que cela n'arrive pas tous les jours. Or le psychanalyste peut (et à mon sens doit) parler sans se limiter à cela.

Sa première tâche est de favoriser l'émergence d'un « matériel » utile à l'analyse. Il avance un « hmmm... ? » interrogateur et encourageant, il répète un mot du patient, il invite à développer une idée, une association, il met en évidence une émotion, parfois il demande un éclaircissement factuel, etc. De multiples façons il aide à désenclaver ce qui était enfermé : la pensée à peine esquissée et qui risquait de rester fugace, l'émotion vite réprimée, l'association aussitôt jugée inopportune, etc. Il y faut certes beaucoup de cette attention vigilante et cependant de cette ouverture à l'inattendu dont j'ai parlé à propos d'une question précédente (à propos des règles de la démarche analytique). C'est bien ainsi que se préparera le moment de l'interprétation.

Ce moment est préparé aussi par les interventions de l'analyste qui aident à créer des liens. Car il se pose très souvent la question : quel rapport entre ceci et cela ? ceci qui vient d'être dit après cela, sans lien apparent, alors que le patient a lui-même le sentiment de sauter du coq à l'âne. Mais quel rapport entre le coq et l'âne ? Il n'y a pas de hasard : si le patient est passé de ceci à cela, c'est bien qu'un cours de pensée sous-jacent, même inaperçu de lui, même inapparent pour moi, l'y a conduit : quoi ? À se poser cette question, on s'aperçoit très souvent qu'en effet il n'y a pas de hasard, et l'on se donne des chances de mettre en lumière ce courant souterrain. De même, il arrive à l'analyste d'intervenir pour dire : vous vous souvenez que vous m'aviez dit... rapporté tel rêve... etc., faisant ainsi référence à des moments de l'analyse qui peuvent être très antérieurs (parfois, des années après que cela a été évoqué) ; ceci toujours pour suggérer un lien, un sens commun. Il arrive que le patient admire cette « mémoire phénoménale », et se demande comment diable l'analyste peut se rappeler tant de choses. Il n'y a pas de mystère : comme tout le monde, l'analyste se souvient de ce qui était lesté de son poids de sens et d'affect. Cela ne faisait pas sens pour le patient à l'époque, il a oublié ; mais c'est parce que, déjà, cela faisait sens pour l'analyste qu'il se souvient.

Certaines interventions se situent cependant tout autrement que « dans le sens ». Je crois nécessaire, et tout simplement humain, lorsque l'analyste est en présence d'un moment de grande souffrance de son patient, qu'il témoigne de sa présence, fût-ce par un simple « oui… » dont la tonalité marque qu'il reconnaît cette souffrance. Il ne s'agit pas de compassion, ou de pitié, ou d'attitude charitable ou réparatrice, toutes positions qui seraient très inopportunes. Bien plus que de pitié, quelqu'un qui vit un tel moment de grande souffrance a besoin, tout simplement, que ce soit entendu de quelqu'un, et respecté. Le travail de l'analyse pourra reprendre ensuite, pour en éclairer les résonances et les sources, c'est-à-dire réduire la souffrance ; mais d'abord, reconnaître qu'elle existe.

Enfin, il est un type d'interventions, assez rares, qui interviennent plutôt dans la dernière phase d'une analyse, et qu'on désigne comme des « constructions ». L'analyste y rassemble des interprétations antérieurement travaillées et acceptées d'un commun accord, dans une visée synthétique et pour une part conclusive. C'est un peu comme si l'on reparcourait un paysage dont on aurait auparavant laborieusement exploré le détail, mais que maintenant on pourrait revoir et apprécier dans son ensemble…

10

La psychanalyse guérit-elle ?

Poser cette question suppose, implicitement, qu'elle est une technique thérapeutique pour venir en aide à des malades, pour guérir des maladies. Qu'est-ce donc qu'un malade, une maladie ? La question peut surprendre si l'on n'y a pas spécialement réfléchi : un malade, c'est quelqu'un qui va voir un médecin parce qu'il souffre de quelque chose ; le médecin va poser un diagnostic, c'est-à-dire identifier une maladie, puis la soigner (éventuellement la guérir), et le tout sera authentifié par la Sécurité sociale. Bien. Mais le médecin généraliste sait bien, lui, quelle différence il convient de faire entre ce monsieur apparemment bien portant qui présente cependant les signes indiscutables d'un cancer, et cette dame âgée et solitaire qui vient se plaindre, sous des prétextes variés, simplement pour trouver une oreille attentive et un contact humain ; s'il fait bien son métier, il reçoit, écoute et tente d'aider cette dame, mais il ne la considère certainement pas comme une malade, en tout cas pas au même sens du terme que ce monsieur dont il faut d'urgence sauver la vie.

Si l'on veut sortir de cette conception banale, on peut prendre un dictionnaire. *Le Petit Robert* se borne à dire que la maladie est « une altération organique ou fonctionnelle considérée dans son évolution, et comme une entité définissable ». C'est peu, mais c'est déjà beaucoup. « Considéré dans son évolution » implique en effet qu'on peut situer le début de cet état fâcheux (à l'apparition de certains signes), le dater (même approximativement), identifier la nature du mal par le repérage de symptômes et ainsi le classer dans le tableau général des maladies de même type (la nosographie), connaître (en principe) les causes (l'étiologie), prévoir son cours (car l'on connaît l'évolution typique), enfin mettre en œuvre des techniques thérapeutiques appropriées. La tuberculose est une maladie, parce que tous ces critères lui sont applicables ; ils ne le sont pas dans le cas du pied bot, qu'on ne peut donc considérer comme une maladie bien que ce soit une altération anatomique.

L'idée d'« altération organique » est assez claire : il s'agit d'une anomalie « géographique » d'une partie du corps ou d'un organe, clairement identifiable par comparaison avec la « bonne forme typique » donnée par les traités d'anatomie : c'est le cas par exemple d'une anomalie congénitale de la structure du muscle cardiaque, ou de brûlures graves. L'idée d'« altération fonctionnelle » est beaucoup plus floue : elle implique que l'organe fonctionne mal, qu'il soit anatomiquement normal ou pas. C'est le cas par exemple de troubles graves du rythme cardiaque ; dans ce cas, personne n'hésitera à considérer qu'il s'agit d'une maladie. Mais si quelqu'un se plaint de migraines, de troubles du sommeil, de perte d'appétit, de fatigue ? Il n'est pas rare qu'au terme d'examens de plus en plus raffinés le médecin déclare qu'il ne décèle aucune maladie ; il est fâcheux qu'il dise, par un usage inapproprié du terme, qu'il ne s'agit que de « troubles fonctionnels », plus fâcheux encore qu'il renvoie son consultant en lui disant « vous n'avez rien » : le consultant sait bien, lui, qu'il souffre... Il vaut bien mieux (et ceci devient heureusement plus fréquent) que le médecin le reconnaisse et, s'il le juge utile, l'adresse à un « psy » (psychiatre, psychanalyste, psychologue clinicien), supposant à juste titre qu'il s'agit de troubles à prendre en charge à un autre niveau que l'organique.

Mais ce « psy » va-t-il considérer, lui, qu'il a affaire à un malade, à une maladie ? La plupart du temps, non ; non pas qu'il nie une souffrance à laquelle il faut porter remède, mais simplement parce que les critères énoncés plus haut sont inapplicables. Pour comprendre pourquoi, un peu d'histoire est ici nécessaire.

La médecine du XIXe siècle a accompli un travail considérable en définissant sous le terme général de « maladies mentales » un très vaste ensemble de souffrances humaines. Sur le modèle remarquablement efficace que lui avaient proposé la botanique et la zoologie, elle a repéré des symptômes et construit des syndromes (un syndrome est un ensemble de symptômes caractéristique d'une maladie) classés au sein d'une nouvelle nosographie (tableau systématique des maladies), la nosographie psychiatrique. Cette vaste entreprise a continué au XXe siècle, et continue. Mais on a beaucoup évolué en ce qui concerne la recherche des causes (l'étiologie). Dans une conception où la maladie procède de causes affectant le corps, on a d'abord imputé toute maladie mentale à de telles causes : ceci, même si l'on échouait à les mettre en lumière, était affirmé comme un dogme scientifique.

À la fin du XIXe siècle, on se passionne pour un type particulier de troubles, les hystéries, d'autant plus que les hystériques (presque toujours des femmes) frappent l'imagination par des symptômes spectaculaires, à tonalité volontiers érotique. Tout le monde, à commencer par le grand Charcot, pense que cela procède de troubles organiques, à découvrir. Freud, qui suit pendant un temps son enseignement à Paris, le pense aussi. Retourné à Vienne, il soigne ses hystériques en utilisant l'hypnose. Dès lors, il s'intéresse de plus en plus aux étranges phénomènes psychiques dont il est témoin, et se dégage progressivement du postulat d'étiologie organique. Il y a bien, pense-t-il, une étiologie de l'hystérie, mais elle n'est pas à rechercher dans une altération du corps (du cerveau, des nerfs, voire, comme on le pensait autrefois, de l'utérus). Elle est à rechercher dans l'histoire personnelle de la malade. Un événement, un jour, dans son enfance, a produit un traumatisme psychique dont l'hystérie est l'effet longtemps différé. Dès lors, la technique va viser à ramener à la conscience le souvenir de cet événement oublié (plus exactement refoulé), et cette reviviscence du souvenir guérira la malade. Telle est l'argumentation des *Études sur l'hystérie*, qu'il publie en 1895 en collaboration avec Josef Breuer. Dans cette conception, les hystériques sont bien encore considérées comme des malades, l'hystérie comme une maladie : tous les critères (étiologie, début, évolution typique, etc.) sont satisfaits.

Mais Freud va progressivement se détacher de cette conception étiologique trop simple. Il lui apparaîtra que bien souvent on ne trouve pas de traumatisme, même en remontant aussi bien qu'on le peut le cours de l'histoire personnelle du patient ; que les causes sont multiples ; que leurs effets sont multipliés par des conditions favorisantes ; et que toujours il s'agit d'une très longue histoire, où constamment ont joué des effets d'après-coup (c'est-à-dire un remodelage rétrospectif, par le sujet lui-même, des épisodes de sa propre histoire)… Bref, si quelqu'un va mal, c'est en général parce que, depuis sa prime enfance, s'est construit en lui un appareil psychique qui fonctionne de façon tensionnelle, conflictuelle, douloureuse, désadaptante ; il va mal, certes, mais on ne peut pas pour autant le dire « malade ». La cure psychanalytique va s'attacher à modifier ce fonctionnement fâcheux. Il y faudra de la patience et du temps. Il ne suffit pas de supprimer une cause locale, sous prétexte d'aller plus vite, car, comme l'a dit Freud avec son humour habituel, on ne ferait « vraisemblablement pas plus que ce que feraient les pompiers si, en cas d'incendie d'une maison provoqué par une lampe à pétrole renversée, ils se contentaient d'enlever la lampe de la pièce où le feu s'est déclaré ».

Ainsi, pour le psychanalyste, la plupart des gens dont il s'occupe ne sont pas des malades mentaux, et la notion même de maladie est inadéquate. Il ne « guérit » pas, il aide à vivre. Cela n'évitera certes pas au patient les tristesses, les deuils, les souffrances de toute vie, mais cela lui permettra d'en porter mieux le lot commun. Pour citer encore Freud, dès le début de sa carrière, aux patients qui l'interrogeaient : « Docteur, me guérirez-vous ? », il répondait : « Vous trouverez grand avantage, en cas de réussite, à transformer votre misère hystérique en malheur banal » (*Études sur l'hystérie*, 1895 ; c'est la conclusion du livre).

Sous l'influence de la psychanalyse, depuis un siècle le fossé entre « malades mentaux » et « normaux » s'est beaucoup estompé, et c'est fort heureux. La notion de « maladie mentale » n'est pas pour autant obsolète, mais elle s'est beaucoup précisée et restreinte ; il s'agit alors essentiellement des psychoses, prises en charge par la psychiatrie. Celle-ci dispose aujourd'hui de moyens d'action considérables, au premier chef une pharmacopée riche bien que d'emploi délicat ; en ce domaine aussi le psychanalyste a son mot à dire, mais c'est une autre histoire…

11

La psychanalyse peut-elle faire peur ?

Il faut ici distinguer les craintes : du patient ; de son entourage ; et du psychanalyste lui-même...

En général, bien avant de venir voir un psychanalyste, le patient redoute ce contact autant qu'il le désire. Il a lu des choses sur la psychanalyse, pas toujours très claires, pas toujours très rassurantes ; il en a entendu parler, pas toujours en bien (c'est le moins qu'on puisse dire). Il appréhende un contact avec le Sphinx, ou au contraire avec un inquisiteur insatiable qui lui extorquerait les aveux les plus pénibles. De toute façon, il le sait bien, il lui faudra parler sans pudeur de sa sexualité, raviver ses cauchemars les plus effrayants, avouer ses désirs les plus secrets. Et le transfert ? ne va-t-il pas irrémédiablement sombrer dans une passion sans espoir ? même sans cela, ne se retrouvera-t-il pas pieds et poings liés, aliéné dans une dépendance pire que sa souffrance actuelle ? et tout cela, en plus, en payant cher ? décidément, non. Et pourtant l'espoir est là, tenace. Il a tout essayé : se raisonner, travailler plus, trouver un nouvel engagement amoureux, faire un enfant, etc. ; il a demandé à son médecin des tranquillisants, mais il se rend compte qu'il est en train de sombrer dans une toxicomanie douce, et que cela ne supprime pas cette blessure secrète qui le ronge. Il faudrait qu'il puisse en parler. À qui, qui sache entendre, et qui soit lié par le secret ? Vient un moment où l'espoir l'emporte sur la crainte : il va voir un psychanalyste, après bien sûr s'être renseigné pour répondre au mieux à cette question essentielle : en qui peut-on avoir confiance ? S'il décide de s'engager, cet équilibre de la crainte et du doute restera actif, vivant, et fournira la matière d'une bonne partie de l'analyse.

Mais l'entourage a, lui aussi, son opinion – ses opinions, car le malheureux a de bonnes chances de recueillir des avis discordants.

Le couple d'abord. La position du conjoint, s'il en est un (une), est importante. Il n'est pas rare que cette personne ait elle-même couru l'aventure, ou la coure encore, s'en trouve bien, et depuis quelque temps la conseille vivement à l'intéressé, pensant à ses difficultés personnelles et à celle du couple qui, espère-t-elle, s'en trouvera mieux. Si le conjoint est étranger à la psychanalyse, il se peut qu'au contraire il voie d'un mauvais œil une entreprise dont il redoute que le couple n'éclate ; mais parfois il en vient à être curieux, intéressé, tenté d'entreprendre lui-même un travail psychanalytique (signalons au passage qu'il est radicalement exclu que le même psychanalyste prenne en charge ces deux personnes, ou plus généralement deux personnes proches). Toujours les questions de temps et d'argent se posent, surtout dans la mesure où il s'agit d'un budget commun, et le problème est particulièrement aigu si le consultant ne dispose pas de revenus personnels et doit demander au conjoint de payer ; il n'est pas rare d'ailleurs, si le traitement commence ainsi, que le patient, supportant mal cet état de choses, en vienne au bout de quelque temps à trouver les moyens d'un revenu personnel, dans le cadre de plus d'indépendance. Mais l'essentiel n'est pas là peut-être : il réside en ceci que, progressivement, une part importante de la vie de l'un va, par définition, échapper à l'autre : il y faut, de part et d'autre, beaucoup de confiance et de tolérance. Si tel est le cas, les couples trop serrés, qui allaient mal justement du fait d'une excessive dépendance mutuelle, s'en trouvent en général fort bien…

Considérons la position des parents (c'est-à-dire le père et la mère), s'ils ne sont pas décédés (mais s'ils sont décédés ils seront tout aussi présents dans l'analyse, voire plus…). On constate souvent que, sauf culture familiale particulière, le consultant préfère ne pas leur faire part de son projet, et que, s'il engage une analyse, il restera longtemps (parfois toujours) sans le leur dire. Car il sait bien que dans cette analyse il va être beaucoup question d'eux, pas toujours avec indulgence, et que le fait même d'entreprendre une analyse peut leur apparaître comme un reproche informulé, risquant de susciter leur question attristée ou offusquée : « Quoi, nous n'avons pas fait de toi quelqu'un d'heureux ? »

Le reste de la parentèle et les amis s'en mêlent, et multiplient les avis contradictoires, où ne manquent pas les mises en garde : on a connu quelqu'un qui est allé plus mal du fait de ce traitement, on en cite un autre qui est en analyse depuis dix-huit ans, on évoque un couple qui s'est séparé, untel qui est « devenu » homosexuel, etc. ; on stigmatise la psychanalyse pour ses obsessions sur la sexualité, ou, en termes plus élevés, pour son « pansexualisme », pour son obscurité, son caractère non scientifique ; on assimile les psychanalystes aux affidés d'une secte, etc. Bref, ces discours, adressés à quelqu'un qui se dit tenté de placer ses espoirs en la psychanalyse risquent fort de se développer sur le thème : « Vous qui entrez là, perdez toute espérance », de la part de gens qui expriment bien plus par là leurs propres défenses qu'une information objective. Ils sont en général prolixes en conseils : tu devrais plutôt : prendre sur toi, te mobiliser – te détendre – travailler plus – travailler moins – partir en vacances – faire du sport – essayer le médicament X – te marier – divorcer – faire un enfant – déménager – ne pas déménager – essayer plutôt la psychothérapie X, non Y, non Z…, etc. Il peut se trouver aussi, bien sûr, des gens mieux informés, et des gens qui ont fait ou font eux-mêmes l'expérience d'un traitement psychanalytique, et y encouragent. Finalement, ce brouhaha n'a pas que des inconvénients : si, après avoir beaucoup hésité, l'intéressé se décide à une première démarche de consultation auprès d'un psychanalyste (après, encore une fois, s'être renseigné sur sa crédibilité), il aura la sensation d'une démarche réellement personnelle, au-delà de ces discours contradictoires.

Les craintes du psychanalyste enfin. Il n'en est pas exempt, mais elles sont d'une autre nature. Lorsqu'il reçoit quelqu'un pour un premier entretien, il s'attache à évaluer la demande et à saisir le fonctionnement psychique du consultant, attentif à cette question centrale : la psychanalyse peut-elle aider cette personne ? si oui, par quel type de démarche ? et puis-je, moi, prendre le cas en charge ? Il est bien conscient que, s'il donne une réponse positive, ce sera de sa part un engagement, et qui ne doit pas être pris à la légère. C'est pourquoi il n'est pas rare qu'il suggère un deuxième, voire un troisième entretien exploratoire. Il se peut qu'il se récuse : votre cas ne relève pas d'un traitement psychanalytique ; ou bien : je ne peux pas, moi, m'occuper de vous, mais je vous suggère d'aller voir tel collègue ; ou bien, oui, nous pouvons entreprendre un travail psychanalytique (je préfère quant à moi dire ainsi « nous », pour bien marquer qu'il s'agira d'une recherche commune). Il sait qu'alors il prend des risques : il a pu mal évaluer la demande et le fonctionnement psychique du consultant, ou présumer de ses forces face à des difficultés inattendues. Il y aura en effet, bien probablement, des passages difficiles dans cette analyse : s'il a donné son accord pour l'entreprendre, c'est qu'il faisait confiance à sa capacité de « faire face »...

12

Qu'est-ce que le transfert ?

La psychanalyse utilise ce mot du langage courant dans un sens bien particulier : il s'agit du report sur une personne de pensées, sentiments, modalités relationnelles, etc., qui se sont antérieurement adressés à quelqu'un d'autre. Tout se passe alors comme si une sorte de schéma mental et de conduites, mis en place à propos d'une personne, rejouait avec d'autres dans le fil ultérieur de la vie.

On pourrait être tenté de réduire cela à un simple transfert d'apprentissage par lequel des façons de penser, de sentir, de se comporter qui ont été « apprises » avec quelqu'un seraient ainsi déplacées plus ou moins à l'identique dans des relations ultérieures ; dire par exemple que c'est parce qu'on a appris à être poli qu'on continue toute sa vie à l'être dans de nouvelles relations. Certes, mais l'explication serait alors un peu courte ; la notion psychanalytique de transfert ne se réduit pas à un simple report d'apprentissage. Car ce qui intéresse le psychanalyste, ce ne sont pas tant les conduites observables que les processus psychiques qui les produisent. La notion de transfert se réfère alors au premier chef à tout un ensemble de processus psychiques constituant une sorte de

« montage » interne qui continue à fonctionner, avec des variantes, à propos de personnes nouvelles, et ceci, par définition, de façon pour l'essentiel inconsciente.

Les exemples abondent. Témoin ce petit garçon qui a peur de son instituteur exactement comme il a peur de son père ; cet homme toujours séduit par le même type de femmes dont il n'est pas difficile de remarquer qu'elles ont quelque chose en commun : elles ressemblent à sa mère, physiquement ou par leur personnalité ; cet autre toujours séduit par le même type de femmes parce que, précisément, elles sont à l'inverse de la mère (blondes et maternelles, parce que la mère était brune et sèche, etc.), ce qui revient au même puisqu'en ces deux cas la mère est toujours prise pour modèle, positif ou négatif. Tout se passe donc comme si, en présence de quelqu'un, l'intéressé percevait et ressentait cette personne, et donc se conduisait avec elle, en fonction d'un schéma préétabli où une sorte de figure fondamentale tiendrait le rôle central, en général à son insu. La méconnaissance d'un tel fonctionnement est favorisée par ceci que, bien sûr, d'une relation à l'autre, ce schéma s'applique avec des variantes, et que ces variantes peuvent être recherchées (« cette fois, cette personne est si différente que ce sera tout autre chose ! ») ; pourtant il n'est pas rare que vienne la désillusion lorsqu'on constate qu'en fait la même histoire se répète : c'est bien qu'elle était conditionnée par le même schéma.

Ainsi définie, la notion de transfert est donc très générale et s'applique à de très nombreux cas. Cependant, la psychanalyse l'utilise surtout dans le cas d'une modalité relationnelle très particulière, celle du patient à son analyste. Les principales modalités de cette relation ont été définies sous des questions précédentes (en particulier celles qui concernent les règles de la démarche et le déroulement de la cure). Ce sont elles qui vont cadrer et régler l'instauration et le développement du transfert, ou plutôt des transferts, du patient « sur » l'analyste. Il s'agira toujours du report sur la personne de l'analyste de pensées, sentiments, conduites, dont le schéma a été mis en place antérieurement par référence à des « personnages significatifs » de l'histoire personnelle du patient : fondamentalement sa mère et son père, mais aussi, éventuellement, un frère ou une sœur, telle autre personne importante (fréquemment un grand-père ou une grand-mère, parfois un ami très proche, un amour de jeunesse, etc.). Ce report est favorisé par les conditions imposées à la relation : l'analyste, dont le patient sait en principe très peu de chose, et dont la présence reste constamment discrète, constitue une sorte de surface vierge où peut être projeté (au sens du cinéma, mais aussi au sens psychanalytique) tout ce qui aspire à l'être (et dans la situation divan-fauteuil le fait même qu'il n'est pas vu en cours de séance y contribue).

Freud a mis longtemps avant de s'aviser de ce type de phénomènes ; puis il a considéré qu'il s'agissait de faits mineurs, plutôt gênants, avant d'en reconnaître l'importance. Les psychanalystes contemporains s'accordent à penser que ce sont des phénomènes majeurs, et beaucoup voient dans le développement et l'analyse du transfert un moteur essentiel de la cure. De ce fait, ils interviennent fréquemment en ce sens par des « interprétations de transfert » qui attirent l'attention du patient sur des correspondances entre ce qui se joue en ce moment et ce qui s'est joué autrefois, sur des homologies du type : « Remarquez qu'en ce moment vous êtes en colère contre moi exactement comme il vous arrivait d'être en colère contre votre père… » ; « Cette demande que vous m'adressez en ce moment, c'est la même au fond que celle que vous adressiez à votre mère avec le sentiment qu'elle n'y répondait pas », etc. Il ne se presse pas cependant de donner de telles interprétations.

Au cours de la cure en effet, le transfert naît, se développe et prend des modalités auxquelles il est toujours attentif, et qu'il veille à ne pas bousculer. En fait, le transfert est toujours présent dès le premier contact, puisque le consultant, qui vient demander de l'aide, aborde le premier entretien avec des espoirs, des craintes, une image préétablie de l'analyse et des analystes, etc., qui guident son approche et sa perception de la personne avec qui il entre ainsi en contact. Il utilise là, comme pour toute autre rencontre, mais de façon en général très aiguisée par l'espoir et la crainte, ce qui lui vient de relations antérieures. Ainsi, s'il perçoit l'analyste comme un homme très savant, un magicien, un médecin qui va résoudre son problème à sa place, une bonne mère, etc., ou à l'inverse un possible charlatan, un exploiteur uniquement préoccupé d'argent, quelqu'un qui va le mettre sous sa coupe, etc., c'est bien parce qu'il utilise là, même inconsciemment, des éléments transférentiels. Si l'analyste, au cours du ou des premiers entretiens, lui demande de parler de sa vie passée, et notamment de son enfance, c'est justement pour tenter d'évaluer comment chez ce consultant jouent de tels éléments, c'est-à-dire comment il aborde une possible analyse, et comment ils joueront si cette analyse doit advenir. Il n'en dit en général rien sur le moment, car ce serait fort prématuré, gênant voire choquant pour le consultant : cela viendra en son temps.

Au cours de la cure, le transfert, si tout va bien, va passer par des phases successives : souvent positif, puis très positif (c'est-à-dire affectueux, voire plus !) vis-à-vis d'un analyste volontiers idéalisé, lors de la « lune de miel » de la première phase ; souvent, mais pas toujours, négatif ensuite lorsqu'émerge une hostilité vis-à-vis des parents jusque-là enfouie, et le passage risque d'être pénible pour les deux protagonistes (surtout si, comme il advient parfois, cela conduit le patient au bord de la rupture...). Vient ensuite, toujours dans la séquence la plus probable, une période plus calme où tout cela se relativise ; il y a fallu beaucoup de travail d'analyse de ces mouvements transférentiels eux-mêmes. Vient le moment de la séparation, qui n'est pas le moins délicat, mais où il s'agira encore d'analyser le transfert (quitter son analyste comme on a quitté ses parents, voire accepter sa mort comme on a accepté ou on se prépare à accepter la leur)... On disait autrefois qu'il faut alors « liquider le transfert » ; je n'aime pas cette expression, si elle implique que tout transfert sur l'analyste devrait alors disparaître. On ne peut supposer, ni se donner pour objectif, qu'une relation si importante, et qui dans les meilleurs cas a changé la vie, puisse disparaître sans laisser de traces. Elle restera, comme une relation majeure de la vie personnelle, mais une vie qui maintenant se tourne ailleurs et se donne de nouveaux objets.

L'analyste bien entendu n'est pas « neutre » en tout ceci. Il est directement impliqué par tout ce qui lui est adressé ; car ces modalités et étapes du transfert sollicitent constamment en lui ses propres schémas transférentiels, c'est-à-dire tout ce qui lui vient de sa vie passée, en particulier de son enfance, plus tout ce qu'il en a analysé au cours de sa propre analyse. Il peut arriver que le patient évoque tel conflit ou événement douloureux qui n'est pas sans résonances avec quelque chose que vit ou a vécu l'analyste lui-même (un deuil par exemple). Si l'analyste n'y prend garde, sa position, ce qu'il va dire ou ne pas dire, sur le coup ou plus tard, risque d'être plus déterminée par ce qui le concerne personnellement que par ce qui concerne le patient, et ceci à son insu. C'est bien pourquoi il veille aussi rigoureusement que possible à la surveillance de ses propres « mouvements contre-transférentiels » ; non pas pour les supprimer, ce qui est parfois impossible, mais pour veiller très soigneusement à ce qu'ils ne s'expriment pas d'une façon fâcheuse pour la cure.

13

Qu'est-ce qu'un traumatisme psychique ?

Le terme « traumatisme » a été d'abord un mot savant, forgé sur le grec, et qu'on utilisait en chirurgie pour désigner l'action violente sur l'organisme d'un événement d'origine externe (un coup, une blessure, une amputation, etc.), mais aussi les effets de cet événement sur le corps et sur son fonctionnement. Ce double sens du terme (une agression externe, et les effets à plus ou moins long terme de cette agression) s'est conservé lorsqu'il a été transposé en psychiatrie à la fin du XIXe siècle pour décrire des événements violents affectant le psychisme (agressions, accidents de chemin de fer, événements de guerre, etc.). L'idée est celle d'un choc violent, imprévu, qui suscite une émotion très vive, l'organisme et le psychisme du sujet se trouvant pris au dépourvu sans que des défenses efficaces puissent être mobilisées.

C'est donc à la psychiatrie que Freud l'emprunte, mais il va en modifier profondément l'usage. Vers 1895, il propose une théorie révolutionnaire : toute névrose est l'effet d'un traumatisme *psychique*, c'est-à-dire d'un événement qui, en général sans atteinte corporelle, a suscité une émotion violente contre laquelle le sujet n'a pas pu lutter. Il ajoute deux conditions, qui vont par la suite rester fondamentales en psychanalyse. Première condition, cela s'est passé au cours de l'enfance. Ceci va lancer toute la psychanalyse sur la voie d'une explication « historique », c'est-à-dire où l'on recherchera la compréhension des troubles par une investigation sur l'histoire personnelle du patient. Seconde condition : cet événement de l'enfance était « de nature sexuelle » (entendre : un spectacle ou des actes sexuels proposés ou imposés par un adulte). Cela va susciter le scandale, paraître très exagéré à beaucoup, et donner du fil à retordre à Freud lui-même, aussi longtemps qu'avec tout le monde il pense que les enfants n'ont pas de sexualité ; ce n'est qu'à partir du moment (1905) où il admet pleinement l'idée d'une sexualité infantile que la théorie va devenir cohérente.

Il y a traumatisme psychique quand un événement imprévu et brutal soulève chez le sujet un orage émotionnel qu'il est incapable de contenir et qui lui donne la sensation d'une catastrophe. Parfois en effet il s'agit d'un événement (en cas de guerres, massacres, tremblements de terre, etc.) qui menace réellement la vie ; il peut aussi s'agir d'événements d'apparence moins grave, mais qui donnent au sujet, sur le moment, la même impression de catastrophe (par exemple, pour un enfant de deux ou trois ans, se trouver répétitivement confronté à des colères brutales et imprévisibles de sa mère). Toujours il y a traumatisme lorsqu'il se sent désarmé, et envahi par une énorme quantité d'émotion qu'il ressent comme littéralement destructrice. Ceci est éprouvé comme angoisse, une angoisse qui reviendra par la suite à l'occasion d'événements semblables, ou d'événements qui évoquent l'événement primitif ; le sujet apprend à éviter soigneusement toute circonstance où cela pourrait arriver (c'est ainsi qu'on peut comprendre certaines conduites phobiques, définies précisément comme conduites d'évitement). Parfois, l'angoisse revient comme « angoisse pure », de façon elle-même brutale et imprévue, sans qu'aucun événement, aucune circonstance particulière, semble le susciter : de telles crises d'angoisse sont particulièrement pénibles, puisque rien ne permet au sujet de s'y préparer et d'en parer l'explosion. La voie de la cure analytique est toute tracée : rechercher l'histoire de ces crises pour en explorer les résonances et en retrouver les sources (bien sûr, rien n'interdit de prendre aussi des anxiolytiques ; mais ils ne peuvent que contrer les effets sans remonter aux causes, c'est-à-dire qu'on risque d'y être condamné à long terme, sans accès à la compréhension de ce qui se passe).

Il ne faut donc pas confondre cette dynamique des états d'angoisse d'origine traumatique avec ce qu'implique la notion de « stress ». Cette notion est devenue banale pour parler de tout état de tension excessive. Il est utile de rappeler qu'elle a été créée en biologie pour décrire les mécanismes physiologiques qu'utilise l'organisme lorsqu'il se mobilise contre une attaque (une blessure grave par exemple), la menace d'une attaque, ou des conditions de vie très inhabituelles (un froid extrême par exemple). À cet égard, le stress, qui implique la mobilisation pour lutter, est donc exactement l'inverse du traumatisme psychique, qui survient lorsque le sujet n'a pas les moyens de lutter.

On comprend mieux dès lors pourquoi les traumatismes psychiques sont particulièrement à redouter chez les enfants, et d'autant plus qu'ils sont plus jeunes, c'est-à-dire moins bien armés. J'ajouterai cependant qu'il ne faut pas exagérer les risques : il y a eu une époque, qu'on peut espérer révolue, où des parents ou éducateurs mal inspirés s'abstenaient rigoureusement de gronder un enfant qui faisait d'évidentes bêtises, insupportable, agressif, etc., « pour ne pas le traumatiser » : ils ont pu ainsi fabriquer, çà et là, des petits monstres...

En fait, dès le début, le bébé est déjà armé contre ce qui le menace ; c'est évident au plan biologique (sans quoi il ne survivrait pas à un environnement qui pullule nécessairement d'agents pathogènes), mais évident aussi au plan psychique (la défense la plus efficace étant, tout simplement, le sommeil, dont il use largement). Cependant, ces défenses sont fragiles (et toute mère attentive sait bien qu'il faut veiller à ne pas excéder leurs capacités). Elles vont progressivement se développer et se renforcer, mais cela prendra beaucoup de temps et rencontrera bien des obstacles (notamment à la puberté, où la maturité sexuelle crée une surcharge d'excitation qui parfois menace de rompre les digues ; certaines décompensations schizophréniques de l'adolescence, où la dernière défense est un repli radical, peuvent se comprendre ainsi). Chez l'adulte même, les capacités de défense contre l'excitation et l'orage émotionnel sont très variables, en fonction de toute l'histoire antérieure du sujet ; et c'est alors qu'on peut constater chez certaines personnes les effets nocifs, à très long terme, de traumatismes de l'enfance qui laissent le sujet, à vie, dans un état comparable à celui des grands brûlés.

Qu'il y ait ou non traumatisme psychique ne dépend pas seulement, et peut-être pas surtout, de la nature et de la gravité de l'événement. Par exemple, une situation de menace brutale mais sans agression physique réelle peut être gravement traumatique pour telle personne et rester assez banale pour telle autre. Cela va se jouer au niveau des processus psychiques ainsi déclenchés : le traumatisme psychique est constitué autant ou plus de ce qui se joue au sein même du psychisme que par l'événement d'origine externe lui-même. Il n'y a réellement traumatisme que lorsque le psychisme se sent menacé d'être débordé, envahi par des représentations, des affects, des fantasmes qu'il ne pourra métaboliser. Le sujet est alors envahi par un sentiment de danger extrême, de nature à fracasser sa propre unité psychique et à le laisser totalement désarmé face au danger extérieur, et face à ce qui risque de surgir de lui-même. Ces états de panique, d'effroi, de désorganisation, sont bien différents de la peur ordinaire, qui, elle, situe clairement l'origine du danger et prépare les moyens de l'éviter.

On comprend mieux dès lors la variabilité des effets d'un « même événement » sur des personnes différentes : si ces effets sont plus ou moins traumatiques selon les sujets qui en sont témoins et victimes, c'est qu'en fait il ne s'agit pas pour eux du « même » événement, puisque ses répercussions psychiques peuvent différer profondément d'une personne à l'autre.

Mais cette variabilité des effets traumatiques s'augmente de la nature et de l'efficacité des défenses mobilisables. À court terme, il y a toujours émotion violente, souvent sidération, immobilisation. Parfois le sujet réagit, de façon apparemment paradoxale, par une sorte d'« anesthésie » provisoire ; la plupart du temps, ensuite, l'affect fait violemment retour, dans une crise cataclysmique différée ; mais il arrive en certains cas, les plus graves certainement, qu'une telle décharge cathartique soit impossible et que le sujet s'enferme, à long terme, dans une sorte de désert glacé. Dans les cas moins sévères, les troubles du sommeil et les cauchemars sont presque de règle ; il y a souvent désorganisation des conduites, et, en cas de réapparition d'un danger, des réactions inadaptées (fuite mal orientée qui aggrave le danger, sidération qui laisse passif, etc.).

À moyen terme, on observe en général des crises d'angoisse, accompagnées ou non du souvenir de la scène traumatique. Il arrive en effet que ces crises d'angoisse soient pour le sujet dissociées de l'événement traumatique originel, et lui apparaissent « sans raison ». L'angoisse peut cependant se donner de nouveaux supports : elle est alors déplacée sur d'autres événements, situations, représentations dont la survenue est redoutée ; bien souvent l'entourage s'impatiente, s'indigne, sermonne le sujet qui s'alarme « pour des bêtises », etc. Le sujet souffre de surcroît de cette méconnaissance de la réalité de son angoisse : il est bien d'accord que « ce sont des bêtises », mais il sait, lui, l'intensité de sa souffrance ; hypersensible aux situations qui, même d'apparence bénigne, peuvent provoquer la reviviscence du traumatisme, il s'applique à les éviter. À l'inverse, il peut flirter avec des situations dangereuses, comme pour « rejouer la partie » ; la répétition est alors frappante, et tout se passe comme s'il rejouait le drame, dans une tentative indéfinie du type : « Cette fois je vais maîtriser l'événement et ce que cela suscite en moi »...

Dans tous les cas, risque fort de se creuser un véritable fossé entre la victime du traumatisme et son entourage. Si on force le sujet à affronter une situation redoutée, peut survenir une panique déferlante, précipitant les sujets les plus fragiles dans une décompensation psychotique. À plus long terme, on observe en général une réorganisation défensive, où tout le fonctionnement psychique se réarticule autour du traumatisme comme autour d'une épine irritative, avec prévalence des conduites phobiques d'évitement. Alors s'organise une névrose traumatique, très résistante à une entreprise psychothérapique, car elle constitue une défense vitale.

14

Peut-on tenir à son malheur ?

La question peut paraître bizarre. Pourtant, la réponse n'est pas douteuse : c'est oui.

Point n'est besoin de la psychanalyse pour l'admettre. Voici cet homme qui en conduisant sa voiture semble rechercher l'accident, et y parvient parfois ; cette femme qui, passant d'une liaison à une autre, semble choisir à plaisir (et peut-être en effet y a-t-il là un certain plaisir ?) des parasites, des hommes alcooliques, brutaux, méprisants, etc. ; ce garçon qui tombe malade juste avant de passer un examen décisif ; cette fille qui, sachant fort bien les risques, sombre dans la drogue ; etc. On peut multiplier les exemples. D'autres cas sont plus exceptionnels, comme celui de ces criminels qui, après avoir échappé à toutes les recherches, semblent s'offrir d'eux-mêmes à la capture, et en semblent soulagés ; parce qu'enfin ils pourront ne plus se cacher ? peut-être, mais pas seulement : parfois, le besoin de punition ronge le coupable à tel point qu'il finit par préférer être puni par l'appareil de la Justice plutôt que par lui-même…

Ces cas sont rares sans doute ; mais par contre la recherche de punition et l'autopunition, elles, ne sont pas rares. Le psychanalyste sait que le sentiment de culpabilité est au cœur de beaucoup des drames intimes dont il a à connaître. Dans les cas extrêmes, le malheureux qui en est victime passe sa vie à expier, par des conduites de réparation de plus en plus sacrificielles, ses « crimes », la plupart du temps situés dans l'enfance ou l'adolescence (c'est peut-être ainsi que, parfois, on fait les saints). Il peut s'agir d'un acte, d'un événement, dont il garde un souvenir lancinant. Témoin cet homme qui, devenu grand-père, se reprochait encore une relation sexuelle de son adolescence survenue dans des conditions assez particulières, un événement que beaucoup aujourd'hui trouveraient bénin, mais qui pour lui était une « faute » toujours à expier. Son principal symptôme était une véritable obsession de la propreté, qui l'obligeait à se laver les mains sans cesse ; il trouvait cela absurde, mais était saisi d'une angoisse insurmontable s'il tentait de s'en abstenir. La persécution est parfois celle d'une pensée impardonnable, comme d'avoir un jour, sous le coup de la rage, souhaité la mort de sa mère (et lorsque la mère meurt en effet, au drame de toute mort s'ajoute l'irrationnel mais terrifiant sentiment de l'avoir provoquée).

La plupart du temps, les victimes de cet obsédant sentiment de culpabilité se battent avec courage pour s'en affranchir : à leurs propres yeux, ces auto-reproches sont absurdes, absurdes leurs prétextes, et absurdes les conduites qui en sont la conséquence ; mais, ajoutent-ils régulièrement, « je ne peux pas m'en empêcher ». Shakespeare a très bien illustré cela : Lady Macbeth se donne beaucoup de bonnes raisons pour justifier son forfait, et oublier ; cependant, elle se lave les mains sans cesse. Enfin, nombreuses sont les personnes dont toute la vie est placée sous le signe d'une telle culpabilité, qui se sentent toujours coupables (dans les cas les plus nets, on les reconnaît à ce qu'elles s'excusent sans cesse) mais qui ne savent pas de quoi. « Crimes » sans doute il y a eu, toujours dans l'enfance, mais recouverts par un intense travail de refoulement.

Ce sera le travail de l'analyse que de remettre au jour l'histoire de cette mécanique infernale. Il y faudra du temps et de la patience, et au patient, qui mérite bien là son nom, beaucoup de courage. Car l'on va assister, tout au long de ce parcours, à un combat obstiné entre le désir de changement et le refus de changement. Ce combat se retrouve en toute cure psychanalytique, même lorsqu'elle n'est pas centrée, comme dans les cas qui viennent d'être envisagés, sur des culpabilités conscientes et inconscientes.

On peut suivre ce combat au jour le jour, et voir à l'œuvre les défenses qui sans cesse tentent d'éviter le changement. Certaines sont de l'ordre des conduites : ne pas venir à une ou plusieurs séances dans un moment ressenti comme particulièrement difficile (et éventuellement tomber malade pour s'en justifier), arriver systématiquement en retard pour abréger l'épreuve, au pire interrompre le traitement. Certaines tactiques sont plus subtiles : le patient argumente sur l'inutilité du traitement, fait de son mieux pour parler de la théorie psychanalytique et non pas de lui-même, tente d'entraîner l'analyste dans des controverses, produit un discours purement factuel soigneusement privé de toute résonance affective, sait qu'il rêve mais oublie tous ses rêves car il sent bien qu'ils auraient trop à dire, récuse toute interprétation de l'analyste (ou au contraire l'énonce lui-même à l'avance, comme ces duellistes du Far West qui veillent à tirer le premier) ; etc. Innombrables sont ces tactiques, mais toutes ont le même but : faire que rien ne change. À leur service viennent toutes les ressources du refoulement, de la dénégation, du déni, de l'isolation, etc., c'est-à-dire des défenses au sens psychanalytique du terme.

Pourquoi ? Sans doute parce que, en règle générale, on préfère un malheur bien connu à autre chose, lorsque cet « autre chose » est grevé de toutes les incertitudes de l'inconnu. Cela se voit d'emblée chez certains consultants : ils viennent demander de l'aide, espèrent en l'analyse et en l'analyste, mais sont inquiets : je ne peux plus vivre ainsi, je veux changer… mais si je change, je serai comment, je serai qui ? Il y a là, parfois, une véritable crainte d'être « dénaturé » par l'analyse, rendu méconnaissable à ses propres yeux, la crainte d'être changé en quelqu'un qui condamnerait, voire oublierait, ce qu'il a été. L'analyste sait qu'il doit respecter cette crainte et aider à la dépasser. Il sait, lui, qu'on peut changer, mais que cependant on reste soi-même : il en a fait l'expérience. Il dit donc au consultant qu'en effet il changera, le but étant de parvenir à un fonctionnement psychique plus souple et plus libre des conflits qui l'obéraient, et à des relations interpersonnelles plus heureuses ; mais, qu'au terme, il restera bien lui-même. Toute analyse est une aventure, certes ; mais c'est une aventure où l'on se trouve soi-même, et non pas où l'on se perd.

15

Qu'est-ce que l'inconscient ?

On dit souvent que Freud a « découvert l'inconscient ». Ce n'est pas tout à fait exact.

Bien longtemps avant lui on admettait que certaines activités, voire certaines pensées, pouvaient échapper à la conscience à titre provisoire, comme par exemple dans le cas d'activités automatiques (produire les mouvements de la marche, de l'écriture, d'un geste professionnel familier, etc.). Dans la mesure où il s'agit d'activités dont il est toujours possible de prendre conscience pour peu qu'on y prête attention, cela paraissait banal ; mais lorsqu'il apparut, avec les expériences de « magnétisme animal » de Messmer, à la fin du XVIIIe siècle, qu'on pouvait susciter chez quelqu'un des comportements qui semblaient échapper totalement à sa volonté, et parfois à sa conscience, on fut fasciné. Cet intérêt subsista ensuite, avec des fluctuations, pour ce type de phénomènes, qu'on désigna comme « hypnotiques » pour souligner leur analogie avec le sommeil.

À la fin du XIXe siècle, lorsqu'on s'intéresse aux hystériques, on remarque vite que leurs symptômes les plus spectaculaires (anesthésies, paralysies, contractures ou relâchements musculaires, pertes de conscience, voire manifestations « indécentes », etc.) ressemblent fort à ce qu'on produit par hypnose chez des personnes « normales » ; de sorte qu'on se met à produire et supprimer par hypnose, à peu près à volonté, de tels symptômes chez les hystériques. Tout Paris court voir opérer Charcot, grand maître de ce type de manipulations. On en vient à postuler que chez ces personnes existeraient deux « personnalités », c'est-à-dire deux consciences, indépendantes l'une de l'autre, chacune ignorant les agissements et même l'existence de l'autre. Pierre Janet se fait un nom en développant cette théorie ; et Robert Louis Stevenson en tire l'argument de *L'Étrange Cas du Dr Jekyll et de* M. *Hyde*, qu'il publie en 1885. On en arrive, en « cultivant » soigneusement quelques hystériques particulièrement douées, à « démontrer » l'existence possible, chez une même personne, de deux, quatre, six, etc., « personnalités » ou consciences indépendantes.

Freud, qui vient en stage chez Charcot fin 1885, revient à Vienne enthousiasmé. Il pratique l'hypnose, mais la déception vient lorsqu'il constate que « ses » hystériques sont plus rétives que celles de Charcot. D'ailleurs, il se sent mal à l'aise dans ce rôle de manipulateur de marionnettes, et il y sera aidé par une malade intelligente qui le priera de la laisser penser… C'est alors, vers 1895, qu'il pose les bases de la psychanalyse, avec deux postulats fondamentaux : toutes ces manifestations sont des réalisations de désir déguisées, et elles sont déguisées parce que des forces puissantes s'opposent à leur traduction en clair ; et ces mêmes forces maintiennent cachés au sujet lui-même le désir et ses voies de réalisation. Ainsi naît la notion freudienne d'inconscient : il s'agit non pas d'un inconscient provisoire et révocable avec un peu d'attention, mais d'un inconscient *dynamique*, terme qui désigne le conflit entre le désir et ce qui s'oppose à sa réalisation.

Il n'est donc pas tout à fait exact de dire que Freud a « découvert » l'inconscient ; il a posé une hypothèse, dont devait se vérifier l'extraordinaire fécondité, et qui reste fondamentale à la psychanalyse. Le psychanalyste se reconnaît au fait qu'il accepte et utilise cette hypothèse d'un inconscient dynamique ainsi défini (hypothèse nécessaire mais non suffisante : il en est d'autres, notamment le rôle de la sexualité infantile dans le développement de l'appareil psychique).

L'inconscient ainsi défini n'est pas directement accessible ; mais les témoignages en abondent dans ce qu'il produit, c'est-à-dire dans des faits observables qui ne prennent sens qu'à la lumière de cette hypothèse. Quelques exemples.

Les lapsus d'abord. J'ai cité dans une question précédente celui de la dame qui dit « le docteur a dit que mon mari pouvait manger tout ce que je veux... ». On connaît l'histoire de ce jeune comédien ulcéré parce que le metteur en scène ne lui avait donné qu'un tout petit rôle, qui se bornait à dire à la reine : « Madame, votre fou est mort ! » ; il entra en scène plein de colère et fit un très beau lapsus en disant : « Madame, votre mort est fou ! », à quoi la reine, fort perturbée, répondit : « Comment, mon fort est mou ? » Il fut congédié sans ménagements. Je me souviens de la stupéfaction, en face des rires de son auditoire, de cet universitaire qui, évoquant les remarquables travaux sur le développement intellectuel de l'enfant d'une collègue célibataire d'un certain âge, avait voulu dire : « Elle a une position fondamentalement génétique », mais avait dit en fait : « Elle a une position génitalement fanatique »... Il fallut lui expliquer, il fut fort confus et jura que c'était tout à fait inconscient. Il est remarquable que de tels lapsus fassent rire l'auditoire le plus étranger à la psychanalyse, voire le plus hostile, mais qui en la circonstance est toujours vif à décrypter l'intentionnalité inconsciente.

Les oublis ensuite. Il est arrivé à tout le monde d'oublier de façon tenace, et d'oublier réellement, de régler une facture douloureuse, ou des impôts ; l'explication n'est pas difficile à trouver : on diffère et finalement on oublie ce qui est trop désagréable. Mais, comme dans le cas du lapsus, l'intentionnalité est promptement décryptée par l'entourage. Ainsi de ce couple uni qui a l'habitude de fêter les anniversaires. Il advient que Monsieur oublie de fêter l'anniversaire de Madame ; or celle-ci le ressent douloureusement comme une marque de désaffection, d'indifférence, d'hostilité cachée ; il aura beaucoup de mal à se faire pardonner, ce qui signifie bien qu'il se sent coupable...

Les actes manqués offrent à cet égard un riche florilège. Abondent les objets cassés à propos desquels on peut s'interroger quant aux sentiments du maladroit vis-à-vis du donateur, les accidents qui ont tout l'air d'avoir été inconsciemment recherchés, les lettres qui se trompent d'enveloppe et arrivent là où surtout elles n'auraient pas dû aller, celles qu'on aurait voulu cacher mais qui par un « malheureux hasard » tombent à point nommé sous les yeux de qui ne devait surtout pas les lire, etc. Dans bien des cas l'intentionnalité inconsciente apparaît alors si évidente que, plutôt que de parler d'actes manqués, on est bien tenté de considérer que ce sont des actes réussis au regard de cette intentionnalité.

Mais les rêves sont sans doute les témoins les plus remarquables de ces émergences. C'est en ce cas que l'expression des désirs condamnés à l'inconscience est la plus évidente. Le désir y est parfois figuré de façon très explicite, comme dans la plupart des rêves érotiques ; mais il s'avance souvent sous un déguisement, et ne peut être débusqué que grâce à un travail d'analyse approprié, toujours fructueux, au point que Freud a pu dire que leur analyse est « la voie royale d'accès à l'inconscient ». Toute une série de procédés sont utilisés dans ce travail de déguisement, à l'insu du rêveur comme à l'insu de celui qui ensuite se souvient de son rêve, des procédés qu'une telle analyse met bien en évidence ; ceci sera repris plus loin.

Dans tous ces cas, qu'il s'agisse de lapsus, d'oublis, d'actes manqués, de rêves, on peut bien sûr déclarer que « ça n'a pas de sens », et penser à autre chose. On va beaucoup plus loin en acceptant de considérer qu'il s'agit d'émergences de l'inconscient, de « retours du refoulé »

Car c'est bien le refoulement qui agit en tout ceci : le refoulement est une force intrapsychique qui veille, précisément, à ce que des motions de désir, d'agression, de haine, etc., c'est-à-dire des mouvements violents condamnés par la conscience, soient supprimés. En fait il n'est pas possible de les supprimer vraiment : le refoulement les condamne au cachot, en espérant qu'ils n'en sortiront plus jamais. Mais ce sont d'habiles prisonniers, qui glissent leurs messages vers l'extérieur : ce sont les « retours du refoulé ». Cependant, le refoulement a un allié, appelé la censure : c'est son aide qui veille à ce que ces messages inopportuns ne parviennent pas au jour. Mais la censure est un gardien naïf, assez facile à tromper pour peu qu'on se déguise : voici les lapsus, les actes manqués, les oublis, les rêves… et surtout les symptômes névrotiques, et tout ce qui peut gâcher la vie, tout ce qui fait qu'un jour on se décide à aller voir un psychanalyste.

16

L'inconscient : un peu, beaucoup, passionnément, pas du tout ?

Il se peut que, ayant lu la réponse à la question précédente, on se dise : soit, je dois bien admettre qu'une partie de mes propres processus psychiques m'échappe, que je ne sache pas bien, et même que parfois je ne sache pas du tout ce qui me fait agir, ce qui me motive, les raisons de mes amours et de mes haines, de mes colères, de mes tristesses et de mes joies, de mes intérêts, de mes passions etc. ; j'admets que tout cela ne me soit pas très clair, et peut-être même qu'il y ait en tout cela des causes que je ne connais pas. Soit, mais enfin, je sais bien qui je suis, je sais que j'aime ou que je déteste telle personne parce qu'il (elle) est ceci, cela, et que si je m'intéresse beaucoup à telle ou telle question, telle activité, eh bien... c'est parce que c'est intéressant ! S'il y a en moi « de l'inconscient », cela ne peut pas aller bien loin : que diable, je sais bien qui je suis, je sais ce que je sais !

Le psychanalyste prend alors un air discrètement désolé. Certes, vous savez ce que vous savez. Mais la conscience est une redoutable illusionniste : elle s'arrange, avec beaucoup d'habileté, pour que vous ne sachiez pas que vous ne savez pas. Elle remplit d'ailleurs très bien sa fonction, qui est d'assurer l'adaptation aux exigences des choses, des événements, des relations avec d'autres personnes. Si, depuis les origines de l'humanité, l'homme avait passé tout son temps à douter, à mettre en cause le moindre de ses mouvements psychiques, il n'aurait pas survécu. La rançon en est que, plus restent cachés les ressorts intimes, plus on risque d'être livré sans défense à des mécanismes internes aux conséquences parfois désastreuses ; et si l'on se méfie, on se paralyse : ce sont les névroses. Bien, dit le sceptique, de l'inconscient, moi je veux bien ; mais un peu, beaucoup, passionnément ?

Pour répondre à cette question, il est préférable de revenir à l'histoire.

Freud, vers 1890, commence à soupçonner l'importance de ce moteur de la méconnaissance qu'est le refoulement. L'idée même que quelque chose puisse échapper à la conscience n'est pas nouvelle pour lui, puisqu'elle est à la mode depuis qu'on se passionne pour les hystériques, et depuis son séjour chez Charcot. Bien plus, la notion et le terme même de « refoulement » sont pour lui de vieilles connaissances : il a appris cela... au lycée ! En effet, le manuel de philosophie en usage dans son « gymnase » (son lycée) avait été écrit par un certain Lindner, adepte de la philosophie de Herbart ; ce Herbart, vers 1820, avait formulé une intéressante théorie psychologique, selon laquelle il existe des « niveaux de conscience », étagés de la conscience claire jusqu'à un inconscient radical, les pensées pénibles pouvant être chassées vers cet inconscient par une force qu'il nommait, explicitement, le refoulement (*Verdrängung*). Théorie séduisante, paradoxale aux yeux de beaucoup, mais purement spéculative, comme beaucoup d'autres. Freud, lui, va lui donner un contenu de réalité par l'étude des hystériques, et édifier sur cette base la psychanalyse ; il va passer de ce qui n'était qu'une spéculation abstraite et gratuite à ce qui va être un outil quasi expérimental.

Cependant, à ses débuts, il reste bien proche de l'homme de la rue. Le processus, dit-il, est simple. Il vous vient une idée, un désir, condamnable : vous tombez amoureuse de votre beau-frère, vous ressentez un émoi homosexuel pour un ami, etc. Immédiatement la conscience se rebelle : c'est mal, il ne faut pas. Il ne faut pas donner suite à ce désir, et même il faut supprimer ce désir : c'est un « jugement de condamnation » formulé par la conscience, et qui va chasser l'intrus. Si cette réaction est efficace, le désir disparaît de la conscience ; si elle est encore plus efficace, le mouvement même de son effacement est oublié. Mais – et ceci est capital – ce n'est qu'un effacement de la conscience : le désir réprimé subsiste, inconscient, et tente de ressurgir. Le refoulement continue à s'opposer à son émergence, mais il va quand même ressurgir, sous un déguisement : ce sont les symptômes névrotiques, en particulier les symptômes de l'hystérie, qui alors est pour Freud le modèle de toute névrose.

La solution est simple : aider la conscience, par des interprétations appropriées, à retrouver ce mouvement ancien, c'est-à-dire inciter le patient à retrouver tout à la fois le désir condamnable et le jugement qui l'a condamné. Cela n'ira pas sans orage affectif : comment admettre sans bouleversement, quand on est vertueux, qu'on a souhaité la mort d'une sœur aimée pour pouvoir épouser le veuf, ou qu'on a ressenti une érection en regardant un ami ? Mais cet orage même est thérapeutique, parce que « cathartique ». Freud reprend, avec le terme de « catharsis », une idée très ancienne : Aristote avait soutenu que la tragédie est bénéfique parce que, lorsqu'elle suscite chez le spectateur une émotion violente, celui-ci peut par là même expulser tout ce que cette émotion comportait de mauvais : la catharsis est une purgation. C'est bien une telle purge que, en bon médecin, Freud propose à ses hystériques. Il est convaincu, et l'expérience lui montre, que le résultat n'en est pas du tout qu'elles vont s'abandonner à des désirs coupables, mais que bien au contraire elles vont s'en trouver libérées, et libérées des symptômes qui en constituaient la traduction.

Telle est la position de Freud et de Breuer lorsqu'ils publient en 1895 les *Études sur l'hystérie*. Mais ce n'est encore qu'un tout premier état de la théorie. D'abord parce qu'elle paraît limitée à un petit nombre de personnes, les hystériques, voire les névrosés ; or Freud, avec son auto-analyse, va se convaincre que de tels processus jouent chez lui-même, et en fait chez tout le monde. Mais surtout parce qu'il va admettre progressivement que le refoulement est tout autre chose qu'un *jugement* explicite de condamnation : c'est une opération inconsciente, qui peut jouer à la racine même du désir, avant que celui-ci n'accède à la conscience. C'est même ainsi qu'il est le plus efficace : le sujet n'en aura jamais rien su, et pourra protester en toute bonne foi : moi, tuer ma sœur pour épouser le veuf, moi, des désirs homosexuels ? jamais !

Freud débouche alors, dans les années 1900, sur ce qu'on est convenu d'appeler la première « topique » (première parce qu'il y en aura une seconde). « Topique » ? cela signifie simplement « relatif à des lieux, des espaces ». Freud distingue alors en effet dans l'appareil psychique trois « régions », l'inconscient, le préconscient et le conscient. C'est bien sûr une *fiction* topique (ou géographique, comme on voudra), personne n'a jamais songé à ouvrir un crâne pour voir où c'est... Mais c'est une fiction commode, ou, si l'on préfère, un bon modèle ; il distingue en fait deux sous-systèmes de l'appareil psychique : la conscience (ce dont tout le monde a l'expérience) et l'inconscient, « lieu » du refoulé ; et un troisième système, intermédiaire, le préconscient, par où transite ce qui tente de passer de l'inconscient au conscient (les retours, ou « rejetons », du refoulé). À quoi reconnaît-on le préconscient ? à ceci qu'« on l'a sur le bout de la langue », et que la nature du rejeton est assez vite identifiée si les circonstances s'y prêtent (si un retour en force du refoulement ne l'empêche pas). Par exemple, un patient dit : « En pensant à ça, je suis confuse »... L'analyste relève le lapsus ; le patient part d'un grand éclat de rire : cela fait un bon moment qu'il évoquait la féminité en lui...

Ce modèle est si bon qu'il reste central dans la psychanalyse contemporaine. Pourtant, vers 1920, Freud en crée un second (d'où le terme « seconde topique »), qui se superpose au premier sans le supprimer. Il distingue alors trois régions, le ça, le moi et le surmoi. Le ça est « le réservoir des pulsions », la source des désirs issus du corps, des passions, etc., mais aussi le « lieu » du refoulé : il est donc par définition inconscient. Le surmoi est l'instance morale, celle qui ordonne et interdit : il n'est pas pour autant entièrement conscient, puisque beaucoup de ses diktats sont d'autant plus efficaces qu'ils passent inaperçus. Le moi est, pour une part, le moi conscient, celui que tout le monde connaît ; mais il est bien plus : au sein de l'appareil psychique, un appareil chargé de coordonner tout cela. La tâche est rude, car, ainsi que l'a écrit Freud, il doit « servir trois maîtres ». Le premier est la réalité extérieure, celle des choses, des événements et des hommes : c'est lui qui est chargé de l'adaptation nécessaire à la survie. Le second est le ça, un tyran qui ne cesse de réclamer assouvissement. Le troisième est le surmoi, qui semble prendre un malin plaisir à empêcher, précisément, ces satisfactions... Le pauvre moi fait ce qu'il peut, mais, écartelé entre ces ordres contradictoires, il arrive qu'il se recroqueville sur son malheur, voire qu'il jette l'éponge : c'est alors que le psychanalyste peut intervenir pour tenter de démêler tout cela... C'est d'autant plus nécessaire que ce pauvre moi n'y comprend rien : l'essentiel de cette lutte souterraine lui échappe, ou, autrement dit, une bonne part du fonctionnement du moi est elle-même inconsciente... Alors, un peu, beaucoup d'inconscient en tout cela ? Beaucoup de toute évidence. Passionnément ? oh oui !

17

Pourquoi accorder tant d'intérêt aux rêves ?

Parce que, ainsi que l'a écrit Freud un jour, leur analyse est une « voie royale d'accès à l'inconscient ».

Il faut bien voir en effet que, par définition, tout ce qui est inconscient échappe à un accès direct, puisqu'il s'agit de pensées où sont en cause des désirs impossibles à assumer, et de pensées que de ce fait le travail du refoulement maintient souterraines. Si le colmatage était parfait, on n'aurait aucun moyen d'aller y voir… Mais, comme il a été dit dans les deux questions précédentes, la censure, qui essaye d'empêcher la « remontée » vers la conscience de ce qui est ainsi refoulé, est heureusement assez poreuse pour que s'échappent des « rejetons » de ces pensées refoulées, des rejetons qui constituent toujours une certaine satisfaction du désir réprimé. Certains sont parfaitement clairs, comme par exemple dans le cas de rêveries érotiques ou de rêveries grandioses, ou plus troublants dans telle pensée, telle image qui, comme venue de nulle part, traverse brusquement l'esprit et suscite honte, culpabilité, dégoût, etc. D'autres ne parviennent à s'échapper qu'en se déguisant, un peu comme un escroc qui trompe la police. Il peut le faire de deux façons : en se faisant passer pour un simple d'esprit innocent ou en s'habillant en homme d'affaires respectable. Ces rejetons déguisés, ce sont les symptômes névrotiques, et plus banalement les lapsus, les actes manqués, les rêves. La version « simple d'esprit innocent » conduit le sujet à déclarer que c'est par hasard, que ce n'est pas intéressant, que ça n'a pas de sens ; la version « homme d'affaires respectable » se présente de telle façon que le sujet juge parfaitement acceptables, voire louables les pensées ou les actions en cause… mais en méconnaissant l'escroquerie.

Dans tous ces cas, cela survient parce que la censure est provisoirement démobilisée, soit volontairement, dans les rêveries, soit par surprise, comme dans le cas d'une pensée honteuse ou coupable qui s'impose, soit encore parce que, l'attention se portant ailleurs, la vigilance se relâche, ce qui produit les lapsus et les actes manqués. Mais nous connaissons tous un état où elle se relâche particulièrement : c'est le sommeil.

Tout le monde rêve, et chaque nuit, c'est ce qu'ont démontré les études expérimentales sur le sommeil ; mais il s'en faut de beaucoup, bien sûr, que le dormeur s'en souvienne lorsqu'il se réveille. S'il s'en souvient, il peut prendre plusieurs attitudes :

– cela n'a pas de sens, et s'explique très simplement par une fragmentation du travail mental où ne surnagent que des bribes d'images. C'était l'explication communément adoptée par les psychologues avant Freud ;

– c'est une manifestation surnaturelle, une communication de puissances occultes, d'esprits, etc. Il s'agit là d'une conviction bien ancrée dans certaines civilisations, où le sorcier, le chaman, etc., est un rêveur émérite qui dispose par là d'un accès privilégié à ces forces cachées ;

– c'est bon ou mauvais signe, parce que c'est prémonitoire (cela annonce des événements à advenir). Bien des puissants de ce monde, ayant rêvé, ont appelé en consultation un devin, un sage, pour connaître ce qui était ainsi annoncé et adopter les meilleures décisions. En ce cas, une « clé des songes », qui établit des correspondances entre tel rêve, telle image de rêve, et l'événement à espérer ou craindre, constitue un outil très apprécié. On trouve encore, çà et là, de telles clés des songes dans la culture populaire contemporaine, y compris en y intégrant des lambeaux de psychanalyse mal digérés ;

– c'est l'expression plus ou moins déguisée d'un désir refoulé, qui ainsi trouve à se satisfaire.

Vous croyez ce que vous voulez... mais le psychanalyste, lui, bien sûr, trouve la dernière hypothèse beaucoup plus rentable, parce qu'elle permet de comprendre beaucoup mieux ce qui se passe lorsqu'on rêve. Et, en fait, elle intègre les trois précédentes. Car, si effectivement le travail de la pensée ne continue pendant le sommeil que de façon très dissociée, cela offre au désir les fragments d'images dont il a besoin pour émerger, un peu comme le naufragé qui s'accroche à des épaves pour atteindre le rivage. Le rêve constitue bien la manifestation d'une puissance occulte : l'inconscient. Enfin, puisqu'il exprime des désirs inavoués, il peut être prémonitoire dans la mesure où ces mêmes désirs vont orienter ensuite les conduites du rêveur, que ces conduites ouvrent la satisfaction ou la combattent.

Le travail d'interprétation du rêve procède, à bien des égards, en ordre inverse du travail du rêve lui-même.

Qu'est ce que le travail du rêve ? Précisément, celui qui permet au rejeton du refoulé de s'habiller d'images pour passer en fraude la barrière de la censure. En un premier temps il utilise trois opérations : le déplacement, la condensation, la mise en images. Le déplacement : le désir s'accroche pour ainsi dire, non pas à l'image trop crue, mais à une de ses cousines plus présentables : par exemple, il va choisir pour le porter vers la conscience non pas l'image d'un pénis, mais celle d'un parapluie (ou de tout autre objet de forme voisine). Qui s'offusquerait d'avoir rêvé d'un parapluie, même si cela lui paraît bizarre ? La condensation : heureux de l'aubaine, plusieurs désirs s'accrochent à une même image, ou un même désir agglutine plusieurs images qui apparaîtront ensemble dans le rêve. Enfin la mise en images proprement dite, une fois qu'elles sont choisies : c'est ce que rêveur verra dans le rêve ainsi bricolé.

Les choses peuvent en rester là, mais ce bricolage risque de rester assez hétéroclite. Si le travail du rêve continue, il va s'attacher en un second temps à rendre le tout moins bizarre, moins biscornu, plus cohérent : il construit la « façade du rêve ». On obtient alors des rêves qui se racontent comme un petit roman ou un film, avec des personnages distincts, des épisodes ordonnés dans le temps, etc., et dont le sens paraît très clair. On peut avoir la sensation qu'il n'y a rien d'autre à comprendre que ce que qui en est immédiatement apparent ; c'est alors que le faussaire a bien réussi son coup…

L'analyse du rêve procède comme une déconstruction : démasquer, si elle existe, la façade du rêve, à la façon dont Potemkine aurait bien dû aller regarder derrière celles qu'on lui présentait pour le persuader de la prospérité de la Russie. Puis mettre en évidence les condensations et les déplacements, rechercher ce qui a présidé au choix des images : en définitive, débusquer le désir. Cela se dit : restituer le sens latent du rêve en deçà de son sens manifeste.

Comment peut-on y parvenir ? par la règle d'or de l'analyse : laisser venir toutes les associations d'idées qui peuvent surgir spontanément lorsqu'on réexamine les images, les personnages et les péripéties du rêve. Particulièrement intéressants sont les détails absurdes, bizarres, choquants : ce sont ceux où le travail de déguisement est le moins réussi, et donc ceux qui s'avèrent les plus lourds de sens mal cachés. Les associations qui vont permettre ce décryptage ne sont pas au premier chef celles de l'analyste (encore qu'il en ait en écoutant le récit d'un rêve, et souvent beaucoup, et qu'il puisse en faire état pour aider au décryptage, mais avec modération), mais bien celles du rêveur lui-même. Après tout, il s'agit de son rêve à lui, et il est le mieux placé pour en analyser le sens. L'analyste qui dîne en ville se voit souvent proposer le récit de rêves comme des énigmes ou des charades, et s'entend demander : qu'est-ce que ça veut dire ? qu'en pensez-vous ? Eh bien, en général, il n'en pense rien : c'est d'abord au rêveur à en penser quelque chose. Mais en général il élude : à supposer que le poseur d'énigmes accepte cette règle du jeu, un véritable travail d'analyse de son rêve risquerait de jeter un froid sur le dîner...

Sans les associations du rêveur, rien n'est possible, car c'est bien lui qui a produit le rêve. Voici une petite histoire qui fait rire les analystes entre eux. Une dame rêve qu'elle est au lit ; la fenêtre de sa chambre s'ouvre brusquement, et par cette fenêtre ouverte entre un homme magnifique, parfaitement nu. La dame, bouleversée, se recroqueville dans son lit (toujours en rêve) et demande : « Qu'est ce que vous allez me faire ? » Sur quoi l'homme nu s'incline courtoisement et répond : « Mais je ne sais pas, madame... C'est votre rêve ! »

J'ai dit dans ce qui précède que le travail d'analyse du rêve vise à en dégager le sens. En fait, il faut dire : *les* sens. En règle générale il y en a plusieurs, qui se surdéterminent. L'analyse d'un rêve peut de ce fait continuer longtemps. Freud avait soutenu, au début, qu'il fallait analyser un rêve jusqu'à sa dernière goutte, jusqu'à ce que le sens en soit épuisé. Il avait tort : le sens n'est jamais épuisé, car il repousse. Il devient alors assez vain de se demander si ce à quoi on pense, c'est bien « ce que voulait dire le rêve » (et on ne doit pas oublier qu'il ne s'agit pas du rêve lui-même, mais seulement de son récit). Ce à quoi on pense, c'est ce que suscite l'analyse du rêve, et c'est cela qui importe.

18

Qu'est-ce qu'un fantasme ?

D'une certaine façon, tout le monde sait ce que c'est : la rêverie qu'on se permet, qu'on cultive, ou qui s'impose malgré soi ; une production imaginaire toujours chargée d'affect, agréable lorsqu'on se l'autorise dans un moment de détente, angoissée si elle s'impose sur le thème d'un événement redouté. Il n'est pas difficile de voir, ne fût-ce qu'en s'interrogeant sur soi-même, que les thèmes les plus fréquents en sont la séduction, la satisfaction amoureuse et sexuelle, la réussite sociale, l'argent et le pouvoir, le triomphe sur des rivaux, la reprise plus satisfaisante d'un événement fâcheux ou humiliant, mais aussi la crainte de la maladie, de l'accident grave, de la mort, etc. Autrement dit, le fantasme se développe ordinairement autour de ce que l'on désire et de ce que l'on redoute ; il prépare des satisfactions, au risque de les remplacer, et il s'efforce de parer à des dangers futurs, au risque de gâcher la vie.

Bien sûr, ce n'est là qu'un tableau très général. Chacun a ses fantasmes personnels, souvent très précisément spécifiés suivant un certain scénario et parfois inlassablement répétés. Les journaux, magazines, sites Internet, etc., qui vous invitent à « réaliser tous vos fantasmes » l'entendent bien ainsi : quels qu'ils soient, et si extravagants et secrets qu'ils puissent être, nous vous donnerons de quoi les alimenter et, si vous le voulez, la garantie que personne n'en saura rien ! (ces publicités ajoutent : payez, cela aussi s'achète !). Que les composantes essentielles du fantasme soient bien la séduction, la sexualité et la mort, il suffit d'ailleurs d'aller au cinéma pour s'en convaincre, puisque le cinéma est devenu un gigantesque lieu d'expression et de culture du fantasme ; et s'il l'est devenu, c'est bien parce que le public – nous tous – en redemande. Et s'il en redemande, c'est parce que le cinéma est, de toutes les formes d'art, celle qui satisfait le mieux aux deux caractéristiques fondamentales du fantasme : il utilise des images et il les met en action. Interrogez vos propres fantasmes, vous verrez qu'en effet ils utilisent des images et mettent en scène des actions.

Le psychanalyste reconnaît sans réticence ce sens du terme « fantasme », mais il ajoute qu'il s'agit alors de fantasmes *conscients*, partie émergée d'un iceberg constitué par des fantasmes *inconscients* qui en seraient en quelque sorte le générateur permanent, la source inépuisable. Comment peut-on savoir que de tels fantasmes inconscients existent ? eh bien, justement, par ces émergences conscientes ; ou, pour dire les choses autrement, l'hypothèse de fantasmes inconscients est nécessaire pour comprendre la nature et le rôle dans la vie psychique des fantasmes conscients.

La découverte du fantasme – ou, si l'on préfère, la première formulation de cette hypothèse de fantasmes inconscients – vaut la peine d'être rapportée, fût-ce en quelques lignes. Freud, vers 1895, croit avoir découvert la cause de toute hystérie : il s'agit de phénomènes qui surviennent chez quelqu'un (ordinairement une femme) qui fut victime dans son enfance d'un traumatisme sexuel, dans les cas les plus graves un inceste commis par le père. Freud s'accroche pendant deux ou trois ans à cette thèse, avant de l'abandonner : il m'est alors apparu incroyable, écrira-t-il plus tard, qu'il y ait tant de pères incestueux… Il traverse un moment de découragement : n'aurait-il pas imposé ces histoires à des malades trop influençables ? Puis il reformule sa théorie : il s'agit parfois d'événements réellement advenus dans l'enfance, mais bien plus souvent, dans le cas de ses malades en tout cas, d'événements imaginaires. La malade est convaincue de leur réalité, et en un certain sens ils sont bien réels, puisqu'elle y croit et puisque leur charge traumatique est évidente, comme sont évidentes leurs conséquences : mais il s'agit de leur réalité *psychique*, à bien distinguer de leur réalité historique. Autrement dit, il s'agit de personnes qui « fabriquent » de tels événements parce qu'elles sont habitées de conflits psychiques qui trouvent là leur expression. Seulement la charge de désir et d'angoisse de ces conflits est telle que les fantasmes ainsi créés sont l'objet d'un intense travail de refoulement : et voici les fantasmes inconscients, que le sujet peut nier en toute bonne foi si on les lui décrit, mais qui n'en continuent pas moins à exister et à produire des fantasmes conscients, des symptômes névrotiques, des rêves, des lapsus, des actes manqués, etc. La cure analytique dès lors va viser à mettre en évidence les rouages de ces productions, pour remonter jusqu'aux fantasmes inconscients qui, ainsi mis en lumière, vont cesser d'être pathogènes. Telle est la position réélaborée par Freud après sa phase de découragement ; pour l'essentiel, elle reste tout à fait valable pour la psychanalyse contemporaine.

Mais si les fantasmes inconscients sont élaborés par chacun à sa façon au cours de sa propre histoire personnelle, pourquoi, en deçà de l'extrême diversité des scénarii individuels, retrouve-t-on généralement les mêmes ingrédients de base et les mêmes schémas généraux ? Sans doute parce que ces ingrédients sont universels : le désir sexuel, le plaisir, l'agressivité, l'angoisse, la mort, etc. Mais aussi parce qu'à leur mise en forme président quelques « patrons » (au sens de l'art du tailleur qui met en forme des étoffes) donnés d'emblée et identiquement à tout le monde : ce sont ce que Freud avait appelé des « fantasmes originaires », qui seraient spécifiques à l'espèce humaine et donnés à chacun dès ses origines. Il en dénombrait trois : le fantasme de séduction, le fantasme de scène primitive, le fantasme de castration.

Pour comprendre de quoi il s'agit, il faut d'abord considérer la relation du bébé avec sa mère. De la mère vient la vie, et le fait même qu'on reste en vie grâce à ses soins, son lait, son amour. De la mère vient le plaisir, sous toutes ses formes (le plaisir du bon lait, celui d'être soulagé d'une souffrance, celui d'être aimé, etc.) ; et c'est l'absence de la mère qui crée la détresse et l'angoisse. À certains moments, le bébé désire ardemment la présence et l'amour de sa mère : ceci fonde le fantasme de séduction. Viendra le moment où il se sentira à cet égard en concurrence avec quelqu'un d'autre, et d'abord le père, car la « mère de jour » devient répétitivement la « mère de nuit », qui choisit d'être avec lui en excluant l'enfant. Elle le choisit pour quels plaisirs, ou pour quelles violences ? Ceci fonde le fantasme de « scène primitive », qui prend forme lors de la phase œdipienne lorsque l'enfant imagine ce qui se passe alors entre eux quand ils s'isolent ainsi. Il aimerait bien être préféré, mais redoute la colère du père : c'est le fantasme de castration. Tout ceci, que Freud avait clairement formulé, reste central en psychanalyse ; mais bien évidemment, lorsque c'est dit de façon si concise, cela peut à bon droit susciter la critique et l'incrédulité. J'y reviendrai donc dans des questions ultérieures.

Mais ne quittons pas le fantasme sans mentionner deux cas où la traduction du fantasme inconscient en images conscientes (éventuellement organisées par un scénario) est particulièrement évidente parce que très directe : c'est le cas du rêve et c'est celui de l'hallucination.

Tout rêve, ainsi que le montre son analyse, est produit sur la base et sous la poussée de fantasmes inconscients. Tant qu'il rêve, le rêveur y croit totalement : nous avons tous parfois éprouvé, dans la phase intermédiaire sommeil/veille qui suit certains rêves, cet étrange sentiment de « c'est vrai, mais... », et la difficulté, le réveil se poursuivant, à admettre que « ce n'était qu'un rêve ». Ainsi, le rêve lui-même est une hallucination (l'hallucination consistant à croire en la vérité d'une perception fausse, c'est-à-dire sans objet réel) ; mais c'est une hallucination provisoire et révocable, puisque, à l'état vigile, le récit du rêve permet de la critiquer.

On connaît des états, toujours inquiétants, où de telles hallucinations se produisent à l'état vigile : le sujet, par exemple, est terrifié par un monstre qu'il est seul à voir. Il y croit totalement et il est envahi par l'angoisse. Inutile, lorsqu'il est plongé dans cet état de crise, de lui dire qu'il a tort, qu'il n'y a aucune raison de s'alarmer, que ce qu'il voit n'existe pas : lui, il voit, et il fait comme nous tous, il en croit ses yeux. Heureusement, ces états sont exceptionnels et ne surviennent que par épisodes, mêmes chez les personnes qui y sont sujettes ; et la psychiatrie dispose aujourd'hui de tout un arsenal de mesures thérapeutiques efficaces. Mais le fait même que de telles crises puissent survenir montre bien comment peut agir une sorte de « traduction brute » du fantasme inconscient en représentation imagée consciente.

19

Qu'est-ce que la pulsion ?

On a traduit par « pulsion » le terme allemand utilisé par Freud, *Trieb*, littéralement « poussée ». D'anciennes traductions françaises disaient « instinct », mais le terme prêtait à confusion avec l'instinct inné qui guide l'animal, et parfois l'homme, dans des activités plus ou moins complexes. Il s'agit ici de tout autre chose : effectivement de « quelque chose qui exerce une poussée ». Cela suppose une énergie animant un déplacement, et une direction de ce déplacement ; une énergie que Freud a nommée « libido ».

Il était en effet tout à fait nécessaire d'introduire une telle idée. La topique, ou plutôt les topiques dont traitait la question précédente (inconscient – préconscient – conscient ; ça – moi – surmoi) décrivent en quelque sorte l'anatomie de l'appareil psychique, la structure de la machine ; mais pour que cette machine fonctionne, il lui faut une source d'énergie : c'est la libido, incarnée dans la pulsion (« incarnée » est bien le terme exact, car ses sources sont dans le corps). Suivons le schéma.

L'homme est d'abord un animal, même si le XIXe siècle a voulu le méconnaître. Du fait même de son fonctionnement biologique, le corps développe des tensions : celle de la faim, celle du besoin sexuel, etc. La machine se met en route pour apaiser ces tensions, pour satisfaire le besoin ; elle se meut sous l'effet de la bien nommée pulsion. On remarque que c'est la seule issue possible : la source de cette tension étant dans le fonctionnement biologique, pas question de la supprimer (sauf moyens artificiels, comme des drogues, non prévues par la nature, et qui risquent d'être très dommageables). Mais la pulsion est-elle, dès lors, dans le corps ou dans le psychisme ? Les deux, répond à peu près Freud (et la plupart des psychanalystes aujourd'hui) : c'est une « notion limite », ou, pour exprimer cela en termes plus modernes, elle constitue une « interface » corps-psyché.

Voici donc définies les deux premières caractéristiques de la pulsion : sa *source*, dans le corps, c'est-à-dire la biologie, qui crée une tension, un état de besoin ; et son *but*, l'apaisement de cette tension (la « décharge » de l'énergie accumulée). Mais comment ? ici intervient le troisième élément de définition de la pulsion, son *objet*. Ce terme « objet » peut être parfois pris en psychanalyse au sens le plus courant, celui d'objet matériel. Beaucoup plus souvent, il désigne des personnes ou ce qui, dans le psychisme lui-même, représente des personnes ; dans le premier cas on peut préciser qu'il s'agit d'un « objet externe », il s'agit de la personne de l'autre ; dans le second cas, on parle d'« objets internes » : ce sont les représentations, conscientes ou inconscientes, de personnes particulièrement significatives, au premier chef bien entendu les parents.

L'objet de la pulsion est « contingent » et « vicariant », ce qui veut dire qu'un même mouvement pulsionnel peut trouver à se satisfaire avec des objets différents selon les personnes, et, pour une même personne, selon les moments. Le besoin sexuel peut chercher à se satisfaire avec une personne de l'autre sexe ou du même sexe ; M. X, qui préfère l'autre sexe, peut solliciter en ce sens Mme Y ou Mlle Z, etc., mais dans tous ces cas il y a bien, fondamentalement, la même source et le même but, seul l'objet diffère. Mais il est capital : car c'est bien l'entrée en scène de l'objet (la personne de qui et avec qui est recherchée la satisfaction) qui fait passer le besoin dans le domaine du psychique, ce qu'on caractérise en disant que « le besoin se fait désir en se donnant un objet ».

On croit souvent que les psychanalystes ne reconnaissent qu'un seul type de pulsions, les pulsions sexuelles. Ce n'est pas exact. Ici encore, il faut bien revenir sur un peu d'histoire, car cette histoire seule permet de comprendre l'état présent de la psychanalyse.

Freud a d'abord distingué deux types de pulsions, dites d'« autoconservation » et sexuelles. Il reprenait là ce qui n'est guère contestable, à savoir que les deux buts fondamentaux de l'homme, comme de tout être vivant, sont, d'une part préserver sa propre vie, et d'autre part se perpétuer, laisser une descendance. Les pulsions d'autoconservation servent le premier objectif, les pulsions sexuelles le second. À vrai dire, Freud s'est bien plus intéressé à ces dernières... Il a décrit (l'ouvrage capital étant *Trois Essais sur la théorie de la sexualité*, 1905) les grandes phases du développement pulsionnel (et objectal, puisque dans le mouvement même de la pulsion le besoin se fait désir à se donner un objet) à peu près de la façon suivante.

Où se situe la tension, où survient la satisfaction de sa détente ? Dans le corps ; mais dans quelle partie du corps ? Chez le nourrisson, c'est clair : dans la bouche ; plus généralement dans l'ensemble du système consacré à l'alimentation, mais l'observation la plus banale montre que c'est bien la bouche qui manifeste la tension et le plaisir de la tétée. Freud la désigne donc comme première « zone érogène », en entendant simplement par « érogène » qu'elle est siège de la tension et lieu du plaisir. Et ensuite ? Là encore, l'observation la plus banale montre l'importance de l'« apprentissage de la propreté », l'intérêt de l'enfant pour ces fonctions, et les conflits auxquels cela peut donner lieu : la seconde zone érogène est l'anus. La troisième est la région génitale, source elle aussi de tensions et de plaisirs ; ceci dès le plus jeune âge (faut-il rappeler que les bébés mâles ont des érections ?), mais de façon plus évidente vers quatre ou cinq ans. Ceci revient à décrire trois phases (on disait autrefois « stades ») du développement pulsionnel chez l'enfant, centrées sur des zones corporelles différentes. En fait, il s'agit de *modes d'organi-*

sation psychique : car, à ces moments successifs, c'est tout le fonctionnement psychique qui s'organise autour d'un certain type de conflictualité, du fait même de relations avec l'objet ainsi centrées (avec les parents mais surtout la mère, lors de la tétée, lors des opérations pleines d'intérêt qui consistent à déféquer et uriner, dans les moments d'excitation sexuelle, qu'ils conduisent ou non à une masturbation). À cela il faut ajouter ce qu'on qualifie de « pulsions partielles », au service de ces mouvements de tension et de détente : notamment le voyeurisme et l'exhibitionnisme, si charmants chez les petits enfants, mais dont la persistance anormale pourra donner lieu chez l'adulte à de bien tristes perversions.

Tel est l'essentiel de la théorie des pulsions, que Freud complète en 1915 par un de ses textes « métapsychologiques » intitulé « Pulsions et destins des pulsions ». Cependant, ce diable d'homme n'est jamais satisfait de ses constructions théoriques. Il est tracassé par une évidence qui cadre mal avec la théorie tension/détente, celle de comportements qui seraient tous axés par la recherche d'un plaisir défini par le soulagement de la tension. On constate indubitablement en effet des conduites qui au contraire recherchent l'accroissement de tension (au premier chef celles qui recherchent l'excitation sexuelle elle-même) ; et la répétitivité de certaines conduites qui créent des états pénibles ou douloureux est parfois frappante.

C'est tout le problème du sadisme et du masochisme, avec lequel Freud va se battre longtemps. Il finit par augmenter sa conception des pulsions d'une idée nouvelle : il admet en effet que beaucoup de nos conduites sont régies par une « compulsion de répétition » qui fonctionne « Au-delà du principe de plaisir » : c'est le titre de l'ouvrage dans lequel il expose cela en 1920. Et il formule alors une « seconde théorie des pulsions » (à peu près dans le même temps où il formule sa « seconde topique »), opposant cette fois deux pulsions fondamentales, de vie et de mort, poétiquement désignées comme Éros et Thanatos. Cette formulation, qui reprend des idées philosophiques très anciennes, conçoit Éros comme une force qui lie, rassemble, unifie, et Thanatos comme une force qui fragmente, délie, dissout. Le cours de toute vie est régi par leur alliance et leur lutte ;

à la fin, bien sûr, c'est Thanatos qui l'emporte, mais quel beau combat !

Dans l'esprit de Freud, cette seconde théorie des pulsions n'annulait pas la première ; elle s'y ajoutait, juste comme sa seconde topique n'annulait pas la première mais s'y ajoutait. Cela a suscité après lui bien des objections et des controverses passionnées entre psychanalystes…

Et l'agressivité dans tout ça ? Elle a donné beaucoup de fil à retordre à Freud, qui n'a jamais donné à ce problème de réponse bien claire ni satisfaisante. Il admettait, comme tout le monde, qu'elle est massive chez l'homme (ce qui inclut la femme), mais a oscillé entre en faire un aspect « secondaire » des pulsions sexuelles et d'autoconservation (sous l'angle de la lutte pour la vie, du combat pour les femelles, etc.), et lui donner un statut indépendant. La seconde théorie des pulsions représente peut-être sa meilleure tentative en ce sens : Thanatos, qui brise, délie, dissout, est aussi pulsion d'agression. Mais, indiscutablement, le problème de l'agressivité reste un problème difficile pour la théorie psychanalytique.

20

Que sont les défenses ?

Si vous avez lu ce qui précède, vous en conclurez que la psychanalyse envisage l'appareil psychique comme le lieu de combats permanents. Vous aurez raison. Mais si vous ajoutez que c'est un bien sombre tableau, auquel vous refusez de souscrire, vous aurez tort. Ce n'est pas parce qu'une réalité déplaît qu'elle cesse d'être une réalité ; de plus, le tableau n'est pas nécessairement tragique. Il l'est réellement pour certaines personnes, chez qui ces conflits prennent une violence particulière, et qui en souffrent ; pour d'autres, qui modèrent leurs désirs, qui assouplissent ce qui s'y oppose, et qui ont l'art du compromis, les choses vont beaucoup mieux. Non pas que je fasse ici l'éloge de l'hypocrisie ou du laxisme moral ; simplement, l'éloge du bon sens.

Les défenses sont la meilleure et la pire des choses. La meilleure parce qu'elles sont indispensables à la vie psychique, exactement comme les défenses biologiques, avec qui elles sont d'ailleurs apparentées (ce n'est pas par hasard : si l'appareil psychique est le niveau supérieur d'organisation de cet être vivant, l'homme, il obéit aux mêmes lois générales que les autres appareils). La pire lorsque, les conflits se faisant particulièrement intenses, elles se durcissent, se rigidifient, et absorbent l'essentiel de l'énergie (exactement comme lorsqu'un organisme malade mobilise toutes ses ressources pour lutter : alors on a peu de disponibilité pour rire, aimer, penser, travailler...).

La figure *princeps* est le refoulement, dont il a été parlé dans une question précédente, mais dont on peut préciser le fonctionnement en tenant compte de ce qui vient d'être dit sur la pulsion. Que faites-vous si vous êtes menacé par un danger extérieur, par exemple une avalanche, un gros orage, un agresseur, etc. ? Si vous avez un peu de bon sens et de courage, vous éloignez la source du danger : en courant pour vous écarter du couloir d'avalanche, en vous mettant à l'abri de l'orage (pas sous un arbre !), en prenant la fuite devant l'agresseur ou en lui faisant face, etc. Dans tous les cas, vous éloignez la source du danger, le plus loin possible. Mais si la source du danger est à l'intérieur de vous ? C'est exactement le cas de la pulsion. Eh bien, vous faites la même chose, mais vous rejetez le danger, non pas au loin, à l'extérieur, mais le plus loin possible *à l'intérieur* ; et pour avoir la sensation qu'il n'y pas de danger, vous oubliez tout cela : c'est le refoulement. Bien sûr, ça ressemble à la politique de l'autruche. C'est là que les ennuis commencent...

Le refoulement est le prototype des défenses, mais il y a d'autres procédés, ou « mécanismes », selon le terme d'ailleurs assez contestable (cela fait un peu « mécanique ») choisi par Anna Freud (la fille de Sigmund) pour intituler un livre où elle en a dressé l'inventaire (*Le Moi et les Mécanismes de défense*, 1936). Elle en trouvait dix ; cela fait un peu catalogue, et depuis le tableau s'est sensiblement compliqué ; mais, au risque d'être assez schématique, dressons nous-mêmes un inventaire.

Le plus évident des procédés défensifs est la *dénégation*. Si quelqu'un vous raconte un rêve où figure une femme et vous dit : « Vous allez penser que cette femme est ma mère, mais non, ce n'est pas ma mère ! », vous pouvez lui faire remarquer que vous n'avez rien dit, et que c'est bien lui qui y pense. Seulement il vous dit cela en combinant deux opérations : la dénégation, qui consiste à nier ce que pourtant dans le même temps on pense et dit, et la projection.

La *projection* est peut-être le procédé le plus universellement utilisé par l'humanité ; il consiste à poser en substance : le méchant, ce n'est pas moi, c'est l'autre. Autrement dit, c'est un procédé extrêmement efficace pour se débarrasser de tout ce qu'on peut ressentir comme mauvais en soi-même en l'imputant à quelqu'un d'autre, c'est-à-dire en transformant un danger intérieur en danger extérieur. C'est d'ailleurs, au niveau du psychisme, la traduction d'une loi fondamentale du vivant : rejeter vers l'extérieur ce qui est mauvais à l'intérieur (ce qu'on observe dès le fonctionnement biologique des organismes unicellulaires, qui sans cela périraient rapidement de l'accumulation en leur sein des produits nuisibles de leur propre métabolisme). Observez ce qui se passe autour de vous, mais aussi, si possible, en vous-même : vous verrez à quel point cela fonctionne. Mais un conseil : n'abusez pas de l'interprétation sauvage, les gens n'aiment pas cela (par exemple : dans une dispute conjugale, ne dites pas trop : tu projettes ! en général cela n'arrange pas les choses, et vous risquez, ce disant, de faire précisément la même chose que l'accusé ; la mésentente est alors totale).

Le *déni*, qui ressemble à la dénégation, en diffère cependant ; il est plus difficile à définir. Cela consiste non pas à dire « ce n'est pas vrai que… », mais à fonctionner comme si cela n'existait pas. Le modèle, selon Freud, en est le déni de la différence des sexes chez le petit garçon lorsqu'il découvre qu'une fille n'a pas de pénis : il fait comme s'il en avait vu un et rationalise en se disant : si, il y en a un, mais il est tout petit, il va pousser… C'est charmant à cet âge ; c'est inquiétant si cela persiste et se généralise. Sous une forme mineure, ce peut être le déni de la mort d'une personne chère : tout à la fois on sait qu'elle est morte, mais aussi on pense, ressent, se comporte, comme si cet événement n'avait pas eu lieu ; ces deuils impossibles peuvent grever lourdement une vie. Sous des formes plus graves, tout un pan de la réalité disparaît, tandis qu'un autre subsiste : cela crée une « fracture » de l'appareil psychique, un *clivage* du moi qu'on observe dans certaines psychoses.

La *régression* est d'observation courante : c'est, face à une conflictualité actuelle trop lourde, le mouvement qui consiste à se replier sur des positions antérieures supposées plus familières, plus économiques, et sources de satisfactions appréciables. C'est ainsi qu'on peut comprendre la culture du désordre, voire de la saleté, chez certains adolescents : débordés par l'irruption de la sexualité génitale et la réanimation trop chaude de la conflictualité œdipienne, ils régressent vers l'analité ; cela leur permet de plus, en cultivant ainsi des conflits aigus avec les parents, de les mettre à une distance protectrice. Chez certains adultes, le goût des plaisanteries scatologiques, évidemment très marquées d'analité, a le même sens de défense. Tout cela bien sûr suscite la réprobation de l'entourage ; alors, faites un pas de plus, et régressez vers l'oralité : si vous êtes très malheureux, entrez dans cette pâtisserie, ou offrez-vous un bon repas pour vous consoler ; mais cessez donc de téter cette cigarette !

Il se peut que vous trouviez indigne de vous de régresser. Vous préférez être vertueux ? Toute une série de figures du renversement sont disponibles. Ainsi, la *formation réactionnelle* s'offre à vous, qui consiste à faire exactement le contraire du mouvement premier. Vous haïssez vos semblables ? une belle carrière vous est ouverte de bienfaiteur, voire de saint admiré pour sa charité et sa bienfaisance. Mais si vous êtes d'un format plus courant, le *renversement dans le contraire* peut aller dans l'autre sens : c'est ainsi que, lors d'une rupture, un amour passionné peut se renverser en haine. Dans tous les cas, vous pouvez, plutôt que d'attaquer autrui, vous attaquer vous-même : ce *retournement contre soi* peut rendre compte de bien des accidents, de nombre d'auto-accusations disproportionnées, de conduites masochistes évidentes, etc. : cela revient toujours à se punir soi-même, plus cruellement bien souvent que ne le feraient des juges, de « mauvaises pensées », de désirs coupables, etc., et parfois par des conduites d'un masochisme insigne (Anatole France, dans *Thaïs*, avait ainsi décrit, avec un humour féroce, le cas d'un « stylite », un saint homme persécuté par des pensées lubriques, qui avait passé une bonne partie de sa vie en haut d'une colonne romaine, admiré pour sa piété exemplaire).

Si vous êtes plus intellectuel, toutes les ressources de l'annulation rétroactive, de l'isolation et de l'intellectualisation sont disponibles. L'*annulation rétroactive* est un procédé qui consiste à effacer le souvenir d'un événement fâcheux, et si possible ses effets psychiques. L'*iso-*

lation sépare la représentation de l'affect : on sait quelque chose, on se le représente clairement, mais bien qu'aux yeux de l'entourage il s'agisse de quelque chose qui devrait susciter un affect intense, l'intéressé n'en ressent rien. J'ai connu ainsi un homme, qui semblait parfaitement sain d'esprit, dont la femme et l'enfant avaient péri dans un accident de voiture, alors que lui-même conduisait ; il conservait un souvenir très clair de ce terrible événement, mais l'évoquait de façon très paisible... L'*intellectualisation* enfin est redoutée du psychanalyste : pour freiner autant qu'il le peut l'émergence d'un conflit avec toute sa dimension émotionnelle, le patient l'observe, le dissèque, en discourt en faisant appel à ses lectures, sa culture, sa connaissance de la théorie psychanalytique, etc. ; c'est à peu près la position d'un homme qui verrait brûler sa maison et expliquerait aux témoins les processus de la combustion...

Les *défenses obsessionnelles* consistent à multiplier les précautions contre le danger pulsionnel : combattre les résurgences des plaisirs anaux par un souci permanent de la propreté, la lutte contre les microbes, etc. ; s'occuper l'esprit en permanence par des problèmes mathématiques ou logiques pour barrer la voie aux pensées érotiques, etc.

La *sublimation* enfin a un statut à part, d'ailleurs quelque peu problématique dans la théorie psychanalytique : cela revient à dériver en quelque sorte le flux de la libido, en la détournant des satisfactions explicitement sexuelles vers des buts plus nobles, « désexualisés » au moins en apparence. Freud tenait la sublimation en haute estime : c'est elle, disait-il, qui est le moteur de la civilisation.

Tous ces procédés défensifs (sauf peut-être le clivage sous ses formes les plus graves) peuvent être dits « névrotiques », en ce sens qu'ils jouent avec une évidence particulière chez les personnes qui souffrent d'une névrose au sens fort (phobies, obsessions, hystéries, etc.) ; mais en fait, on en observe le fonctionnement, sous des modes mineurs, chez tout le monde : si cela reste modéré, il n'y a pas là de quoi s'inquiéter.

Il en va tout autrement des *défenses autistiques* et des *défenses psychotiques*, qui conduisent à de très graves amputations de l'appareil psychique. Les premières, ainsi nommées parce qu'elles ont été bien étudiées chez les enfants autistes, s'efforcent de couper totalement le sujet de contacts humains ressentis comme épouvantablement dangereux ; elles se retrouvent sous une forme analogue chez certains adultes affectés d'une psychose grave. Les défenses psychotiques sont plus complexes, mais guère moins invalidantes ; elles constituent une barrière à la fois solide et fragile – c'est-à-dire qui doit sans cesse être surveillée et consolidée – contre l'irruption de mouvements pulsionnels ressentis comme dangereux, et contre toutes les relations humaines qui risqueraient d'en provoquer l'irruption.

Un tel tableau est encore très sommaire. Mais, s'il vous paraît inquiétant, rappelez-vous : les défenses sont aussi la meilleure des choses…

21

Qu'est-ce qu'un complexe ?

Le terme « complexe » est peut-être, de toute la langue psychanalytique, celui qui est le plus passé dans le langage courant. Quand on dit à quelqu'un « tu fais un complexe », avec des nuances qui vont de la sympathie et de la compassion à l'ironie, c'est en général pour souligner une particularité ou une conduite fâcheuses, le plus souvent marquées par l'inhibition, la honte, la culpabilité, etc. Ce n'est pas du tout ainsi que le psychanalyste l'entend. Non seulement il ne colore son propos d'aucune compassion ou ironie, mais de plus il ne dira jamais que quelqu'un « fait » un complexe, au sens où il « ferait » une grippe ou une rougeole ; d'ailleurs il utilise assez rarement le terme de « complexe », sauf dans deux cas : le complexe d'Œdipe et le complexe de castration.

Au sens le plus courant, un complexe est un ensemble organisé de parties ou d'éléments qui concourent aux mêmes buts, à une même fonction, par exemple un « complexe industriel » d'entreprises coordonnées en vue d'une certaine production. C'est bien ainsi que l'entend la psychanalyse : un complexe est un ensemble de processus psychiques organisés pour servir certains buts, mais de façon inconsciente.

Ce n'est pas Freud qui a introduit l'usage de ce terme dans la description du fonctionnement psychique : il existait déjà dans la langue psychiatrique de son temps. Dès le début (c'est-à-dire dès les *Études sur l'hystérie*, 1895), il l'a utilisé pour caractériser ce qui lui paraissait au cœur de toute hystérie, à savoir un ensemble de processus psychiques coupé de la conscience. L'idée n'était pas en elle-même originale, puisque c'est bien ainsi qu'on voyait alors les « personnalités secondes » mises en évidence chez ses malades par Charcot, et c'est ainsi que Janet allait le théoriser. Mais l'idée neuve de Freud est de considérer que cet ensemble inconscient de représentations et d'affects propres au sujet s'est organisé autour d'une expérience traumatique de l'enfance, toujours selon lui de nature sexuelle, un ensemble qui, par sa permanence, oriente ensuite de façon fâcheuse tout le travail psychique, et au-delà les relations interpersonnelles.

La théorie était alors profondément novatrice, mais le terme « complexe » lui-même pouvait passer pour assez banal. C'est Jung, psychiatre confirmé, qui lui a donné une nouvelle dimension en psychanalyse. Dès lors (c'est-à-dire à partir de 1906), Freud va utiliser le terme en lui donnant un contenu notionnel plus précis. Il s'agit notamment de ce qu'il nomme le « complexe paternel », considéré comme « complexe nucléaire des névroses », et qu'il nommera, à partir de 1910, « complexe d'Œdipe » ; la figure *princeps* en est le désir du petit garçon pour sa mère, le père étant considéré comme rival, ce qui implique la crainte de la punition et l'instauration d'un « complexe de castration ». Freud limitera toujours l'usage du terme « complexe » à ces deux cas, d'ailleurs étroitement coordonnés.

Cependant, le terme a séduit. On s'est dit : cela concerne le petit garçon, mais il en va différemment chez la fille : nommons cela « complexe d'Électre » ; quant aux sentiments de la mère pour son petit garçon, et à tout ce que cela suppose, nommons-le « complexe de Jocaste ». Il s'est même trouvé quelqu'un, considérant la culpabilité liée au meurtre de la mère, thème paraît-il important dans la culture japonaise, pour proposer un « complexe d'Ajase », etc. Chacun, tenant sa petite idée sur telle ou telle organisation psychique, tentait de se faire un nom avec un nouveau « complexe » ; un compilateur en a trouvé un jour cinquante... Bien évidemment, une telle prolifération vidait l'idée de tout contenu valide. D'une part parce qu'il est illusoire de penser qu'il suffit de décorer quelque chose d'un nom pour lui donner consistance ; mais surtout parce que si une telle notion veut rester utile, elle doit décrire un *modèle de fonctionnement* à valeur générale, c'est-à-dire qui se retrouve dans les *modes individuels de fonctionnement* chez différentes personnes, des modes de fonctionnement qu'ainsi on comprend mieux. C'était la position de Freud, et cette position a prévalu après lui.

Ainsi, pour le psychanalyste, la notion de « complexe » est proche de celle de « structure » ou de « système » : c'est une organisation du fonctionnement psychique qui règle la perception des personnes – y compris de soi-même – et les échanges interpersonnels, une organisation mise en place tout au long du développement psychique. C'est dire que les relations du sujet avec ses parents – relations réelles et fantasmatiques – jouent un rôle essentiel dans la production et le fonctionnement d'un complexe.

Les deux cas que, à la suite de Freud, on s'accorde à désigner ainsi – le complexe d'Œdipe et le complexe de castration – sont en effet des organisations psychiques à valeur très générale : en bonne théorie psychanalytique, elles sont tenues pour indispensables à la structure même du fonctionnement psychique, c'est-à-dire présentes en tout être humain, quelles que soient sa culture et son histoire personnelle. Ce postulat a fait l'objet de beaucoup de controverses : on a soutenu que cette prétendue universalité était une naïveté « ethnocentrique », c'est-à-dire qu'elle instituait en règle générale du genre humain ce qui ne vaudrait que pour la culture occidentale contemporaine (voire pour la Vienne du début du XXe siècle), et d'éminents ethnologues se sont fait forts de montrer que les complexes d'Œdipe et de castration n'existent pas dans telle ou telle culture (d'autres ethnologues, tout aussi éminents, les contredisant d'ailleurs sur ce point).

Ces controverses sont en fait assez dépassées aujourd'hui. Cependant, pour le psychanalyste, si la notion de complexe reste fondamentale, puisqu'elle définit un modèle de fonctionnement psychique, un modèle utile pour comprendre des modes de fonctionnement individuel, le passage du général au particulier est délicat. Il importe en effet de rendre compte de tel ou tel fonctionnement individuel sans le réduire totalement à un tel modèle : il ne suffit pas de dire que quelqu'un « souffre de son Œdipe » pour prétendre avoir tout compris, car cela risque d'en rester au niveau de l'explication raillée par Molière (l'opium fait dormir parce qu'il a des vertus dormitives). Ce qui est utile, c'est de mieux comprendre comment, chez cette personne-là, cette structure générale a pris telle ou telle modalité spécifique en fonction de son histoire, une histoire à nulle autre pareille.

Il faut donc en fait distinguer deux évolutions possibles : celle où le complexe d'Œdipe (et son corollaire le complexe de castration) ont pris progressivement leur « bonne forme », et constituent l'armature même d'un bon fonctionnement psychique ; et celle où cela s'est construit de façon particulièrement conflictuelle, avec des effets pathogènes plus ou moins graves et durables. On aimerait que le premier cas soit général, et le second exceptionnel. Ce n'est hélas pas le cas…

22

Qu'est-ce que le complexe d'Œdipe ?

Si vous dites : « Ah oui, c'est quand le petit garçon veut coucher avec maman et tuer papa »... vous avez à la fois raison et tort. Raison parce que, à la suite de Freud, tous les psychanalystes ont admis qu'en tout enfant puissent jouer de tels mouvements. Tort parce que vous devriez ajouter : « Mais c'est une organisation fantasmatique inconsciente », et ne pas trop vite plaquer là-dessus vos représentations d'adulte ; ajouter : « C'est aussi quand l'objet désiré par le petit garçon est papa, et la rivale maman », et encore : « D'ailleurs quitte à être deux qui excluent un troisième, il faut aussi penser au rapprochement de papa et maman, l'enfant étant exclu », et enfin : « D'ailleurs, on ne parle là que des petits garçons ; mais les filles ? » Comme vous pouvez le penser, toutes ces questions, les psychanalystes se les sont posées, et elles ont alimenté, et alimentent encore, de chaudes discussions.

On imagine mal aujourd'hui le scandale créé par Freud lorsque vers 1900 il a proféré ce qui apparaissait alors comme des énormités :

quoi, les enfants, ces chers petits anges, ont une sexualité, qui de surcroît peut se diriger vers leur père ou mère, et ils peuvent pour réaliser leur désir souhaiter la mort de l'intrus ? Freud fut accusé de corrompre l'enfance, et plus généralement de recommander la pornographie la plus basse ; dans un congrès de psychiatrie, en 1910, un orateur déclara : « Un pareil sujet ne mérite pas d'être discuté dans une assemblée scientifique, c'est à la police de s'en occuper ! » C'était tout ignorer des positions de Freud, et d'ailleurs de sa vie personnelle vertueuse : Ernest Jones, son plus illustre biographe, qui l'avait bien connu, a pu le caractériser comme « un puritain ».

Nous n'en sommes certes plus là. Aujourd'hui, on sourit si un petit garçon de quatre ou cinq ans déclare : « Quand je serai grand, je me marierai avec maman », puis, lorsqu'on lui demande ce qu'en pensera papa, répond qu'alors « il ne sera plus là » ; on sourit aussi si une petite fille du même âge fait la coquette avec son père, d'ordinaire assez content de cette bonne fortune. Les idées freudiennes ont à ce point pénétré notre culture que cela ne choque plus ; mais c'est au prix d'une certaine banalisation, d'un désamorçage de ce qu'il peut y avoir de passionné et de violent au-dessous de tout cela. Ce n'est pas si innocent qu'il y paraît.

Revenons au plus simple. Tout enfant a un corps. Ce corps a des besoins et éprouve du plaisir quand ces besoins sont satisfaits. Le premier et le plus fondamental de ces besoins se tourne vers la mère : car c'est bien d'elle, et de son propre corps, que vient le lait (qu'elle puisse offrir un biberon et non son sein est secondaire : ce qu'éprouve le nourrisson, c'est bien que cela vient du corps de la mère, avec sa chaleur, son odeur, etc.). C'est en adressant le besoin à sa mère que le bébé en fait l'objet de son désir, et c'est dans cette relation à sa mère qu'il éprouve le plaisir. Cette relation primordiale va constituer la base de tout le développement ultérieur (on sait la gravité des carences maternelles précoces, lorsque cette base n'est pas assurée). Ainsi qu'il a été dit dans une question précédente, on peut ainsi considérer la bouche comme la première « zone érogène », comme lieu manifeste des premiers plaisirs procurés par la satisfaction du désir. On se souvient que vient ensuite une certaine prééminence de la zone anale, puis de la zone génitale. Rien d'étonnant alors que la mère reste investie en objet de désir, et que lors de la phase œdipienne continue à être recherché le plaisir d'une satisfaction qui viendrait d'elle.

Mais ce désir et ce plaisir ne vont pas sans ambivalence. Il en est ainsi dès la phase orale, lorsque la mère est mordue au sein et proteste ; lors de la phase anale, parfois occasion de conflits aigus lorsqu'il s'agit d'obliger l'enfant à « faire » en temps et lieu ; et encore plus lors de la prééminence de la zone génitale qui marque la phase œdipienne (entre trois et cinq ans). L'enfant sait bien que son pénis lui procure de très agréables sensations ; il est bien tenté de demander à sa mère d'y collaborer, puisqu'elle s'avère depuis toujours source de satisfactions : c'est au fond bien naturel ! Mais les adultes ne l'entendent pas de cette oreille. Il se peut qu'ils grondent, punissent, condamnent, voire menacent sur le mode « si tu continues à faire ça, tu seras très malade », voire « le docteur va te le couper ! », etc. Heureusement, cette répression féroce de la masturbation est devenue plus rare (grâce précisément à la psychanalyse !). Il est beaucoup plus fréquent, hélas, que s'installe entre parents et enfants un silence total : on fait comme si ça n'existait pas. Le psychanalyste voit au cours de sa carrière bien des adultes qui ont été livrés au cours de leur enfance à la solitude de conflits aigus et insolubles, mais nourris par leurs camarades d'informations fantaisistes et qui en ont beaucoup souffert. Quelle est la bonne solution ? nous en reparlerons ; en tout cas pas leur montrer comment on fait l'amour ! (certains parents, sous couleur d'idées libérales, semblent l'avoir préconisé).

Une chose est sûre : papa voit d'un très mauvais œil son fils prétendre accaparer sa mère, jusque dans un lit conjugal dont il serait lui-même chassé. Il est à peine besoin qu'il l'exprime : d'emblée l'enfant sent bien que ce qu'il désire est, au-delà d'une certaine limite, interdit (et toute mère « normale » le marque par son retrait lorsque le désir de l'enfant se fait trop pressant). C'est donc *le conflit du désir et de l'interdit* qui s'avère alors fondamental. Selon le schéma typique, il passe par une phase aiguë, marquée par l'exaspération de ce désir, mais aussi la crainte de la punition. Or quelle est la punition qui s'avérerait la plus adéquate ? supprimer le lieu même du désir : c'est l'angoisse de castration. La faute mérite-t-elle une punition si terrible ? L'enfant le redoute parce qu'il lui arrive de souhaiter que son père disparaisse et laisse la place libre, voire que ce serait mieux s'il était mort... Sans doute en général ces souhaits de mort n'apparaissent pas en conscience claire ; ce qui est en cause, c'est un schéma inconscient (mais il peut advenir que, dans un moment de grande colère, il souhaite réellement la mort de son père : alors, quelle culpabilité !). Toujours selon le schéma typique, le conflit s'apaise ensuite ; tout se passe comme si l'enfant renonçait sous le coup même de cette angoisse : on dit qu'il entre dans la « phase de latence ». Mais tout redémarre à la puberté, car alors, bien sûr, avec la maturité sexuelle, le besoin se fait pressant. Si tout va bien, ce garçon va réussir « le changement d'objet », c'est-à-dire instituer en objet de désir, source des satisfactions espérées, une autre femme que sa mère (éventuellement, il la recherchera semblable à sa mère, ou, ce qui revient au même, très différente). Quant à papa, il sera devenu, au fil de cette évolution, un modèle.

Tel est, exprimé de la façon la plus simple, le schéma typique. Mais ce n'en est en fait que la moitié. Car, l'expérience le montre, le même petit garçon, à certains moments, porte ses désirs vers son père, et c'est alors la mère qui apparaît comme la gêneuse à éliminer. On retrouve, dans cet « Œdipe inversé », le même conflit du désir et de l'interdit. Il reste que dans le schéma idéal, un versant prédomine sur l'autre : dans le cas du petit garçon, c'est l'Œdipe « positif ». Mais cet équilibre varie beaucoup selon les moments et selon les enfants, en fonction de la bisexualité psychique inhérente à tout être humain (cela vous surprend ? nous en reparlerons) ; en tout cas, cet équilibre sera déterminant dans les « choix d'objet » ultérieurs, et en particulier dans l'option pour l'hétérosexualité ou l'homosexualité.

Enfin, si deux se rapprochent en excluant le troisième, il reste, dans ce triangle, un cas de figure : c'est lorsque papa et maman chassent l'enfant pour rester ensemble, et il peut se montrer fort jaloux lorsqu'ils lui signifient clairement qu'il est exclu (« dors maintenant ! ») : il se doute bien qu'ils prennent un plaisir auquel il n'a pas le droit de participer, mais il peut aussi craindre qu'il ne s'agisse de violences exercées par le père sur la mère : ces fantasmes

« de scène primitive » peuvent prendre une grande intensité et eux aussi exercer des effets durables.

Et la fille dans tout ça ? Bizarrement, Freud a toujours été embarrassé par cette question : il déclarera même un jour que les femmes sont pour lui « un continent noir ». Ceci est d'autant plus surprenant que la psychanalyse est née de son travail avec les hystériques, en grande majorité des femmes. Toujours est-il qu'il a d'abord déclaré qu'au fond, c'est la même chose, mais inversé : l'Œdipe positif de la fille, prévalent, est dirigé vers le père, l'Œdipe « inversé » vers la mère. Bien. Mais il n'a pas tardé à admettre que ce ne peut pas être aussi simple. D'abord parce que la petite fille doit changer deux fois d'objet : adresser son désir, non plus à sa mère (comme le garçon) mais à son père, puis, non plus à son père, mais à un autre homme. Mais surtout : comment parler d'angoisse de castration, de perte du pénis, dans le cas de quelqu'un qui n'en a pas ? Eh bien, précisément, a répondu Freud : la particularité de la fille, c'est que cette angoisse est chez elle en quelque sorte originelle, en tout cas née dès que, par des comparaisons anatomiques, elle réalise qu'elle n'a pas quelque chose qu'a le petit garçon, et qu'il semble tenir pour si précieux. Elle en veut à sa mère, dit Freud, de l'avoir faite ainsi incomplète ; elle espère que « ça va pousser », puis, constatant qu'il n'en est rien, elle se demande de quoi elle a bien pu être punie (c'est son angoisse de castration à elle) ; enfin, continuant à désirer un pénis, elle demande à son père de la compléter, par un enfant. Cela peut choquer ; pourtant, les mères ne manquent pas qui vivent leur première naissance comme une réalisation de ce désir : enfin ça a poussé ! satisfaction encore plus marquée si c'est un garçon (il est difficile de comprendre autrement la prééminence accordée par certaines mères, et encore plus dans certaines civilisations, à leurs garçons par rapport à leurs filles).

On peut critiquer ce schéma, et il l'a été, abondamment, par nombre de psychanalystes (et d'abord, ce qui ne peut surprendre, des psychanalystes femmes).

Quoi qu'il en soit, tout ceci implique un postulat fondamental, celui de la prohibition de l'inceste, dont un ethnologue, Claude

Lévi-Strauss, a soutenu qu'il est universel, c'est-à-dire observable en toute civilisation. Pour le psychanalyste, la conséquence est immédiate : le complexe d'Œdipe est lui aussi universel. Il est structurant, et constitue en quelque sorte le « squelette » du psychisme, parce qu'il en installe solidement le fonctionnement dans une double différence, celle des sexes et celle des générations.

Universel ? On a voulu montrer qu'il n'en est rien, en citant des civilisations où le père n'exerce aucune fonction répressive, voire est inconnu en tant que tel, voire où le « père » est une femme âgée (cela existe), etc. Cela se rencontre, certes. Mais en faire une objection, c'est méconnaître l'essentiel : ce qui fait l'universalité de l'Œdipe, c'est le conflit du désir et de l'interdit, l'acceptation de la double différence des sexes et des générations, et surtout le moment capital où l'on passe de deux à trois : de la relation « duelle » avec la mère à une relation augmentée d'un tiers qui représente et entérine cet interdit. Il est secondaire que ce tiers soit le père biologique, un oncle, un frère aîné, un père adoptif présent dès le plus jeune âge, une femme âgée, etc. ; l'essentiel du schéma fonctionne.

23

Qu'est-ce que le complexe de castration ?

Le terme peut choquer et effrayer : décidément, ces psychanalystes, ils exagèrent ! Regardons donc, ici encore, les choses de la façon la plus simple.

L'essentiel du schéma freudien a été donné en réponse à la question précédente concernant le complexe d'Œdipe, auquel l'angoisse de castration est étroitement liée : le petit garçon craindrait, en rétorsion de ses désirs incestueux pour sa mère, d'être amputé de l'organe même qui s'émeut sous l'effet de ces désirs ; punition venant du père, même si, disait Freud, c'est ordinairement la mère qui signifie cette menace (« Tu verras quand ton père rentrera ! »). Il ne faut pas perdre de vue que pour l'essentiel reste inconscient ce qui des pensées, des émotions et des conduites de l'enfant s'organise en « complexe » sous le coup de cette angoisse.

On peut n'en être pas d'accord ; cependant tout psychanalyste aujourd'hui accepte cette thèse, parce que toute son expérience clinique lui en montre la validité. Il faut cependant, pour en comprendre le sens, y apporter quelques nuances et compléments, et en reconnaître les difficultés.

Il n'est pas douteux que la « découverte de la différence anatomique entre les sexes » constitue chez tout enfant un événement important. Autrefois, une féroce et absurde répression l'obligeait à se cacher et à poursuivre en secret ses investigations ; aujourd'hui (grâce justement à la psychanalyse !) les conduites éducatives se sont en général beaucoup assouplies (bien que pas toujours, et pas dans toutes les familles), même si l'on invite l'enfant à quelque discrétion. Mais il reste évident qu'il manifeste beaucoup d'intérêt pour cette question, et pour tout ce qui vient avec (comment fait-on les enfants ? comment naissent-ils ? etc.). Cette curiosité est saine et légitime, et il est déplorable de la condamner, car on risque alors de condamner du même coup à ses yeux toute curiosité intellectuelle ; pour avoir vu beaucoup d'enfants handicapés par de graves inhibitions, en échec scolaire, etc., je peux témoigner de la nocivité de l'interdit de savoir (ou de sa traduction par « tu m'embêtes, ce n'est pas pour les enfants, tu sauras quand tu seras plus grand », etc.). Comment se comporter ? cela fera l'objet d'une question ultérieure.

Considérons ce qui se passe typiquement lors de cette « découverte ». Le petit garçon est très surpris : quoi, on peut manquer de cet organe précieux ? la pauvre ! mais alors ne s'agit-il pas d'un garçon à qui on l'a enlevé ? et qu'a-t-il fait pour encourir un aussi rude châtiment ? La réponse n'est pas difficile à trouver : il se masturbait, et il a ainsi été puni. Il est donc vital que je ne le fasse plus, sans quoi… (on voit la nocivité de menaces parentales réelles à cet égard). Pour certains enfants commence un conflit sévère, traduit par des luttes (réprimer toute masturbation, succomber, réprimer, etc.) qui peuvent parfois durer toute la vie, et vont porter de graves conséquences sur leur sexualité adulte. Le complexe d'Œdipe est pris dans cette tourmente. Car sur son versant « positif » pèse cette menace de castration venant du père ; mais si c'est vers celui-ci que, sur le versant « négatif » se porte le désir, le résultat est le même, puisque cela supposerait devenir fille (tel est du moins le schéma classique, que Freud a remarquablement illustré par l'analyse du cas du président Schreber, 1911). Le pauvre garçon est coincé... Sous le coup de cette inévitable angoisse de castration, il « sortira de la phase aiguë de l'Œdipe » en renonçant et en entrant dans la phase de latence. Et la fille ? eh bien pour la fille, en vient à dire Freud, c'est l'inverse : en ce qui la concerne, l'angoisse de castration la fait entrer dans l'Œdipe, puisque c'est la blessure vécue lors de la découverte que le garçon a quelque chose qu'elle n'a pas qui va provoquer chez elle la frustration, l'envie, le désir d'un enfant du père. Beaucoup, y compris parmi les psychanalystes, ont trouvé et persistent à trouver cette réponse peu satisfaisante, et cette symétrie un peu forcée. Mais décidément les filles nous embarrassent ! C'est pourquoi nous reprendrons cela sous une autre question.

Quoi qu'il en soit, venons-en à un autre aspect important du problème et sans doute moins sujet à controverses. Si tout cela joue un rôle majeur dans le développement psychique, c'est que l'angoisse de castration (au sens qui vient d'être précisé de crainte de perte du pénis) reprend et relaie des angoisses antérieures, les réorganise, et régit peut-être ainsi tout état ultérieur d'angoisse. Suivons les étapes de cette histoire de l'angoisse :

– on peut accepter, ainsi que l'avait fait Freud lui-même, une idée introduite par Otto Rank, selon laquelle le traumatisme de la naissance est « le prototype de tout état d'angoisse ». Car les contractions de l'expulsion, la sensation de constriction violente lorsqu'est franchi le col de l'utérus, le passage du milieu aquatique intra-utérin à un milieu aérien où la respiration doit d'urgence se déclencher sous peine de mort, etc., tout cela constitue pour le fœtus qui devient bébé en cet instant un véritable orage sensoriel et émotionnel, qui selon toutes probabilités laisse des traces (faut-il rappeler que la grande crise d'angoisse se marque par son caractère incompréhensible, par la sensation de mort imminente, par la suffocation, etc. ?) ;

– plus tard, lorsque commenceront à se différencier le sujet et l'objet, c'est-à-dire lorsque le bébé commencera à se percevoir et se concevoir comme distinct de l'Autre, naît une autre angoisse, l'angoisse de perte d'objet. C'est l'angoisse liée à une menace de dédifférenciation, où « je » disparaîtrais parce qu'« elle » (« lui », peu importe ici) disparaîtrait. Cela peut surprendre, mais c'est précisément ce qui joue lors de certaines crises de larmes incoercibles du bébé, et ce qui apparaît à l'évidence chez des enfants autistes où cette angoisse est massive et persistante ;

– mais si tout va bien la différenciation sujet-objet est établie, l'objet est stable, non menacé de disparition. Seulement son amour n'est pas pour autant assuré : ainsi s'ouvre une troisième angoisse, celle de perte d'amour de l'objet (ne dites jamais à un enfant : « Si tu fais ça je ne t'aimerai plus ! » ou bien vous savez et il sait que c'est faux, et pourquoi mentir ? ou bien ça risque d'être vrai, et c'est terrible) ;

– l'enfant entre dans la phase dite anale. Il marque alors beaucoup d'intérêt (aucun parent attentif ne me contredira) pour ce qui ainsi sort de son corps. Mais il se peut aussi qu'il vive avec inquiétude ce qui lui apparaît comme une perte de sa propre substance, d'une partie de son corps. Nous sommes si habitués à l'opération, d'ailleurs pudiquement reléguée dans le secret, qu'en règle générale nous ne l'éprouvons plus ainsi. Mais certaines constipations opiniâtres de l'enfant ont bien ce sens : refuser de se séparer de quelque chose de soi-même, et le conflit qui risque fort de se développer à ce propos avec les parents n'arrange pas les choses. On connaît des cas où la rétention est devenue si massive que la vie de l'enfant s'en est trouvée menacée ! ;

– enfin une cinquième angoisse se profile derrière tout cela : l'angoisse de mort. Angoisse de mort des êtres aimés, et d'abord de la mère et du père, qui ira croissant au fil de la vie, puisqu'en général les parents meurent avant les enfants ; angoisse de sa propre mort, puisqu'il faudra bien un jour que ça arrive. Il faut savoir que cette angoisse a ses prodromes, précisément dans l'angoisse de dédifférenciation dont il vient d'être question ; mais aussi que pour les jeunes enfants la défense consiste en général dans une équivalence « être mort = être absent » ; c'est sous cette forme que se présente, pour être acceptable, le souhait d'éliminer papa (ou maman), et notre langage en conserve la trace quand nous disons pudiquement de quelqu'un qu'il « est parti ».

Ainsi, dans cette longue histoire, il s'agit toujours d'angoisses de perte. L'angoisse de castration au sens restreint (de perte du pénis), lorsqu'elle surgit, vient ainsi signifier et réorganiser ces étapes successives ; de sorte que parler d'angoisse de castration au sens large c'est en fait évoquer toute cette histoire.

Mais, en ce sens élargi, l'angoisse et le complexe de castration recouvrent alors tout ce qui est relatif au manque, à la perte, au renoncement. Or il est inévitable et même souhaitable qu'on accepte ses limites, des limites inhérentes au fait d'être homme, au sens de l'être humain (la « finitude de l'homme »), au fait de n'être sexué que comme homme ou femme (ah, comme on peut regretter le sexe qu'on n'a pas !), à quoi s'ajoutent les limites, les faiblesses, les incapacités propres à chacun. Il est indispensable de sortir d'une mégalomanie infantile où l'on croyait pouvoir tout faire et tout être ; c'est cependant un renoncement. Lacan, et après lui bien des « lacaniens », ont pu faire de cette acceptation le but même de la cure. Je dirai que, personnellement, j'éprouve les plus grandes réticences face à une telle position. Car cette acceptation peut se muer en résignation, et l'on ne peut pas, on ne doit pas, axer sa vie sur la résignation. De plus, elle est proposée – imposée ? – par un analyste à peu près inévitablement idéalisé et supposé, lui, y échapper : on voit bien quelle peut être la tentation pour l'analyste de s'instituer et perdurer en tant qu'idéal inaccessible ! L'histoire du lacanisme s'est pour une bonne part placée sous ce signe.

Et les filles dans tout ça ? Elles continuent à nous embarrasser. Eh bien, regardons cela de plus près.

24

Que dire des femmes ?

Ce qui a été dit en réponse aux questions précédentes (notamment en ce qui concerne les complexes d'Œdipe et de castration) peut laisser mon lecteur assez insatisfait ; j'avouerai que moi aussi, comme beaucoup de psychanalystes qui se sont heurtés et se heurtent encore à ce problème. Cela a commencé avec Freud lui-même, qui a dit un jour que les femmes sont « le continent noir de la psychanalyse » ; c'était d'autant plus surprenant qu'il l'a inventée sur la base de son travail avec les hystériques, en grande majorité des femmes. Bien sûr, on peut imputer cela à ses faiblesses personnelles, à ce qui pouvait jouer en lui d'un certain travail de méconnaissance par refus de sa propre part féminine (il lui est arrivé de l'avouer à des proches) ; on peut, de plus, penser au climat culturel de l'époque, qui n'était guère favorable aux femmes, maintenues dans une évidente sujétion par des hommes qui tout à la fois les désiraient et les craignaient, etc. Il se peut que nos embarras viennent pour une part de la façon dont, dans ce contexte, Freud a posé le problème, et dont nous aurions du mal à nous dégager. Ce n'est pourtant pas faute que, après lui, beaucoup de psychanalystes aient tenté de le reformuler, et d'abord des femmes (Jeanne Lampl de Groot, Hélène Deutsch, Ruth Mack Brunswick, Marie Bonaparte, Karen Horney, ou plus près de nous Janine Chasseguet-Smirguel ou Jacqueline Schaeffer), mais aussi des hommes (Ernest Jones), voire des couples (Monique et Jean Cournut).

Je risque d'aggraver la situation de mon lecteur, voire de le choquer un peu plus, par ce qui va suivre.

Reprenons les éléments de la discussion. La découverte de la différence entre les sexes introduit l'angoisse de castration, centrale dans l'instauration du conflit œdipien : pour les garçons par peur de perdre leur pénis, pour les filles par la douleur de n'en pas avoir un. C'est d'emblée poser que le pénis est désirable et irremplaçable, et par là même poser une certaine inégalité des sexes : certains ont quelque chose de précieux que d'autres n'ont pas, certains sont plus complets que d'autres. Il est indéniable que notre culture, comme beaucoup d'autres, a affirmé et encouragé cette inégalité de multiples façons, au point de persuader beaucoup d'hommes de leur supériorité, beaucoup de femmes de leur infériorité. Sans doute cela est-il en voie d'atténuation (dans certains de nos pays, car ailleurs il y a beaucoup à faire !), même si, malgré des combats courageux, il en reste trop dans la culture et surtout dans les relations hommes-femmes.

Mais peut-on pour autant réduire cela à une simple pesée culturelle ? Car la question n'est pas tant de savoir si Freud, et après lui les psychanalystes, ont entériné par leur théorie et leur pratique une telle inégalité (et Dieu sait que l'on a pu les en accuser !) que de savoir ce qui se passe en fait pour l'enfant. Or il suffit d'observer ce qui se passe dans une cour d'école (je l'ai beaucoup fait à une certaine période de ma vie) pour être édifié. Souvent les garçons, pleins de forfanterie, se moquent des « quilles », les houspillent, les bousculent, etc. ; les filles les craignent (elles se plaignent souvent de leur brutalité), serrent les rangs contre eux et chuchotent entre elles (sûr moyen de les agacer et d'apparaître comme un « continent noir »), et même prennent leur revanche en étant, en moyenne, meilleures élèves. Bref, s'il y a une « guerre des sexes », elle commence très tôt, et elle implique fondamentalement une inégalité, qui n'est d'ailleurs pas à sens unique...

Suffirait-il, comme beaucoup le croient, de réformer tout cela pour que disparaisse la question ? Eh bien, sans doute pas. Parce que le pénis, enjeu et symbole de ce combat incertain, a des particularités qui l'instaurent en « signifiant » de cette inégalité. Il est visible, et par là même « coupable », c'est-à-dire amputable ; nous retrouvons l'angoisse de castration du garçon, alors que la fille, elle, n'a plus rien à craindre : c'est déjà fait. Mais de plus le pénis est érectile. Une bonne façon de se rassurer contre l'angoisse de castration, c'est de constater qu'il est là, et bien là : en comparant les dimensions avec des petits copains, mais aussi par une érection bien venue, dès lors doublement agréable (par la sensation locale et par le constat d'une taille augmentable presque à volonté). Les forfanteries, les vantardises sexuelles de certains hommes (souvent et de façon très parlante associées au mépris des femmes, au moins en paroles) et un certain donjuanisme procèdent de cela : prouver qu'on est homme, se rassurer contre l'angoisse de castration et contre ce qui est obscurément ressenti comme une intolérable atteinte, la part de féminité en soi (d'où la violence des attaques contre les homosexuels qui surgissent inévitablement dans ce contexte). Tout ceci sans doute peut être renforcé (déplorablement) par la culture, mais le fondement en est bien dans ces caractéristiques du pénis lui-même : il est visible, érectile, amputable. À cet égard, on pourrait renverser la proposition freudienne : la situation des femmes est à cet égard moins inconfortable (à cet égard, car elles ont bien d'autres sources de souffrance qui leur sont propres).

Il apparaît donc que Freud n'est peut-être pas si loin des réalités lorsqu'il qualifie la phase œdipienne de « phase phallique » : il y a bien un moment de l'enfance (vers quatre ou cinq ans) où tout cela s'exacerbe, où le petit garçon est très fier de posséder un pénis et où la petite fille l'envie ; c'est justement le moment de l'« acmé » (de l'intensité maximale) du conflit œdipien. Qu'alors les petites filles en général regrettent de ne pas avoir aussi ce pénis qui signifie tant de pouvoirs, et désirent en avoir un, rien de surprenant. Qu'elles se consolent en constatant qu'elles ont quelque chose d'analogue, qui peut aussi procurer d'agréables sensations (le clitoris), en plus petit, et qu'elles déplorent que ce soit seulement en plus petit, rien non plus de bien surprenant, ni dans l'espoir inavoué qu'un jour peut-être « cela poussera ». Où le bât blesse, c'est que Freud a de façon réitérée affirmé que pour les deux sexes s'installe dès lors la conviction d'une irrémédiable infériorité féminine sur la base de preuves anatomiques… au point que dans certains de ses écrits il semble lui-même y croire. On ne peut guère non plus suivre Freud lorsqu'il dit que, « au début », l'enfant est convaincu que tout le monde a un pénis, et que la découverte de la différence anatomique entre les sexes instaure une division des êtres humains en deux catégories, les phalliques et les châtrés, une distinction qui ne sera qu'ensuite remplacée par la distinction entre masculin et féminin. Que le petit garçon pense d'abord : « Tout le monde a un pénis, comme moi », sans doute ; mais la fille ? Bref, il y a bien un certain « phallocentrisme freudien », chez Freud lui-même ; mais c'est faire un mauvais procès à la psychanalyse contemporaine que de l'en accuser, car, je crois, aucun psychanalyste sérieux ne pense plus dans ces mêmes termes.

Alors, que retenir de tout cela ? Deux choses en tout cas.

La première est que le pénis s'instaure bien, à partir d'un certain moment, en signifiant du pouvoir en même temps que source et lieu de plaisir ; mais qu'alors, justement, il ne s'agit plus d'un détail anatomique, si important soit-il, mais bien d'un *signifiant*, qu'on a pris l'habitude d'appeler « phallus » pour bien le distinguer du pénis (Lacan a même fait du phallus la « source des signifiants »). Bien des civilisations ont institué des cérémonies et des cultes en l'honneur du phallus, figuré de façon en général très réaliste (toujours de grands pénis en érection) : ainsi, dans la Grèce antique, on promenait en procession d'énormes phallus dans la liesse générale ; en Inde se sont développés de véritables cultes centrés sur des phallus personnifiés et magnifiés ; etc. Dans tous ces cas il est évident que ce qui est honoré, ce n'est pas en fait un détail anatomique, si important soit-il, mais ce qui, bien au-delà de ce « détail », *signifie* le pouvoir, la puissance, la vie, la source de toutes choses. C'est pourquoi il convient de bien distinguer le pénis, organe lieu de plaisir, et le phallus, symbole de puissance et de vie.

Mais en ce cas, la femme aussi, dans sa féminité même, a un pouvoir, et quel pouvoir ! celui de créer la vie, de créer de nouveaux êtres humains. Il y a là une puissance de la femme que par ailleurs bien des civilisations ont honorée, depuis le culte de la terre-mère dans certaines civilisations très anciennes et dans la Grèce antique. Une puissance que beaucoup de femmes connaissent bien, même si elle n'est pas exemple d'ambiguïtés (dont la première est qu'il faut l'assumer, et peut-être la dérober à sa propre mère), et que, secrètement, beaucoup d'hommes envient et redoutent. Ceci, certainement, n'a pas assez retenu l'attention des psychanalystes ; mais on est en bonne voie…

25

Sommes-nous tous bisexuels ?

La plupart des gens tiennent beaucoup, semble-t-il, à ce que la distinction des deux sexes soit et reste très nette : si vous mettez cette distinction en cause, par exemple en félicitant une femme de sa « virilité » ou un homme de sa « féminité », vous constaterez que vous avez de bonnes chances de passer pour un malotru... Pourtant, tout ce qui a été dit sous les questions précédentes suppose qu'il faut bien accepter qu'en tout homme existe quelque chose de féminin, en toute femme quelque chose de masculin : c'est ce qu'on désigne comme « bisexualité psychique », supposée par la psychanalyse fondamentale en chaque être humain.

Pourquoi est-ce une hypothèse nécessaire ? Parce que les conflits œdipiens se développent sur deux « versants » complémentaires, selon que l'un ou l'autre des deux parents est l'« objet » désiré, l'autre étant le gêneur. Lorsque le petit garçon désire le rapprochement avec sa mère, un rapprochement tendre d'où les émois du corps ne sont pas absents, il prend ainsi une position masculine. Ceci vis-à-vis de sa mère, mais aussi en se posant en rival de son père, ou éventuellement d'un autre homme compagnon de la mère.

La situation se complique en effet sensiblement, tout le monde le sait, en cas de séparation et lorsque les parents forment de nouveaux couples : cela multiplie les rivaux, entre lesquels il faut se situer, et dont éventuellement on peut jouer. L'enfant doit cependant bien admettre que dans cette rivalité entre hommes il est en posture défavorable. Il constate en effet que ce qui s'oppose à la réalisation de ses désirs incestueux, ce n'est pas seulement l'interdit : c'est aussi, il ne peut faire autrement que de l'accepter, qu'il est le moins bien armé. Moins bien armé en tant qu'homme ; car en tant qu'enfant il peut choisir de tyranniser sa mère et dispose alors, si elle s'y prête, de moyens très efficaces d'écarter le rival : par exemple les terreurs nocturnes, qui peuvent être authentiques mais dont l'effet est très sûr si l'on veut passer la nuit dans le lit de maman d'où l'autre, excédé, émigre...

Bref, sur ce « versant » positif de l'Œdipe, la position de ce petit garçon est bien masculine. Mais il y a l'autre versant, dit « négatif », où sa position est féminine. Car le père aime les femmes, puisqu'il a choisi maman : la façon la plus sûre de le séduire, c'est d'être comme maman... Ici encore, si la mère est séparée du père et vit avec un autre homme s'ouvrent de larges possibilités : faire alliance avec le père contre la mère qui vous a « trahi » en préférant cet homme, ou alliance avec le nouveau venu contre le père ainsi vaincu par procuration, s'opposer aux deux dans l'espoir de rester seul vainqueur, etc. On peut retrouver les mêmes mouvements chez les filles, en un peu moins transparent peut-être ; mais chez elles aussi il n'est pas difficile de repérer une position féminine lorsque le but est de séduire papa (ou un substitut), masculine lorsqu'il s'agit de séduire maman. Tout ceci est observable si on se soucie de le voir.

C'est compliqué ? oui. Les êtres humains ne sont pas simples, et les enfants sont des êtres humains ; d'ailleurs, c'est avec des enfants qu'on fait des adultes. Car ce qui se joue en ces mouvements complexes, c'est ce qui va décider de façon durable des « choix d'objet » chez l'adulte : les caractéristiques des personnes recherchées et de celles qui sont objets d'hostilité, les types de relations qui se développent dans l'un et l'autre cas, et, plus fondamentalement, leur sexe : l'équilibre en chacun de ces mouvements complexes joue un rôle essentiel dans les choix hétérosexuels ou homosexuels.

Cependant tout n'est pas dit ainsi. Freud soulignait que la bisexualité est inscrite dès le niveau anatomique, chaque sexe possédant *a minima* les attributs sexuels de l'autre : ainsi des seins en modèle réduit chez l'homme, et chez la femme du clitoris considéré comme un petit pénis (voire, lui est-il arrivé d'écrire, comme un pénis « atrophié »). Mais il allait beaucoup plus loin, en posant une équivalence entre deux couples d'opposés : l'opposition activité/passivité d'une part, et l'opposition masculinité/féminité d'autre part. Il soutenait que ce qui est fondamental, c'est l'opposition de l'activité et de la passivité, et que la distinction entre masculin et féminin vient en quelque sorte s'y greffer. En clair, cela revient à déclarer qu'est masculin ce qui est actif, féminin ce qui est passif. Inutile de dire les orages soulevés par une telle position théorique... J'avouerai que pour ma part je suis assez sceptique.

Mais ne nous laissons pas emporter par la passion. Il est certain que des siècles (ou des millénaires ?) de domination masculine, voire d'oppression des femmes par les hommes, ont pu créer dans l'esprit de tous une telle équivalence ; on peut même suspecter Freud, qui après tout était comme nous tous conditionné par sa culture, d'avoir cédé là à un certain machisme. Mais on ne peut pas non plus déclarer que dans une société parfaitement égalitaire (si elle doit jamais advenir) une telle équivalence disparaîtrait. Regardez ce qui se passe lorsque des femmes tiennent solidement une position dominante : on dit qu'elles « portent la culotte », ce qui est bien considérer leur activité comme masculine... Il est bien possible que, pour des raisons qui sont en deçà de la culture mais modèlent la culture, il y ait en effet une certaine équivalence entre activité et masculinité, et par opposition entre passivité et féminité. Mais il faut se défaire du préjugé selon lequel l'activité est toujours préférable : une certaine « passivité » peut être bien préférable à une certaine activité : on peut préférer des femmes pacifiques à des hommes belliqueux.

En définitive, et quoi qu'il en soit, il est souhaitable de se débarrasser d'une réaction spontanée mais parfaitement irrationnelle qui consiste d'ordinaire à protester contre l'idée d'une bisexualité psychique inhérente à tout être humain, au seul motif que cette idée déplaît : en fait, cette protestation n'est rien d'autre qu'une protestation contre ce qu'on ressent en soi-même d'homosexualité latente. Plus vive est la protestation, plus proche la crainte... Vous me suivrez si vous voulez ; mais je suis convaincu quant à moi qu'on est plus riche si on admet, fût-ce avec un certain humour, qu'on a aussi en soi quelque chose de l'autre sexe, un sexe qui dès lors n'est plus si « opposé » qu'on le dit.

26

Tout expliquer par le sexe ?

On pense parfois que les psychanalystes sont des monomaniaques qui ne se plairaient qu'à entendre parler de sexe ; et l'un des reproches le plus souvent adressé à la théorie psychanalytique, depuis ses origines, est son « pansexualisme », terme d'apparence savante qui implique qu'elle prétendrait « tout expliquer » par la sexualité.

Il est exact que le psychanalyste entend parler de sexualité, plus souvent peut-être, de façon plus sincère sûrement, qu'en toute autre circonstance. Nous savons tous quelles surcharges de grivoiseries, de sous-entendus ou de propos explicitement pornographiques et scatologiques, d'allusions méprisantes à telle ou telle personne attaquée dans son apparence ou sa conduite, de vantardises, etc., alourdissent les conversations en apparence les plus « libres ». En fait, une telle « liberté » masque mal en général le malaise : tel qui se vante est bien loin d'être le Don Juan qu'il prétend être, telle qui affirme tout admettre n'avouerait pour rien au monde une pratique privée, etc. En ce qui concerne la sexualité il est parfois des secrets aussi douloureux que farouchement préservés. Lorsqu'on vient demander l'aide d'un psychanalyste, il peut se passer bien longtemps avant qu'on en vienne à un « aveu » qui souvent demande beaucoup de courage. Parfois cela reste secret jusqu'au bout : le psychanalyste le regrette, mais c'est ainsi. Non pas qu'il veuille forcer la parole, à la façon d'un inquisiteur : même si la règle est de « tout dire », le patient a droit au secret tant qu'il le préfère. Tout ce que peut le psychanalyste, c'est souligner que ce blocage même signale l'importance de ce qui est retenu, et aider à en libérer l'expression ; le jour viendra sans doute où le patient pourra dire, enfin, ce qu'il lui paraissait impossible de dire. Il en est en général soulagé : enfin, cela a pu être dit.

Il s'en faut cependant de beaucoup que le psychanalyste n'entende parler que de sexe ; l'expérience montre même que, si l'on prend le terme dans son acception ordinaire (impliquant l'excitation sexuelle, la recherche du plaisir et de la satisfaction génitale par des conduites appropriées, quelles qu'elles soient), une proportion minime du temps des séances y est consacrée, par rapport à tout ce qui fait la vie : toutes les autres composantes de l'amour et de l'amitié, les rivalités, les espoirs et les déceptions, les projets et les regrets, etc. ; et l'agressivité, tout autant et souvent plus que la sexualité, figure en bonne place dans ces évocations. Bien souvent cependant, on voit progressivement venir au premier plan du travail analytique des difficultés sexuelles d'abord niées ou minimisées, mais dont se révèle alors le rôle central.

Mais pourrait-on objecter, s'il en va ainsi dans la pratique, la théorie, elle, ne prétend-elle pas tout expliquer par la sexualité ?

À cette objection, sempiternelle depuis un siècle, la réponse est : non, la psychanalyse ne prétend pas « tout expliquer » ainsi. Elle parvient à beaucoup expliquer, ce qui n'est déjà pas mal... Qu'on ait tant rabâché cette critique n'est pas surprenant : la morale victorienne qui régnait à la charnière des XIXe et XXe siècles ne pouvait que s'insurger violemment contre les premières thèses de Freud sur la sexualité, et surtout celle des enfants ; par la suite, même si cette morale s'est assouplie (grâce précisément à une psychanalyse si vivement combattue sur ce terrain même !) l'objection est restée :

beaucoup de nos contemporains veulent bien que le sexe soit important, mais ils refusent d'en être esclaves. On peut leur répondre qu'ils ont bien raison sur le fond, mais tort sur la forme : c'est précisément en refusant de reconnaître l'importance de la sexualité dans sa vie personnelle qu'on en est victime…

En fait, à l'instar de l'enfant qui fit scandale en disant « le roi est nu », Freud ne faisait que rappeler une évidence : l'homme est un animal, et en tant que tel il dépend de sa biologie ; or il ne fait aucun doute que dans son fonctionnement biologique la sexualité, au sens le plus strict, joue un rôle majeur. Accuser Freud de réduire l'homme à sa biologie, et qui plus est à sa biologie sexuelle, est une absurdité : il a au contraire souligné constamment l'importance de la culture. L'une de ses thèses majeures est d'ailleurs que la répression des formes les plus sauvages de la sexualité n'est pas seulement inévitable, mais que, bien plus, elle constitue le moteur essentiel du développement des civilisations.

Encore faut-il s'entendre sur ce qu'en psychanalyse on désigne par « sexualité ». Il ne faut pas oublier qu'il s'agit alors de *psycho*-sexualité, c'est-à-dire de l'ensemble des mouvements psychiques animés d'une conflictualité où s'opposent le désir et les obstacles à sa satisfaction (au premier chef l'interdit) ; de ce fait même, le terme « sexualité » est alors pris dans une acception beaucoup plus large que dans le langage courant. C'est évident s'agissant du terme connexe « érotisme ». Dans une question précédente, j'ai rappelé les grandes phases de ce qu'il est convenu d'appeler le développement de la libido et des relations objectales, en évoquant des formes successives d'érotisme : oral, anal, phallique. Il doit être bien évident que le nourrisson qui tète ne prend pas un plaisir « sexuel » identique à celui qu'éprouve l'adulte dans sa zone génitale ; il n'en prend pas moins cependant un plaisir, et c'est ce qui est connoté par le terme « érotisme ». Dès cette phase joue une conflictualité prendre/rejeter qui marque la relation à autrui (la mère ou le personnage nourricier) ; cette même conflictualité se retrouve lors de la phase anale, où l'enfant joue avec le plaisir de retenir et le plaisir de rejeter, et où de ce fait même la relation à autrui prend une nouvelle dimension (tout parent qui a prêté quelque attention à l'apprentissage de la propreté saura ce que j'évoque ici...). De sorte que lorsque viendra sur le devant de la scène le plaisir centré sur la zone génitale, il sera en quelque sorte préformé par ces étapes premières, qu'il intégrera. Les conduites sexuelles adultes en témoignent, par la remise en jeu du plaisir oral (ne serait-ce que dans le baiser le plus innocent), voire, même si c'est plus combattu, du plaisir anal (en tout cas, le goût de certains pour des plaisanteries à la fois sexuelles et scatologiques en est lui-même témoin). Mais la sexualité génitale fait plus qu'intégrer ces formes premières d'érotisme : dans le meilleur cas de développement, elle les organise et se les subordonne (on dit que les érotismes se placent dès lors « sous le primat de la génitalité »).

Il faut enfin, pour combattre cette idée fausse selon laquelle la psychanalyse « expliquerait tout » par la sexualité, signaler qu'il est un autre moteur de la vie psychique et des conduites auquel elle reconnaît un rôle central : l'agressivité. Freud avait fondé son approche du problème en étudiant les cas du sadisme (le plaisir à faire souffrir) et du masochisme (le plaisir pris à souffrir), qui, dans leurs formes les plus nettes, réactivent toujours, sous couleur d'érotisme génital, des composantes d'érotisme oral et surtout anal. Cependant, la théorie de l'agressivité a toujours fait problème pour Freud, qui a hésité entre deux options : considérer qu'il s'agit d'une composante de la pulsion sexuelle ou lui donner le statut de pulsion indépendante, de même rang que la pulsion sexuelle. Les controverses ont continué après lui, et c'est l'une des zones les plus discutées de la théorie psychanalytique. Mais la clinique, elle, montre bien l'importance des mouvements agressifs. Ceci chez tout le monde ; mais c'est particulièrement évident, de façon apparemment paradoxale, chez des personnes qui répriment férocement en elles-mêmes tout mouvement agressif, et sont perçues et se perçoivent comme remarquablement pacifiques ; ceci en fait bien souvent au prix d'un retournement constant de cette agressivité réprimée contre elles-mêmes : cela va de la propension aux accidents à l'auto-condamnation en vertu de principes moraux sans indulgence. Lorsque ces mouvements agressifs en viennent à être analysés au cours d'une cure, on constate toujours leur étroite intrication avec la sexualité.

27

Comment le psychanalyste entend-il l'enfant ?

J'ai vu au cours de ma vie professionnelle beaucoup de parents désorientés, qui « après avoir tout essayé » venaient solliciter l'avis d'un spécialiste – parfois d'ailleurs comme on confie sa machine à laver détraquée ou sa télévision muette à un réparateur compétent : arrangez-nous ça, c'est votre métier, nous on n'y comprend plus rien. « Pourquoi ma fille refuse-t-elle absolument d'aller à l'école ? elle semble avoir peur, mais peur de quoi, je connais l'école, c'est une bonne école, et la maîtresse est gentille, elle non plus ne comprend rien ! » – « Pourquoi mon fils est-il brusquement devenu coléreux, fait-il des cauchemars ? » – « Pourquoi maintenant il ne fait plus rien en classe ? » – « Pourquoi à 10 ans fait-il toujours pipi au lit ? » Pourquoi, pourquoi ?

Le psychanalyste qui entend ces questions comprend le désarroi des parents. Parfois il déplore par-devers lui leur méconnaissance d'une souffrance de l'enfant et de ses sources, ou leurs fautes éducatives patentes (témoin cette brave femme de mère qui déplorait que ses enfants n'apprennent pas à lire, ne pouvait réduire une télévision omniprésente dans la vie familiale, mais avait imaginé de « les priver de livres pour les punir » ; il faut savoir lire, ajoutait-elle, parce que moi je n'ai jamais pu apprendre…). Toujours bien sûr il s'efforce d'aider ces parents, mais d'abord l'enfant lui-même : ce n'est pas un appareil détraqué, c'est, toujours, une personne qui souffre. Et cette question récurrente, « pourquoi », il la comprend sur ses deux versants, étroitement complémentaires : pourquoi, au sens de « quelles causes » ; et pour quoi, au sens de « dans quelle intention », cette intentionnalité fût-elle inconsciente. C'est guidé par cette double question qu'il s'efforce d'*entendre* ce que l'enfant voudrait dire mais que, en général, faute de mots pour le dire, il ne peut exprimer autrement que par, justement, ce qui lui est reproché. L'approche psychanalytique des troubles et des souffrances de l'enfant, c'est d'abord une attitude : entendre.

Entendre, ce n'est pas seulement écouter. C'est cela, bien sûr, mais c'est bien plus, et d'abord savoir se taire. Ne pas presser l'enfant de questions. Attendre les signes par lesquels il manifeste qu'il désire être entendu. Ils sont en général nombreux : une attitude, un regard, une question innocente, une bouderie, un refus, un moment de colère, une expression de désarroi, une angoisse, un cauchemar, etc. ; s'ils deviennent rares, si le regard le plus attentif n'en perçoit plus, c'est que la situation devient grave : peut-être a-t-il renoncé à être entendu ? Il devient urgent de consulter. Mais avant d'en arriver là, entendre. Accepter les moments apparemment vacants, ceux où l'on accepte de se voir et de s'écouter, avant même de faire quelque chose en commun ; et éviter l'envahissement assourdissant d'une télévision ou d'une radio allumées du lever au coucher, voire jusqu'après le coucher, c'est-à-dire tout ce qui occulte la relation souhaitable. L'envahissement par les devoirs à faire, les cours supplémentaires, les leçons de tennis, de judo, de ceci, de cela, que multiplient certaines familles avec les meilleures intentions du monde ont le même résultat et sans doute le même but sous leur aspect plus noble : dans un espace ainsi envahi par « les choses à faire », il ne subsiste aucun moment pour une relation ouverte, toute possibilité de s'entendre est occultée.

Si on persiste dans cette occultation, se demander ce qu'on craint tant dans l'échange avec l'enfant. Et si vous ne vous posez pas cette question, le psychanalyste consulté, lui, devra bien se la poser, et un jour, si vous n'y êtes pas trop rebelle, vous la poser... Elle ne vous sera d'ailleurs posée qu'avec précaution : comme beaucoup de mes collègues, j'ai vu, malheureusement, des parents outrés par cette question protester « mais je fais tout pour lui ! » et se tourner vers d'autres consultations avec la ferme intention d'y trouver quelque chose de plus à faire et à faire faire par l'enfant. Par exemple une rééducation pour sa mauvaise écriture ou sa mauvaise orthographe (difficultés éventuellement baptisées de noms savants : dysgraphies, dysorthographies, dyscalculies, dys, dys...). Ce peut être excellent si c'est fait par un bon spécialiste, mais sans effets ou même d'effet négatif si cela n'apparaît que comme un exercice scolaire de plus ; les bons rééducateurs, heureusement, connaissent bien cet écueil. Tant que persiste cet accrochage à une attitude où il s'agit de toujours faire, faire mieux, faire plus, il sera bien difficile d'entendre, de s'entendre.

Entendre, c'est donc d'abord savoir se taire, écouter, s'ouvrir au nouveau, à l'inattendu, et peut-être au choquant venant de l'enfant. Mais c'est aussi, par là même, lui manifester, avec l'affection, de l'estime, de la confiance.

L'affection devrait aller de soi. On sait bien, malheureusement, que dans l'ambivalence qui habite nécessairement toute mère, tout père, il arrive que l'hostilité (et parfois la haine) tienne le devant de la scène. Il ne s'agit pas seulement de ces enfants que les médias désignent comme « enfants martyrs », cas évidemment intolérables ; il peut s'agir d'une vie quotidienne faite d'exaspérations d'une mère « à bout de nerfs », de punitions soudaines et imprévisibles, de violences paternelles déguisées en châtiments, de condamnations morales, de moqueries cruelles et de dévalorisations sournoises, etc. J'avoue souffrir lorsque je rencontre dans la rue une mère excédée qui traîne à bouts de bras, comme un petit chien réticent, un enfant de quatre ans qui pleure désespérément mais dont elle ne peut et ne veut rien entendre ; il m'est alors évident que ce drame se joue quotidiennement, que la mère et l'enfant en souffrent, mais que le plus vulnérable, l'enfant, risque d'en rester estropié. Je ne peux évidemment rien dire, je passe mon chemin, mais je pense à cet enfant. Puisque vous lisez ce livre, ce n'est évidemment pas ce qui se passe dans votre famille ; ne méconnaissez cependant pas que l'ambivalence, inhérente à toute relation humaine, existe aussi dans les relations entre parents et enfants ; nous y reviendrons.

L'estime. Le terme peut surprendre s'agissant des sentiments d'un adulte vis-à-vis d'un enfant ; ou alors, peut-on penser, il s'agit d'enfants exceptionnels. Non. Regardez comment le plus « ordinaire » des enfants de huit ans reçoit les compliments d'une brave dame qui le traite comme un beau bébé et bêtifie en lui parlant « petit nègre », ou réagit face à un homme qui, fier de son état de grand mâle, le réduit à pas grand-chose dans ce qu'il est supposé savoir, penser, faire, être : il est blessé par ces attitudes qui témoignent d'un manque d'estime pour ce qu'il est et veut être : une personne à part entière. Il faut le prendre au sérieux (une autre forme d'évitement, c'est d'affecter dans la vie familiale une bonne humeur permanente « lorsque les enfants sont là » : cela ne les trompe pas). Si vous voulez que votre enfant soit une « vraie personne », traitez-le comme une personne.

La confiance enfin. Tout le monde sans doute sera d'accord pour penser qu'elle est indispensable dans les relations entre l'enfant et les adultes. Mais elle se mérite, et elle ne doit pas être à sens unique. Si vous dites à votre enfant que vous souhaitez avoir confiance en lui, vous avez raison. Mais il a le droit d'exiger la réciprocité ; c'est pour l'enfant un besoin vital que d'avoir confiance en ses parents : vital au sens le plus strict lorsqu'il est bébé, mais vital encore, plus tard, au plan de ses processus psychiques. Ce n'est pas simple de conserver et d'affermir la confiance de l'enfant, tant les occasions de conflits quotidiens sont fréquents et banaux (ranger ses affaires, etc.). Deux règles simples cependant : éviter l'injustice, ne pas mentir.

L'injustice flagrante est sans doute ce qui fait le plus souffrir l'enfant, parce que, face à elle, il est totalement vulnérable : tout le monde sait cela, ou devrait le savoir. Si donc on a, par inadvertance, mauvaise information, réaction irréfléchie, etc., commis une injustice, pas d'autre solution que de le reconnaître : il vous en estimera.

Quant aux mensonges, comment les lui reprocher si on lui ment soi-même ? c'est une bien mauvaise défense que de dire « c'est pour son bien » : le mensonge ne sert jamais le bien (on peut voir ce que cela donne, avec ce prétexte même, dans certains systèmes politiques qui traitent les hommes comme des enfants irresponsables !). Cela ne signifie pas « tout dire » : on peut aussi se taire. Mais ceci aussi est réciproque. Les parents ont le droit, et parfois le devoir, de ne pas dire certaines choses à l'enfant : il est des secrets à préserver, au premier chef ce qui concerne la réalité des relations sexuelles adultes (question assez importante pour figurer un peu plus loin en tant que telle). Mais l'enfant a lui aussi, en certaines matières, absolument droit au secret. Ne pas dire que ce sont des « petits secrets » sans importance, et qu'il n'y a aucun mal à les percer. Tout secret est important pour celui qui veut le préserver ; l'arracher à l'enfant est une violence, et c'est, justement, ne pas le traiter avec estime. Sans doute il peut lui arriver de cacher quelque chose de plus important, qui le mette en danger, soit fâcheux pour d'autres, etc., mais en ce cas, s'il a confiance en un adulte, il enverra assez de signaux pour que cet adulte, s'il sait entendre, le libère du secret.

Tout ceci devient essentiel à l'adolescence : ce qui peut le plus aider un adolescent, c'est que, dans les moments de trouble, de désarroi, d'angoisse qui surgissent alors à peu près inévitablement, la confiance et l'estime soient telles et si réciproques qu'il puisse rechercher l'aide de ses parents ; et les parents à qui cela arrive en savent la valeur. Par contre, si cette confiance et cette estime font défaut, si les parents sont incapables de voir et d'entendre, l'adolescent peut être réellement en danger.

En tout ceci, je n'avance rien d'autre sans doute que ce que pourrait dire tout bon éducateur, et tout ceci peut guider les attitudes et les conduites de tout adulte qui aime assez les enfants pour s'en occuper. Rien de psychanalytique là-dedans ? si, cette attitude d'écoute, fondée sur la confiance et l'estime de la personne de l'autre, c'est le fondement même de la psychanalyse, depuis ses origines.

Mais il y a plus, et c'est ce plus que met en œuvre le psychanalyste qui s'occupe d'enfants, ou plus généralement de relations parents/enfants. Cela se situe au niveau de la théorie, mais par voie de conséquence au niveau des pratiques thérapeutiques et d'aide aux enfants et aux familles en difficulté.

Comme il apparaît sans doute suffisamment dans les questions précédentes, la psychanalyse est, fondamentalement, un essai de compréhension du fonctionnement psychique par l'histoire. En présence de tout trouble du fonctionnement psychique, et même au-delà, en présence de tout fonctionnement psychique considéré dans ce qu'il a d'individuel, le psychanalyste s'interroge : cela fonctionne ainsi, je le constate, mais comment en est-ce venu à fonctionner ainsi ? Il fait un travail d'historien. L'histoire qu'il tente de reconstituer, c'est celle des événements, bien sûr (la mort d'un proche, un traumatisme, une maladie grave, un divorce, etc.), mais c'est aussi et surtout l'histoire de la progressive constitution de cet appareil psychique là, celui de la personne qui sollicite son aide. Dans le cas des difficultés de l'enfance, c'est toujours, indissolublement, l'histoire de l'enfant et celle de sa famille. Par voie de conséquence, c'est aussi la « préhistoire » de l'enfant : l'histoire des parents, avant même sa naissance, celle des grands-parents, etc. Ce travail de reconstitution de l'histoire et de la préhistoire, c'est ce qui va ouvrir les voies d'une action efficace ; c'est un travail délicat et qui peut prendre du temps. Si vous avez bien choisi l'analyste, si vous avez assez confiance en lui, si l'enfant a confiance en lui, accordez-lui ce temps. Comme on a pu le dire en d'autres temps et sur d'autres sujets, il faut parfois savoir donner du temps au temps…

28

Comment se développe le psychisme ?

L'homme naît prématuré. À la différence de bien d'autres espèces animales, où l'on vient à la vie déjà équipé de schémas comportementaux qui permettent de survivre sans assistance, le petit d'homme en est et en reste longtemps incapable. Comparativement, son enfance sera très longue, même si l'on définit la fin de l'enfance par la maturité sexuelle (la puberté) ; *a fortiori* si on la définit par l'accès à une vie autonome, y compris financièrement. Il est remarquable que, selon le second critère, l'enfance s'est constamment allongée dans les pays occidentaux depuis un siècle, tandis qu'au contraire selon le premier elle se raccourcissait (la puberté est devenue plus précoce). On sait les difficiles problèmes soulevés, pour les jeunes gens comme pour les familles, par ce décalage croissant.

L'enfance se définit donc par la dépendance ; par l'acquisition de savoirs et de pouvoirs qui permettront de mettre fin à cette dépendance ; par la malléabilité qui permet ces acquisitions ; et en définitive – c'est un truisme – par ce fait que c'est la période où on grandit. En taille et en poids, bien sûr, mais ce qui grandit, c'est aussi l'appareil psychique : l'outillage intellectuel (les cadres du temps et de l'espace, les opérations logiques élémentaires, etc.) se développe en même temps que les acquisitions qu'il permet ; plus globalement se mettent en place les structures de personnalité.

Mais pourquoi grandit-on ? Bien sûr, on ne peut pas se contenter de répondre que « c'est comme ça » : esquiver une question n'a jamais constitué une réponse. Or cette question est fascinante, qu'il s'agisse de la biologie ou du psychisme. Qu'est-ce qui fait qu'une seule cellule originelle, se dédoublant en deux, quatre, huit... jusqu'à un ensemble de quelques milliards d'unités, les spécialise de façon extrêmement différenciée et complémentaire pour construire des tissus qui s'assemblent eux-mêmes en organes hautement spécialisés ? On a longtemps buté sur cette question, ne pouvant guère qu'invoquer la volonté divine, jusqu'à ce que l'embryologie moderne apporte des réponses plus rationnelles. Cette progressive différenciation est guidée par des « organisateurs » pré-écrits dans les gènes : ainsi sont définies les structures et les fonctions des cellules, modelées les formes qu'elles construisent, réglées toutes les étapes de ce processus de développement. Cela peut « dérailler » à telle ou telle phase : le nouveau-né présente alors des anomalies anatomiques et/ou fonctionnelles, certaines bénignes (par exemple un orteil en trop), d'autres plus graves (individu hermaphrodite par exemple), d'autres plus graves encore produisant des êtres en général non viables. Ce développement ne s'arrête pas à la naissance : les processus de maturation vont continuer, pour certains organes et certaines fonctions, pendant toute l'enfance.

Mais, dès avant la naissance, et *a fortiori* ensuite, le développement ne dépend pas seulement de cette programmation originelle : il est fortement affecté par ses conditions de réalisation : les particularités du milieu intra-utérin (si vous êtes enceinte, ne fumez pas, ne buvez pas trop d'alcool, *a fortiori* ne vous droguez pas !), celles des conditions de vie du bébé puis de l'enfant, de l'adolescent. Pensez à la croissance d'un arbre. Vous pouvez partir d'une graine parfaitement saine, produite par un très bel arbre. Si vous la plantez dans une bonne terre et sous le climat qui convient à cette espèce, et dans une bonne exposition, si elle reçoit assez d'eau mais pas trop, si elle n'est pas étouffée au début par d'autres végétations, etc., vous aurez un bel arbre. Mais si la jeune plante est placée dans une terre trop acide, trop pauvre, etc., si elle manque d'eau ou de soleil, elle se développera mal ; si la jeune tige est lésée, elle va se diviser en deux au lieu de pousser bien droit, etc. : la forme adulte dépendra, d'une part, de la graine originelle (le donné génétique), d'autre part des conditions de développement. C'est la même chose pour les êtres humains, au moins au plan biologique.

Il en va de même pour les fonctions psychiques, mais c'est alors encore plus compliqué. On a longtemps cru que pour rendre compte d'un développement psychique particulier il suffisait d'additionner deux types de causes, l'hérédité et le « milieu », comme si elles étaient indépendantes. Autrement dit, on a longtemps cru que pour rendre compte des particularités de quelqu'un il suffisait de connaître son donné génétique (en théorie, car en pratique on en est encore loin, même si les progrès en cours sont remarquables) et les caractéristiques du milieu dans lequel il est venu s'inscrire. Ce n'est pas vrai, même si certains le croient encore, parce que chacun a dès sa naissance modifié et continue à modifier le milieu dans lequel il vit. L'homme n'est pas un arbre. Il suffit de regarder ce qui se passe dans n'importe quelle famille : l'arrivée d'un premier enfant modifie considérablement les relations entre les parents et leur mode de vie ; à mesure qu'il grandit, il va leur imposer d'autres changements de leurs conditions de vie, et surtout de leurs pensées et de leurs sentiments. La naissance d'un deuxième enfant va modifier encore tout cela en ce qui concerne ces trois personnes, etc. L'enfant modèle son milieu de vie autant qu'il est modifié par lui.

Tout cela est bel et bon, peut-on m'objecter. Mais cela dit *comment* on grandit, plus que *pourquoi* on grandit. Pourquoi ?

Il n'a pas manqué de bons esprits pour invoquer un « élan vital », un « besoin de croissance », un « désir de grandir », etc., qui seraient le moteur de tout le processus. Mais, si sophistiquée que soit l'argumentation, j'ai toujours la sensation que cela se réduit à l'explication donnée par un médecin de Molière pour répondre à la question : « Pourquoi l'opium fait-il dormir ? » Parce que, répondait-il, « il a des vertus dormitives ». Autrement dit, c'est une pseudo-explication qui se contente de répéter en « parce que » ce qui vient d'être dit en « pourquoi ? »

C'est ici que l'approche psychanalytique du problème ouvre quelque chose de plus intéressant, en intégrant dans une théorie générale ce qui sans cela est au mieux de l'ordre de constats. Pour dire un peu précisément comment, il faudrait un volume entier, et même plusieurs (d'ailleurs, ils existent) ; c'est pourquoi, en une ou deux pages, je ne pourrai ici qu'en donner une idée, en choisissant trois ou quatre idées majeures.

La première concerne ce qu'il est convenu d'appeler la « satisfaction hallucinatoire du désir », ce qui rejoint une question précédente sur le fantasme. Faites, je vous prie, l'effort de supposer que vous avez quatre ou cinq mois, pas plus. Vous êtes dans votre berceau, vous avez faim. Vous le manifestez bruyamment. Vous vous attendez à ce que « ça vienne ». Si « ça vient », très bien, c'est fort agréable, le lait est chaud et bon, vous vous endormez là dessus, tout est dit. Seulement voilà, il arrive, inévitablement que « ça ne vienne pas ». Vous vous exprimez avec encore plus d'énergie. Ca ne vient toujours pas. Alors vous faites quelque chose de remarquable : vous *imaginez* à tel point la saveur, l'odeur, la chaleur du bon lait désiré que vous vous mettez à téter ce lait imaginaire (regardez un bébé en pareil cas : c'est exactement ce qu'il fait), vous en avez l'agréable sensation et même, imaginairement rassasié, vous vous endormez. C'est ce qu'on appelle la « satisfaction hallucinatoire du désir » : hallucinatoire parce que vous avez littéralement créé la perception de ce que vous désiriez. Seulement en réalité la faim du corps n'est pas vraiment apaisée : au bout de peu de temps vous vous réveillez et vous vous remettez à crier, jusqu'à ce que maman (ou quelqu'un) vienne vous donner le sein ou le biberon. Après un certain nombre d'expériences de ce genre, vous allez commencer à distinguer cette perception et cette satisfaction imaginaires de la perception et de la satisfaction réelles. Vous allez commencer à distinguer la présence réelle de la mère et du lait de leur présence imaginée ; autrement dit vous allez commencer à distinguer ce qui est vraiment là, dehors, et qui apaise réellement la faim, et ce qui y ressemble mais est seulement « ici, dedans, en moi », et ne l'apaise pas vraiment. C'est la naissance de la représentation, définie comme ce qu'on peut se donner à volonté comme réplique d'une réalité extérieure, mais qui n'est que « ici, dedans », dans un espace psychique à distinguer de l'espace du monde extérieur. Fabuleuse acquisition, puisqu'ensuite c'est bien sûr à partir du fondement de cette miraculeuse possibilité de tout créer en soi-même, ou presque, que se développera toute la vie psychique (avec l'énorme coup d'accélérateur du langage, instrument à créer et manipuler des représentations). Alors, il est fort heureux que, de temps à autre, maman ne vienne pas, parce qu'elle est occupée à autre chose, parce qu'elle juge que ce n'est pas l'heure, etc. Winnicott a pu écrire qu'une mère parfaite, qui satisferait toujours immédiatement à tous les besoins de son enfant ne vaudrait pas mieux qu'une hallucination : effectivement, si vous aviez une si déplorable « mère parfaite », vous vous endormiriez toujours sans problème, vous n'auriez aucune occasion d'accéder au monde des représentations.

Bien. Maintenant vous avez un, deux, trois ans. Vous avez déjà accompli des conquêtes fabuleuses, et vous continuez. Vous marchez. N'objectez pas, redevenu adulte, que vous trouvez ça banal ; non, vous avez treize ou quatorze mois et vous savez fort bien quelle performance d'équilibre c'est de tenir debout, en déplacement, sur deux surfaces de sept ou huit centimètres de long qui bougent tout le temps ! Vous parlez : quel émerveillement quand vous avez découvert qu'il suffit de proférer certains sons pour obtenir telle chose et non telle autre, et que si vous les entendez vous savez de quoi il s'agit ! (Attendez un peu : quand vous passerez du langage parlé au langage écrit, c'est le monde entier qui s'ouvrira.) Vous manipulez les choses, vous les goûtez, vous les flairez avec passion. Bref, le monde est à vous. Alors, quoi d'étonnant à ce que vous éprouviez le sentiment de votre toute-puissance ? (En tout ceci, je suppose que vous êtes un bébé heureux. Il y a aussi parfois, hélas, des bébés malheureux.) C'est ce qu'on appelle la mégalomanie infantile. Seulement, petit à petit, vous allez vous apercevoir que vous êtes aussi faible, désarmé, et que vous passez par des moments de détresse. Vous allez apprendre qu'il ne suffit pas de désirer les choses pour les avoir, que vous êtes soumis à de dures limitations du fait des choses et des gens : vous allez passer de la prééminence du « principe de plaisir » à celle du « principe de réalité » (il pourra advenir, malheureusement, que vous n'y soyez pas aidé par une mère, des parents qui « font tous vos caprices », et par la suite votre entourage et vous-même en souffrirez).

Et puis vous allez devenir, comme disait Freud, « un petit Œdipe », c'est-à-dire que vous allez connaître, sous des figures nouvelles, et avec quelle vivacité, les feux de l'amour, la blessure de n'être pas choisi, et peut-être par moments la haine. Vous en sortirez par une certaine acceptation de l'inéluctable, mais aussi équipé d'un jeu tout neuf d'identifications à votre père, à votre mère, à d'autres encore qui seront vos modèles, à huit ans, lors de l'adolescence, plus tard encore, à des gens à qui vous voudrez ressembler, que vous voudrez égaler et même dépasser. C'est, pour une bonne part, ce qui vous fera grandir.

Voici quelques réponses à cette question fondamentale : qu'est ce qui fait grandir ? On peut apporter quelques réponses plus précises en s'interrogeant sur telle ou telle façon de grandir. Suivez le guide.

29

Pourquoi l'enfant est-il si curieux ?

Il, ou elle, a quatre ans. C'est l'âge des « pourquoi ? » et des « comment ? ».

Il faut absolument s'efforcer d'y répondre : cette soif de savoir et de comprendre est bonne en elle-même, car c'est ainsi que l'on grandit. Il serait donc très fâcheux de réagir par « Tu m'embêtes... J'ai autre chose à faire... demande à ton père (qui justement lit le journal)... arrête de poser des questions idiotes... », etc. Il n'y a pas de questions idiotes : c'est en se posant sérieusement des questions d'enfants que les scientifiques ont progressé depuis trois siècles (par exemple : pourquoi une goutte d'eau est-elle ronde ? pourquoi si on met un peu d'huile sur de l'eau, ça fait des petites sphères qui semblent se repousser, mais si elles sont assez grosses elles s'attirent comme des aimants et se refondent en taches plus grosses ?). Il faut donc s'efforcer de répondre, et de répondre juste, même si certaines questions supposent des réponses complexes (pourquoi il pleut ?). On risque parfois de ne pas connaître la réponse (pour les gouttes par exemple). Il vaut mieux en pareil cas dire : je ne sais pas, mais sûrement quelqu'un sait. Ce qui est essentiel, c'est d'affirmer qu'on *peut* savoir. Cependant, même si on s'efforce de toujours répondre, l'enfant de cet âge a un art inimitable d'enchaîner de nouveaux « pourquoi » sur chaque réponse. Il faut quand même essayer de ne pas capituler en régressant au « tu m'embêtes »...

Ici encore, je ne dis sans doute pas autre chose que ce que pourrait dire tout bon éducateur, et ce que sait déjà tout parent heureux de voir son enfant grandir. Que peut dire de plus le psychanalyste ?

Un certain nombre de choses. D'abord faire remarquer la façon dont le nourrisson regarde le monde dans lequel il est jeté. Dès la naissance ou presque il a ouvert les yeux, avec un immense étonnement : qu'est-ce que tout cela ? qui es-tu, toi qui me regardes ? Cette attention grave et étonnée du bébé est une des choses les plus touchantes que je connaisse... avec ce qui se produit quelque temps après : le contact et l'échange des regards entre le bébé et sa mère pendant la tétée. On a alors la sensation qu'il se nourrit d'amour autant que de lait ; et c'est vrai. Dans les années trente, René Spitz s'est intéressé au fonctionnement d'une crèche recueillant à Vienne des bébés abandonnés. Ils étaient correctement soignés et nourris, mais sans aucun contact personnel, et passaient à peu près tout leur temps dans leur lit, avec pour seule perspective les parois blanches du lit et le plafond blanc ; le résultat en était le plus souvent un considérable retard de développement et un tableau pathologique qu'à la suite de Spitz on a nommé le syndrome d'« hospitalisme ». Ces enfants étaient fragiles, et la mortalité anormalement élevée. J'ai eu l'occasion d'étudier une institution qui, en Algérie, recueille elle aussi des enfants abandonnés. Dans le contexte local, ces enfants sont d'emblée condamnés comme « enfants du péché » par tous et par les femmes mêmes qui s'en occupent, des femmes simples et sans aucune qualification pour cette tâche ; de plus, l'institution, à laquelle personne ne s'intéressait, était dramatiquement dépourvue de moyens. Certaines années, *la moitié* des bébés qui lui étaient confiés sont morts dans les quelques semaines de leur prise en charge, et la proportion a atteint les deux tiers une certaine année...

Ces faits ont été bien étudiés par des psychanalystes. Au plan théorique, ils ont permis de mieux comprendre les « premières relations objectales », c'est-à-dire l'instauration des relations entre un bébé qui se construit peu à peu en personne autonome, en sujet, et des personnes de l'entourage qu'il différencie, de lui-même et entre elles, comme ses objets d'amour. Au plan pratique, ces études ont conduit, dans la plupart des pays, à une très sensible amélioration des conditions de vie dans les institutions (crèches, hôpitaux, etc.) qui prennent des bébés en charge. On y sait maintenant, très généralement, qu'il faut impérativement *nourrir* bébé au plan de sa soif d'échanges et d'acquisitions, autant qu'à celui de la faim du corps.

La contribution de la psychanalyse ne se borne pas là. Regardez avec quelle passion il va manipuler, secouer pour entendre, flairer, goûter, démantibuler, assembler, etc. : il conquiert le monde, il se prépare à être « maître et possesseur de la nature ». Et regardez, vers deux ou trois ans, avec quel intérêt il considère ce qui sort de son corps (l'urine, les fèces), allant même éventuellement jusqu'à s'en saisir... Bien sûr, il faut l'en détourner, mais sans violence : ce sont ses premières productions... Un peu plus tard, cet intérêt se transposera de la chose aux mots qui la représentent, des mots dont il jonglera avec jubilation dans une remarquable efflorescence de scatologie enfantine (« caca-boudin » !). Ici encore, même si vous le guidez vers des expressions plus convenables, soyez indulgent : il poursuit sa conquête du monde.

Vient le moment où sa curiosité se porte sur des mystères beaucoup plus essentiels. D'abord ce qui concerne la différence des sexes : pourquoi les petites filles ne sont-elles pas faites comme les petits garçons ? Jouons au docteur, pour préciser nos connaissances. Et surtout le mystère des origines : d'où viennent les enfants ? Il faut bien qu'ils viennent de quelque part... Et *moi*, d'où suis-je venu ? Il est bien évident que maman et papa y sont pour quelque chose, et comme il y a toujours une maman et un papa (en principe...), ça a quelque chose à voir avec la différence des sexes, et c'est bien quelque chose qui se passe entre eux qui fait les enfants. Mais ils sont si secrets là-dessus... Il y a des moments, la nuit et parfois la sieste, où ils interdisent absolument qu'on entre dans leur chambre : c'est là que ça se passe. Mais quoi ? Ici se joue quelque chose de capital. Si on blâme l'enfant de cette curiosité, si on le gronde ou le punit, si on lui signifie qu'il est mal de chercher à savoir, on risque de l'installer sur une attitude où c'est toute connaissance qui lui paraîtra blâmable ; on risque d'en faire un enfant résigné à l'ignorance, un adulte peu intelligent (ou convaincu d'être bête, ce qui est presque la même chose), à l'école comme à la maison : le voici bien parti pour l'échec scolaire. Il faut donc par principe reconnaître que ces curiosités sont saines et légitimes ; quant à la façon d'y satisfaire, nous en reparlerons. Le pire est en tout cas que, face à l'obstruction des adultes, il ne dispose que des rumeurs, des vérités trop crues ou des fantasmes propagés par les petits copains.

Si par contre l'enfant est convaincu qu'en principe toute curiosité est bonne, tout ira beaucoup mieux. Mais il doit de plus admettre que parfois elle n'est pas immédiatement satisfaite, et qu'il faut attendre et s'en donner les moyens. Le processus dit de « sublimation » va l'y aider : c'est le processus grâce auquel une bonne part de cette curiosité des choses sexuelles, et de l'énergie qui l'anime, va se porter sur des objets plus « nobles ». Ce sera l'ère des conquêtes intellectuelles et culturelles. Les grands scientifiques sont ces enfants-là…

30

Comment le psychanalyste comprend-il l'échec scolaire ?

Il faut distinguer deux cas : les difficultés sont apparues d'emblée, c'est-à-dire dès le début de l'école primaire, lorsqu'il (elle) est passé de l'école maternelle à l'école paternelle (celle où l'on entre dans le monde du travail) ; ou bien : il (elle) a été bon élève pendant tout un temps, mais ça se dégrade dangereusement.

Considérons le premier cas. Un grand nombre de facteurs et de conditions peuvent produire des difficultés scolaires et un échec scolaire plus ou moins grave, dès le début de la scolarité primaire, et même des difficultés dès la maternelle. La cause la plus banalement invoquée, c'est que l'enfant n'est « pas intelligent », qu'il n'est « pas doué », en sous-entendant qu'il est « né comme ça », qu'il a été affecté dès son origine, dès la conception, de ce manque d'intelligence, parce que ses parents l'ont créé comme ça. Or c'est là une formulation dangereuse. Car on ne naît pas intelligent, on le devient ; et si on devient plus ou moins intelligent, c'est pour tout un ensemble de raisons.

La première est bien sûr ce qu'on pourrait appeler l'« équipement de base » : il faut un bon support anatomo-physiologique cérébral, sensoriel, moteur, etc., pour bien développer et bien exercer cet ensemble très complexe de possibilités mentales qu'on appelle l'intelligence. Il faut de bons outils pour être un bon artisan ; mais il ne suffit pas de posséder les outils : encore faut-il, très longuement et patiemment, apprendre à s'en servir. Si les parents ont donné des outils médiocres, ou si ces outils ont été abîmés précocement, certes, l'enfant va partir avec un handicap.

Cependant, toute notre culture, et tout un ensemble de présupposés qu'on peut dire « idéologiques » (mais ici cela nous entraînerait trop loin de s'en expliquer plus) conduisent à abuser de cette explication par les « dons » originels ou par des accidents précoces : dans la plupart des cas des difficultés et échecs scolaires, l'évidence en manque totalement. Or bien d'autres facteurs peuvent jouer.

Le plus fréquemment souligné, et dont le jeu est démontré par un grand nombre de travaux sérieux, est d'ordre socioculturel. Si on est l'enfant d'une famille de condition sociale très modeste, *a fortiori* d'une famille du « quart monde », d'une famille immigrée, si on habite dans une banlieue « difficile », etc., on a beaucoup moins de chances de faire des études longues, d'y réussir, d'accéder à une position sociale élevée. Parce que les parents ont manqué de moyens financiers, parce qu'on vit à six dans un petit logement où la télévision est branchée en permanence, parce qu'on parle une langue pauvre et étrangère à l'école, etc., mais aussi parce que tout un ensemble d'attitudes familiales pré-écrit le destin : tout ça, l'école, la culture, les livres, la « grande musique », les emplois à costume-cravate, etc., « ça n'est pas pour des gens comme nous ».

Le psychanalyste, qui admet tout cela, ajoute qu'il ne s'agit pas seulement de facteurs socioculturels. Il pense que, dans un cadre ainsi défini, ce qui joue, et très tôt, c'est tout un jeu d'identifications qui installent l'enfant sur une position de réticence, voire de refus, vis-à-vis des acquisitions scolaires, et plus généralement de tout savoir « officiel ». Comment apprendre à lire avec plaisir si votre père et votre mère ne l'ont pas pu et le disent hautement ?

Comment réussir là où ils ont échoué ? Ce n'est pas facile. Imaginez cette situation. Vous êtes le fils, né en France, de parents maghrébins immigrés, tous deux illettrés ; le père est OS dans une usine, part tôt et rentre tard ; la mère parle si peu le français que, à dix ans, vous devez l'accompagner dans toute démarche extérieure, y compris chez le médecin, fût-il gynécologue. Vous pouvez assumer bravement cette position, mais, ainsi placé, à dix ans, en position d'intellectuel et de ministre des affaires étrangères de la famille, il vous faudra beaucoup de courage. Vous pouvez sentir que vous n'aurez pas ce courage, et refuser de vous engager dans cette voie. Vous ne serez pas seul : autour de vous un grand nombre d'enfants et d'adolescents vivent aussi cela. Avec eux, vous développerez une culture en marge, avec ses valeurs, ses règles de conduite, son code de l'honneur, ses façons de s'habiller, ses modes, sa langue, etc. ; vous n'irez à l'école que contraint et forcé, et peut-être vous manifesterez votre opposition de la façon la plus violente. Ce que vous aurez refusé, c'est tout un jeu d'identifications et de modèles qui vous était proposé par l'école et la société qui l'entretient, et vous en aurez adopté un autre. Vous aurez – inconsciemment bien sûr – choisi cette voie tout petit, quand vous admiriez les « grands » et souhaitiez ardemment les rejoindre ; c'est en cela qu'il s'agit d'identifications.

Situations extrêmes ? Sans doute non, puisqu'elles sont devenues si fréquentes dans les pays dits « avancés ». Mais les difficultés scolaires peuvent apparaître d'emblée en l'absence même de tout « handicap socioculturel » de ce type. Comme tous mes collègues qui s'occupent de l'enfance, j'ai vu en consultation beaucoup d'enfants de six à dix ans qui, face à la moindre tâche intellectuelle et/ou scolaire, prennent une attitude très caractéristique : le visage devient morne, fermé, obtus, le dos se voûte, les épaules se rentrent, etc. ; toute cette attitude exprime, dès qu'est identifiée la nature de ce qu'il faut comprendre et faire : « Ça, non, je ne pourrai pas, inutile d'essayer ; j'attends que ça se passe, que le monsieur renonce. » Vous n'avez pas été dans ce cas, puisque vous lisez un livre ; mais peut-être faites-vous partie de ces gens « qui n'ont jamais rien compris aux mathématiques », et qui deviennent stupides dès qu'il est question de chiffres, fût-ce en face d'une simple règle de trois ? alors vous savez ce que je veux dire : supposez que cela porte sur toute entreprise intellectuelle...

Revenons à notre enfant : s'il a derrière lui deux ou trois ans d'échec scolaire, son attitude opaque se fonde sur une solide expérience ! On le comprend ; mais on comprend aussi les réactions probables de l'enseignant, qui peuvent aller de l'exaspération au renoncement : non, décidément, rien à faire. L'enfant sera durablement installé dans sa position d'incapable, même si c'est légalisé par son passage dans le circuit de l'éducation spéciale. L'inscription de l'enfant dans un tel destin risque fort de se consolider de l'« explication » paresseuse selon laquelle il n'y a rien à faire parce qu'il « est né comme ça », qu'« il y a sûrement un donné génétique » qui le rendrait peu intelligent. Or, encore une fois, rien d'autre en général n'autorise à le penser que l'échec lui-même. En vouloir pour preuve que les parents aussi semblent peu intelligents, et que donc c'est une affaire de génétique, c'est se tromper sur le niveau de la causalité. Car il y a peut-être héritage, mais l'héritage peut se faire par bien d'autres voies que la génétique. En est témoin l'apparent paradoxe : on hérite de la fortune de ses parents, pas de son sexe. Explication : un caractère individuel est hérité si on peut en prévoir l'apparition chez l'enfant connaissant les caractéristiques de ses parents. Connaissant les parents, vous pouvez raisonnablement prévoir, lors de la conception de l'enfant, ce que sera sa fortune ultérieure, mais pas son sexe... Ce qui s'hérite, en matière de difficultés et d'échecs scolaires, ce sont d'abord des attitudes face à l'intelligence et au savoir. J'ai souligné, dans ma réponse à la question précédente, le possible rôle nocif de réactions des adultes face aux « pourquoi ? » de l'enfant, si on lui donne en héritage cette conviction qu'il y a des choses qu'il ne faut pas savoir.

J'en arrive par là au second cas, celui où un enfant, après un bon démarrage, traverse une période, que l'on redoute définitive, de difficultés et/ou d'échec scolaire. Cela peut survenir à tout moment, mais il y a deux périodes sensibles : vers huit ou dix ans, et à l'adolescence. Dans tous les cas, il faut d'abord chercher du côté des tensions familiales, en particulier dans le couple parental, et du côté des conflits œdipiens chez l'enfant.

Si le couple parental va mal, l'enfant le sait toujours, en tout cas le sent, même si on s'accorde pour « faire semblant » que tout va bien. Il souffre. Il souffre encore plus si les conflits sont ouverts et émaillés de violences verbales, voire pire. Cela peut rester bien caché : « Il ne s'aperçoit de rien. » Si, seulement il se défend comme il peut. Je ne veux pas ici culpabiliser les couples qui vont mal, qui s'installent dans des vies distinctes, se séparent, etc. Ce n'est pas non plus une bonne solution de « rester ensemble à cause des enfants » si une vraie vie commune est devenue impossible : cela aussi l'enfant le sait, il risque de s'en sentir coupable (comment accepter d'avoir contribué au malheur des parents ?), et de plus on risque, par de multiples voies détournées, de le lui faire payer cher.

Chacun fait ce qu'il peut ; encore faut-il le faire le moins mal possible. Donc surtout ne pas faire de l'enfant un enjeu, tenter de l'attirer dans son camp, et surtout dire du mal de l'autre. Il y a des gens dont la vie a été durablement gâchée à entendre papa décrire maman comme une femme à hommes (sinon pire), maman décrire papa comme un monstre. On attaque alors, et avec quelle violence, une conflictualité œdipienne qui ne demandait qu'à s'apaiser, mais qu'on porte au rouge. En général, l'enfant prend en effet parti, mais à quel prix !

Ceci devrait être bien connu, et les parents raisonnablement intelligents et informés savent cela et se conduisent mieux. On voit cependant régulièrement venir en consultation des enfants soumis à de si terribles mauvais traitements, conduits là par des parents, parfois intelligents et cultivés, mais doués d'une solide capacité de méconnaissance, et tout étonnés de les voir décrocher totalement de tout intérêt scolaire. C'est simplement que, envahis par le drame, ils n'ont plus aucune disponibilité pour ce travail. Et s'il s'agissait de « faire plaisir aux parents », pourquoi, dans ces conditions ?

La reviviscence du drame œdipien est normale et banale à l'adolescence, sous l'impact de la mise en fonction de la sexualité génitale adulte. De sorte que, même en l'absence de ces conflits parentaux, on voit parfois, pour les mêmes raisons générales, des décrochages scolaires spectaculaires, en général heureusement transitoires ; ceci en même temps que des attitudes et conduites d'opposition, de rébellion, etc., par lesquelles l'adolescent tente d'acquérir plus d'autonomie, sans véritables moyens d'y accéder. Il est bien préférable de trouver le juste milieu entre une répression autoritaire qui a toutes chances d'accentuer encore la rébellion, et un laxisme qui risque d'apparaître comme de l'indifférence et d'aggraver l'angoisse. Ce n'est pas facile, mais qui a dit que l'éducation est facile ?

Il est des cas, rares heureusement, qui sont plus préoccupants : l'adolescent s'isole, devient muet, refuse de sortir d'une chambre aux volets clos, etc., et cela peut durer longtemps. On peut alors suspecter une « décompensation » qui n'est pas sans évoquer un épisode d'allure schizophrénique. Ne pas s'affoler, mais consulter : il est urgent d'aider cet adolescent ; on en a les moyens.

Dans tous les cas, les enfants et les adolescents en difficulté scolaire ont besoin de parler, et surtout d'être entendus, par quelqu'un qui ne sera ni la mère, ni le père, ni... Il faut, dans un espace neutre, à l'écart de tous ces conflits, quelqu'un qui sache se taire, entendre, sympathiser : un psychologue clinicien, un psychiatre, un psychanalyste... Mais, bien entendu, cela n'a de chances de succès que s'il l'accepte : il est important de lui faire comprendre de quoi il s'agira, et c'est déjà dans ce dialogue que s'amorcera la solution.

31

Faut-il tout savoir de son enfant ?

Non. Cette réponse un peu abrupte reflète peut-être un mouvement d'humeur. Mais ce mouvement m'est parfois venu en présence de parents qui, à vouloir tout savoir des faits et gestes, et même des pensées et des sentiments de leur enfant, ne lui laissent plus le moindre espace personnel où il puisse respirer, agir, penser, rêver à sa guise. Imaginez que vous soyez dans cette situation : quelqu'un, en permanence, exige de tout savoir de vous, et pas seulement de ce que vous faites heure par heure, mais aussi de vos pensées et de vos émotions les plus intimes : c'est évidemment intolérable !

On objectera peut-être que « c'est pour son bien ». Je répondrai d'abord que c'est avec une telle justification qu'on peut instituer les pires oppressions. Et je ferai observer, ici encore, que cela ne se limite pas aux relations entre personnes. Il n'est pas une dictature, si effroyable soit-elle, qui ne se prétende ainsi justifiée : on y réduit les gens en esclavage, et éventuellement on les massacre « pour le bien du peuple », un bien suprême dont seul le dictateur est autorisé à juger, et qui par là s'autorise à tout savoir de ses sujets (c'est ce qu'Orwell avait remarquablement mis en scène dans *1984*). Si le peuple veut échapper à cette oppression, il n'a d'autre voie qu'une révolution violente. C'est précisément ce que font certains adolescents soumis à un tel régime, et l'on est tenté de les approuver…

Il faut cependant nuancer : cela dépend d'abord de l'âge de l'enfant. Il est évident qu'il faut surveiller de près un enfant qui commence à marcher, tant sont nombreuses les occasions d'accidents. Mais il devrait être tout aussi évident que, à mesure qu'il grandit, cette surveillance doit se faire de plus en plus discrète. C'est la condition de son accès, plus tard, à l'autonomie et à la responsabilité adultes. Il court des risques ? bien sûr : la vie comporte des risques.

Si on veut éliminer tout risque, on risque d'éliminer la vie elle-même. On vit une vie si protégée de toute aventure qu'elle se neutralise, immobile, figée, comme morte. J'ai vu ainsi venir en analyse quelques personnes qui ne sentaient rien, ne désiraient rien, et si possible ne pensaient rien, des gens qui vivaient, dans un cadre immuable depuis leur enfance, une vie sans véritables relations avec quiconque, gagnant les moyens de cette morne vie par un emploi sans intérêt, des gens sans projet et sans avenir, sans aucune de ces passions qui font le sel de la vie. Des gens qui en étouffaient et sont venus chercher le secours de l'analyse, affirmant cependant que « ça ne pouvait servir à rien », puisqu'ils ne désiraient rien. Dans les cas auxquels je pense, il a fallu longtemps pour que cela change, mais la vie s'est rouverte.

Comment une oppression aussi aliénante peut-elle peser sur toute une vie, bien après que les parents ont cessé de prétendre tout savoir, et même par-delà leur mort ? Parce que la pesée de leur regard et de leur jugement, leur injonction de ne courir aucun risque, leurs mises en garde (« ne fais pas ceci, ne fais pas cela, surtout pas ça », etc.), tout cela s'internalise ; autrement dit, c'est le sujet lui-même qui prend le relais en se regardant, se jugeant, s'interdisant, et cela risque de durer toute sa vie si les attitudes et les habitudes ainsi fixées ne se modifient pas. Il vivra apeuré, protégé de toutes parts, une vie dévitalisée.

Les enfants ont impérativement besoin de secrets. La plupart sont bien innocents, il faut les lui laisser : libre à lui de les partager, s'il le veut et quand il le veut, avec un ami, un frère, et même son père ou sa mère, mais aussi de les cacher soigneusement ; c'est son espace personnel, il en a besoin, comme vous, comme moi, comme tout le monde.

Cependant, d'autres secrets sont moins innocents. Il se peut qu'en effet cela comporte des dangers : je pense par exemple à un enfant qui, à huit ans, s'exerçait pour vaincre sa peur à marcher sur le parapet d'un viaduc proche de la maison de campagne des parents, et qui ne l'a avoué que beaucoup plus tard : il était saisi d'une peur effroyable, mais quel triomphe ensuite ! D'autres dangers peuvent venir, surtout à l'adolescence, de la fréquentation de groupes plus ou moins organisés en bandes, voire en « gangs » opposés à des groupes rivaux, des groupes organisés selon une hiérarchie, régis par une morale et un code de l'honneur qui lui sont particuliers. Il se peut que, fasciné par le prestige des leaders, et invité à « faire ses preuves », il ne soit conduit à des actes bien fâcheux ; et, plus généralement, c'est l'âge où l'on est particulièrement vulnérable aux sollicitations de la drogue, de la petite délinquance, etc. Il est bien évident qu'alors il ne faut pas rester aveugle : pousser le respect du secret jusque-là ne serait rien d'autre qu'une indifférence catastrophique. Récemment, deux adolescents ont fait un terrible carnage dans une école secondaire américaine : ils ont tué en quelques minutes, avant d'être eux-mêmes tués par la police, une douzaine d'enfants, d'adolescents, d'enseignants. Les parents, interviewés ensuite par la presse, étaient bien sûr effondrés : il était si gentil, on ne se doutait de rien ! Or depuis des mois ces deux adolescents cultivaient avec passion, sur Internet, et chacun depuis leur chambre, des sites néo-nazis aussi fumeux que violents, des chambres où ils avaient, de plus, accumulé un invraisemblable arsenal…

Alors ? Il est bien évident qu'une surveillance « policière » tatillonne n'est pas la bonne solution, puisqu'elle risque fort de connaître deux destins diamétralement opposés : ou bien l'enfant, l'adolescent, se soumet, et risque de devenir ce triste adulte dévitalisé que j'évoquais il y a un instant ; ou bien il se révolte, au risque de plonger la tête la première, précisément, dans ce qui lui est interdit. Il n'y pas de solution idéale ; la meilleure, ou la moins mauvaise, est dans une relation de confiance entre l'enfant, l'adolescent, et les adultes, au premier chef bien sûr les parents. La situation de l'enfant victime d'agressions sexuelles, ou martyrisé par des rackets incessants, est terrible s'il ne peut en parler à personne. Il faut qu'il puisse vous en parler ; mais cela se prépare de longue date.

Et la sexualité, dans tout ça ? la plupart des parents (pas tous) savent et admettent que les enfants ont une sexualité, et se montrent discrets et tolérants, sur une position du genre : je n'interfère pas, mais sois discret(e)... La psychanalyse en porte pour une bonne part le mérite. Mais ici encore il faut se garder des excès : soit un excès de discrétion qui équivaut à un interdit d'en évoquer quoi que ce soit, soit au contraire un voyeurisme-exhibitionnisme fort mal venu, sous prétexte que les psychanalystes invitent à « libérer » la sexualité enfantine. Ce n'est bien sûr pas du tout ce que préconisent les psychanalystes !

Comme j'y ai insisté dans une question précédente, la *psycho*-sexualité va bien au-delà des conduites d'excitation et de recherche du plaisir sexuel au sens strict. Elle est faite de rêveries et de fantasmes, y compris de fantasmes inconscients. Cela, plus encore que les conduites, doit être respecté, car c'est surtout là que l'enfant a besoin de ses secrets : c'est le tissu même de sa vie psychique. Il est fragile, il est nécessaire de ne pas le déchirer. Cependant, il arrive que cette vie secrète se charge d'angoisse : et en ce cas encore il est vital qu'il puisse s'en confier à quelqu'un. Si cela paraît impossible avec les parents (car ils y sont en général très impliqués), que ce soit avec un bon psychothérapeute qui connaît bien les enfants : c'est sa fonction. En général l'enfant, même s'il était d'abord réticent, y trouve un grand soulagement, et la sédation des symptômes qui lui gâchaient la vie.

Je reviens au cas des enfants opprimés par une surveillance et des interdits excessifs, en ce qui concerne les conduites. Il est fréquent qu'ils recherchent leur liberté dans la culture de rêveries envahissantes et répétitives : à cela, ils le savent bien, les parents n'ont pas accès (même s'ils le grondent parce qu'il est « dans la lune », et que son travail scolaire en souffre). J'ai connu quelqu'un qui avait beaucoup fonctionné ainsi. À l'âge adulte encore, menant une vie très restreinte, il cultivait le scénario suivant : il faisait naufrage et, seul rescapé, abordait une île déserte où, sur une plage abritée de cocotiers l'attendait une très belle femme, seule habitante de cette île. Elle lui tendait les bras, il s'approchait. Mais son mouvement se faisait de plus en plus lent, jusqu'à se figer à quelques pas d'elle. Cela se terminait toujours ainsi.

Ah, une dernière suggestion : il ne faut pas prétendre tout savoir de son enfant ? certes ; mais pas non plus de son mari (sa femme)…

32

Toute vérité est-elle bonne à dire ?

Ça dépend : de quelle vérité s'agit-il ? Toute vérité n'est pas bonne à dire : on peut ne pas dire ; mais si on dit, il ne faut pas mentir. Dire la vérité aux enfants, c'est les inviter à dire la vérité.

Mais qu'est-ce que mentir ? C'est affirmer quelque chose en le donnant pour vrai, c'est-à-dire en faisant croire à son interlocuteur que c'est vrai, avec l'intention de le tromper. Cela paraît simple. Mais pour les enfants, surtout les plus jeunes, qui ne font pas toujours bien la distinction entre l'imaginaire et le réel, la distinction n'est pas toujours si tranchée ; par exemple, un rêve a pu se prolonger au réveil et y prendre si bien consistance qu'il raconte ensuite en toute bonne foi des événements dont on aura quelque peine à établir le caractère imaginaire, tant son récit est emprunt de conviction. En ce cas, il ne ment certainement pas ; s'il trompe, c'est qu'il se trompe. Il est des enfants qui prolongent longtemps, voire cultivent, ces créations imaginaires sources de récits où il devient difficile de démêler le vrai du faux, le réel de l'imaginaire. Il ne faut pas se hâter de les accuser d'être des menteurs mythomanes. Car la question est alors : dans quelle mesure l'enfant y croit-il lui-même, c'est-à-dire dans quelle mesure fait-il la distinction, dans ce qu'il raconte, entre le réel (le réellement advenu) et l'imaginaire ? Il se peut qu'il sache fort bien qu'il « raconte des histoires », avec l'intention de tromper (pour faire croire que ses parents sont riches et puissants, que lui-même a accompli tel ou tel haut fait, etc.). Mais il se peut aussi qu'il croie ce qu'il raconte : il vit dans un univers où tout cela arrive... Chez un adulte, on parlerait de formations délirantes ; chez un enfant, heureusement, c'est moins grave ; il est certain, cependant, qu'il faut alors l'aider à établir une distinction réel/imaginaire sans laquelle sa vie (et celle de son entourage) sera difficile.

Cela ne signifie pas que toute fantaisie doit être bannie des échanges avec l'enfant, au contraire. Les livres qu'on lui offre, les histoires qu'on lui raconte, les jeux vidéo qu'il aime, etc., tout cela est riche de développements imaginaires, et c'est fort bien ainsi. Mais il est essentiel qu'il sache que c'est « pour de rire ». J'ai dit dans une question précédente pourquoi il est important de toujours s'efforcer de répondre aux questions des enfants. On peut très bien « pour rire » donner des réponses fantaisistes (les vaches blanches donnent du lait blanc, les vaches marron du lait au chocolat, etc.). Les enfants entre trois et dix ans adorent cela, et peuvent y devenir experts ; c'est fort bien ainsi, puisque c'est dans la liberté de ce que Winnicott désignait comme « espace transitionnel » que se déploient les créations de l'esprit, et d'abord les arts. Mais il faut clairement établir que, justement, c'est « pour rire », et bien marquer la distinction avec la réponse « sérieuse » qu'on peut donner à la même question.

Plus sérieux, et plus embarrassants, sont les cas où il semble difficile de dire la vérité.

Il n'est pas rare qu'on commette une erreur dans la relation à l'enfant : par exemple, on l'a puni injustement, ou de façon excessive, parce qu'on n'avait pas bien compris ce qui se passait, parce qu'on a ajouté foi, à tort, à une relation partiale des événements, parce qu'on avait mal jugé de ses intentions, parce qu'on s'est laissé emporter par un mouvement de colère (ce n'est pas recommandé, mais cela peut arriver), etc. Il en souffre visiblement : rien n'est plus douloureux pour un enfant qu'une injustice. Je suis convaincu quant à moi que, lorsqu'on réalise qu'on a grondé ou puni injustement, il faut le dire, et réparer, au moins symboliquement ; c'est le seul moyen de restaurer une confiance compromise, et en général l'enfant estime le parent capable de reconnaître ses torts.

Mais bien sûr ce n'est pas là l'essentiel. Il est des domaines où les parents interrogent tout particulièrement les psychanalystes sur cette question « peut-on le lui dire, et si oui, comment ? » : ce sont les « secrets de famille », les origines de l'enfant lui-même, et la sexualité des adultes.

Les « secrets de famille », ce sont les « squelettes dans le placard », les événements dont on pense qu'ils doivent rester cachés. Il n'y a pas, à cet égard, de règle générale. S'il s'agit d'événements graves, dont la révélation n'est pas nécessaire et serait traumatisante pour un enfant trop jeune (un meurtre par exemple, impliquant des proches), il vaut certainement mieux s'abstenir, mais pas indéfiniment : à l'adolescence, ou lorsqu'il sera un jeune adulte, il aura le droit de savoir, et il devra savoir. Il n'est pas facile cependant de trancher sur cette question : est-ce nécessaire ? J'ai connu des cas où la mort du père (ou de la mère) a été indéfiniment cachée : il était, disait-on, « parti en voyage » ; l'enfant demandait « mais pourquoi ne vient-il (elle) pas nous voir ? », avant de se résigner à ne plus poser la question. Ce qu'il avait vécu, c'était un très douloureux abandon, et la sensation – à juste titre – qu'on lui cachait quelque chose : que cachait-on, quel crime avait donc commis ce parent absent, et pourquoi évitait-on d'en parler ? En pareil cas, si douloureux que ce soit, il faut dire la vérité.

Les questions posées par l'enfant sur ses origines peuvent se situer à deux niveaux : qui sont mes parents ? et comment m'a-t-on fait ?

La première question (qui sont mes parents ?) peut sembler ne concerner que les enfants adoptés. En ce cas, la règle est simple : il est bien préférable que l'enfant le sache d'emblée. Ne pas se dire que, puisqu'on l'aime à l'égal d'un enfant qu'on aurait conçu, il n'y a pas de différence, que lui dire la vérité ne peut que lui faire du mal, que s'il ne se doute de rien il ne posera pas de questions, etc. Il s'en posera : il s'interrogera sur la gêne qui saisit les adultes au fil d'une conversation, lorsque sont évoqués certains moments de leur vie, sur leur évitement lorsqu'il est question de certaines personnes, etc. ; il furètera pour trouver des documents, il interrogera. Et un jour, il trouvera le livret de famille, ou bien il sera renseigné par quelqu'un, et il vivra très douloureusement qu'on lui ait caché ce qui peut le concerner le plus. Donc lui dire d'emblée, et le plus naturellement possible, qu'il est un enfant adoptif. Éviter de parler des parents biologiques comme des « vrais parents », ce qui serait évidemment se poser comme les « faux ». Les vrais parents, ce sont ceux avec qui l'on vit, qui vous aiment et que l'on aime.

J'ai connu un homme, au type physique très « méditerranéen », qui avait passé son enfance à se demander ce qu'il faisait dans cette famille de blonds, où, en dépit de l'amour vrai dont il était entouré, il avait la sensation tenace qu'il n'était « pas à sa place ». Il avait le sentiment indéfinissable d'une sorte de trou noir au cœur même de son être, sans aucun moyen de savoir de quoi il pouvait s'agir. Un jour, vers douze ans, en furetant en cachette dans l'armoire où sa mère rangeait son linge, il avait trouvé une pile de lettres anciennes. L'une de ces lettres avait été écrite par sa grand-mère maternelle, qu'il aimait beaucoup, à sa mère lorsqu'il avait quelques mois ; la grand-mère écrivait à sa fille qu'elle aimerait cet enfant comme son « vrai petit-fils » : il n'était donc pas « vrai » ! Cette révélation de quelque chose qu'il savait déjà sans le savoir vraiment a été pour lui une catastrophe ; les parents, atterrés, ont dû lui dire, dans des moments très difficiles, la vérité cachée : il était un enfant adopté. Il a fallu une longue analyse pour que se répare cette blessure tenace.

Tous les enfants, en fait, se posent cette question : mes parents sont-ils mes « vrais parents » ? Après tout, qu'est-ce qui en témoigne d'autre que leur parole ? Mais on sait bien qu'il y a des enfants adoptés, et que parfois les parents le cachent : alors, moi ? Sur cette interrogation peuvent se broder de véritables « romans familiaux », où l'on s'invente des parents meilleurs, plus prestigieux, autres que pour tel frère ou sœur avec qui on est en rivalité aiguë, etc. Rien de fâcheux dans de telles rêveries tant que l'enfant a le sentiment que c'est « pour de rire » ; mais quelle catastrophe si la réalité vient brutalement faire irruption : alors, c'était vrai !

Reste une catégorie de questions auxquelles il est délicat de répondre : ce sont celles qui concernent la sexualité des adultes. Il y a deux types d'attitudes fâcheuses. La première consiste à raconter des fariboles (les choux, les roses, les cigognes, etc.) : heureusement cela ne se fait plus guère. La seconde consiste à décourager systématiquement les questions, voire à gronder l'enfant qui les pose. Il est des familles d'où est éradiqué tout ce qui concerne la sexualité, même dans ses manifestations les plus innocentes : cela, littéralement, n'existe pas. J'ai vu venir en analyse des hommes qui ont vécu une enfance et surtout une adolescence littéralement martyrisées par des masturbations irrépressibles mais tenues pour une maladie abominable, des femmes à qui on n'avait jamais parlé des règles et qui ont vécu avec angoisse leur première apparition, des gens qui sont restés durablement marqués par la conviction profonde que la sexualité est mauvaise, une sexualité qu'ils s'efforçaient de supprimer mais dont les exigences leur étaient un martyre. Il faut éviter cela, et répondre aux questions des enfants.

Comment ? Ne pas se contenter de se renvoyer la balle (demande ça à ton père… demande ça à ta mère) ; ne pas se contenter d'offrir un livre d'éducation sexuelle (c'est mieux, mais ce n'est pas suffisant). Là encore, il faut tenir compte de l'âge. Tous les enfants maintenant acceptent de voir, parce qu'on le leur permet, que les enfants viennent dans le ventre des femmes. Mais la question est : comment y viennent-ils ? L'histoire de la « petite graine » est au principe de la bonne réponse, mais vous ne serez pas quitte pour autant. Car : comment la petite graine vient-elle là ? que fait-on pour qu'elle y vienne ? quel est le rôle de papa là-dedans ? Les réponses vont, si tout va bien, s'échelonner au fil du temps à mesure que l'enfant développera ses questions. Ne pas anticiper. Je me souviens de l'histoire de cet intelligent petit garçon de six ans qui demande à sa mère : « Maman, qu'est-ce que c'est, un co…ït ? » La mère, une femme éclairée, se mobilise et explique en détail comment on fait un enfant. Mais l'enfant paraît sceptique : « Non, maman, ce n'est pas ça, tu te trompes sûrement. » La mère se récrie, mais l'enfant va chercher son livre illustré, et lit péniblement : « Alors, dans le silence de la nuit, on entendit le cri du co… yote. »

Finalement, il faudra bien un jour en être venu à l'explication complète : c'est la pénétration du pénis dans le vagin, et la production du sperme, qui fait l'enfant. Plus on dit cela de façon naturelle, mieux cela vaut. Après tout, c'est en effet bien naturel. On ajoute qu'il faut être adulte pour cela. Mais… reste la question du plaisir. Les explications de style « sciences naturelles », même avec petits dessins ou schémas à l'appui, ont tendance à esquiver la question. Nous savons bien qu'elle est essentielle, et les enfants savent que nous le savons. Alors, ici aussi, il faut dire la vérité : oui, c'est agréable. Et c'est bien mieux que ce soit agréable de faire un enfant…

33

De quoi l'enfant a-t-il peur ?

De beaucoup, beaucoup de choses. Je me souviens avoir vu un jour un court-métrage où avaient été enregistrées des scènes de la vie quotidienne, la caméra se déplaçant comme peut le faire dans un appartement un enfant de trois ans libre de ses mouvements, cette caméra restant constamment placée à 75 centimètres du sol (c'est à peu près à cette hauteur que se situent ses yeux). C'est impressionnant... Ce que vous voyez des adultes, ce sont surtout les jambes, les chaussures qui risquent de vous écraser un pied ou une main, le pantalon, la jupe, à moins que, levant les yeux, vous n'en preniez en contre-plongée une vue lointaine ; la tête du chien, par contre, est au même niveau que la vôtre. Les objets sont évidemment beaucoup plus gros que ne les voit l'adulte. Ce qui est placé sur la table échappe à votre regard, de sorte que, curieux, vous tirez sur la nappe pour savoir ; etc. Dans cet univers, les dangers sont constants, mais difficiles à prévoir. Des expériences douloureuses rendent prudent, ce qui est bien, mais installent une peur diffuse que peut aggraver une mère trop inquiète.

L'homme naît prématuré, « pas fini » ; de tous les animaux, c'est lui qui naît le plus prématurément (ce que Bolk avait théorisé, au plan de la croissance physique, sous le terme de « néoténie » : la prématuration à la naissance s'accentue à mesure que l'on monte dans l'échelle animale). Il est ainsi placé d'emblée, et pour longtemps, dans une situation de dépendance où sa vie est réellement menacée si les adultes n'y veillent pas. Vous arrive-t-il de dire, avec parfois un vécu douloureux : « Il (elle) m'a laissé tomber » ? Eh bien cette métaphore vient de votre premier âge lorsque, bébé, dans les bras d'un adulte distrait et qui vous soutenait mal, vous redoutiez cela. On a fait des enregistrements vidéo de mères portant des bébés : on est frappé alors de la diversité des attitudes, de celles qui installent confortablement l'enfant dans leurs bras à celles qui le maintiennent négligemment, laissent sa tête ballotter sans soutien, le portent comme un paquet amorphe tout en s'occupant d'autre chose, etc. ; et, dans ce dernier cas, par l'inquiétude du bébé, une inquiétude à laquelle la mère paraît insensible. Tous les pédiatres, toutes les puéricultrices aujourd'hui savent cela et attirent l'attention des mères sur la nécessité absolue de faire en sorte que l'enfant ne craigne pas qu'on le « laisse tomber ».

Cependant, quoi qu'on fasse, il ressent vivement son insécurité. Freud avait souligné que le très jeune enfant vit dans un état de « détresse » (*Hilflosigkeit*) qui est une dimension essentielle des premières relations objectales (des relations entre moi et autrui lorsque s'en ébauche la différenciation). Ces vécus de détresse peuvent bien sûr varier beaucoup d'un enfant à l'autre : modérés si les adultes – et d'abord la mère – sont attentifs et protecteurs sans excès, mais intenses si des adultes négligents ou hostiles (cela existe, hélas) laissent l'enfant livré au hasard d'expériences traumatisantes, ou au contraire lui communiquent leur peur à chaque instant. L'enfant qui a intensément et longtemps vécu ces affects de détresse risque de devenir un adulte habité d'un sentiment d'insécurité qui le porte à rechercher le soutien, l'étayage, dans toutes ses relations, et d'abord dans ses relations amoureuses.

Mais, au-delà de la peur, il s'agit de l'angoisse. La peur est la crainte éprouvée lorsque sont perçus ou évoqués certains objets ou certains événements qui risquent de provoquer la douleur ; l'objet de la peur est clairement identifiable. Il est cependant des états de peur diffuse « sans objet », c'est-à-dire où le sujet lui-même ne peut pas dire de quoi il a peur : il a peur, tout simplement, mais il ne peut pas dire de quoi. Cela peut passer par des paroxysmes où la peur se fait intense et où le sujet est littéralement envahi par la panique : c'est l'angoisse. Le malheureux (la malheureuse) a la sensation d'une catastrophe imminente, gravissime, où sa vie même (ou la vie d'un être cher) est menacée ; par quoi ? il (elle) ne le sait pas, et c'est bien ce caractère totalement imprévisible de l'événement redouté qui crée l'angoisse : aucun moyen de s'y préparer et d'y parer, puisqu'on ne sait pas de quoi il s'agit. Cela vient de très loin dans l'enfance. Inutile de raisonner quelqu'un qui vit une crise d'angoisse, de le sermonner ; ce n'est pas de l'ordre de la raison, et il (elle) le sait bien, que « ce n'est pas raisonnable », mais la panique est là. Ce qu'on peut faire par contre, c'est par une présence affectueuse rassurer, protéger, être là, tout simplement, comme une bonne mère, un père fort, sont là pour protéger leur enfant : la confiance, la sérénité, cela se communique. C'est efficace dans l'instant, mais on ne peut vivre avec cette sorte de prothèse, à supposer qu'on trouve quelqu'un qui accepte d'être la prothèse : il est temps d'aller voir un psychanalyste…

Il s'agit là des grandes crises d'angoisse, heureusement assez rares. Mais il est des angoisses plus « ordinaires », auxquelles personne sans doute n'échappe. Elles ont bien cette caractéristique d'être des « peurs sans objet », mais elles sont assez limitées pour, précisément, pouvoir se donner des objets, même si ce sont souvent des objets-prétextes. C'est bien utile : mieux vaut avoir peur de quelque chose qu'on peut se représenter… Ainsi des phobies (dont je reparlerai plus loin) : on peut être très angoissé à l'idée de croiser le chemin d'une souris, même si on vit dans un lieu où la probabilité de cette rencontre est extrêmement faible. En pareil cas, il est clair que l'angoisse est d'autre nature et d'autre origine, mais trouve avantage à se « déplacer » sur les souris : au moins, on sait alors ce qu'on redoute et ce qu'il faut éviter…

Ces angoisses « mineures » sont extrêmement fréquentes chez les enfants. Elles sont à la base des cauchemars, dont le plus typique est sans doute d'être poursuivi par un bandit armé d'un grand couteau, par un monstre, etc., mais peuvent aussi survenir à l'état de veille. Elles affleurent au moment de l'endormissement, où l'enfant se sent particulièrement vulnérable parce qu'il faut se désarmer. Certains enfants instaurent pour s'en défendre tout un rituel préparatoire : arranger les couvertures d'une certaine façon, se munir d'un objet-fétiche, prononcer certaines formules, tourner le dos au mur d'où le danger ne peut pas venir et faire face au côté libre du lit derrière un rempart soigneusement aménagé, etc. S'il réclame une histoire, un câlin, il faut bien sûr y passer un moment : qu'avant le sommeil survienne un moment apaisant avec le père ou la mère, c'est sans doute la meilleure thérapeutique de ces angoisses infantiles. Mais si les rituels du coucher prennent trop d'ampleur, si l'angoisse est intense, il faut consulter.

Mais il faut aussi savoir qu'il ne suffit pas d'un médicament quelconque supposé apaiser l'angoisse, même si cela peut être ponctuellement utile : cela supprime l'effet, pas la cause. Car la source de toute angoisse est dans la vie inconsciente. C'est justement pour cela qu'on ne sait pas de quoi on a peur, et qu'on a la sensation d'une impensable catastrophe imminente : ce qui est redouté, c'est l'explosion d'une vie fantasmatique inconsciente qui se libérerait de façon incontrôlable. C'est ce dont témoignent les cauchemars. Parmi les psychanalystes, Melanie Klein a beaucoup insisté sur les angoisses archaïques, qui selon elle tissent la vie psychique des très jeunes enfants ; ce sont des angoisses primitives ensuite recouvertes par le travail du refoulement, mais qui restent actives dans l'ombre et profitent de tout relâchement des défenses pour envahir le sujet. Les psychanalystes d'enfants connaissent bien cela ; si votre enfant paraît trop angoissé, il est urgent d'y recourir.

34

Les parents sont-ils toujours coupables ?

Il est turbulent, agressif ; il crée autour de lui le désordre, et refuse de ranger ; il échoue à l'école, il est « paresseux » ; il ment, etc., etc. Il est bon de se demander pourquoi, il est fâcheux de se demander « à qui la faute ». Comme tous les professionnels en ce domaine, j'ai vu beaucoup de parents s'en accuser réciproquement, ce qui bien sûr témoigne de tensions au sein du couple qui s'en aggravent d'autant, et nuit de surcroît à l'enfant témoin de ces conflits dont il est l'objet, l'enjeu, le responsable.

La recherche des causes ainsi traduite « à qui la faute ? » suit d'ordinaire deux grandes voies.

La première est celle des responsabilités éducatives. On s'accuse d'être trop indulgent ou trop dur, de ne pas s'occuper assez de l'enfant ou de trop s'en occuper, de le surprotéger ou de ne pas le protéger assez, etc. En effet, ces reproches sont en général symétriques, chacun reprochant à l'autre le contraire de ce qui lui est à lui-même reproché. L'ombre des parents est le plus souvent présente, implicitement ou explicitement : on déclare par exemple être exigeant pour son enfant parce qu'on a eu des parents trop laxistes, ou indulgent parce qu'on a eu des parents trop exigeants… à moins qu'on ne déclare être dur parce qu'on avait des parents durs et qu'on s'en est bien trouvé, etc. : tout est possible en la matière. Cela alimente largement les conflits au sein du couple, et l'enfant peut avoir la sensation d'être le prétexte à une bataille que se livrent ses parents à propos de leurs propres parents, et où il n'est guère là que comme victime désignée par les deux parties. Il est en effet victime, en deçà des péripéties quotidiennes, des conflits œdipiens qui s'exacerbent en pareil cas ; et ceci à au moins deux niveaux : celui du triangle composé par l'enfant et ses deux parents, et, à l'étage au-dessus, celui dans lequel s'inscrivent pour leur part le père et la mère avec leurs parents respectifs. Si je dis « au moins », c'est que les grands-parents aussi ont eu leurs parents : les effets de transmission « transgénérationnelle » sont souvent en la matière importants, par le contexte d'une sorte de culture familiale concernant l'éducation des enfants, et par leurs soubassements implicites parce qu'inconscients. La situation est donc complexe et propice à tous les conflits, surtout si la présence de frères et sœurs invite aux comparaisons et aux rivalités, sur le mode « oui, mais c'est toi tout craché, il tient de ton côté, tandis que l'autre est de mon côté à moi ».

Car entre régulièrement en scène un deuxième niveau des imputations de responsabilité, celui de l'« hérédité ». Cette notion de transmission héréditaire (par voie génétique) de caractéristiques personnelles est très fâcheusement ancrée dans notre culture par une longue histoire, au point d'apparaître comme une évidence aux yeux de beaucoup de gens qui n'y ont pas particulièrement réfléchi. On est supposé avoir la bosse des maths comme son père, être artiste comme sa mère, fantaisiste comme le grand-père, voire bavarde comme sa mère, etc., parce qu'on aurait reçu cela de ses géniteurs comme un legs au moment même de la conception. Rien pourtant n'autorise, au niveau individuel, à tenir une telle explication pour valable, en tout cas pour la plupart des caractéristiques dites de personnalité : ainsi qu'il a été dit en réponse à une question précédente (« Comment le psychanalyste comprend-il l'échec scolaire ? ») il y a bien d'autres modes de transmission (culturelle, éducative, par le jeu des modèles et des identifications, etc.) que la transmission génétique au sens strict. Mais la croyance populaire en l'« hérédité », en ce sens, est tenace, et s'alimente de toutes les identifications du parent à l'enfant (« il me ressemble, il tient de mon côté ») et des conflits parentaux (« il te ressemble… ») ; et l'on va invoquer l'oncle qui a été objet de soins psychiatriques, le grand-père suicidé, la tante qui est une vieille folle, etc., comme autant de preuves qui, évidemment, n'en sont pas.

Il faut distinguer de ces allégations vagues les cas, authentiques et douloureux, où un handicap, une maladie chronique, sont dus à des facteurs génétiques bien identifiés, et sur lesquels nos connaissances progressent remarquablement depuis quelques années. En ce cas, il est en général possible de savoir quel est le parent transmetteur. Son fardeau est alors bien assez lourd et, parfois, sa culpabilité assez forte – bien qu'il s'agisse d'une responsabilité qui ne saurait en aucun cas être une « faute » – sans, bien évidemment, qu'on en rajoute. L'expérience montre d'ailleurs que les couples ainsi frappés font en général preuve d'une remarquable solidarité.

Toutes les imputations de responsabilité déclenchées par la mauvaise question « à qui la faute ? » sont régies par un mécanisme que Freud avait bien analysé, à savoir une tendance universelle à rejeter « au dehors » ce qui est mauvais « au dedans ». Ce mécanisme se vérifie au niveau biologique dès les unicellulaires, des organismes séparés du milieu extérieur par une membrane. Le métabolisme interne de cette cellule unique (l'ensemble des échanges physicochimiques qui entretiennent sa vie et permettent sa multiplication) y accumule des produits nocifs que, sous peine d'auto-empoisonnement, il faut rejeter au dehors au travers de la membrane protectrice ; mais il faut aussi importer du dehors, dans l'autre sens, les éléments nécessaires à ce même métabolisme (les « aliments »). Si le milieu de vie est assez vaste et assez riche en nutriments, tout va bien, la membrane protectrice fonctionne comme une soupape à double sens. Mais si ce milieu est confiné et surpeuplé, les choses se gâtent : la cellule est en grand danger de réimporter des substances nocives qu'elle y a rejetées… ou que d'autres y ont rejetées. Ce jeu d'import-export fonctionne aussi aux niveaux supérieurs d'organisation biologique, pour l'alimentation, la respiration, etc., mais aussi au niveau des processus psychiques. L'appareil psychique importe ce qui lui semble bon, par le jeu notamment des identifications, c'est l'« introjection » ; et il expulse ce qu'il ressent comme mauvais en lui-même : c'est la « projection », qui consiste à imputer à autrui ce qu'on veut expulser de soi (la haine, les mouvements agressifs, la colère, etc.). D'où la conviction : ce n'est pas moi qui le hais, l'agresse, etc., c'est lui qui me hait, m'agresse, etc. C'est vrai au niveau des groupes humains (c'est ainsi qu'on fait les guerres, les massacres, les génocides), et c'est vrai au niveau des individus.

Ces mécanismes pèsent sur les imputations de responsabilité et régissent une très vive tendance, en face d'un enfant qui va mal, à penser que c'est la faute de quelqu'un d'autre : les parents s'accusent réciproquement ou se réunissent pour accuser le maître ou la maîtresse (qui, eux, pensent que c'est la faute des parents), tous sont d'accord pour accuser la société, le « système », le ministre, etc. ; au sein d'une institution, il est fréquent au cours des réunions dites « de synthèse », de voir les médecins mettre en cause les éducateurs, qui se plaignent des psychologues, etc. (mais tous peuvent être d'accord pour penser que tout ça, c'est la faute du directeur...). Ces phénomènes sont en fait banaux, et ils sont réductibles s'ils font l'objet d'un travail de réflexion en commun (c'est une part notable du travail institutionnel dans les institutions qui prennent en charge des enfants en difficulté). Il se peut cependant que des parents s'accrochent vigoureusement à la conviction que « c'est la faute » d'un médecin qui a mal soigné, d'un éducateur nocif, etc. Bien sûr, la plainte peut être fondée ; mais bien souvent elle se saisit d'incidents mineurs ou d'allégations vagues, et reflète surtout une très vigoureuse défense contre la crainte d'être soi-même le « coupable ». Le travail du psychanalyste, s'il a affaire aux parents, est de les aider à en saisir le fonctionnement.

35

Tout est-il joué à six ans ?

On entend souvent dire cela par des gens qui pensent que c'est ce que pensent les psychanalystes : le destin serait fixé à six ans, ou trois, ou quatre, ou six à l'entrée à la « grande école », ou sept à l'« âge de raison », etc. En fait, l'âge invoqué importe assez peu : ce qui s'exprime alors, c'est l'idée selon laquelle jouerait précocement un déterminisme du développement psychique si radical que les effets en seraient scellés très tôt.

Cela demande des nuances. Si l'on suppose par là que tout est dit à six ans (trois, etc.), et qu'on ne pourra plus rien y changer, il est bien évident qu'aucun psychanalyste ne peut penser ainsi, puisque ce serait nier d'emblée la validité de son action. Il se propose de favoriser le changement, mais la question est : changer quoi, comment, à quel moment ? que considère-t-il comme modifiable, par quelles actions thérapeutiques, selon quelles modalités, en passant par quelles étapes ? Cela pose pour lui, au plan technique, la question des résistances – non pas en général, mais dans chaque cas particulier – et, au plan théorique, rien moins que les questions du déterminisme psychique et de la liberté humaine.

Ces questions sont posées depuis bien longtemps, et des générations de philosophes en ont débattu. Freud, lui, avait pris un parti radical : tout processus psychique est déterminé, c'est-à-dire doit être considéré comme la conséquence nécessaire d'autres processus psychiques qui l'ont précédé. Il s'était attaché à en fournir la démonstration dans le cas du rêve : il soutenait qu'il n'est pas un élément d'un rêve qui ne s'explique, dans ses matériaux par des restes diurnes, dans ses mécanismes par la réalisation de désirs, et dans sa forme achevée par la mise en œuvre de procédés de transformation. Démonstration à vrai dire pas toujours très convaincante : à lire ses argumentations dans *L'Interprétation des rêves* (1900), on est parfois tenté de penser qu'il « pousse le bouchon » un peu loin. Il faut cependant tenir compte du contexte de production de cette œuvre : il y prenait, radicalement, le contre-pied de l'opinion commune selon laquelle le rêve n'est que production dissociée « au hasard » de fragments de vie psychique, et c'est grâce à ce pari radical qu'il a pu mettre en lumière des mécanismes fondamentaux de la vie psychique elle-même.

Freud a ensuite quelque peu assoupli sa position, mais il est toujours resté rationaliste et déterministe. À la fin de sa vie, constatant les considérables résistances auxquelles se heurtaient certaines cures, il était devenu assez sceptique : les choses, dans bien des cas, ne seraient-elles pas fixées à tel point qu'on n'y pourrait plus rien ? Ce « pessimisme freudien » procédait aussi de raisons personnelles (il a vécu les quinze dernières années de sa vie martyrisé par un cancer de la mâchoire). Nous sommes aujourd'hui plus optimistes, mais la question reste posée : de quelle marge monsieur ou madame X disposeront-ils pour modifier leur propre vie psychique ? Plus généralement, comment, dans quelle mesure, une vie psychique déterminée dispose-t-elle de la liberté de se modifier elle-même ?

On se heurte là à un redoutable paradoxe, qui a tracassé bien des gens avant la psychanalyse. Sous des versions religieuses : si Dieu est tout-puissant et bon, pourquoi a-t-il laissé un ange devenir Satan et le mal régner sur le monde ? et pourquoi a-t-il créé l'homme libre de faire lui-même le mal ? Ce serait bien méchant de sa part ! Et des versions laïques qui n'en sont peut-être que l'avatar, comme en ont témoigné au début du siècle dernier les « théoriciens de l'acte gratuit » qui se demandaient par quel acte, échappant radicalement à toute détermination antérieure, pourrait-on se prouver que l'on est libre ? Il est remarquable que la réponse était d'ordinaire : par un crime sans aucune motivation... ce qui était bien obéir dans la plus parfaite méconnaissance à un déterminisme intrapsychique !

C'est donc cette question qu'a retrouvée la psychanalyse. On aboutit nécessairement à une impasse si on radicalise les termes du problème « déterminisme/liberté », et si on ne considère que le sujet seul. Un logicien, Gödel, avait énoncé un théorème qui est resté célèbre : un système ne peut se modifier lui-même dans le cadre de ses seuls moyens, il y faut les moyens d'un système de niveau supérieur qui l'englobe. Ceci est très pertinent à notre question : si le « système », c'est la vie psychique du sujet isolé, il y a en effet bien peu de chances qu'il dispose des moyens de réformer ses propres dysfonctionnements ; mais on peut instaurer un « système de niveau supérieur » : c'est le couple du patient et de l'analyste.

Revenons donc, ces bases ainsi posées, à la question : tout est-il joué à six (trois, etc.) ans ? Bien évidemment non, si l'on considère que l'enfant ne se développe pas comme un isolat, mais en interaction constante avec d'autres personnes, formant ainsi les « imagos » qui vont devenir constitutives de son propre psychisme. De plus, dans le cas où par la suite son développement et son fonctionnement psychiques apparaissent fâcheux, il est possible d'instituer un « système d'un niveau supérieur » par l'intervention d'un analyste.

Mais, si des changements sont dès lors possibles, que peut-on considérer comme modifiable, par quelles actions thérapeutiques, selon quelles modalités, en passant par quelles étapes ? Je reprendrai la métaphore de l'arbre que j'avais avancée sous une question précédente (« Comment se développe le psychisme ? »). Si on plante une bonne graine dans une bonne terre, sous un bon climat et dans une bonne exposition, si elle reçoit assez d'eau, etc., on aura un bel arbre. Mais si la jeune plante est placée dans une terre qui ne lui convient pas, si elle manque d'eau ou de soleil, etc., elle se développera mal ; et si la jeune tige est accidentée, lésée, elle se divisera ou poussera déviée, etc. Certaines de ces particularités ne seront plus modifiables (la structure générale de l'arbre), d'autres le seront si on améliore les conditions de vie de la plante.

Ceci est transposable au niveau de la vie psychique. Ce qui n'est guère modifiable, ce sont des données de base. Même s'il ne faut pas abuser de l'idée d'un « donné originel », comme je l'ai déjà dit (notamment dans la question « Comment le psychanalyste comprend-il l'échec scolaire ? »), il y a certainement des conditions de départ. Ainsi, on a pu montrer que les nouveau-nés diffèrent très sensiblement en ce qui concerne leur tonicité musculaire et leur niveau général d'activité, et que ceci est précurseur, dans une certaine mesure, des caractéristiques du développement ultérieur. Même en ce cas, il ne faut d'ailleurs pas se hâter de tenir cela comme d'ordre génétique : les conditions du développement intra-utérin sont importantes pour expliquer ce qui se passe ensuite (on connaît bien cela dans les cas de tabagisme ou de toxicomanie de la mère). Mais il reste que certaines caractéristiques du développement psychique peuvent être fixées dès la naissance, ou dès le premier âge : ainsi, un traumatisme psychique à trois ans (par exemple la mort de la mère) peut avoir des conséquences graves. Pour toutes ces raisons, on risque de se trouver dans le cas de l'arbre qui poussera tordu. Plus généralement, le psychanalyste considère que ne sont guère modifiables des traits « caractériels » comme l'exubérance, la méticulosité, la propension à l'affrontement, etc. ; certes, l'analyse permettra au sujet d'en mieux saisir les déterminants et le fonctionnement, et d'en tempérer le jeu, mais il est bien probable que pour l'essentiel cela subsistera. Bien des analysants craignent au début de la cure de se voir « dénaturés » par l'analyse. Cette crainte n'est pas fondée : fondamentalement, la personne n'est pas changée, et c'est mieux ainsi.

Mais ce qui peut changer, et beaucoup, c'est tout ce qui permet de revenir sur les conditions de développement de l'appareil psychique, et sur les processus et les étapes de ce développement lui-même. Cela concerne les conditions générales : par exemple s'agissant de quelqu'un qui a cruellement souffert, tout au long de son enfance, de n'être pas aimé, ou pas aimé comme il l'aurait souhaité. Cela peut concerner certains moments majeurs de l'enfance, comme dans le cas de quelqu'un qui est resté sous le coup d'un traumatisme infantile grave, la mère étant morte lorsqu'il avait trois ans, et qui n'a jamais pu faire le « travail du deuil » qui aurait été nécessaire ; etc. Mais il ne s'agit pas seulement, bien entendu, des conditions extérieures ; il s'agit, plus fondamentalement, de l'histoire du psychisme lui-même. On peut refaire cette histoire. Je reprendrai cela plus loin.

36

Qu'est-ce que l'autisme infantile ?

Les questions précédentes concernaient toutes les personnes qui s'intéressent aux enfants, s'occupent d'eux, en ont ou envisagent d'en avoir. Celle-ci, heureusement, ne peut concerner directement qu'un très petit nombre de personnes, puisque le taux des naissances d'enfants autistes est de l'ordre de deux à quatre sur dix mille. Il faut cependant ajouter que c'est une estimation assez incertaine, car l'évaluation à laquelle on parvient dépend de la définition qu'on donne de l'autisme… ou des autismes infantiles.

De quoi s'agit-il ? Le terme « autisme » a été créé sur le mot grec qui signifie « tout seul ». Il n'est pas inutile de remarquer que c'est de la même façon que, bien avant, avait été créé le terme « idiot », avec la même intention de signifier qu'il s'agit d'êtres solitaires. Et en fait, avant que l'autisme infantile soit décrit par Kanner en 1943, les autistes étaient en général confondus avec les idiots, des sujets très gravement atteints dans leur intelligence dont nous avons appris à les distinguer.

Kanner avait isolé ce syndrome en décrivant les principales caractéristiques de ces enfants : 1) l'attitude de retrait, d'isolement, coupant le sujet de toute communication humaine ; 2) le besoin d'immuabilité : le sujet ne tolère qu'un environnement tout à fait stable, quant aux personnes et surtout aux objets, dont il s'attache à vérifier méticuleusement la présence et l'emplacement, et quant aux événements. Toute modification de l'environnement et tout événement inattendu déclenchent chez lui une angoisse intense ; 3) les stéréotypies, gestes et émissions vocales bizarres et extrêmement répétitifs. Il ne s'agit pas à proprement parler de tics ; l'observateur éprouve une impression étrange, en face de comportements qui semblent dénués de sens et en même temps semblent exprimer quelque chose. En effet, ces manifestations s'accentuent dans les moments d'angoisse, et plus particulièrement lorsque l'on tente de forcer la barrière qui isole le sujet ; 4) un très gros retard d'accès au langage, parfois un accès impossible, et, lorsqu'il est possible, grevé de particularités comme la confusion des pronoms personnels (« tu » utilisé au lieu de « je » pour se désigner soi-même), les écholalies (répétition exacte de ce que vient de dire quelqu'un, en deçà du sens de la phrase qui n'est pas comprise), et, si le langage se développe plus, la création d'une sorte de « néo-langue » que seuls peuvent comprendre les proches ; 5) un très gros retard du développement intellectuel général.

On a depuis nuancé et complexifié ce tableau, en particulier en ce qui concerne le retard de l'intelligence, présent dans la plupart des cas et le plus souvent grave. Il porte essentiellement sur tout ce qui concerne l'« intelligence sociale » et relationnelle, du fait de l'incommunicabilité, et sur les fonctions symboliques, ce dont témoignent évidemment le retard et les troubles du langage (et ceci affecte évidemment l'intelligence dans ses bases mêmes). Il existe cependant des cas où certaines possibilités intellectuelles se développent « en secteur » de façon hypertrophiée (c'est sans doute le cas de certains « calculateurs de calendrier », capables de dire immédiatement quel jour de la semaine était le 3 juin 1937, de sujets capables de réciter des pages entières de l'annuaire des téléphones, etc.).

Cette description est restée classique, même si depuis le tableau s'est complexifié et sensiblement nuancé. Mais ces nuances mêmes ont conduit à différencier des formes distinctes de ces états toujours graves, au point qu'on pourrait plutôt parler des autismes, au pluriel. On a pu en effet caractériser un autisme « précocissime », dont les symptômes frappent d'emblée chez le bébé : indifférence aux stimulations, absence du contact « œil à œil », absence du sourire, atonie et absence d'ajustements posturaux telle que quand on prend le bébé dans ses bras on a la sensation de porter une poupée de chiffons, troubles de la succion, du sommeil, etc. Dans d'autres cas, les troubles surviennent au cours de la seconde année, voire de la troisième (autismes « secondaires ») : après un premier développement apparemment normal, l'enfant se replie sur lui-même, coupe les contacts, devient indifférent, amorphe ou au contraire extrêmement agité et anxieux, il semble fasciné par certaines perceptions (sons, images, sensations du toucher ou de l'odorat) qu'il renouvelle indéfiniment, etc. On a pu distinguer par ailleurs des modalités de contact bien différentes, depuis des formes dites « à carapace » où l'enfant semble comme enfermé dans une cuirasse défensive, et des formes « amiboïdes » où il oscille d'une recherche fusionnelle du contact corps à corps à un rejet violent, etc.

De nombreux auteurs, pédopsychiatres, psychologues et psychanalystes, ont contribué à ces études cliniques. Inévitablement il en est résulté des nosographies (tableaux systématiques) bien différentes selon les auteurs et les écoles, et surtout des divergences quant aux deux questions cruciales : pourquoi ? que faire ?

Quant à la nosographie, il existe une nette divergence entre beaucoup d'auteurs anglo-saxons, qui, en parlant plus volontiers de l'autisme au singulier, affirment ainsi l'unité catégorielle d'un état conçu comme une maladie grave, et la plupart des auteurs français d'inspiration psychanalytique, qui mettent l'accent sur l'extrême variété des troubles, et tendent à inclure les autismes dans une classe plus large, celle des psychoses infantiles (dont l'apparition peut être sensiblement plus tardive, même si elle procède alors en général de troubles sous-jacents jusque-là inaperçus). Cela va bien au-delà d'une simple divergence de catalogue… car par là se trouvent engagées des options fondamentales sur ces deux questions : celle des causes et celles des mesures à prendre.

La question des causes (l'étiologie) est sans doute celle qui a suscité le plus de passions, y compris dans le grand public par le biais d'émissions de télévision, d'articles de journaux, etc. On a vu se développer à ce sujet des controverses parfois enflammées à la mesure même de la méconnaissance chez les protagonistes de données élémentaires. On comprend mieux ces passions si l'on observe qu'elles s'exacerbent lorsque la question « pourquoi ? » devient, ce qui est presque inévitable, « à qui la faute », question à laquelle j'ai tenté d'apporter quelques éléments de réponse plus haut. Il s'est trouvé, il y a une vingtaine d'années des gens parlant au nom de la psychanalyse pour mettre en cause la responsabilité directe des parents et de leurs positions éducatives et affectives vis-à-vis de l'enfant. C'était parti de travaux importants et estimables comme ceux de Bruno Bettelheim, Melanie Klein, Margaret Mahler, etc., qui pouvaient permettre de penser à ce type de facteurs. Mais des « théoriciens » excessifs en ont tiré la conclusion que si l'enfant est ainsi c'est forcément parce que sa mère ne sait pas ou ne peut pas lui donner l'amour dont il a besoin et sous les formes dont il a besoin, voire qu'elle désire inconsciemment qu'il soit ainsi. Et il s'est trouvé des praticiens maladroits (pour ne pas dire plus) pour le dire aux mères...

Je serai ici très clair. Il est possible en certains cas que les modalités de la relation mère-enfant contribuent à l'apparition et à l'installation de troubles de ce type. On peut ici évoquer ces mères qui portent l'enfant comme un paquet de chiffons, celles qui feuillettent un magazine ou regardent la télévision, insensibles aux signaux de détresse du bébé, etc. Mais, même dans ces cas, où cela peut nuire à l'enfant, on est heureusement bien loin, la plupart du temps, des autismes infantiles ! et même si ce facteur paraît pouvoir contribuer à l'apparition d'un autisme, ce n'est jamais le seul. De plus, on constate bien des cas où la mère, les parents, apparaissent irréprochables. Des parents « pas comme les autres » ? Bien sûr, ils sont toujours très éprouvés par ce qui constitue un drame, et bien des particularités de leurs attitudes et de leurs conduites vis-à-vis de l'enfant ont bien plus de chances d'être la conséquence que la cause de son état.

Quoi qu'il en soit, au niveau de la pratique, il est *scandaleux* de dire à une mère que si son enfant est autiste c'est parce qu'elle l'a

« inconsciemment désiré » ainsi. Que peut penser, dire, faire une femme, déjà très douloureusement éprouvée, en face d'une pareille accusation ? Deux choses : admettre, parce que « le docteur sait », et quelle aggravation de son fardeau ; ou bien récuser totalement cette affirmation et déclarer que c'est un mauvais médecin, ce qui me paraît préférable... et plus près de la vérité. Si le praticien a de bonnes raisons de penser à une mauvaise relation mère-enfant, il ne doit évidemment pas en faire une accusation, il doit, gardant son opinion pour lui-même (et l'équipe avec laquelle il travaille), s'efforcer de contribuer à son amélioration.

Mais ces erreurs ont été commises, c'est un fait. On comprend mieux alors les réactions de rejet très vives dont a pu être l'objet l'approche psychanalytique des autismes et psychoses infantiles, même dans ses meilleures versions (alors en général ignorées des combattants). Mais elles se seraient sans doute développées même sans cette histoire. Car en effet les parents vivent un drame. Ils sont profondément mis en cause par ce qui leur arrive ; ils ont à lutter, face à la question « à qui la faute », contre l'insidieux soupçon : peut-être suis-je coupable ? peut-être est-ce ma façon de l'aimer ? mais je l'aime... alors ? Face à ces questions torturantes, l'hypothèse d'une étiologie organique offre une solution : le psychisme n'y est pour rien, l'origine est dans le corps, dans le corps de l'enfant. Ou bien il a souffert d'un accident précoce, ou bien, à la rigueur, c'est d'origine génétique, mais il est moins lourd d'être responsable de ses gènes que de son amour pour l'enfant. On trouvera alors d'autres praticiens pour conforter cette hypothèse, même si les plus sérieux ajoutent que, pour l'instant, on ne sait pas.

Et effectivement on ne sait pas. Beaucoup de travaux ont été consacrés depuis vingt ans à ces questions, et c'est fort heureux. On a recherché des facteurs génétiques, des anomalies enzymatiques, pensé au rôle de la sérotonine, des catécholamines, des endorphines, analysé des enregistrements électro-encéphalographiques, etc. On n'a trouvé aucun facteur assez présent chez les enfants autistes, et présent seulement chez eux, pour pouvoir être considéré comme étiologique. Il faut bien sûr continuer ces recherches. Le psychanalyste que je suis serait heureux que l'on découvre enfin une étiologie, ou, plus probablement, des étiologies organiques, et qu'on en déduise les traitements nécessaires. Mais pour l'instant on ne sait pas.

Alors, que faire en présence de ces enfants ? Reflétant les différences d'approche, deux attitudes prévalent. L'une, plus souvent associée à l'hypothèse d'une étiologie organique (même si le lien n'est pas évident), met l'accent sur l'action éducative. Au sein de petits groupes d'enfants, une action très individualisée utilise des techniques pédagogiques qui tendent à instaurer certains apprentissages. Elle est souvent soutenue par des parents qui entretiennent l'espoir tenace qu'ainsi leur enfant « deviendra normal », en tout cas qu'il réduira sensiblement son handicap. Et en effet cette action peut connaître des succès si elle est bien conduite. Mais on ne peut éviter de considérer qu'il risque de s'agir plus d'un vernis d'apprentissages, spectaculaire mais qui n'ouvrira pas un véritable accès à l'autonomie ; et surtout que par là on méconnaît le sens des symptômes.

Car revenons au tableau *princeps* de l'autisme. Tout y suggère une angoisse profonde, contre laquelle l'enfant lutte désespérément, en s'enfermant dans une sorte de carapace, en s'assurant d'un environnement immuable, en se protégeant par des rituels, etc. Il est assez évident que lorsque sont mis en défaut ces mécanismes protecteurs, parce que survient un événement imprévu, parce qu'un adulte compatissant cherche à percer cette carapace, etc., l'angoisse éclate.

Pourquoi cette angoisse ? L'approche psychanalytique des psychoses et autismes infantiles, et celle du premier développement de l'enfant « normal », nous ont à cet égard beaucoup appris. Il faut se représenter l'état psychique du nouveau-né comme une sorte de nébuleuse de sensations et d'émotions où ne sont pas encore distingués « moi » et « autre chose ». Ce n'est que très progressivement, entre le quatrième et le huitième mois, que cette différenciation va s'installer. Elle est fragile : ce qui se différencie restera assez longtemps en danger de se dédifférencier. Et c'est là une source d'angoisses très vives, car, dans ce qui est alors quelque chose comme un refusionnement, c'est à la fois laisser disparaître l'autre et disparaître soi-même ; c'est pire qu'une angoisse de mort (que cela alimentera plus tard, mais qui ne peut exister encore), c'est une angoisse de *néantisation*. Tous les bébés sans doute connaissent cela, mais c'est transitoire et sans effets durables. Certains continuent à osciller dans cet état insupportable entre l'être et le non-être ; pour s'en protéger, ils développent les mécanismes que j'ai résumés. Ces mécanismes peuvent se consolider, se fixer très durablement : ce sont certaines psychoses infantiles déficitaires.

Il faudrait bien sûr nuancer beaucoup ce tableau, qui engage une clinique délicate et des notions difficiles. Mais on comprend mieux sans doute alors les modes d'action préconisés par les psychanalystes qui s'occupent de ces enfants. Reconnaître le sens des symptômes, et d'abord leur charge d'angoisse. Respecter les mécanismes protecteurs de l'enfant, mais les faire évoluer. Instaurer dans toute la mesure du possible une relation préférentielle avec une personne stable dont la permanence offre un point de consolidation à une différenciation moi-autrui fragile. Ne pas négliger bien sûr les actions éducatives, etc. Et surtout travailler en équipe, car la tâche est lourde, et en collaboration constante avec les parents, qui trouvent là un étayage et un espoir.

Il faut bien admettre cependant que les espoirs sont limités. Dans les cas les plus favorables, l'enfant pourra évoluer d'un autisme ou d'une psychose infantile vers un état névrotique certes handicapant, mais beaucoup moins amputant ; dans d'autres cas, les progrès sont minces. Il n'en est que plus important de développer les actions nécessaires, au plan de la recherche comme au plan des prises en charge.

37

Qu'est-ce qu'une névrose ?

Le terme est passé dans le langage courant, plutôt d'ailleurs sous la forme adjective : « c'est une femme névrosée », dit-on de quelqu'un. On peut remarquer que dans cet usage banalisé le terme apparaît plus souvent au féminin, comme c'est le cas dans « c'est une hystérique », tandis que des expressions comme « être maniaque » ou « parano » semblent applicables aux deux sexes. Toutes ces expressions, qui décrivent des modes de comportement et de relations interpersonnelles, et en deçà des aspects de la personnalité, sont d'origine mixte, psychiatrique et psychanalytique ; cependant, le psychanalyste, qui ne les emploie pas, ne les reconnaît que comme des cousines lointaines et infidèles des notions qu'il utilise lui-même. Quelques précisions sont donc nécessaires.

Le terme « névrose » a été créé il y a bien longtemps (au XVIIIe siècle), pour décrire des maladies supposées procéder d'altérations des nerfs, ou plus généralement du système nerveux ; cela créait un vaste fourre-tout nosographique (depuis les troubles gastriques jusqu'à la démence), dans lequel on a ensuite opéré les distinctions nécessaires. En particulier, on a appris à distinguer des affections qui concernent clairement les nerfs et les centres nerveux, objets de la neurologie, et des troubles du psychisme, objets de la psychiatrie, pour lesquels les causes organiques sont indirectes, mineures ou absentes. Cependant, bizarrement, le terme « névrose » a subsisté pour décrire une partie de ces troubles psychiques, même si nous sommes aujourd'hui convaincus que les nerfs eux-mêmes n'y sont pour rien. C'est un pur archaïsme, sans grands inconvénients si on le sait, mais qui en présente plus si on ne le sait pas, comme dans les opinions de l'homme (et de la femme) de la rue lorsqu'ils disent de quelqu'un qu'il est « malade des nerfs » pour désigner, par exemple, un état dépressif.

Dans les dernières années du XIXe siècle, Freud a opéré une véritable révolution en psychiatrie. Il a en effet montré que les troubles hystériques sont explicables, non pas par une anomalie ou une atteinte du système nerveux, mais par des conflits intrapsychiques, les symptômes observables témoignant des « retours » de désirs qui ont été refoulés par le jeu de défenses. À partir du cas de l'hystérie, il a généralisé cette thèse à l'ensemble de ce qu'il a dès lors appelé les « psychonévroses de défense » (l'addition du terme « psycho » marquant bien qu'il s'agit de troubles psychiques), c'est-à-dire, outre l'hystérie elle-même, les névroses phobiques (ou « hystéries d'angoisse ») et les névroses obsessionnelles.

Il s'agit là de troubles sérieux, correspondant à des symptomatologies bien définies, qui créent dans la vie du sujet et de son entourage des difficultés majeures, et dont les mécanismes sont bien élucidés. L'origine première en est à rechercher dans l'enfance, lorsque s'y installe une « névrose infantile » qui ne présente pas encore les caractéristiques que prendra plus tard la psychonévrose adulte, mais qui en constitue la base et le précurseur. Le traitement psychanalytique, en remettant au jour cette névrose infantile, passe nécessairement par sa réactivation dans la relation qui se développe avec l'analyste : alors s'instaure une « névrose de transfert » passage obligé vers la guérison. Tel est, très brièvement résumé, le schéma développé par Freud, et qui reste central dans la compréhension moderne des névroses. Freud distinguait cependant, au sein des névroses, une autre catégorie de troubles qui selon lui ne relevaient pas, en tout cas pas directement, de ce schéma : les « névroses actuelles », dues de façon plus contingente à une tension organo-psychique excessive, comme dans le cas d'une privation sexuelle prolongée et mal supportée. En ce cas, le remède était, disait-il, assez simple dans la mesure où il était possible de mettre fin à cet état insupportable. La notion de névrose actuelle est ensuite tombée en semi-désuétude, jusqu'à ce que l'étude de certaines affections psychosomatiques lui redonne quelque actualité.

Par contre, d'autres distinctions sont restées fondamentales et ont été largement développées après Freud. Il faut en effet distinguer des psychonévroses les perversions, d'une part, les psychoses et les états limite d'autre part.

Le terme « perversion » peut s'appliquer à des conduites aberrantes, marquées par la violence et une sexualité « anormale ». Une telle définition suppose une double référence : à la rareté de ces comportements dans la population générale d'une part et à la morale d'autre part. On sait que, de ce fait même, la notion de « perversion » a pu beaucoup évoluer depuis un siècle : on imagine mal aujourd'hui la violence de la répression exercée au nom de la médecine, de la morale et de la société réunies, contre la masturbation des enfants et des adolescents, considérée comme une perversion majeure qui promettait les malheureux qui la pratiquaient aux pires déchéances… Au-delà, bien d'autres pratiques sexuelles ont été elles aussi condamnées alors qu'elles paraissent aujourd'hui permises – pourvu qu'elles ne supposent pas des actes par ailleurs délictueux ou criminels, et se pratiquent entre adultes consentants et dans la discrétion. Ceci ne signifie pas cependant que tout est légitime, et que la notion de perversion ait perdu toute utilité, au contraire. Car ce que nous continuons à considérer comme des pratiques perverses est marqué de trois caractères : leur répétitivité, au point que le pervers apparaît comme l'esclave de scénarii qu'il se sent condamné à reproduire à l'infini pour obtenir le plaisir qu'il recherche ; leur charge violente en sexualité infantile (notamment de l'ordre de l'analité) ; et la dépersonnalisation du partenaire, réduit au rôle d'instrument interchangeable du plaisir. Ceux qui sont ainsi limités à ces pratiques perverses apparaissent par là autant victimes de leurs propres mécanismes psychiques que leurs victimes elles-mêmes (d'ailleurs parfois elles-mêmes victimes de mécanismes qui les rendent consentantes). Mais, au-delà des comportements, on est par là conduit à prendre en considération la notion de « structure perverse », pour connoter l'ensemble des processus psychiques qui, chez un individu donné, conduisent à un tel mode de vie.

Les psychonévroses sont d'autre part à distinguer des psychoses, qui réfèrent à d'autres modes de fonctionnement psychique, et qui correspondent plus exactement à ce qu'on appelle d'ordinaire des maladies mentales. Dans certains cas les symptômes sont très apparents, et souvent angoissants pour l'entourage (délires, hallucinations, etc.) ; dans d'autres cas, les troubles, bien que moins voyants, peuvent être tout aussi graves mais rester « à bas bruit ». Mais c'est avant tout le mode de fonctionnement psychique de ces malades qui permet de les classer parmi les psychotiques. Il est caractérisé par une angoisse en général massive, reflet proche d'angoisses archaïques de la petite enfance, et que le sujet tente de réduire par divers mécanismes ; et surtout par une altération profonde de la réalité des choses, des gens, de l'ensemble du monde environnant, qui peut être ressenti comme persécuteur, monstrueux, etc. : bien des actes agressifs, parfois réellement dangereux, constituent en fait des réactions de défense d'un sujet qui se sent lui-même gravement menacé. Aux frontières des psychoses, les psychanalystes ont particulièrement étudié depuis deux ou trois décennies des « cas limite » où la structure générale de fonctionnement est de même type, mais plus ou moins masquée par des superstructures névrotiques.

De façon générale, c'est donc à la notion de structure psychique qu'on est renvoyé. Les troubles caractéristiques des névroses procèdent de structures marquées par des perturbations de la conflictualité œdipienne, tandis que les structures perverses ou psychotiques sont, en quelque sorte, « en deçà » de cette conflictualité. Dit ainsi, c'est sans doute un peu trop abstrait, mais je tenterai d'en dire plus dans les questions suivantes. Un dernier mot cependant sur l'extension de la notion de névrose. Dans ce qui précède, j'ai fait surtout référence aux « grandes névroses », hystéries, phobies, névroses obsessionnelles, qui sont des troubles bien caractérisés et qui peuvent perturber très sensiblement la vie quotidienne et les relations interpersonnelles. Cependant, du fait même que les structures névrotiques sont caractérisées comme perturbations de la conflictualité œdipienne, il va de soi que ces perturbations peuvent être plus ou moins accentuées. Dès lors, les limites avec la « normalité » sont bien imprécises. Il n'y a pas de solution de continuité entre une névrose obsessionnelle flagrante et le cas de quelqu'un qui est simplement porté à des vérifications minutieuses, entre une hystérie de conversion classique et une personnalité portée à des troubles de santé mineurs et erratiques mais émotionnellement très chargés, etc. Il arrive au psychanalyste de parler de « structure névrotique » pour englober tous les cas où le fonctionnement psychique est organisé par l'Œdipe… y compris les personnes les plus « normales », y compris en fait les psychanalystes eux-mêmes…

38

Qu'est-ce que l'hystérie ?

Les hystériques ont passionné la fin du XIXe siècle. Charcot faisait alors accourir tout Paris à ses présentations cliniques de la Salpêtrière, où des hystériques de son service produisaient sous hypnose, à la demande d'un maître admiré et révéré par tous (y compris elles-mêmes), des symptômes spectaculaires : paralysies, anesthésies, convulsions, postures en arc de cercle, voire attitudes et mouvements dont la charge érotique n'était pas le moindre attrait du spectacle… Il était alors clairement établi que toutes ces manifestations procédaient, non pas du corps lui-même (une paralysie, par exemple, ne correspondant en rien à la localisation des commandes motrices), mais de l'idée que ces femmes se faisaient de leur corps ; et qu'il était possible de les produire ou de les supprimer en agissant sur ces idées. Charcot lui-même voyait là un outil d'étude et de démonstration ; Freud, qui fut en 1885-1886 l'un de ses auditeurs passionnés, revint à Vienne pensant avoir trouvé une thérapeutique : il entreprit de guérir les hystériques par l'hypnose. Il lui fallut déchanter, mais c'est de ces essais et de cette désillusion que, après l'abandon de l'hypnose, naquit la psychanalyse.

Freud constate en effet qu'il ne peut pas faire faire n'importe quoi, même sous une hypnose bien réussie, mais seulement ce qui paraît faire sens, fût-ce inconsciemment, pour la patiente ; au demeurant, les symptômes mêmes pour lesquels elle demande son aide semblent de même nature que ceux qui peuvent être produits par hypnose : faudrait-il donc invoquer une sorte d'« auto-hypnose » spontanée, chez certains sujets dès lors voués à l'hystérie ? C'est ce que pense Breuer, avec qui Freud travaille d'abord, mais Freud trouve l'idée un peu courte : selon lui, l'« état hypnoïde » invoqué par Breuer n'est que la condition nécessaire à l'expression déguisée de désirs refoulés, où les symptômes constituent une sorte de « langage du corps ». Témoin cette hystérique en proie à de violents conflits du fait de désirs sexuels réprimés, qui d'une main arrache sa robe, et de l'autre la plaque pudiquement sur son corps…

Et Freud généralise ce schéma à d'autres psychonévroses (les « hystéries d'angoisse », où prévalent les symptômes phobiques, et les névroses obsessionnelles), mais aussi à bien d'autres manifestations, y compris dans la « psychopathologie de la vie quotidienne » : lapsus, actes manqués, rêves… dans tous ces cas ce qui s'observe est expression déguisée de désirs refoulés.

Les hystériques sont donc bien à l'origine de la psychanalyse. Cependant, aujourd'hui les grandes manifestations spectaculaires à la Charcot ne sont plus guère de mode (et on peut en effet parler de « mode » à propos de leur étonnante floraison à la fin du XIXe siècle). L'hystérie n'a pas pour autant disparu, mais ses manifestations sont en général plus discrètes. Elles peuvent être cependant fort handicapantes, comme le sait tout médecin généraliste aux prises, chez un même patient, avec des troubles fluctuants, erratiques d'une zone du corps et d'une fonction à une autre ; d'éternels malades qui risquent de lasser sa patience et vont de médecin en médecin, amers parce que « personne ne trouve ce que j'ai », et qui cependant continuent leur quête. Il serait inopportun de déclarer qu'un tel malade « n'a rien », ce qui reviendrait à méconnaître sa souffrance : il souffre réellement, mais d'abord de son fonctionnement psychique, les troubles du corps n'en constituant que l'expression. Il est encore plus fâcheux de l'accuser de simulation, c'est-à-dire d'un mensonge délibéré : s'il y a « mensonge », il est parfaitement inconscient, et si le malade trompe, c'est d'abord lui-même.

Ce qui frappe, dans de tels cas, c'est le caractère très bruyant des troubles et des plaintes, mais c'est aussi la nature et l'intensité de la demande. Si l'on ne cède pas à l'irritation et au mouvement de rejet, on s'aperçoit que le « soignez-moi » du patient exprime très directement quelque chose du genre : « Prenez-moi en charge, je désire tellement me laisser aller, comme un enfant, à des mains apaisantes… », et, plus fondamentalement : « Aimez-moi ! ». Il est alors bien évident que cette demande émane de quelqu'un qui est resté profondément blessé de n'avoir pas trouvé cela, ou qui ressent ne pas l'avoir trouvé comme il l'aurait souhaité dans sa vie antérieure. Ce qui est en jeu, c'est toujours alors une conflictualité œdipienne restée tenace. Toute une somme de désirs insatisfaits crée et entretient une tension du psychisme qui déborde, en quelque sorte, sur le corps. Les intrications du corps et de l'esprit sont en effet assez étroites (et pour une part bien connues, au plan anatomo-physiologique des systèmes nerveux et endocriniens) pour que se dérègle telle ou telle fonction ; en répare-t-on une localement que, la cause restant la même, le tissu se déchire ailleurs. La notion d'« hystérie de conversion » introduite par Freud reste ici valable : elle exprime cette idée que la tension psychique, inapaisable au plan même du psychisme, se « convertit » en symptômes organiques.

Il est cependant des cas où ces symptômes physiques restent mineurs, mais où la même conflictualité psychique, centrée sur un drame œdipien resté vivace, s'exprime sous d'autres formes. C'est le cas en particulier de ces femmes dont on a pu dire qu'elles sont caractérisées par des conduites où est recherchée la « vengeance de l'hystérique ». Une telle femme est particulièrement séduisante, par ses toilettes, son maquillage, ses comportements ; sa féminité attire, et ce qui semble être sa demande et sa disponibilité sexuelles trouble. Inévitablement, un homme répond sur ce plan. Mais, que les choses soient poussées plus ou moins loin, arrive un moment où elle lui crie son insatisfaction. Ce n'est pas cela qu'elle demandait ; que demandait-elle ? elle ne le sait pas elle-même, mais ce qu'elle sait, c'est que ce rustre, qui ne sait que répondre par une sexualité bête, la déçoit. Et le schéma se répète, avec d'autres partenaires, au grand dam de ceux-ci et d'elle-même. Il se peut que, lassée de ces répétitions, elle sollicite l'aide d'un psychanalyste. L'analyse alors a toutes chances de montrer qu'il s'agissait bien d'une vengeance : contre le père qui autrefois n'a pas répondu comme elle l'aurait souhaité, alors même qu'elle craignait qu'il ne réponde (c'est le cœur du conflit). Cette vengeance est donc déplacée sur les partenaires amoureux, et la blessure est toujours : « Tu ne me donnes pas ce que je te demandais (être aimée comme une enfant par un bon père chaleureux, et non pas comme une femme, ce qui est de l'ordre de l'inceste), et d'ailleurs ce n'est pas à toi que je le demande »...

D'autres cas sont plus centrés sur le versant « négatif » de l'Œdipe, chez des femmes où c'est l'histoire des relations maternelles qui est au premier plan ; c'est sans doute le cas dans certaines anorexies de l'adolescence, où le corps est à l'extrême déféminisé (par la maigreur, l'absence de règles, etc.) dans une sorte d'effort désespéré et mortifère pour couper toute relation et toute ressemblance avec une mère redoutée fusionnelle. Aux marges de l'hystérie, ce sont évidemment des cas préoccupants.

En tout ceci, il a été question dans ce qui précède de femmes. Et les hommes ? La vieille médecine tenait l'hystérie pour exclusivement féminine : d'ailleurs, disait-on, le terme même vient du mot grec qui signifie « utérus ». Selon Hippocrate, répété ensuite pendant très longtemps, l'hystérie s'expliquait par le caractère « baladeur » de l'utérus, un organe saisi par la passion des voyages au travers du corps, et qui y causerait les troubles qu'on observe chez l'hystérique... Bien entendu, personne ne croyait plus cela à la fin du XIXe siècle ; cependant, beaucoup de psychiatres de cette époque continuaient à tenir l'hystérie pour exclusivement féminine ; Freud, revenu à Vienne de chez Charcot, s'acharna pendant tout un temps à produire des cas d'hommes hystériques pour prouver qu'il n'en était rien. Il n'en trouva guère, et les cas de ses *Études sur l'hystérie* (1895, en collaboration avec Breuer) sont tous des femmes... On s'accorde aujourd'hui à considérer que, effectivement, les structures hystériques se rencontrent plus souvent chez des femmes, mais qu'une clinique attentive permet d'en observer aussi chez l'homme.

S'agit-il en tout ceci de « psychosomatique » ? Le terme est devenu d'usage assez courant pour que la précision soit utile. Les fonctionnements hystériques supposent une conflictualité, pour l'essentiel œdipienne, qui se traduit par tout un travail de fantasmes et de représentations, inconscientes, préconscientes, conscientes, qui expriment la charge tensionnelle des conflits en cause. Il est des cas où existe une telle charge, et où, comme dans les cas d'hystérie, elle « déborde dans le corps » ; mais ceci par une sorte de « court-circuit » où, en quelque sorte, la tension psychique est directement traduite en maladies du corps, sans ce passage par les fantasmes et les représentations qui joue dans l'hystérie. De ce fait même qu'une partie de la charge n'est pas épongée, « métabolisée » par ce travail psychique, la traduction en maladies somatiques peut être grave (certaines allergies et asthmes, ulcères gastriques, rectocolites hémorragiques, etc.) ; il existe heureusement aujourd'hui des équipes de médecins et de psychanalystes spécialisées dans la prise en charge de tels cas.

39

Qu'est-ce qu'une phobie ?

Phobos, en grec, signifie peur, terreur. Une phobie se caractérise par la peur compulsive de se trouver confronté à un objet, un animal, une personne, une situation, etc. La peur est ressentie, très vivement, à la simple évocation d'un tel événement, et le sujet fait tout pour l'éviter. Certaines phobies mineures sont banales : témoin la peur des souris, des serpents, etc., qui habite certaines personnes même si elles ont très peu de chances d'en rencontrer… D'autres sont plus handicapantes, comme la peur de l'obscurité qui oblige à vivre en permanence avec une lumière de nuit ou la phobie des transports en commun ou des ascenseurs ; ou plus graves encore, comme l'agoraphobie (peur de se trouver en public, dans un espace ouvert) ou son apparent contraire la claustrophobie (terreur à l'idée d'être enfermé dans un espace clos). Dans de tels cas, le sujet est saisi d'une terreur panique si les circonstances le placent dans la situation redoutée et l'angoisse est très intense. Il peut consacrer beaucoup d'énergie à l'éviter : j'ai connu quelqu'un qui pour ne pas se trouver dans l'ascenseur gravissait chaque semaine quatorze étages d'escalier pour venir voir un analyste… Le phobique est souvent conduit à s'assurer de soutiens face au danger redouté : l'agoraphobique, par exemple, ne consent à sortir de chez lui qu'accompagné. De façon plus générale, le sujet est habité par le souci d'éviter toute circonstance où cette panique le saisirait, et développe à cet effet des tactiques élaborées, volontiers masquées par des rationalisations qui tentent de donner le change à l'entourage, face à ce que le sujet lui-même ressent comme une faiblesse humiliante.

Car le phobique est en général bien convaincu que sa peur est irrationnelle. Il s'est beaucoup dit que c'est absurde, qu'il n'y a pas de raisons d'avoir peur, etc. Rien n'y fait : il a peur, d'une peur panique, de se trouver dans la situation qu'il redoute. Pour que l'angoisse subsiste, et soit si intense, il faut donc qu'il y ait à cela de bonnes raisons. Inconscientes évidemment, et ce sont les pires.

L'analyse montre régulièrement qu'en fait, derrière le motif explicite de la peur (celui qui est déclaré irrationnel) s'en trouvent d'autres, concernant des événements qui sont en effet extrêmement redoutables. Mais ceux-ci font l'objet d'un refoulement très actif, d'autant plus actif que cet événement est plus redoutable. La peur subsiste, mais, coupée de son véritable objet, elle flotte alors sans support ; à la première occasion, elle se fixe sur un objet plausible (une souris par exemple). La peur est donc ainsi déplacée de son véritable objet originel à un objet substitutif. Si pénible que soit l'état ainsi créé, il constitue cependant une opération défensive, tant il est vrai qu'une peur, dont l'objet est identifiable, vaut mieux que l'angoisse, dont la source est inconnaissable. Le plus souvent l'opération n'est qu'imparfaitement réussie : le sujet, qui éprouve à la fois peur et angoisse, garde plus ou moins le sentiment qu'« il y a autre chose » (qu'une souris par exemple) derrière sa peur, sans pouvoir savoir quoi.

Ce qui est derrière, c'est un fantasme, c'est-à-dire une représentation ou un ensemble de représentations figurant un acte ou un événement terribles. Freud avait donné une belle démonstration de ces mécanismes en analysant le cas d'un enfant de cinq ans, le petit Hans, qui avait développé une phobie des chevaux. Cet enfant craignait de rencontrer un cheval (un événement banal dans la Vienne de 1905), et que celui-ci ne tombe et ne « fasse du charivari avec les pieds » ; en conséquence, il refusait de sortir dans la rue mais observait, fasciné, les chevaux qui circulaient sous ses fenêtres. Freud avait montré qu'en ce cas il s'agissait, pour cet enfant en pleine période œdipienne, de fantasmes relatifs aux relations sexuelles des parents, à la conception, à la grossesse, à la naissance, et de l'angoisse de castration suscitée par ses émois œdipiens. Le cheval était un substitut du père dont la colère était redoutée.

On peut tenir pour plausible que derrière toute phobie se situent de tels fantasmes. Ainsi, chez une femme, une agoraphobie peut procéder de la crainte des aventures et mésaventures sexuelles possibles lors de contacts avec des inconnus, voire d'un fantasme de prostitution. Il peut en aller de même dans une phobie des transports en commun, d'autant qu'en ce cas la promiscuité et les contacts corporels y sont plus évidents. De même d'une phobie des ascenseurs, puisqu'alors on risque de se trouver en contact proche pendant quelque temps, dans un espace clos et éventuellement sans témoin protecteur, avec un homme qui n'a rien d'autre à faire que vous regarder, etc. En tous ces cas, bien évidemment, c'est un mélange de désir que l'événement se produise et de crainte qu'il ne se produise, c'est-à-dire un conflit violent, qui se trouve refoulé. On ne craint tant que ce qu'on désire et qu'on se reproche de désirer : ceci est à la source même du travail du refoulement.

Les phobies d'impulsion sont particulièrement angoissantes. Le sujet passe en effet par des moments d'angoisse panique à l'idée qu'il pourrait produire un acte terrible. Il peut s'agir de l'idée « je vais me jeter par la fenêtre », ou « me jeter dans le vide », ou de l'idée « je vais prendre un couteau et en poignarder ma mère, mon mari », etc. ; ou bien : « je vais aller voir une prostituée et l'étrangler », ou encore : « je vais aborder dans la rue le premier homme que je rencontre et me livrer à lui », etc. Au summum de l'angoisse, le sujet a le sentiment qu'il n'est plus qu'à un fil de produire cet acte : la fenêtre est ouverte, le couteau est à portée de la main, la prostituée attend le client, etc. Dans des cas heureusement fort rares il arrive que l'acte se déclenche (certains crimes ou suicides déclarés incompréhensibles par la grande presse sont sans doute l'aboutissement de tels états d'angoisse) ; bien plus souvent en fait le sujet sidéré attend que passe la crise d'angoisse. Il n'est pas rare qu'il vienne voir un médecin, un psychiatre, un psychanalyste en urgence avec la supplication : « protégez-moi ! » et qu'une hospitalisation provisoire soit accueillie avec soulagement.

Ce sont là des cas assez rares. Sous une forme moins aiguë, les phobies sont assez fréquentes. Mais dans tous les cas c'est toute la personnalité qui s'organise autour des conflits en cause, avec la mise en place de mécanismes protecteurs : on parle alors de « névroses phobiques » dans les cas les plus nets et lorsque ces défenses sont très invalidantes, et de « personnalités phobiques » dans les cas où cette organisation reste plus discrète et ses effets plus compatibles avec une vie sociale et relationnelle normale. La cure psychanalytique est ici particulièrement indiquée : en élucidant les mécanismes en cause, elle remet du même coup en lumière les sources fantasmatiques de la phobie, qui n'apparaissent plus que pour ce qu'elles sont : des fantasmes. Alors se trouve réduite l'angoisse.

40

Peut-on se persécuter soi-même ?

Oh oui… Lady Macbeth en est un bon exemple. Instigatrice et complice d'un crime, elle devient somnambule ; dans son sommeil elle marche, se frotte inlassablement les mains pour en effacer, dit-elle (car elle parle aussi dans son sommeil) une tache de sang. En vain : « Toujours l'odeur du sang : tous les parfums de l'Arabie n'adouciront pas cette petite main ! » Ainsi, elle se punit elle-même de son crime ; elle n'échappera à la torture qu'elle s'inflige que par la mort.

Lady Macbeth, dans cette histoire, a réellement commis un crime ; le remords ensuite fait d'elle son propre bourreau. Mais on trouve des gens qui semblent bien faire la même chose, alors que, pour autant qu'on sache, ils n'ont aucun crime sur la conscience ; pourtant, ils passent leur vie à s'accabler eux-mêmes de reproches pour des motifs qui apparaissent futiles à leur entourage. Freud a démonté les mécanismes en cause dans le cas de l'« Homme aux Rats », un jeune homme qui déployait un véritable génie à se compliquer la vie par des scrupules torturants sur ce qui pouvait résulter de ses actes, et par d'incessants reproches sur les conséquences de ce qu'il avait effectivement fait. Amoureux d'une dame, il se promène ; il voit une pierre au milieu du chemin. Il la prend et la pose sur le bord de la route, car la voiture de la dame pourrait passer là, et verser ; mais aussitôt après il se dit que la voiture pourrait précisément faire un écart et passer sur la pierre dans sa nouvelle position et donc verser, etc. Il emprunte une petite somme à un camarade de régiment, ne la rend pas aussitôt, et, séparé de ce camarade, élabore les tactiques les plus invraisemblables pour la lui rendre en respectant toute une série de conditions qu'il s'impose : finalement, il lui devient totalement impossible de rembourser, ce qui lui donne la sensation d'une faute grave. Il est littéralement persécuté par ses propres pensées : à peine la pensée d'un acte lui vient-elle qu'il sent une obligation absolue de l'exécuter. Mais, se dit-il, « s'il te venait le commandement de te trancher la gorge ? » Freud écrit : « Immédiatement il se rendit compte que le commandement était déjà donné, et il se précipitait vers l'armoire pour y prendre son rasoir, lorsque lui vint cette idée : non, ce n'est pas si simple que ça, il faut que tu fasses le voyage et tues la vieille femme » (la « dame » qu'il aime a quitté Vienne pour aller soigner une vieille tante). « Sur quoi, d'épouvante il tomba par terre. »

Ce sont là des exemples typiques de névrose obsessionnelle. Il faut souligner qu'en général dans de tels cas le sujet sait fort bien que les reproches qu'il s'adresse sont excessifs et que ses scrupules sont exagérés ; il est bien d'accord avec ceux qui lui disent qu'il se gâche la vie pour des broutilles, il aimerait bien laisser tout cela et vivre plus heureusement. Mais voilà, il ne peut pas. Il fait donc ce qu'il peut pour que l'événement redouté ne se produise pas. Il évite soigneusement certaines situations, comme le phobique, auquel il s'apparente alors. Il s'efforce de conjurer le danger par des pratiques et des formules supposées protectrices. Ainsi, l'Homme aux Rats se sentait souvent menacé par le surgissement d'une pensée qui suffirait à provoquer la catastrophe, comme si la pensée seule avait magiquement ce pouvoir. Il espérait la désamorcer en disant « Mais ! » avec un geste coupant de la main, signifiant : « Mais c'est absurde ! ça ne peut pas faire de mal ! », utilisant ainsi un contre-pouvoir lui-même magique. Il avait alors recours à une formule magique de sa composition, « *Gigellsamen* » ou « *Gleijisamen* » (néologisme où Freud n'eut pas de peine à repérer « *semen* », le sperme). Précautions bien fragiles, toujours à recommencer. Freud, commentant ce mode de défense, a souligné que s'institue alors chez ces malades une sorte de « religion privée », aussi rigide que certaines religions particulièrement sévères. Parfois le sujet se dit qu'il va prendre des mesures contre tout cela ; mais comme il ne peut le faire que sur le même mode, cela aggrave encore les choses…

Bien entendu, cela ne va pas toujours aussi loin. On rencontre fréquemment des gens dont on dit qu'ils sont « maniaques », et qu'on reconnaît à leur souci de l'ordre et de la propreté, à leur exigence à ce que rien ne soit déplacé dans leur cadre de vie, à leur respect pointilleux des horaires, à leur scrupulosité dans l'exécution de leur travail, etc. Il n'est pas rare qu'ils aient le souci de l'argent, bien économisé, bien géré, voire retenu avec quelque avarice. Quant aux intérêts intellectuels, ils vont alors plus volontiers vers des démarches logiques impeccables, vers des constructions sans faille ; cela peut donner d'ailleurs des techniciens fiables, voire des chercheurs de mérite. Ce sont des « personnalités obsessionnelles ».

Mais, qu'il s'agisse de ces personnalités ou des névroses obsessionnelles franches, on a toujours l'impression que tout cela vise à lutter contre quelque chose : le désordre, la saleté, le gaspillage du temps, la laxité de la pensée, etc. Il est assez évident qu'il s'agit de constructions défensives. Contre quoi ? On ne peut se borner à répondre que, en effet, le désordre, la saleté, etc., ce n'est pas bien. Sans doute. Mais pourquoi la lutte contre tout cela devient-elle si vigoureuse chez ces personnes, au point de conditionner toute leur vie, et pas chez d'autres ?

J'ai dit que dans le cas des phobies la peur se déplace de sa source originelle sur un objet substitutif ; par exemple, dans le cas du petit Hans, l'angoisse de castration qui mettrait en cause un père terrifiant est réprimée mais rejaillit en peur du cheval. Le mécanisme lui-même est méconnu, et ce qui subsiste c'est un alliage de peur (du cheval) et d'une angoisse qui témoigne que, en effet, il y a là quelque chose de terrifiant, sans qu'on sache de quoi il s'agit (c'est en cela que c'est de l'angoisse). On peut invoquer un schéma de même type dans les constructions obsessionnelles. Il y a bien eu « crime », mais il ne s'agit pas des fautes que le sujet se reproche, qui ne sont que les objets substitutifs du reproche. De quels crimes s'agit-il alors ? C'est ce dont témoignent les fantasmes mis au jour par l'analyse.

Je risque ici de choquer les âmes délicates, tant il est vrai que de nos jours on accepte plus facilement de parler de sexualité (au sens courant) que de pipi-caca. C'est pourtant bien de cela qu'il s'agit. Les âmes délicates peuvent toujours sauter ce passage…

C'est de cela qu'il s'agit. Car regardons les symptômes les plus évidents : le souci de la propreté, l'horreur du désordre, l'exigence que les choses soient faites « proprement », en temps et lieu, le fait que la laxité de la pensée soit vécue comme un relâchement sphinctérien, et même l'intérêt pour l'argent, dont on dit à tort qu'il « n'a pas d'odeur », etc., tout cela évoque bien ce qui a été inculqué à l'enfant lors du « dressage à la propreté », vers deux ans, et qu'il aurait repris à son compte de façon très exigeante. Pour ne reprendre que cet aspect, on exigeait en effet de lui qu'il défèque et urine en temps et lieu, et non pas n'importe où et n'importe comment… Somme toute, les parents ont bien raison de vouloir cela. Mais ils l'exigent plus ou moins rudement, et l'enfant, plus tard, l'exigera de lui-même plus ou moins rudement. Il y a dans son propre appareil psychique quelque chose qui y veille : le surmoi. Ce surmoi est une sorte d'instance morale qui relaie en quelque sorte, au sein même du psychisme, les exigences parentales. Il peut devenir beaucoup plus rude que ne l'étaient les parents eux-mêmes.

Il lui arrive même d'être cruel ; c'est lui, alors, le persécuteur. L'Homme aux Rats était persécuté par un surmoi cruel. Pour avoir rencontré des cas de ce genre, je peux témoigner qu'alors il est tenace, et que dans de tels cas l'analyse risque de durer quelque temps, tant le sujet a la sensation que, à en adoucir les ordres, il se laisserait aller à la dépravation… Mais il est une autre source de ces résistances. Tout se passe en effet comme si le sujet était alors en quelque sorte scindé en deux : un bourreau (le surmoi) et une victime (le moi), chacun trouvant quelque plaisir – sadique pour l'un, masochiste pour l'autre – à ce que rien ne change. Il n'est pas facile de dissoudre ce couple infernal, mais c'est possible…

41

Qu'est-ce qu'une psychose ?

Le terme est apparu en psychiatrie au milieu du XIXe siècle ; il a été formé avec le suffixe « ose » qui indique une maladie : la psychose est une « maladie de l'âme ». Un long travail a été conduit depuis pour en dégager les principales variétés (paranoïa, schizophrénies, psychose maniaco-dépressive, états délirants, etc.), les tableaux nosographiques variant d'ailleurs sensiblement selon les auteurs, les époques, et même les écoles nationales. Plus que les névroses et que les perversions, qui doivent en être distinguées, ce sont des états graves, marqués par des troubles profonds du fonctionnement psychique et conduisant à des désadaptations sévères de la vie relationnelle et sociale. De ce fait même, une prise en charge en service psychiatrique, dont on s'efforce aujourd'hui d'éviter la chronicité, est souvent nécessaire ; il arrive que des actes violents provoquent l'intervention de la police, le sujet étant alors dirigé vers une prise en charge psychiatrique dès que son état mental est reconnu. La psychose est généralement – mais pas toujours – apparente aux yeux de l'entourage : le sujet est angoissé, redoute des agressions violentes que rien ne rend plausibles pour ses proches, accuse de mystérieux persécuteurs d'être cause de tous ses malheurs, construit un système délirant pour s'en donner une explication, ou bien s'enferme dans une solitude glacée, utilise un néo-langage incompréhensible, voire hallucine (il voit et entend ce que personne d'autre ne perçoit), etc. Bref, il offre le tableau d'une folie (terme qui tend aujourd'hui à tomber en désuétude parce que trop global), alors que la plupart du temps le névrosé et le pervers peuvent passer inaperçus, ou semblent au mieux « bizarres ».

La prise en charge est d'abord du ressort du psychiatre. Cependant, l'approche psychanalytique de ces états offre une voie d'accès irremplaçable à leur compréhension, et, dans certaines limites, à leur traitement. Freud lui-même avait d'abord considéré qu'ils se situaient en dehors du champ psychanalytique ; mais, à partir de 1910 environ, il s'y est intéressé, d'abord en dialoguant avec Jung, puis en développant ses vues de façon autonome. L'élucidation de certains des mécanismes psychiques en cause (notamment dans la paranoïa, à propos du cas du président Schreber qu'il commente en 1911) vient alors sensiblement enrichir la théorie psychanalytique ; en retour, les psychoses entrent dans le champ des traitements envisageables. Depuis Freud, un grand nombre de psychanalystes, pour la plupart psychiatres, ont continué dans cette voie.

L'aspect le plus marquant, dans tous ces états, est l'angoisse. Certes, l'angoisse n'est pas spécifique des psychoses ; mais elle prend alors une intensité, une qualité et surtout une effectivité, tout à fait particulières. Il s'agit toujours d'angoisses très archaïques, c'est-à-dire restées très présentes et très actives depuis la toute première enfance, depuis la phase que Melanie Klein avait nommée, précisément, « schizo-paranoïde » pour connoter des moments où le très jeune enfant peut être envahi par des sentiments extrêmement pénibles où il se sent gravement attaqué, mais aussi où il se vit comme agressant dangereusement son objet (au sens psychanalytique, c'est-à-dire la personne aimée, par principe la mère). Si de tels vécus sont profondément angoissants, c'est parce que l'objet et le sujet lui-même risquent de s'y trouver détruits en une double angoisse de mort. Melanie Klein a peut-être un peu trop dramatiquement forcé ses descriptions ; il est peu douteux cependant que le très jeune enfant passe par des états affectifs de ce genre. Il s'en dégage d'ordinaire assez vite, à mesure que se stabilisent et l'objet et le sujet lui-même, et lorsqu'ils entament un dialogue dont les règles se stabilisent progressivement. Il peut cependant se produire des cas où cela reste si fragile que le sujet naissant s'entoure de mesures défensives où s'il s'enferme : ce sont les autismes et psychoses infantiles, dont j'ai parlé dans une question précédente.

On peut considérer que, soigneusement réduites et « encapsulées », ces angoisses archaïques subsistent chez tout le monde : c'est ce qui fait retour lorsque les défenses habituelles baissent la garde, dans certains cauchemars, sous l'empire d'une très forte fièvre, ou dans l'intoxication par l'alcool ou certaines drogues, etc. Il ne s'agit en général que d'épisodes, bien que cela puisse devenir chronique dans les toxicomanies aux drogues dures.

Cependant, même encapsulées et inapparentes, ces angoisses archaïques restent chez certaines personnes particulièrement vives. Elles peuvent se réveiller et éclater lorsque le psychisme est violemment secoué par ses propres forces internes, et (ou) mis durement à l'épreuve par les contraintes qui pèsent sur lui de l'extérieur ; le processus est alors assez comparable à l'éclatement d'une tuberculose lorsque l'organisme fragilisé se laisse envahir par des bacilles de Koch jusque-là confinés et inactifs. L'intense travail psychique déclenché à l'adolescence par les bouleversements de la puberté peut ainsi conduire à une « décompensation psychotique » où le sujet angoissé s'enferme, refuse tout contact, cultive des thèmes d'apparence délirante, etc. ; assez souvent il ne s'agit que d'épisodes refermés avec l'appoint d'une bonne prise en charge. Il s'agit cependant, de toute évidence, de sujets fragiles et qui risquent de connaître plus tard de nouveaux épisodes de même type.

En effet, lorsque subsiste au cœur du psychisme ce type d'angoisses à la fois inapparentes (pour l'entourage et souvent pour le sujet lui-même) et intenses, leur confinement peut exiger un gros travail défensif. Bien après l'adolescence, des circonstances exceptionnelles (un deuil, une séparation, un conflit avec quelqu'un, un accident traumatique, etc.) peuvent soumettre l'appareil psychique à une surcharge de travail telle que ces défenses cèdent, et que l'on assiste alors à une décompensation psychotique.

L'angoisse alors éclate. Le moi se sent gravement menacé, non seulement par des dangers extérieurs, mais aussi, et peut-être surtout, par des dangers intérieurs, ceux de la poussée pulsionnelle longtemps contenue mais qui risque de se trouver libérée sans entraves, et par son accompagnement d'angoisses archaïques. Car le moi, ainsi que le disait Freud, est « serviteur de trois maîtres » : le ça, réservoir des pulsions, le surmoi qui s'oppose rudement à leur satisfaction, et la « réalité extérieure » qui, nous le savons tous, n'est pas moins interdictrice et contraignante.

Le pauvre moi, alors écartelé, est en grand danger de se déchirer, tiraillé qu'il est par ces sollicitations contradictoires : c'est le « clivage du moi ». Lorsque cela se produit, une partie du moi s'abandonne aux satisfactions illusoires du fantasme, de l'hallucination du délire, créant pour cela un monde imaginaire à la mesure de ses désirs ; une autre partie reste, tant bien que mal, insérée dans « la réalité de tout le monde », mais y frappe de non-existence ce qui lui déplaît : cela n'existe pas, tout simplement (c'est le déni). Cela vous paraît abstrait ? regardez ce qui se passe : c'est bien ainsi. Le sujet psychotique vit dans un monde qui pour lui est réel, qui pour vous ne l'est pas : là est le drame. Bien entendu, cela peut conduire à des conséquences dramatiques, si le monde ainsi construit est menaçant, dangereux, et nécessite aux yeux du sujet des contre-mesures défensives urgentes : c'est alors qu'il risque de devenir agressif. C'est absurde et injustifié pour l'entourage, c'est parfaitement légitime pour lui, qui ne fait que se défendre…

Ce qui rend la mobilisation de défenses vitale pour le psychotique, c'est le sentiment qu'une très grave menace pèse sur sa vie. Ce n'est pas faux, car les angoisses archaïques contre lesquelles il lutte de toutes ses forces menacent effectivement sa vie psychique. Mais elles sont innommables (au sens strict, il n'y a pas de mots pour en parler) et non représentables (c'est de la nature même de l'angoisse de n'être pas référée à une cause de peur qui puisse se représenter). Faute de pouvoir en situer la source à l'intérieur de lui-même, il va donc l'imaginer à l'extérieur : ce sont les délires de persécution, et en certains cas les hallucinations, où le sujet perçoit, avec toutes les apparences de la réalité, ce qui le menace. Ceci certes ne rend pas compte de toutes les formes de psychoses ; d'autres formes de délires sont à thème de grandeur (on se prend pour le président de la République, ou on est de ses familiers), érotomaniaques (tel personnage est en secret amoureux passionné de vous), etc. Dans la plupart de ces cas il s'agit de régressions au stade précoce où le « moi idéal » du petit enfant se croyait tout-puissant, et c'est encore une défense contre des terreurs archaïques ainsi combattues. La psychose maniaco-dépressive se signale par des oscillations à plus ou moins court terme entre un tel état de toute-puissance heureuse (« maniaque ») et une dépression profonde.

Il faut signaler enfin que les symptômes ne sont pas toujours aussi spectaculaires. On observe en effet des fonctionnements psychiques qui sont bien de l'ordre de la psychose, mais si bien cadenassés et recouverts par une couche adaptative « normale » que ces symptômes majeurs sont absents ; tout au plus le sujet peut-il paraître renfermé, solitaire, attaché à des règles de vie et des rites quotidiens intouchables, etc. Il peut passer ainsi toute sa vie, il peut aussi un jour décompenser (les défenses s'effondrent), ce qui rendra une intervention psychiatrique nécessaire.

Depuis un quart de siècle, la psychiatrie a beaucoup progressé en ce qui concerne la prise en charge de tous ces cas. Elle dispose aujourd'hui (notamment pour couper un délire et alléger l'angoisse) d'une riche et efficace pharmacopée, dont le maniement est cependant délicat et doit impérativement être conduit par un spécialiste. Le fait même qu'une action chimiothérapique soit efficace laisse soupçonner que, pour une part au moins, l'étiologie de certaines psychoses soit organique (par dérèglement des fonctions du système nerveux central). Cependant, bien que les recherches en cours soient prometteuses, on ne dispose pas aujourd'hui sur ce plan de réponses qui permettraient des traitements assurant dans tous les cas une guérison définitive, loin de là. Il faut donc allier à ces actions d'autres formes de soins. L'action institutionnelle (le sujet étant placé dans un groupe de vie qui le sorte de son isolement) est majeure ; on peut proposer un psychodrame, une thérapie corporelle, une thérapie familiale où c'est toute la famille qui est prise en charge, etc. On peut aussi songer à une psychothérapie conduite par un psychanalyste qui connaît bien ce type de cas, et qui en règle générale travaillera en liaison avec le psychiatre.

On l'aura compris, il s'agit toujours de cas préoccupants pour lesquels une intervention est nécessaire. Elle n'est pas toujours facile, certains persécutés y voyant la confirmation de leurs craintes ; il est très souhaitable que l'accord du sujet soit obtenu par la négociation, plutôt que de recourir à une contrainte qui, au moins au début, rendrait les soins plus difficiles.

42

Comment affronter le deuil ?

Chacun d'entre nous a eu, aura, à affronter une expérience extrêmement douloureuse : je l'aimais, il (elle) est mort(e). Cela peut vous déchirer jusqu'au plus intime de vous-même, au point que vous puissiez désirer mourir vous-même. Cela arrive parfois : on connaît les cas de ces vieux couples où à la mort de l'un succède à brève échéance la mort de l'autre, qui n'avait plus l'envie et les forces de vivre. Mais la plupart du temps cela cicatrise lentement, la vie repart. On dit souvent qu'il y faut deux ans ; parfois beaucoup plus. Que se passe-t-il pendant cette période ? Il serait trop facile de dire simplement qu'on oublie. Ce n'est pas exact : on n'oublie jamais celui ou celle qu'on aimait profondément.

En fait, il s'effectue alors quelque chose comme une guérison. Comme après une grave maladie, le traumatisme s'atténue, l'appétit revient, les forces se reconstituent, on recommence à avoir envie de sortir, de voir des gens, de s'intéresser à quelque chose, on se surprend à rire, on s'attache à quelqu'un… bref, l'envie de vivre renaît par-delà la mort. Cela ne va pas sans à-coups : quoi, je ris alors que… ? quelle trahison ! et puis, petit à petit, la vie revient, comme refleurit la montagne après l'hiver. Au sein de la terre tout un obscur travail prépare au printemps l'éclosion des insectes et des oiseaux, la germination des graines et les fleurs futures ; de même au sein de la psyché s'effectue le travail du deuil.

Ce travail du deuil, et les processus qu'il implique, est à faire dans bien d'autres cas que celui de la mort d'un être cher : il est nécessaire après toute disparition que, à tort ou à raison, on redoute définitive : séparation, rupture d'un engagement amoureux majeur, etc. La douleur peut être alors intense, tout le monde le sait. Il est des personnes qui, pour ne pas connaître cela un jour (ou le connaître à nouveau) se gardent soigneusement de tout engagement important. Le psychanalyste rencontre assez souvent des gens qui viennent le voir parce que, à refuser ainsi tout engagement véritable, ils mènent depuis des années une vie désabusée faite de rencontres amoureuses et sexuelles tenues soigneusement à distance, mais qui, en deçà de la liberté affirmée, les condamne au sentiment du vide et à la solitude.

Qu'est-ce que le travail du deuil ? Premier temps, sous le choc de l'événement : ce n'est pas vrai ! Lorsque la mort est brutale (accident, infarctus non annoncé par des crises antérieures, etc.), lorsque la décision de rupture tombe comme la foudre alors qu'on n'avait rien vu venir (ou voulu ne rien voir), la réaction est le plus souvent celle-là : ce n'est pas vrai. Il était là, bien vivant, il y a quelques heures, il est là. La preuve en est qu'avec une extrême précision je peux l'évoquer, dans ses gestes, ses attitudes, le timbre et les inflexions de sa voix ; ce n'est qu'un cauchemar, je vais me réveiller et en rire. Il est vivant, il est ici, puisque je peux par ma pensée le faire vivre avec cette vérité. Et pourtant… Cette phase, qui est celle du déni, instaure en effet transitoirement un assez étrange clivage : je sais qu'il est mort, mais je sens qu'il est vivant. Au cours du processus qu'il faut bien dire normal, cela va évoluer assez vite à mesure que se résoudra cette apparente contradiction : j'admets qu'il est mort, au sens où son corps périssable a disparu, et ne donnera plus jamais lieu à des perceptions ; mais il est vivant ici, en moi, évocable à tout instant. Il vivra ainsi tant que je pourrai l'évoquer ; il ne sera vraiment mort que lorsque personne ne pourra plus le faire vivre ainsi.

Il est des cas où l'endeuillé se voue farouchement et indéfiniment à cette tâche : faire vivre le mort. Tout ce qui témoigne matériellement de son existence est soigneusement préservé et conservé en l'état, jusqu'à faire l'objet d'une sorte de culte privé ; et il est évoqué en permanence pour lui conserver cette existence psychique Tout est subordonné à cela, et toute autre affection est absolument refusée. Cela peut comporter de bien fâcheuses conséquences pour l'entourage, notamment lorsqu'une mère, refusant ainsi la mort d'un enfant, ne voit plus les autres... Dans des cas extrêmes le disparu devient une sorte de mort vivant intérieur, il se fait dévorant et se nécrose tout à la fois ; le sujet, qui refuse toute occasion de revivre, est comme aspiré par ce mort, par la mort : c'est l'état mélancolique (terme qui, dans cet usage précis, diffère de l'acception courante, où l'on pense alors plutôt à un mal être désenchanté, bien différent).

Heureusement ces cas extrêmes sont rares. On rencontre plus souvent des « deuils impossibles », où la vie reprend apparemment son cours mais où le fait même de la mort, à ne pouvoir être pensé, continue à être refusé. Il y a en effet quelque chose d'impensable, en même temps que de profondément injuste, dans la mort. On peut donc éviter d'y penser. Le mort est là, quelque part à l'intérieur de soi, dans un caveau, une crypte soigneusement refermée. On n'y pense plus, ou que banalement, mais il y a là, au cœur de soi-même, une sorte de trou noir que contourne la vie. J'ai connu ainsi le cas d'une femme de cinquante ans, heureusement mariée, bonne mère, bien insérée dans sa profession, pour qui tout allait bien, sauf des troubles assez mineurs mais bien gênants qui l'avaient conduit à l'analyse. Cette analyse a mis au jour un deuil impossible, celui de la mère tragiquement disparue lorsqu'elle avait huit ans, et qui n'avait jamais cessé d'être présente par son absence même.

Les cérémonies et les rites qui dans toute société marquent la mort ont pour fonction d'aider à penser la nécessaire distinction entre la disparition du corps et une certaine survie du disparu, que ce soit en un paradis, dans le monde des esprits ou dans le souvenir des vivants. Lorsque ces rites ne peuvent être accomplis la douleur peut devenir insupportable : Antigone se révolte contre la terrible sentence de Créon qui refuse de laisser enterrer son frère Polynice, et elle procède elle-même aux rites sachant qu'elle en mourra. Les survivants de la Shoah savent la souffrance d'une disparition d'un père, d'une mère, qui n'est situable ni en temps ni en lieu, sans qu'une tombe soit venue la localiser et la symboliser.

Mais, dans le travail normal du deuil, un lent processus de transformation va s'opérer. Toute l'énergie psychique est d'abord absorbée par des évocations du disparu affectivement très chargées, intenses, omniprésentes. L'endeuillé ne peut penser à rien d'autre, ne s'intéresser à rien d'autre, n'aimer rien d'autre. Puis, petit à petit, un peu de cet investissement se libère, un peu d'énergie redevient flottante, en quête d'autre chose. On se surprend à sourire, à rire, à s'intéresser à quelque chose, et peut-être à aimer quelqu'un d'autre. Les proches vous y encouragent : « Il faut vivre » (comme si cela se commandait !). Pourtant, inévitablement, on en éprouve une certaine culpabilité : car en effet c'est bien un processus de détachement, qui risque d'être ressenti sous la forme « je le laisse mourir ». Et la culpabilité peut s'alimenter d'obscurs souhaits de mort formulés lors du vivant du disparu (qui ne s'est un jour surpris à de telles pensées lorsqu'un lien très fort était ressenti comme quelque peu aliénant ?), des souhaits de mort qui alors reprenaient ceux qui accompagnaient autrefois le drame œdipien.

Le processus de déplacement des investissements va prendre du temps ; mais viendra la phase où il s'achève, où l'appétit de vivre renaît à se reporter sur de nouveaux objets. Ce n'est pas, dans le meilleur des cas, oublier ; c'est admettre. Ainsi la vie triomphe de la mort… jusqu'à sa propre mort.

Ceci concerne le cas le plus grave, le plus ouvert à la souffrance du « jamais plus », celui de la mort. Mais on peut observer un travail de deuil analogue dans le cas d'une rupture amoureuse lorsqu'elle clôt une relation forte. On comprend mieux alors comment l'amour défunt peut basculer dans la haine : vivre passivement l'abandon dont on est victime peut être ressenti comme si injuste et s'avérer si douloureux que, à son insu bien sûr, on en situe la cause dans les défauts de l'autre, alors accablé de reproches, et que se déclenche la formidable activité de la vengeance. C'est fréquent, mais c'est bien regrettable. En tout cas, si des enfants sont pris dans le drame, pensez à eux… rien n'est pire que la haine d'un parent pour l'autre.

Il y a une spécification du travail de deuil que l'analyste connaît bien : c'est celui qui accompagne toute fin de cure analytique si on veut qu'elle se termine heureusement. Car c'est bien d'un deuil qu'il va s'agir. Pendant des centaines d'heures, on est venu voir quelqu'un à qui l'on a fait assez confiance pour lui livrer le plus intime de soi-même, on est passé par des alternances d'espoir et de découragement, on a poursuivi patiemment ce difficile travail, se modifier soi-même ; quant à l'analyste, il n'est bien sûr pas indifférent à tout cela, loin de là. Tous deux conviennent qu'on a bien travaillé, qu'il est temps de ne plus se voir. On va prendre le temps de négocier cette séparation, pour qu'elle se passe aux mieux. Mais on ne se verra plus. Il est indispensable de l'admettre, et souhaitable que ce soit d'un commun accord. Le travail de deuil, dans la dernière période de la cure et ensuite, c'est ce qui va permettre de nouveaux investissements, et à la vie de reprendre son cours, plus heureux qu'auparavant.

43

Peut-on être trop raisonnable ?

« Sois donc raisonnable », dit-on souvent aux enfants, aux adolescents, et parfois à un adulte auquel on veut venir en aide. L'intention est louable, puisqu'il s'agit de l'empêcher de « faire des bêtises ». L'ennui est que la raison de l'un n'est pas forcément la raison de l'autre, et qu'il peut être délicat de distinguer entre une « bêtise » réellement fâcheuse et une « bêtise »... intelligente. On peut être trop raisonnable.

Par de multiples moyens, certaines personnes s'efforcent en effet de réduire la montée d'émotions ressenties comme perturbatrices, de méconnaître leurs désirs, d'étouffer à sa source toute expression d'une poussée pulsionnelle. Cela peut donner une vie terne, sans passions, sans projets, où le temps s'effiloche en attendant... quoi ?

L'opération n'est pas si simple que ce pauvre résultat pourrait le laisser supposer. Plusieurs mécanismes y concourent. D'abord l'isolation, qui tend à séparer une représentation de l'affect qui devrait l'accompagner. Par exemple, on évoque sans plaisir une période de vacances à venir, la mort d'un proche sans douleur apparente, une expérience sexuelle comme une banalité, etc. : tout se vaut, rien n'a de résonance affective majeure, donc pourquoi cela plutôt qu'autre chose ? Certains rêves témoignent clairement de ce mécanisme : par exemple un rêve où l'on est agressé, où l'on tue quelqu'un, où l'on tombe dans le vide, etc., mais tout ceci sans angoisse. L'isolation vise aussi à couper en fragments distincts le cours de la pensée : une pensée tourne court et n'appelle pas une autre pensée, en tout cas « au hasard », des liens possibles sont systématiquement méconnus. Tout se passe comme s'il s'agissait d'éviter le surgissement de pensées qui risqueraient d'entraîner sur les voies dangereuses de l'expression pulsionnelle. Il va sans dire que, dans la cure analytique, l'isolation est un obstacle redoutable, puisqu'elle s'oppose au développement des libres associations sollicitées par la « règle fondamentale ».

Il est rare cependant que, sauf à certains moments où ce type de mécanisme est particulièrement actif, le sujet soit vide de pensées, ou livré à une sorte de kaléidoscope de pensées. Il peut au contraire reconstruire ces fragments disjoints, mais alors soigneusement, de façon « raisonnable ». Cela s'appelle une rationalisation, et n'est pas sans analogie avec l'élaboration secondaire qui construit la « façade » du rêve, ainsi que je l'ai dit sous une question précédente (« Pourquoi accorder tant d'intérêt aux rêves ? »). Ce qui était disjoint se rassemble et se construit de façon acceptable au regard de la raison, ce qui permet de méconnaître, sous cet échafaudage, les liens sous-jacents. Par exemple, on propose à ce monsieur une promotion professionnelle non négligeable, mais qui l'obligera à vivre pendant longtemps loin de son épouse et de ses enfants, qui ne pourront le suivre. Sa femme ressent douloureusement la perspective de cette séparation ; cependant, décidé à accepter, il lui fait valoir les multiples avantages de ce nouveau poste, pour la famille autant que pour lui-même (et s'il en rajoute, il dira : plus que pour lui-même). « Objectivement », c'est fort raisonnable, et même il en est convaincu ; ce qu'il préfère se dissimuler, ce sont les perspectives personnelles ouvertes par cette nouvelle liberté... De telles rationalisations se parent volontiers des meilleures raisons, les plus légitimes, et même les plus nobles : par exemple, ce monsieur ressentira comme un argument majeur le fait que ce nouveau poste est au service d'une organisation humanitaire… Le psychanalyste, en présence d'une telle situation, soupçonnera à juste titre la pesée du surmoi (« tu dois faire ton devoir »), de l'idéal du moi (« … et de plus dans un grand élan altruiste au service des malheureux, vois comme tu es une âme noble ! »), voire le jeu de formations réactionnelles (qui consistent à retourner en son contraire un mouvement désavoué par le moi : dans cet exemple, un premier mouvement de rejet teinté de racisme est retourné en dévouement au service de populations africaines dans la détresse…). Qu'on ne se méprenne pas sur cet exemple : il est certainement très louable de venir en aide à des gens dans la détresse ; mais si on le fait, il vaut mieux ne pas s'en cacher les multiples motivations, ne pas s'en tenir à la façade. Cela ne changera peut-être rien à la décision, mais elle sera certainement plus digne.

Une telle rationalisation peut être occasionnelle, et elle risque alors de laisser au sujet – et à ses proches – un certain arrière-goût de mauvaise foi. Mais il est des personnes pour qui ce mode de fonctionnement est habituel. Ce sont de redoutables démonstrateurs. Ils ne se bornent pas à construire une façade localement, là où de façon occasionnelle elle était nécessaire : ils construisent un village, une ville ; c'est le monde où ils vivent, et ils n'en conçoivent pas d'autre. Ils sont aisément reconnaissables dans la vie courante à ce qu'ils sont sûrs de la justesse de leurs vues et n'ont de cesse de vous en convaincre… sans se rendre compte de la lassitude qu'ils suscitent. Le fait même qu'on renonce à argumenter les convainc de l'excellence de leurs positions. Ils font passer de durs moments au psychanalyste.

Mais le psychanalyste peut aussi avoir affaire à un mécanisme plus subtil, qu'on nomme l'intellectualisation. Ainsi tel patient, plutôt que d'évoquer ses conflits avec son père, des conflits qui à l'évidence ont été aigus et douloureux, parle en termes généraux du « conflit des générations » et cite Marcuse ; plutôt que d'admettre, avec tout le poids de l'affect, la reviviscence d'aspects dramatiques de son propre conflit œdipien, il disserte sur le complexe d'Œdipe en général, etc. Il est prompt à l'interprétation que, à la façon de Lucky Luke, il dégaine le premier (l'image est pertinente, car il semble concevoir l'analyse comme une sorte de duel entre deux intelligences et deux cultures, à qui sera le plus malin, le plus vif). Il alimente volontiers son discours de lectures psychanalytiques, et il lui plairait assez d'entraîner son analyste dans une discussion théorique ; il est déçu que celui-ci ne s'y prête pas. Ceci n'est pas rare chez des patients qui abordent l'analyse comme une expérience intellectuelle, après s'y être préparés par des lectures, des groupes de discussion, etc. Inutile de dire que dans ces conditions l'analyste n'est pas heureux… Il attend et il tente d'amener le patient à changer de registre. Et un jour, si tout va bien, ce patient qui dissertait du complexe d'Œdipe, bouleversé par un rêve, retrouve l'émotion violente éprouvée le jour où, à six ans, il avait vu sa mère nue, événement inouï dans cette famille pudique. L'analyse peut alors commencer.

Bien différentes sont les personnes dont on a décrit le fonctionnement psychique sous le terme quelque peu barbare de « fonctionnement opératoire ». Ce sont des gens qui ne consultent pas volontiers un psychanalyste, ni d'ailleurs un psychiatre ou un psychologue : rien de « psy », pensent-ils, dans ce dont ils souffrent, le mal est situé entièrement et exclusivement dans le corps. Ce mal peut être parfaitement authentique, le corps en effet va mal, la souffrance est réelle ; ce peut être une allergie rebelle, un asthme tenace, un ulcère d'estomac, voire pire, une recto-colite hémorragique par exemple. Ils ont vu de nombreux médecins, plusieurs spécialistes, subi de multiples examens. Ils viennent en consultation avec un volumineux dossier où tout cela est scrupuleusement consigné ; d'ailleurs ils le connaissent par cœur et en relatent les éléments avec une précision d'archiviste, assez fiers de bien tenir tout cela à jour et d'aider par là le consultant à connaître ce dont il s'agit. Mais, au-delà de cette factualité parfaite, rien. Ils ne rêvent pas, ni de nuit ni de jour ; peu d'émotions, pas de fantasmes, aucune fantaisie. Cette parfaite rationalité, cette objectivité sans pitié ne laissent aucune place à l'inattendu des sentiments et des pensées ; la poésie leur est étrangère, l'art n'est au mieux que matière à catalogues. Ce qui manque alors, c'est toute l'épaisseur des pensées, des émotions, des sentiments, où peut d'ordinaire se déployer le travail psychique qui métabolise les conflits et les tensions et joue comme une sorte de tampon. Faute de cet amortisseur, faute de ce travail à l'interface du psychisme et du corps, le malade « psychosomatique » (car c'est de lui qu'il s'agit) est condamné au débordement direct de la tension psychique dans le corps. La maladie peut alors être grave et tenace.

Dans tous ces cas, on voit bien ce à quoi s'attache la rationalité : à réduire l'angoisse, et d'abord celle du non-sens. Il n'est pire angoisse, en effet, que celle de l'incompréhensible. Les rationalisations, l'intellectualisation, le fonctionnement « opératoire », etc., visent tous à expliquer. Toutes les sociétés humaines se sont donné des systèmes pour réduire les mystères des phénomènes naturels (la pluie ou la sécheresse, le tonnerre, les séismes, etc.), de la mort, et surtout des origines : toute société a son mythe de la création. Qu'il s'agisse d'explications animistes, de religions polythéistes, d'un monothéisme, et même de nos théories scientifiques modernes, le but est toujours celui-là : rendre compréhensible l'incompréhensible. Or c'est bien ce qui se passe, à titre privé, dans un délire.

Freud avait bien analysé sous cet angle le cas d'un digne magistrat allemand, le président Schreber, en proie à des désirs homosexuels aussi violents que condamnés, et qui se sentait menacé par la psychose d'une épouvantable destruction psychique. Il avait réagi en mobilisant toutes les ressources de son intelligence, qui était vive, et en élaborant une explication de dimension cosmique, qui avait pris figure de nouvelle religion. En bref : ses « nerfs » étaient colonisés par Dieu (ou des dieux) qui l'obligeait à penser et à désirer contre son gré ; toute l'humanité avait disparu, lui seul subsistait, mais il pouvait donner naissance à une nouvelle race d'hommes pourvu qu'il se transformât en femme, ce qui dès lors était saint. Schreber s'était ainsi psychiquement reconstruit, au prix d'un remarquable délire ; il est mort complètement fou mais, si l'on peut dire, guéri (de la dislocation psychique). Tout délire, si aberrant qu'il paraisse, a cette fonction : introduire du sens dans l'insupportable non-sens.

Dans tous ces cas, une raison trop sûre d'elle-même (peut-être parce qu'elle combat le doute) se précipite pour établir sa maîtrise ;

elle se ferme d'emblée à l'inattendu, elle n'admet que ce qu'elle savait déjà, elle construit avec ses propres matériaux un système fermé.

En esquissant ainsi diverses figures du « trop raisonnable », je ne prétends pas, bien sûr, faire l'éloge de l'irrationalité. Car les moyens de la cure analytique, je l'ai déjà dit, sont rationnels, comme est rationnel son but. Mais ses voies sont bien différentes de tous ces fonctionnements fâcheux. La cure analytique, elle, admet l'ouverture d'incertitudes provisoires, et permet la révélation de richesses psychiques insoupçonnées du sujet lui-même (qui fréquemment, en début de cure, en est quelque peu ébloui : quoi, il était tout cela, et l'ignorait ?). Elle le permet par ce que l'on peut considérer comme une déconstruction de ce qui était mal et trop construit. C'est ce qui va permettre une reconstruction meilleure. La cure analytique procède d'une rationalité différée.

44

Comment aimer ?

J'avoue avoir hésité à poser cette question… et à tenter d'en dire quelque chose. Car il est certainement plus facile, ici plus encore qu'ailleurs, de dire ce qu'il ne faut pas faire que de dire ce qu'il faut faire. D'ailleurs, dire ce qu'il *faut* faire serait passablement contradictoire avec l'idée même d'aimer : il n'est sans doute d'amour vrai que spontané. Pas de recettes donc, mais quelques remarques de bon sens, en faisant appel à l'expérience du psychanalyste.

La polysémie du verbe « aimer » est remarquable. On aime son bébé, son frère, son père, ses amis, mais aussi la femme ou l'homme partenaire sexuel. Si on dit à quelqu'un « je t'aime bien », c'est qu'on veut signifier que c'est autre chose que « je t'aime ».

Cette infinie variété des déclinaisons du verbe « aimer », c'est sa richesse, mais c'est aussi son handicap. Les sources de malentendus foisonnent. Il n'est pas de vie humaine peut-être sans l'épisode d'un amour manqué, ou méconnu, compromis, gâché, qui laisse des regrets amers ; et certaines vies sont jalonnées de ces pénibles expériences.

À la racine de ces mésaventures de l'amour, l'ambivalence. Il n'est pas d'amour qui ne comporte d'hostilité, comme son ombre nécessaire. Ceci peut choquer, et l'on protestera peut-être : si, bien sûr, ainsi moi je peux dire que, concernant ma mère (mon père, ma femme, etc.)... Voire. Examinons les faits. On aime sa mère, son père, mais ne leur reproche-t-on jamais rien ? On aime son bébé, mais il se peut que, après des nuits de mauvais sommeil troublées par ses cris, on ait eu envie de le voir au diable. On aime son conjoint, mais n'y a-t-il pas des moments où ce lien paraît pesant ? Et je ne cite là que des hostilités mineures : le mouvement peut en certains cas être beaucoup plus vif et confiner à la haine.

Cela commence dès le début de la vie. Melanie Klein avait particulièrement souligné la dualité fondamentale de l'amour et de la haine dans les origines du psychisme ; mais c'est bien ce que montre l'observation la plus banale. Ce bébé gigote et jubile, très bien. Mais quelques instants après il « fait une colère », et rien ne peut le calmer : tout montre qu'il est envahi en cet instant par une rage incoercible, et l'on a de bonnes raisons de penser qu'elle est dirigée contre sa mère, qui manque à satisfaire son désir. C'est bien, au niveau d'un fonctionnement psychique encore archaïque, un mouvement meurtrier si le meurtre est une agression sans retenue. Plus tard, il lui arrivera de souhaiter explicitement la mort de cette mère décevante ou traîtresse : parce qu'elle le chasse pour rester seule avec papa, parce qu'elle refuse de donner ou d'acheter quelque chose, parce qu'elle apparaît injuste, parce qu'elle favorise un frère ou une sœur, etc. Ah, les jalousies fraternelles... elles aussi sont à la racine de certaines haines postérieures, directement dirigées contre le frère ou la sœur ou reportées sur des substituts. Bien sûr, la plupart du temps, ces mouvements hostiles sont réprimés et culpabilisés, surtout s'ils prennent explicitement figure de souhaits de mort ; ils n'en existent pas moins. La culpabilité peut devenir ravageuse si la personne objet du souhait de mort meurt réellement, car alors risque de surgir le terrible reproche : c'est de ma faute, car je l'avais souhaité... On peut en trouver la marque et les effets délétères bien longtemps après dans la vie du sujet.

Mais il y a plus, en ceci que tout lien crée une dépendance : le terme « lien » lui-même l'exprime. Cela aussi trouve ses origines dans l'enfance, puisque l'enfant est dépendant, des soins nécessaires d'abord, et ensuite quant à ses conditions de vie et dans le cadre de la morale familiale. Il lui arrive de se révolter, et c'est souvent ce qu'il fera à l'adolescence pour, précisément, conquérir son autonomie. Cela ne signifie pas qu'il n'aime pas, cela signifie qu'il souhaite aimer plus librement. En tout cas, la dernière chose à faire est de dire à un enfant ou un adolescent : « Si tu fais cela, je ne t'aimerai plus », car le chantage à l'amour est toujours détestable.

L'ambivalence du lien marque toujours ensuite la vie adulte, et d'autant plus que le lien est plus serré : c'est peut-être dans les couples les plus stables et les plus fidèles qu'on trouve le plus de désirs d'indépendance et de rêveries d'autres amours, même si c'est souvent réprimé et culpabilisé. Je me souviens de l'illustration qu'en a donnée un jour cet excellent dessinateur qu'est Sempé : un couple d'âge mur, monsieur bedonnant avec petite moustache et madame grassouillette, lisent après la camomille du soir. De leurs têtes montent des bulles qui suggèrent ce qu'ils lisent, de sorte qu'on suit l'évolution de l'histoire dans des dessins successifs. Chez monsieur, un fier chevalier enlève une princesse au galop ; chez madame, un beau Napolitain charme une fine jeune fille, et cela finit par un baiser romantique sous la lune. Après quoi, refermant les livres, monsieur et madame vont se coucher, s'embrassent tendrement et s'endorment... Ce n'est pas toujours aussi souriant, et bien des drames conjugaux sont l'issue de ce conflit de l'amour et de la dépendance, au grand étonnement des proches : « Quoi, c'était un couple parfait ! » Il n'y a pas de couple parfait, mais il peut y avoir des couples qui, reconnaissant ce qui est en jeu, apprennent à s'en accommoder et s'en trouvent bien.

L'amour est redoutable lorsqu'il se fait possessif. On connaît ces mères qui font tout ce qu'elles peuvent pour maintenir jusqu'à leur mort leur enfant en servitude (si bien que l'enfant devenu adulte ne peut s'empêcher, même s'il en éprouve une intense culpabilité, de souhaiter qu'enfin elle meure) ; ces pères qui interdisent à leur fille adolescente toute liberté de sortie, masquant mal par là leur jalousie « contre-œdipienne » ; ces hommes et ces femmes qui considèrent leur conjoint comme une propriété exclusive, toujours menacée par des rivaux, et toujours suspectée d'infidélité, fût-elle potentielle. Le « drame passionnel » est moins à la mode qu'autrefois, heureusement ; mais lorsqu'il se produit, il est toujours l'expression de la rage du propriétaire volé. Sous des formes moins dramatiques, la maîtrise risque toujours de s'infiltrer dans l'amour ; et la situation n'est pas meilleure si au sein d'un couple cette emprise est réciproque : c'est alors que le lien se serre et risque de devenir insupportable.

Et la sexualité dans tout ça ? Lorsqu'elle est explicitement en jeu, les choses s'aggravent. Parce que la sexualité humaine est terriblement compliquée, du fait même qu'il s'agit d'abord de *psycho*-sexualité, c'est-à-dire parce qu'elle est par essence conflictuelle. Elle est donc fondamentalement marquée d'ambivalence ; ceci pour toutes les raisons que je viens de dire, mais plus particulièrement parce qu'elle hérite directement de la conflictualité œdipienne. Si le mouvement spontané est à la réalisation du désir et à la satisfaction sexuelle complète, celle d'un orgasme heureusement vécu, bien des obstacles surgissent. Ils peuvent être si importants que cela débouche sur l'échec : par l'impuissance ou par une éjaculation précoce pour l'un, par la frigidité pour l'autre. C'est toujours très douloureusement vécu, car il s'agit bien d'un échec grave ; et la souffrance est particulièrement aiguë lorsqu'il s'agit de gens qui par ailleurs s'aiment tendrement. Freud avait bien souligné qu'il existe un certain contraste entre ce qu'il avait nommé « le courant de tendresse » et le « courant sensuel » : il arrive en effet que tout se passe comme si c'était précisément la tendresse, trop référée aux liens parentaux exclusifs de tout inceste, qui fasse obstacle au libre développement de l'excitation et de la satisfaction sexuelles. On rencontre parfois des gens qui n'atteignent à la pleine satisfaction qu'à condition qu'il s'agisse d'une rencontre d'où toute tendresse est exclue, une rencontre explicitement et uniquement dévolue au plaisir sexuel.

Il se peut que le blocage ne soit pas aussi complet, mais que l'orgasme ne soit atteint qu'en passant par certaines pratiques convenues entre les deux partenaires (par exemple on joue « pour rire » à l'agression sadique, au viol), ou de certains fantasmes hérités de l'enfance (mais alors le plus souvent dissimulés au regard de l'autre, parce que ressentis à juste titre comme infantiles). Il se peut aussi que soient recherchées des satisfactions directement héritées des étapes « prégénitales » du développement psycho-sexuel. Ainsi des pratiques orales (l'innocent baiser, mais aussi la fellation et le cunnilingus) ou anales (la sodomie), du voyeurisme et de l'exhibitionnisme, etc. Ces désirs peuvent être tenus pour honteux et soigneusement dissimulés au partenaire, ce qui ne va pas sans dégâts ; il se peut qu'ils soient avoués et que le couple y trouve matière à plaisirs nouveaux, ce qui vaut certainement mieux. Cependant, tout dépend de leur usage. Occasionnels et pour pimenter, sans doute ; mais institués en condition régulière de l'obtention du plaisir, et prenant alors volontiers forme de rites nécessaires, on est proche d'une perversion à deux, et comme toute perversion cela constitue une limitation sérieuse à l'épanouissement de l'amour.

Enfin il faut bien constater qu'il existe des décalages importants entre la sexualité masculine, souvent plus portée à la satisfaction immédiate et à l'oubli jusqu'à ce que le désir renaisse, et la sexualité féminine, qui demande plus de préparation et d'admission du désir lui-même, le sien propre et celui du partenaire. La base en est toute simple, et ici la psycho-sexualité dérive assez directement de l'anatomie : par nécessité, l'homme est intrusif, tandis que la femme doit se faire réceptive. Pour toutes ces raisons, les décalages temporels dans le déroulement du rapport sexuel sont l'un des motifs les plus fréquents de difficulté chez les consultants.

À ce point de sa lecture, mon lecteur (ou ma lectrice) homosexuel (le) va peut-être triompher : c'est ce que j'ai toujours dit ! les rapports hommes-femmes sont si compliqués, et promis à tant de mésaventures, qu'il vaut bien mieux choisir un partenaire de même sexe ! Voire. C'est oublier que ce n'est là qu'une des solutions possibles des conflits œdipiens qui structurent toute relation amoureuse et sexuelle. Et c'est oublier la bisexualité psychique : quel que soit le sexe de votre partenaire, vous y chercherez et trouverez toujours un homme et une femme. À vous d'en faire le meilleur usage…

45

La cure analytique : aliénation ou liberté ?

Freud a donné cette définition magnifique de la cure analytique : « La relation analytique est fondée sur l'amour de la vérité » ; et j'ajouterais : sur le désir de liberté. Freud a écrit cela dans un texte de 1937 intitulé : « Analyse avec fin et analyse sans fin ». Il s'y interrogeait sur la durée de certaines cures, et sur ce qui risque de les rendre interminables, du fait des résistances du patient mais aussi des impuissances de la technique analytique face à ces résistances. Au-delà, il exprimait un certain scepticisme : peut-être y a-t-il des gens dont le mode de fonctionnement psychique s'est si solidement installé qu'il est devenu, en quelque sorte, consubstantiel à la personne même, au point que cela n'est plus modifiable. Freud donnait cependant dans cet écrit tout un ensemble de conseils qui restent aujourd'hui pertinents.

Nous avons appris qu'en effet l'analyse n'est pas toute-puissante, et que certains cas ne relèvent pas de la cure analytique elle-même (ce qui n'empêche pas l'action du psychanalyste sous d'autres formes que la cure divan-fauteuil : c'est le cas, par exemple, dans la prise en charge des psychoses ou des maladies psychosomatiques). Mais il reste vrai qu'on voit des cures durer longtemps, parfois dix ans, voire plus. Est-ce raisonnable ? Ne risque-t-on pas d'installer là une sorte d'indéfinie dépendance, totalement contradictoire avec les buts mêmes de l'analyse ?

Il arrive à l'analyste de devenir soucieux lorsque, après quatre, cinq, six ans, il voit s'installer le risque d'une cure interminable. Il s'interroge alors sur la nature des résistances du patient, mais aussi, bien sûr, sur ses propres lacunes, et se demande : que faire pour débloquer la situation ? Il est par là conduit à réfléchir sur le double sens du terme « fin » : comment préparer la fin de cette cure, mais aussi quelles en sont les fins, la finalité ? (puisque c'est lorsque ces fins auront été atteintes qu'on pourra décider de la fin).

La finalité devrait être claire. Elle a été posée d'emblée : le patient avait souhaité accéder à une vie plus heureuse (ou moins malheureuse), et l'analyste avait déclaré pouvoir l'y aider. Il se demande maintenant s'il n'avait pas été présomptueux, et s'il n'avait pas sous-estimé les résistances au changement de cette personne : n'a-t-il pas commis une erreur de diagnostic, de pronostic ? Cependant, il se dit : maintenant, nous sommes là tous les deux, que faire ?

Il réexamine les résistances du patient. Elles résultent en général d'un conflit opiniâtre entre un désir de changement conscient, vif et sincère, et une volonté inconsciente de non-changement qui continue à être la plus forte. Au service de ces résistances peuvent être mobilisés des mécanismes très efficaces, comme ceux que j'ai évoqués sous une question précédente (« Peut-on être trop raisonnable ? »). Mais il n'est pas rare qu'à ce stade, l'analyste ayant assez attiré l'attention du patient sur cette volonté inconsciente de non-changement, et sur les mécanismes qu'elle utilise, un très bon travail analytique ait été accompli. Le patient a accédé à une bien meilleure perception de ses propres processus psychiques, dans le cadre d'un fonctionnement beaucoup plus souple. L'analyse a beaucoup progressé. Et pourtant, dans sa vie extérieure – la vie réelle –

rien n'a changé. Le patient et l'analyste le déplorent, mais c'est ainsi, et on ne voit pas comment il pourrait en être autrement. Que faire ?

L'analyste se souvient alors du procédé utilisé jadis par Freud dans un cas semblable, celui de l'Homme aux Loups. Comme, après plus de trois ans (ce qui était long dans sa pratique à l'époque) le patient se réfugiait « dans une attitude d'indifférence aimable », Freud lui avait dit que, quoi qu'il arrivât, la cure se terminerait six mois plus tard. Cette annonce choc débloqua la situation : « Sous l'implacable pression de cette date déterminée, sa résistance, sa fixation à la maladie finirent par céder, et l'analyse livra alors en un temps d'une brièveté disproportionnée à son allure précédente tout le matériel permettant la résolution des inhibitions et la levée des symptômes du patient. » L'analyste est donc tenté de faire de même ; mais il se méfie des procédés, et il n'oublie pas la mise en garde de Freud lui-même : attention, « le lion ne bondit qu'une fois ! ». Plutôt donc qu'installer le couperet d'une date précise, il invite à travailler sur l'idée même de terminaison de la cure, sur tout ce qu'elle implique (la séparation, le deuil) et sur la question : « et après ? ». On procédera par étapes : songer à fixer une date, puis en évoquer une et l'examiner, etc., jusqu'au jour où, d'un commun accord, on la fixera vraiment.

Ce travail sur la fin peut durer longtemps, mais il est en général efficace. Il n'est pas facile, en particulier parce que le patient peut ressentir cela douloureusement comme un rejet, même s'il est porté à le justifier (« bien sûr, vous en avez assez de moi, je suis si désolant ! »). Mais aussi parce que l'analyste doit affronter ses propres doutes, et lutter contre une subtile connivence qui est à la base de certaines analyses interminables : à savoir l'illusion partagée que la cure analytique fige le temps (c'est particulièrement pernicieux dans le cas de ces patients « immobiles »). Il arrive que le patient évite soigneusement tout événement extérieur notable, tout changement réel de sa vie, sous l'emprise d'une sorte de fantasme d'immortalité : tant que durera cette analyse, personne ne mourra, ni lui, l'analyste, ni moi, le patient ; donc continuons... Certes, l'analyste aimerait bien être immortel, mais il sait qu'il ne l'est pas.

Il m'est arrivé en pareil cas de dire à quelqu'un quelque chose comme : « Nous ne pouvons accepter que votre analyse se termine seulement par la mort de l'un ou de l'autre… moi probablement puisque je suis le plus âgé. » Ce simple rappel de bon sens, parce qu'il invitait à analyser la problématique du deuil, a été en ce cas très efficace.

Certains patients prennent vis-à-vis de l'analyste une position qui risque de promettre une analyse interminable ; c'est une position qui, sous couleur d'attribuer tout le pouvoir à l'analyste, revient à démontrer son impuissance. L'analyste, hautement admiré pour son savoir et son expérience supposés, est assimilé à un professeur, à un patron de médecine, à un intellectuel prestigieux, etc. En vertu de quoi la position du patient est : « Je vais mal, nous voyons bien pourquoi puisque nous avons analysé tout cela ; alors, changez-moi ! Pourquoi n'y parvenez-vous pas ? » Rien de plus fort que cette passivité où il suffit de dire « non » pour que soit démontrée la faiblesse de l'autre. J'ai connu des cas où cela me faisait irrésistiblement penser au pouvoir que se découvre le bébé lorsque, assis sur son pot, il constate qu'il lui suffit de dire « non ! » pour que sa mère soit réduite à l'impuissance… Bien sûr, cela aussi s'interprète.

Comme s'interprète le rapport de pouvoir qui, fondamentalement, s'inscrit dans toute cure analytique. Cela commence dès le contrat initial, que certains ont qualifié de « léonin ». Le patient est libre ou non d'en accepter les termes et d'engager son analyse, mais c'est bien l'analyste qui en pose les conditions. Elles seront contestées un jour ou l'autre. Ainsi de la règle selon laquelle « les séances manquées sont dues, quelles qu'en soient les raisons ». Bien sûr, avait dit le patient. Cependant, un jour, il refuse de payer une séance qu'il a manquée : « Ah mais, ce jour-là, je ne pouvais *vraiment* pas venir ! » En certains cas il apparaît alors que, au-delà de la contestation d'une règle jugée exorbitante, c'est tout rapport de pouvoir qui est en cause, et d'abord l'oppression parentale. La conduite de l'analyste est simple : il rappelle la règle, et, au-delà, il rappelle que l'analyse est soumise à des règles auxquelles ils obéissent tous deux.

Il faut à l'analyste beaucoup de vigilance en ce qui concerne les rapports de pouvoir. D'abord pour déjouer les pièges que lui tend le patient, comme celui que je viens de citer, et qui vise à lui faire perdre patience (en quoi il aurait tort, bien sûr). Mais aussi, ce qui est plus délicat, pour déjouer les pièges qu'il se tend à lui-même. Il lui serait agréable de se sentir en position de supériorité : parce qu'il a fixé les règles, le lieu, les honoraires, parce que sa formation et son expérience lui donnent une ou plusieurs longueurs d'avance dans la compréhension de ce qui se passe chez le patient et dans leur relation elle-même, etc. Bref, les pièges de la maîtrise le guettent, et surtout s'ils sont réactionnels aux doutes qui ne le guettent pas moins. Quant à la manipulation par la création d'événements affectant le cadre, elle doit de toute évidence être radicalement exclue ; c'est la raison essentielle pour laquelle, avec beaucoup de mes collègues, je suis absolument opposé à la pratique lacanienne de la « scansion », qui consiste à livrer la durée de la séance (généralement écourtée de ce fait) au bon plaisir de l'analyste, sans que l'analysant puisse en fait s'y opposer. Lacan, à qui nous devons de beaux développements théoriques, a causé un tort sensible à la psychanalyse par des « innovations » techniques de ce genre, et d'autres, qui visaient toutes à placer le patient dans une sujétion dont il lui était difficile ensuite de se dégager. Prétendre justifier cela théoriquement en disant que le patient doit « accepter sa castration » n'améliore pas la situation, car c'est alors l'analyste lui-même qui se pose en castrateur ; à se poser ainsi, il risque fort de ne jamais en sortir, et le patient non plus... Certains lacaniens repentis ont dit cela beaucoup mieux que je ne saurais le faire.

L'esprit de l'analyse, c'est tout autre chose. C'est un rapport entre deux personnes qui fonde une alliance. L'une de ces personnes a dit : aidez-moi, l'autre a répondu : j'accepte. Ensemble ces deux personnes vont chercher à améliorer un fonctionnement psychique souffrant. J'ai souvent la sensation, en séance, non pas de regarder le patient, mais que, ensemble, nous regardons quelque chose : ses propres processus psychiques, et ce qui s'en rejoue dans notre relation elle-même. Cela conduit à dire « nous voyons que... » plus souvent que « vous voyez que... » Et cette recherche commune est bien axée par ce qu'exprimait la citation de Freud que j'ai donnée au début de ces considérations : « La relation analytique est fondée sur l'amour de la vérité », une vérité que progressivement on dégage à deux. C'est par là que, sujet actif de sa propre transformation, et assisté par un humain tout aussi humain que lui-même mais qui a fait l'effort de cette quête de soi, le sujet parviendra à se dégager progressivement des mécanismes inconscients qui l'aliénaient. L'analyse est quête de la liberté.

46

La psychanalyse aide-t-elle à devenir agent de son destin ?

Où s'écrit le destin ? À cela deux réponses possibles : de l'extérieur ; ou : de l'intérieur. Considérez le cours de votre vie. Il se peut que vous ayez le sentiment que, somme toute, heureux ou malheureux, il est ce que vous avez choisi qu'il soit ; et que vous l'écrivez vous-même, compte tenu des circonstances. Il se peut aussi que vous ayez le sentiment d'avoir été soumis à des contraintes telles que vous n'aviez guère le choix, et que votre destin s'est écrit de l'extérieur.

L'analyse parie sur la modification des proportions. Elle vise à faire en sorte que le destin de la personne s'écrive plus à partir d'elle-même que sous l'empire des conditions qui lui sont imposées. Elle y parvient en dégageant progressivement une évidence : il ne s'agit pas seulement de contraintes imposées par l'extérieur (les conditions de vie, les exigences d'autres personnes, etc.) ; il s'agit aussi, pour une part notable, de contraintes intérieures, celles de l'inconscient, qui fonctionnent au cœur même du psychisme. Or celles-ci sont modifiables : c'est l'objet même de l'analyse que d'en prendre conscience, et cette prise de conscience permettra au sujet, non plus de lire un livre ainsi écrit à son insu, mais d'en être (plus en tout cas) l'auteur.

Il faut cependant, bien entendu, se défier des illusions d'une toute-puissance de l'esprit qui rendrait tout possible. Nous vivons tous sur la base d'un certain donné. Celui du corps d'abord, avec ses possibilités mais aussi ses limitations. Si on a la malchance de voir son corps affecté de handicaps sérieux (sensoriels ou moteurs, maladies génétiques, etc.), on vit en effet sous des contraintes dont on est bien obligé de tenir compte, même si l'on dispose d'une certaine marge pour les aménager. Le donné culturel aussi. Tout homme voit son destin cadré par un certain nombre de conditions culturelles très générales. Car tout homme a une mère ; et, ajoute le psychanalyste, de ce fait même il structurera son psychisme sur une problématique œdipienne dont les deux axes majeurs sont la différence des sexes et la différence des générations. Tout homme vit dans un bain de langage et dans un univers symbolique dont il ne choisit pas, au départ, la spécification. À cet égard sa liberté est et restera fort restreinte, sauf s'il peut se donner les moyens de l'élargir. C'est particulièrement vrai en ce qui concerne les croyances religieuses : on voit mal un paysan khirgiz se faire presbytérien, ou un enfant juif de Mea Shearim devenir bouddhiste... Ces contraintes passent très généralement par les conceptions et pratiques éducatives des parents, ou de leurs substituts, qui pèsent lourdement sur le sujet.

Il n'est donc pas question de nier le poids de toutes ces contraintes extérieures, et la façon dont elles orientent le destin de chacun. Cependant, on peut observer à quel point certaines personnes ont tendance à les tenir pour massives et inéluctables, bien au-delà de ce que permettrait un regard plus objectif. C'est cet homme dont toute la conduite témoigne que, enfant pauvre d'une famille du quart monde, il s'est senti d'emblée et pour toujours fixé dans un destin misérable ; cet autre qui, à chaque mésaventure, réaffirme qu'il n'a jamais « eu de chance », et que ce sera toujours ainsi, car il est né « sous une mauvaise étoile » ; cette femme dont toute la vie est une vengeance amère contre une mère détestée ; cette autre qui immanquablement trouve dans son entourage quelqu'un qu'elle accuse de ses malheurs, etc.

Dans tous ces cas, il s'agit de contraintes imputées à l'extérieur mais qui en fait procèdent pour une large part de mécanismes internes, intrapsychiques. La cure analytique, qui invite à une réflexion sur ces mécanismes, va en desserrer le jeu, en particulier en mettant en lumière un fonctionnement projectif qui conduisait en substance à dire : « Ce n'est pas moi le responsable de ce qui ne va pas dans ma vie, c'est l'autre, c'est l'entourage, la société », etc. C'est ainsi que va s'élargir la marge de liberté du sujet. Il va progressivement découvrir qu'il peut être, beaucoup plus qu'il ne le pensait, l'artisan de son propre destin.

Certaines personnes reculent, effrayées, devant la perspective de cette liberté. Car la liberté est riche de possibilités, mais lourde d'inquiétudes. Inquiétudes sur les risques ouverts si l'on renonce au confort de l'irresponsabilité ; inquiétudes aussi, sur ce qui est parfois redouté – bien à tort – comme la perspective d'une explosion pulsionnelle incontrôlée si disparaissaient des contraintes déplorées mais ressenties comme protectrices.

Il arrive que, à l'inverse, le patient soit saisi transitoirement d'une sorte de griserie au sentiment que, maintenant, tout va lui devenir possible, comme ce paralytique à qui avait été dit : « Lève toi et marche ! », et qui l'avait fait. Il retrouve alors la toute-puissance de la pensée de sa première enfance. Témoin cet homme atteint d'un cancer qui pensait pouvoir en guérir par la seule force de son esprit, mais qui a échoué : il est mort... Dans une certaine mesure, il est bon de se souvenir, si l'on est soumis de fait à certaines contraintes corporelles ou environnementales non modifiables, de l'histoire du prisonnier qui avait trouvé la liberté... à l'intérieur de lui-même.

Bien entendu, l'analyste veille à accompagner ce mouvement général de libération intérieure. Il sait que ce qui est visé, c'est une forme de sagesse : faire son propre destin dans la mesure du possible, et s'en accommoder au mieux. C'est déjà beaucoup.

47

Peut-on refaire sa propre histoire ?

L'histoire personnelle, la vôtre par exemple ? Oui. Répondre ainsi, ce n'est pas formuler un vœu gratuit, ou afficher une confiance dans les « miracles de la psychanalyse » qui pourrait être, au choix, naïve ou outrecuidante (voire les deux). C'est parler d'expérience, et sur la base de raisons qu'il n'est pas très difficile d'exposer ici.

C'est la visée même de la cure analytique que de refaire l'histoire personnelle, de la réécrire, autrement et mieux. Il est assez fréquent cependant qu'un patient proteste : « C'est arrivé ! On n'y pourra plus jamais rien, vous n'y changerez rien ! » La protestation est particulièrement véhémente lorsqu'il s'agit d'événements traumatiques de l'enfance ou de l'adolescence. « J'avais onze ans quand un jour mon père a eu avec moi ces gestes beaucoup trop tendres, qui s'adressaient trop directement à mes seins naissants, et je garde le souvenir horrifié de ce qui ne pouvait être que son excitation... » ; « J'avais neuf ans quand ma mère est morte dans un accident de voiture, on ne me l'a pas dit tout de suite, simplement qu'elle était en voyage, et quand j'ai vu mes tantes arriver chez nous, j'étais heureux, je leur ai fait fête, et elles m'ont grondé très sévèrement en disant que j'étais sans cœur ; ce n'est qu'à ce moment-là que j'ai compris, c'était abominable… », etc. C'est arrivé, on n'y changera plus jamais rien.

Eh bien, si. Mais pour comprendre pourquoi et comment, il faut commencer par distinguer l'événement lui-même, dans sa factualité, tel que pourrait le consigner un livre d'histoire (madame X est bien morte dans un accident de voiture, à telle date, en tel lieu, etc.) et la façon dont il a été perçu, ressenti, par le sujet, avec toutes ses résonances d'idées et d'émotions, ce que l'on pourrait appeler l'« événement psychique » correspondant. En fait, dans l'histoire du sujet, c'est bien sûr cet événement psychique qui compte. On observe constamment des décalages notables entre les deux plans quant à la gravité de ce qui s'est passé et quant à l'importance des effets ultérieurs. Pour l'enfant dont la mère meurt lorsqu'il a huit ou dix ans, par exemple, cela peut aller selon les cas d'un traumatisme inguérissable (notamment lorsque cela s'inscrit dans ce que j'ai désigné sous une question précédente comme des « deuils impossibles ») jusqu'à un événement douloureusement ressenti, mais bien intégré par la suite.

Il arrive qu'ait joué comme traumatisme, avec des effets à long terme bien fâcheux, un événement en apparence bien banal : « Mon père s'était mis en colère, il avait pris ma poupée Josette, celle que j'aimais vraiment, il l'avait cassée et jetée aux ordures… C'était horrible, je ne le lui ai jamais pardonné ! » De plus, dans bien des cas, il est très difficile d'évaluer, longtemps après, la gravité réelle de l'événement factuel. Ainsi, la patiente qui rapporte les « gestes beaucoup trop tendres » du père s'était présentée comme victime d'inceste ; animée d'une haine farouche contre son père séducteur, elle avait ensuite construit toute sa vie sur cet événement. L'analyste était resté très prudent ; et sans doute avait-il eu raison, car la suite a montré que l'incident en cause était resté isolé, et que rien apparemment ne pouvait permettre de considérer qu'il s'agit réellement d'un cas d'inceste selon la définition communément acceptée. Cependant, ce que la patiente avait vécu était bien de cet ordre, et les conséquences en avaient été tout aussi nocives que si l'incident avait été beaucoup plus grave.

Dès lors, ce qui compte, c'est le *contexte* dans lequel est survenu l'événement originel. Il est patent que la mort de la mère sera plus traumatisante si elle survient au moment d'un conflit aigu du couple parental, alors que l'enfant est animé de souhaits de mort ; que les gestes du père seront plus ressentis comme incestueux si la puberté réactive des désirs œdipiens très vifs chez la jeune fille ; etc.

Mais, de plus, il faut prendre en considération les effets d'après-coup. L'événement lui-même, certes, ne peut plus être modifié : la mère est morte, et rien ne la ramènera à la vie. Mais l'événement psychique, lui, est sans cesse remanié. En tant que souvenir d'abord : des détails s'effacent, et d'autres viennent s'y agglutiner pour construire un autre événement : par exemple, lorsqu'on a examiné en analyse le remaniement du souvenir relatif à la poupée cassée, il est apparu qu'en fait, c'était l'enfant elle-même qui l'avait cassée, dans un mouvement violent de colère contre le père, dès lors accusable de la catastrophe... Mais remanié aussi par la place et la fonction qu'il occupe dans toute l'économie psychique du sujet : la patiente qui accusait le père d'inceste et concentrait sur lui sa haine en vient progressivement à considérer qu'il avait été comme elle-même victime de la mère, une mère rejetante sur qui alors se déplace tout le ressentiment, etc.

Ces remaniements continuent tout au long de la vie. C'est sur eux que l'analyse va travailler. Car bien sûr elle ne travaille pas à proprement parler sur les événements eux-mêmes, tels qu'ils ont pu se dérouler autrefois, et dont rien d'autre ne témoigne, dans l'espace analytique (pour reprendre une expression de Serge Viderman), que les événements psychiques qui en sont les héritiers. Ces événements psychiques ont été longuement réélaborés depuis l'événement originel ; de ce fait même, ils restent plastiques et réélaborables. On va s'attacher à rechercher le fil des modifications qui les ont affectés, à les déconstruire en quelque sorte. Dès lors, c'est tout le paysage qui va se modifier et se reconstruire autrement, et sa coloration va changer.

Il faut être ici bien clair. On peut changer l'histoire, mais ne peut pas lui faire dire n'importe quoi. Le père brutal et alcoolique restera un père brutal et alcoolique, la mère froide une mère froide. Mais à la blessure et à la réaction violente de l'enfance, à la révolte de l'adolescence, succédera – probablement – une autre vision de ces fâcheux parents. Par exemple, le père apparaîtra comme un homme malheureux qui n'avait trouvé d'autre refuge que dans la boisson ; il lui arrivait d'être brutal, certes, mais le patient se rappelle avec émotion d'autres moments où il l'admirait pour sa force et sa gaieté ; la mère était froide, sans doute, mais c'était surtout une femme inconsolable de la mort d'un fiancé et qui avait été mariée contre son gré, etc. L'analyse humanise des personnages auparavant caricaturés. Elle rend indulgent. C'est là en fait un processus assez banal chez la plupart des gens lorsque, devenant adultes, ils en viennent progressivement à admettre que leur père, leur mère, sont des humains comme eux-mêmes, avec leurs défauts et leurs faiblesses, et qu'on ne les en aime pas moins (il est fréquent que le fait de devenir soi-même parent y aide). L'analyse favorise ce processus dans les cas où il paraissait bloqué par des conflits infantiles tenaces.

Ainsi, on peut réécrire l'histoire. La réécrire ainsi, c'est se dégager d'une histoire infantile qui s'avère mal écrite et obsolète, c'est se donner une histoire d'adulte.

48

La psychanalyse a-t-elle une éthique ?

La pratique de la psychanalyse suppose bien sûr une morale, traduite par une déontologie professionnelle, c'est-à-dire un ensemble de règles qui prescrivent certaines conduites, et en certains cas les interdisent ou y obligent ; et une éthique, c'est-à-dire une réflexion qui fonde ces règles sur une certaine conception de l'homme.

La déontologie participe de la déontologie médicale en instituant en première règle « ne pas nuire », et dans toute la mesure du possible « soigner », ou plus généralement apporter une aide à qui en a besoin. C'est sous ce principe général que l'*Association psychanalytique internationale*, et en son sein la *Société psychanalytique de Paris*, ont adopté un Code de déontologie dont voici l'essentiel :

– l'analyste ne doit engager une cure que s'il a la conviction qu'elle sera bénéfique au patient, et que s'il se sent les moyens de la conduire ;

– il ne l'engagera que s'il n'a pas eu et n'a pas de relations personnelles avec le patient ou l'un de ses proches ; il limitera dans toute la mesure du possible les contacts sociaux qui s'avéreraient inévitables ;

– avant d'engager l'analyse, il doit en définir clairement le cadre et les conditions, notamment financières ; le Code déclare à cet égard : « Il importe que le patient avant de s'engager ait pu mesurer ce à quoi il souscrit » ;

– au cours de la cure il doit proscrire tout contact physique « hormis les gestes d'accueil en usage ». A *fortiori*, bien entendu, est strictement exclue toute relation sexuelle ou agressive avec le patient ou l'un de ses proches ;

– le respect du secret est une condition absolue, même au-delà de la mort du patient et de l'analyste (qui doit en temps opportun détruire ses notes éventuelles sur le patient). Cela n'interdit pas les échanges cliniques entre collègues, et il est licite d'illustrer les publications psychanalytiques d'observations tirées des cures ; mais dans tous ces cas l'anonymat du patient doit être strictement préservé, et les détails qui pourraient conduire à l'identifier doivent être modifiés ;

– il est totalement exclu que l'analyste tire des avantages personnels (financiers, de pouvoir, etc.) des informations qui lui viennent du patient ;

– l'analyste doit s'abstenir, dans sa vie publique comme dans sa vie privée, de tout ce qui pourrait donner prise à scandale ou à condamnation : « Le comportement du psychanalyste dans sa vie extérieure ne doit pas pouvoir être considéré comme outrageant, excessif ou délictueux, au point de retentir sur la réputation des psychanalystes et la confiance des patients. »

Ce Code a été volontairement limité à l'essentiel : il est en effet impossible de définir *a priori* toutes les obligations et interdictions qui peuvent découler, tout à la fois de la morale générale à laquelle nous souscrivons tous, et des particularités de la situation analytique, et notamment du jeu du transfert et du contre-transfert, qui peut fragiliser l'un et l'autre protagonistes. C'est pour tenir compte de toute la marge des imprévus que la *Société psychanalytique de Paris* a institué en son sein une commission de déontologie chargée de faire respecter les principes généraux énoncés par le Code, et d'examiner les cas d'espèce si un analyste membre de la *Société* était accusé d'y avoir manqué.

J'ai dit dans une question précédente que la démarche de la « cure classique » (divan-fauteuil) repose sur deux règles fondamentales : côté patient, la règle de libre association, et côté analyste, la règle d'« attention flottante ». Il en est une troisième, qui commande pour une large part les clauses que je viens d'énoncer, et qui peut se résumer par le précepte : « Tout dire, ne rien faire. » « Tout dire »... si possible, c'est la règle de libre association, proposée au patient ; « ne rien faire » s'impose également aux deux protagonistes, et doit s'entendre : proscrire de la séance d'analyse toute action qui conduirait à un contact, érotique ou violent (ou les deux !) entre l'analyste et le patient. Cela se traduit simplement : quoi qu'il arrive (c'est-à-dire quoi qu'il soit dit, vécu, exprimé) en aucun cas l'analyste ne quittera son fauteuil, en aucun cas le patient ne se lèvera du divan ou de son siège. Ce n'est pas toujours facile : la charge émotionnelle de ce qui est exprimé peut être parfois très intense... Témoin le cas de cette patiente (en face à face) qui se plaignait amèrement qu'il ne s'agisse jamais que de paroles, et réclamait avec une véhémence croissante qu'enfin survînt un acte, n'importe lequel... Vint le jour où elle avisa une statuette posée sur le coin du bureau dont elle était proche, et déclara : « Je vais la prendre et la jeter par terre ! » Cela dura un bon moment, la patiente en proie à une émotion croissante et l'analyste quelque peu inquiet (car cette statuette, il y tenait). Finalement, impulsivement, la patiente jeta effectivement la statuette à terre. L'analyste ne dit rien sur le moment ; mais on eut ensuite largement le temps d'analyser ce qui s'était passé là.

Une telle action, qu'on désigne comme un « acting », est évidemment une infraction à la règle « ne rien faire ». Il est des actings plus subtils : une injure, par exemple, peut être dite avec une violence telle qu'elle équivaut à un acte. L'analyste se doit alors d'être impavide, autant qu'il lui est possible. En fait, il y est aidé par le sentiment que ce n'est pas réellement à lui que s'adresse une telle violence, mais bien, en deçà du transfert, à quelqu'un d'autre. Il en est de même des mouvements amoureux ou érotiques. La situation est parfois bien difficile avec certains patients très perturbés qui le mettent à rude épreuve. C'est alors qu'il doit se surveiller avec une vigilance toute particulière : il n'est que trop facile, si on n'y prend pas garde, de répliquer par une déclaration sèche, sur un ton d'irritation, en donnant une interprétation trop incisive et perturbante, etc. La situation est encore plus délicate lorsqu'il s'agit d'éviter de répondre – fût-ce verbalement – à une séduction sur un mode séducteur. C'est bien parce qu'il s'agit là d'une position difficile à tenir que l'analyse préalable de l'analyste est une condition indispensable à sa pratique.

Mais, au-delà de ces règles « techniques », ce qui commande toute l'éthique de la psychanalyse, c'est quelque chose de très simple et de très fondamental : la valeur suprême, c'est la vie. La vie du corps, certes, mais aussi – c'est ce dont s'occupe le psychanalyste – la vie psychique. Tout ce qui est au service de son épanouissement est bon, sous la seule condition que cela ne nuise à personne.

49

La psychanalyse est-elle encore vivante ?

La mort de la psychanalyse est prédite depuis sa naissance, ou presque. Freud n'a d'abord suscité qu'un intérêt très restreint. Son livre fondateur, *L'Interprétation des rêves*, publié fin 1899, avait été peu remarqué, et une partie des exemplaires du premier tirage avait dû être mise au pilon ; c'est devenu ensuite l'un des ouvrages les plus traduits et les plus vendus au monde... L'intérêt venant, les attaques contre cette nouvelle approche des difficultés psychiques se sont multipliées, au nom de la morale offensée, du bon goût (en France, on n'avait pas manqué d'opposer la « finesse de l'esprit latin » à la « lourdeur germanique ») et de la science. Après les traumatismes de la Première Guerre mondiale et les bouleversements dont elle a été cause, un nouveau climat s'est créé, et beaucoup ont cherché dans la psychanalyse de nouvelles réponses à de vieilles questions concernant les souffrances humaines ; de ce fait, entre 1920 et 1940 le mouvement psychanalytique s'est considérablement développé, sous l'impulsion de l'*Association psychanalytique internationale* (créée en 1910). Mais les oppositions se sont développées à la mesure même de ce succès, tenu pour certains pour une mode éphémère et dont l'évanouissement était régulièrement prédit.

Les horreurs de la Seconde Guerre mondiale ont changé la donne. On s'est demandé à nouveau comment l'homme pouvait devenir l'agent et la proie d'une telle barbarie. La psychanalyse avait été persécutée par les nazis qui la qualifiaient de « science juive » corruptrice ; en fait, ils ne pouvaient admettre la visée et l'idéal de liberté personnelle qui la fonde (ceci s'est hélas vérifié depuis sous d'autres dictatures). Par contrecoup le mouvement psychanalytique y a gagné un crédit considérable, notamment sous l'impulsion aux États-Unis d'analystes d'Europe centrale chassés par les nazis. De nouvelles approches théoriques et pratiques se font jour, notamment en Grande-Bretagne, avec Melanie Klein, puis Donald Winnicott, Frances Tustin, Wilfred Bion, Donald Meltzer, etc.

En France, la *Société psychanalytique de Paris*, qui avait été fondée en 1926, se développe rapidement, sous l'impulsion de Sacha Nacht et Jacques Lacan. Cependant des motifs de discorde vont apparaître entre ces deux hommes, d'abord amis et alliés. Ils concernent le statut même de la psychanalyse, que Nacht considère comme une pratique médicale, à réserver aux médecins, tandis que Lacan, plus libéral, y voit plutôt une entreprise de recherche de soi-même, qui dès lors peut être conduite par des hommes de culture non nécessairement médecins. Lacan développe dans le même temps des vues théoriques très originales, parfois difficilement compréhensibles du fait d'un mode d'expression souvent assez hermétique. Mais ce qui va provoquer la brouille, et finalement l'éclatement de la *SPP*, ce ne sont pas des raisons théoriques, ce sont certaines pratiques de Lacan jugées inacceptables par ses pairs (notamment la pratique de la « scansion », conduisant l'analyste à mettre fin à tout moment à la séance, ceci étant supposé avoir valeur d'interprétation mais équivalant à une manipulation). De plus, Lacan a une évidente tendance à créer autour de lui toute une clientèle de patients et de jeunes analystes vassalisés par son prestige, et cet empire dans l'empire en vient à menacer l'institution elle-même.

Lacan suivi par ses élèves et par une partie des membres de la *SPP*, fonde en 1953 une nouvelle Société analytique. Mais, les mêmes causes provoquant les mêmes effets, cette nouvelle Société éclatera, elle aussi, dix ans plus tard… et le processus se répétera encore. Après la mort de Lacan en 1981 la fragmentation s'est poursuivie, conduisant à une prolifération d'institutions où les règles de la formation et de la pratique sont parfois très incertaines, au point qu'il convient aujourd'hui d'être prudent lorsqu'est revendiqué par quelqu'un le titre de « psychanalyste ».

Malgré ces controverses, ou à cause d'elles, la psychanalyse a été en vogue pendant plus d'un quart de siècle. C'était l'époque où tout jeune psychiatre considérait nécessaire de passer par une analyse personnelle, et où l'*intelligentsia* parisienne courait écouter Lacan, dont le grand public lui-même connaissait le nom, ainsi que quelques autres (comme Françoise Dolto). Cette vogue est passée, et l'on annonce à nouveau la mort de la psychanalyse.

Parmi les psychanalystes eux-mêmes, certains s'alarment de son déclin. Non pas de son déclin théorique : jamais sans doute elle n'a été aussi riche d'approches théoriques nouvelles (mais souvent divergentes, au point que l'on peut s'interroger sur son unité). Ni du déclin de ses pratiques, dont le champ s'est au contraire considérablement élargi, en particulier en ce qui concerne la psychanalyse des enfants, les autismes et psychoses infantiles, les psychoses et les états limites chez l'adulte, les maladies psychosomatiques. L'inquiétude se développe essentiellement sur deux thèmes.

On peut tout d'abord redouter un certain affadissement des théories et des pratiques de la psychanalyse, une pensée molle prétendant justifier des pratiques douteuses où serait méconnu ce qui fait le cœur de la cure, l'analyse du transfert et du contre-transfert ; cette méconnaissance, extrêmement fâcheuse, ouvrirait la voie à toutes les dérives déontologiques. Le danger est réel du fait de la prolifération incontrôlée de praticiens se réclamant de la psychanalyse sans formation sérieuse. Ceci est extrêmement préjudiciable à l'image de la psychanalyse dans le grand public ; et j'avoue qu'il m'arrive moi-même de souffrir lorsque je vois en consultation quelqu'un qui était en besoin urgent d'aide, et dont l'état a été aggravé par le passage entre les mains de l'un de ces contestables personnages. Si la *Société psychanalytique de Paris* maintient fermement des procédures de formation exigeantes, et si elle veille à la rigueur des pratiques psychanalytiques, c'est bien pour lutter contre de pareilles dérives. Il en est une qui se rencontre fréquemment aux États-Unis, moins heureusement en France, qui se pare du beau nom d'« éclectisme ». Cela consiste à vouloir prendre « le meilleur » de diverses théories – Freud, Adler, Jung, Rogers, Bateson, etc. – au plan de la théorie et des techniques, pensant qu'ainsi on fait mieux. Cela revient à prendre dans le réfrigérateur et dans l'armoire à provisions tout ce qui s'y trouve de meilleur et à le mélanger pour cuisiner un plat nouveau…

Le deuxième motif d'inquiétude semble plus prosaïque : il se fonde sur le simple constat que moins de gens aujourd'hui, en présence de leurs difficultés psychiques, vont consulter un psychanalyste. Ceci parce qu'elle est moins à la mode, ce qui serait plutôt une bonne chose. Mais aussi pour des raisons plus sérieuses : on craint que cela ne dure longtemps et ne coûte fort cher, sans garantie d'efficacité (j'ai tenté de répondre à ces questions dans la première partie de ce livre). Dès lors, on recherche des thérapeutiques espérées plus efficaces, plus rapides, moins coûteuses. Du côté de prescriptions médicamenteuses sollicitées d'un psychiatre, voire d'un médecin généraliste : on sait que la France est championne en ce qui concerne la consommation des neuroleptiques, des anxiolytiques, etc. Et du côté de psychothérapies plus excitantes, qui se promettent plus ou moins miraculeuses, ou dont l'efficacité paraît assurée par leur technique même (par exemple les thérapies comportementales). Les succès remarquables de la neurobiologie ramènent de plus en force cette vieille idée que tout trouble psychique trouve sa cause dans un dérèglement du corps, et qu'ainsi il serait vain de prétendre y porter remède au seul plan du psychisme. Et pourtant… le psychanalyste voit souvent venir le consulter des personnes qui ont essayé l'un ou l'autre de ces moyens, et qui n'y ont trouvé, au mieux, qu'une réponse illusoire à ce qui était et reste leur demande la plus fondamentale : être entendu, enfin, par quelqu'un. Être considéré, non plus comme un simple *objet* de soins ou de manipulations comportementales, mais comme un *sujet* responsable de son propre destin.

En cette année 2000 où j'écris ceci, la psychanalyse a cent ans, si l'on considère L'*Interprétation des rêves* comme son acte de naissance. On peut considérer que c'est une vieille dame dont le temps est passé. On peut aussi penser qu'elle est dans sa pleine maturité, c'est-à-dire qu'elle a encore beaucoup à acquérir et à dire. Qu'en sera-t-il quand un autre siècle se sera écoulé, en 2100 ? Il est bien difficile de le prévoir. Je pense quant à moi que ce qui subsistera, c'est l'hypothèse d'un inconscient dynamique au cœur d'un psychisme animé par l'antagonisme de pulsions et de défenses, et la voie ouverte par cette hypothèse à l'assomption du sujet. Autrement dit, l'affirmation de liberté.

50

Comment s'informer ? voir, écouter, lire

Comment s'informer sur la psychanalyse, au-delà des brèves réponses aux questions qui fournissaient sa matière à ce petit ouvrage ? Il y a d'abord, bien sûr, tout ce que l'on peut trouver au hasard des journaux quotidiens, des revues et magazines, des émissions de radio et de télévision. Ce n'est pas à négliger. Cependant il faut bien se dire que la matière en est assez aléatoire. C'est parfois excellent, c'est parfois bien décevant, voire caricatural, si ce n'est aberrant ; c'est le cas de la télévision, en particulier, qui privilégie le sensationnel ou le choquant, qui donne au malheureux psychanalyste de service douze secondes pour définir le complexe d'Œdipe, qui le confronte « à armes égales » (s'il accepte) à un illuminé, et qui parfois le conduit à céder aux vertiges narcissiques du show-biz...

Plus sérieuses sont les conférences organisées çà et là, et ouvertes au plus large public (ainsi des conférences ou journées d'études ouvertes à tout public organisées à Paris et dans d'autres villes de province par la *Société psychanalytique de Paris*). Comme je l'ai dit sous certaines des questions précédentes, les associations psychanalytiques, ou qui se disent telles, se sont multipliées au point qu'il est parfois difficile de distinguer ce qui est sérieux et ce qui ne l'est pas. On peut s'adresser en tout cas pour s'informer aux trois associations suivantes :

– la *Société psychanalytique de Paris*, 187 rue Saint-Jacques, 75005 Paris ; à cette même adresse fonctionne le centre de consultations et traitements psychanalytiques Jean-Favreau, auquel on peut s'adresser pour consultation et demande d'aide personnelle ;

– l'*Association psychanalytique de France* (membre comme la *SPP* de l'*Association psychanalytique internationale*), 24 place Dauphine, 75001 Paris ;

– le *Quatrième Groupe*, 19 bd. Montmartre, 75002 Paris.

Mais le meilleur moyen de s'informer est encore de lire. Il existe en langue française un certain nombre de revues spécialisées (comme la *Revue française de psychanalyse*), mais leur lecture suppose en général un bon niveau d'information préalable. Il en va de même d'une partie des nombreux livres publiés dans ce domaine, qui sont assez souvent destinés aux psychanalystes eux-mêmes. Il est donc imprudent de prendre une revue ou un livre au hasard, car on risque d'être vite rebuté et d'en conclure que la psychanalyse est incompréhensible. Elle est compréhensible par quiconque est réellement curieux de s'informer, quant à ses principes généraux, aux bases de la théorie, aux modalités de la cure, ainsi que j'espère l'avoir montré dans les pages qui précèdent. Encore faut-il choisir ses lectures.

Lire Freud d'abord. À peu près toute son œuvre, considérable, est aujourd'hui traduite en français, essentiellement chez trois éditeurs (les Presses Universitaires de France, Gallimard, Payot) ; une édition des *Œuvres complètes*, qui propose pour certains termes allemands de nouvelles traductions, est en cours aux Presses Universitaires de France.

Il ne faut pas lire Freud au hasard. On peut commencer par ce livre fondateur qu'est *L'Interprétation des rêves* (1900), dont il suffit de lire les trois derniers chapitres (V, VI et VII, ce dernier donnant un tableau général du fonctionnement psychique tel que le concevait Freud à cette époque) ; et continuer avec la *Psychopathologie de la vie quotidienne* (1901), qui traite des oublis, lapsus, actes manqués, etc., et *Le Mot d'esprit et ses rapports avec l'inconscient* (1905), lectures souvent amusantes car Freud illustre son propos de nombreux exemples. Passer ensuite à l'*Introduction à la psychanalyse* (1916-1917), une série de conférences (pour certaines imaginaires) rédigées par Freud dans le but, précisément, d'informer un public éclairé et éventuellement sceptique. On voit alors comment la théorie s'est sensiblement affinée, notamment en intégrant les apports regroupés sous le titre *Métapsychologie* (1914-1917), et dans des articles regroupés en français dans les volumes intitulés *La Vie sexuelle*, *Névrose, psychose et perversion*, et *Résultats, idées, problèmes* (deux volumes). Le mieux est de pêcher dans ces recueils au hasard de ses intérêts, mais de bien garder à l'esprit qu'il est préférable de lire dans l'ordre chronologique : certaines notions en supposent d'autres, développées précédemment.

Si l'on s'intéresse aux aspects techniques de l'analyse, on pourra s'adresser au recueil intitulé *La Technique psychanalytique*, qui regroupe des textes échelonnés entre 1904 et 1919 ; mais il faut alors être bien conscient que si les principes posés là par Freud restent fondamentaux, certains aspects de sa pratique sont aujourd'hui désuets, notamment un directivisme et une attitude explicative de l'analyste qui ne sont plus de mise aujourd'hui. La même prudence de lecture est à observer si l'on lit les cas qui figurent dans le recueil intitulé *Cinq psychanalyses* : l'exposé de ces cas est souvent passionnant (ils se lisent « comme des romans », disait à juste titre Freud), et les interprétations qu'en donne Freud très éclairantes. Cependant, là encore, les modalités de sa pratique et certaines de ses interventions ne correspondent plus guère à ce qui prévaut aujourd'hui. On pourra de plus être quelque peu agacé par le caractère péremptoire de certaines interprétations : se rappeler alors qu'il était animé, en cette première période de la psychanalyse (1905-1918) d'une passion de convaincre qui parfois l'entraînait à certains excès démonstratifs… Avec ces réserves en tête, on lira avec intérêt dans ce recueil :

– « Fragment d'une analyse d'hystérie, Dora », 1905, patiente analysée en 1901. C'est un texte rédigé à la suite de l'*Interprétation des rêves*, et que Freud avait d'abord pensé intituler « Rêve et hystérie » ;

– « Analyse d'une phobie chez un petit garçon de cinq ans, le petit Hans », 1909, mais l'observation date de 1905 ; c'est le plus agréable à lire, car de larges fragments des propos de ce « charmant petit garçon » (c'est Freud qui le dit) qui avait peur des chevaux sont cités. On notera que l'« analyse » avait été conduite non par Freud lui-même, mais par le propre père de l'enfant ;

– « Remarques sur un cas de névrose obsessionnelle, l'Homme aux Rats » (1909), un jeune homme en proie aux vertiges du doute ;

– « Remarques psychanalytiques sur l'autobiographie d'un cas de paranoïa, le président Schreber », 1911. Il ne s'agit pas d'une cure conduite par Freud, qui n'a jamais rencontré ce malade, mais de ses commentaires, passionnants pour la compréhension de la psychose et de l'homosexualité, sur un texte publié à compte d'auteur par Schreber ;

– « Extraits de l'histoire d'une névrose infantile, l'Homme aux Loups », 1914 avec ajouts en 1918. C'est sans doute le plus complet et le plus élaboré des textes théorico-cliniques de Freud, qui y met en évidence les effets traumatiques chez ce malade de la perception très précoce des rapports sexuels entre les parents (la « scène primitive »).

Si l'on veut connaître la pensée de Freud lorsqu'elle se reformule lors du « grand tournant » de 1920-1925, on trouvera dans les *Essais de psychanalyse* trois textes importants, « Au-delà du principe de plaisir », 1920 ; « Psychologie collective et analyse du moi », 1921 ; « Le moi et le ça », 1923… et fort de ces acquis on pourra passer à un texte plus difficile, *Inhibition, symptôme et angoisse*, 1926.

Si l'on préfère l'exégète et l'historien à l'original, on peut lire, d'Ernest Jones, l'un des premiers « disciples », *La Vie et l'Œuvre de Sigmund Freud*, qui, en trois volumes, donne tout à la fois une biographie détaillée et une analyse succincte de tous les textes importants. Plus léger, et passionnant, est *La Révolution psychanalytique*, *la vie et l'œuvre de Freud* (deux volumes), de Marthe Robert, transcription d'une série de conférences données à la radio par cette germaniste excellente lectrice de Freud ; ou, plus bref mais tout aussi intéressant, le *Freud* d'Octave Mannoni.

Cela fait beaucoup, et je m'abstiendrai d'en donner plus, même si les incursions de Freud dans les domaines des arts, de l'histoire et de la préhistoire, de la politique et de la guerre, etc., sont toujours intéressantes. Bien entendu, rien n'oblige à lire tout ce que je viens de citer, ni à suivre cet itinéraire *stricto sensu* : la meilleure règle en la matière est « fais ce qu'il te plaît »... pourvu que cela te plaise !

D'autant plus qu'on ne peut se borner, si l'on veut s'informer, à lire Freud lui-même. On peut en effet s'intéresser aux premiers compagnons de route, comme Karl Abraham ou Sandor Ferenczi, deux auteurs dont on trouve en français les *Œuvres complètes*. Les continuateurs sont si nombreux qu'il n'est pas possible ici de les citer ; sauf peut-être Melanie Klein (*Essais de psychanalyse*), Donald Winnicott (*De la pédiatrie à la psychanalyse*), René Spitz (*De la naissance à la parole. La première année de la vie*). La collection « Psychanalystes d'aujourd'hui » (PUF) présente un certain nombre d'auteurs majeurs en de petits volumes en général très bien faits (cette collection comprend, au début de 2000, une vingtaine de volumes). Et si l'on est curieux de la pensée de Jacques Lacan, voir ses *Écrits*, dont la lecture est parfois difficile du fait du langage qui y est utilisé.

Pour l'« honnête homme » curieux de s'informer, un certain nombre de livres de large mais bonne vulgarisation existent. On peut citer d'abord, dans la série de « Que sais-je ? » publiés par les Presses Universitaires de France : *Freud* (Roland Jaccard), *La Psychanalyse* (Daniel Lagache), *Histoire de la psychanalyse* (Roger Perron), *Le Complexe d'Œdipe* (Roger Perron et Michèle Perron-Borelli), *Le Complexe de castration* (André Green), *Le Refoulement* (Claude Le Guen), *Le Développement libidinal* (Bernard Brusset), *Les Fantasmes* (Michèle Perron-Borelli), *Le Fétichisme* (Paul-Laurent Assoun), *La Psychosomatique de l'adulte* (Pierre Marty). Tous ces ouvrages font leur part à l'histoire des notions et des pratiques psychanalytiques, sans laquelle on ne peut vraiment comprendre ce qui prévaut aujourd'hui. Les curieux d'histoire se reporteront en plus à l'*Histoire de la psychanalyse*, ouvrage collectif publié sous la direction de Roland Jaccard (il existe une *Association internationale d'histoire de la psychanalyse* créée par Alain de Mijolla).

Enfin, si l'on est un peu perdu dans les notions et les mots, les dictionnaires spécialisés ne manquent pas, depuis le bref *Dictionnaire de la psychanalyse* de Pierre Fedida (Larousse) jusqu'au monumental *Dictionnaire international de la psychanalyse* dirigé par Alain de Mijolla, assisté de Bernard Golse, Sophie de Mijolla-Mellor et Roger Perron (Calmann-Lévy), en passant par l'utile *Dictionnaire de la psychanalyse* d'Élisabeth Roudinesco et Michel Plon, parfois un peu bref sur les notions mais très riche en biographies (Fayard), sans oublier le déjà ancien mais irremplaçable *Vocabulaire de la psychanalyse* de J. Laplanche et J.-B. Pontalis (PUF).

Bon courage !

045321 - (IV) - (1) - OSB 100° - FAB - CDD

Achevé d'imprimer sur les presses de la
SNEL S.A.
rue Saint-Vincent 12 – B-4020 Liège
tél. 32(0)4 344 65 60 - fax 32(0)4 343 77 50
octobre 2001 - 22886

Dépôt légal : novembre 2001
Dépôt légal 1re édition : octobre 2000

Ce silence entre nous

Illustration de couverture et portraits : Fanny Vénembre.

Titre original : *The Silence Between Us*
originellement publié par Blink, un label de HarperCollins Focus, LLC.
Published by arrangement with HarperCollins Focus, LLC.

mame

Direction : Guillaume Arnaud
Direction éditoriale : Sophie Cluzel
Édition : Marie Rémond, assistée de Zélie du Peyroux
Direction artistique : Thérèse Jauze
Direction de la fabrication : Thierry Dubus
Fabrication : Audrey Bord
Mise en page : Nicolas Chevalier (Studiolivre)

57 rue Gaston Tessier, CS 50061, 75166 Paris Cedex 19
www.mameeditions.com
ISBN : 978-2-7289-3686-1
MDS : MM36861
« Loi n° 49-956 du 16 juillet 1949 sur les publications destinées à la jeunesse,
modifiée par la loi n° 2011-525 du 17 mai 2011. »

ALISON GERVAIS

Ce silence entre nous

TRADUIT DE L'ANGLAIS (ÉTATS-UNIS)
PAR CHARLOTTE GROSSETÊTE

À cœur cœur

mame

Pour mes parents, qui n'ont pas baissé les bras,
et pour Tyler, qui trouve que mon appareil auditif est cool.

1

Je n'avais pas mis les pieds dans une école pour entendants depuis près de cinq ans, et pourtant, Maman et moi étions là, assises dans notre minivan sur le parking du lycée Engelmann, établissement pour entendants. Nous attendions depuis un quart d'heure environ, et mon cœur ne cessait de battre la chamade dans ma poitrine.

Maman a tendu le bras et m'a tapoté le genou. J'étais en train d'attraper un fil qui pendait de mon t-shirt *tie-dye*. J'ai levé les yeux. Elle m'a fait un signe : *Prête ?*

Je me suis sentie pousser un lourd soupir. Non, je n'étais pas prête, mais je n'avais pas vraiment le choix. L'école pour entendants n'était pas *du tout* mon idée, mais comme la plus proche école pour personnes sourdes se trouvait à plus d'une heure de notre nouvelle maison près de Parker, dans le Colorado, nous n'avions pas beaucoup d'options.

Prête, ai-je répondu par signes. *Attendre m'aide pas.*

Une fois de plus, je me suis réjouie que la langue des signes américaine soit ma méthode de communication préférée – une langue courte, douce, directe et loin d'être aussi formelle que l'anglais. À ce moment précis, je me serais sentie incapable d'aligner une phrase dotée d'un demi-gramme de vocabulaire.

Maman a affiché un sourire exagérément radieux en détachant sa ceinture. Elle a ouvert la portière. *Ne t'inquiète pas*, l'ai-je vue signer au moment où je me détachais à mon tour.

Il était assez difficile de ne pas s'inquiéter quand je savais que j'allais devenir la nouvelle élève bizarre, suivie de son interprète toute la journée. Ah ça oui, j'allais faire sensation ! Jusqu'à présent, je n'avais jamais eu besoin d'interprète, car à l'école Pratt pour les personnes sourdes – celle où j'allais dans le New Jersey – 90 % du personnel était sourd ou malentendant, et ceux qui ne l'étaient pas connaissaient l'ASL[1] et savaient communiquer efficacement.

Au lycée Engelmann, j'allais être la seule et unique élève sourde – honneur que je n'étais pas sûre d'être prête à accepter.

J'ai ramassé mon sac à dos et l'ai hissé sur mon épaule pendant que Maman fermait la voiture. Nous nous sommes mises à marcher lentement vers mon destin.

D'accord, l'expression peut paraître un peu dramatique, mais la dernière fois que j'avais fréquenté une école pour malentendants, eh bien, *j'entendais*. J'avais passé tellement de temps à Pratt, habituée à être entourée de personnes sourdes ou malentendantes – des personnes qui parlaient ma langue – et maintenant j'allais devoir lire sur les lèvres et me battre pour suivre une simple conversation.

1. *American Sign Language*. La langue des signes utilisée dans ce roman est la langue des signes américaine, les gestes décrits peuvent donc être différents de ceux de la langue des signes française. (NdT)

Et puis il y avait le fait de me servir de ma voix, ce qui me paralysait presque de peur. J'en étais capable parce que j'avais perdu l'ouïe bien après avoir appris les bases du langage oral, mais je n'entendais plus ma propre voix, c'était mon problème.

Utiliser ma voix était parfois un réflexe quand je me trouvais avec des gens qui ne s'exprimaient pas par signes, comme les infirmières qui venaient chez nous plusieurs fois par semaine dans le New Jersey pour s'occuper de Connor pendant que Maman travaillait comme associée pour une société spécialisée dans l'exploitation de l'énergie éolienne.

Même si ma voix n'avait rien d'anormal – je l'espérais – l'utiliser était juste *bizarre*. Je ne m'entendais pas parler, mais je sentais le son se répercuter dans mon crâne dès que je parlais. C'était une sensation que je n'aimais pas.

Le vendredi précédent, Maman et moi avions rencontré mes nouveaux professeurs, le directeur et l'interprète que le district scolaire avait chargée de m'accompagner dans tous mes cours cette année. Et aujourd'hui, c'était mon interprète qui allait me présenter aux gens, communiquer avec les professeurs et parler en mon nom : moyen le plus sûr d'être considérée comme une moins que rien avant la dernière sonnerie.

L'interprète s'appelait Kathleen. Elle semblait assez gentille, et de toute évidence, elle aimait interpréter, vu l'intention qu'elle y mettait – chose qui compte beaucoup dans la langue des signes. Malgré sa gentillesse, elle n'en restait pas moins une étrangère.

Maman m'a mis la main sur l'épaule au moment où nous approchions de l'entrée principale, et a signé : *Respire. Tu seras bien ici.*

J'ai haussé les épaules en me mordant la lèvre inférieure. Ça ne valait pas la peine de la contredire. De plus, la nervosité commençait à faire transpirer mes paumes, et faire des signes avec les paumes en sueur n'est jamais drôle.

K-A-T-H-L-E-E-N est sympa, non ? a ajouté Maman avant de m'ouvrir la porte. *Je sais que tu vas l'aimer.*

D'accord, ai-je répondu sans vouloir insister.

Je détestais épeler les noms trop longs avec les doigts, et je me suis promis de demander à Kathleen son nom signé. Les noms signés sont souvent représentatifs de l'individu, alors j'ai parié que celui de Kathleen était en rapport avec sa folle chevelure rousse.

Dans les faits, mon nom signé était le signe pour dire *douce*, car l'enseignante sourde qui m'avait donné mon premier cours d'ASL pensait apparemment que j'étais douce et m'avait nommée ainsi. À mon avis, ce n'était plus si vrai que ça. Mon prénom de naissance – Maya – me convenait beaucoup mieux.

Mais ? a insisté Maman.

Mais c'est une école pour entendants, ai-je répondu en balayant d'un geste le hall d'entrée où nous nous trouvions.

Des rangées de casiers d'un rouge terne bordaient le couloir de part et d'autre. Droit devant nous se trouvait le bureau principal. Une énorme horloge fixée au mur au-dessus de la porte affichait 7 h 15. Dans une demi-heure, les cours allaient commencer.

Les écoles pour entendants ne sont pas toutes mauvaises, a signé Maman avec un regard sérieux. *Je pense que tu aimeras l'école ici.*

Ma nouvelle interprète, Kathleen, est sortie du bureau principal pour nous accueillir, son fouillis de boucles rousses relevées en chignon. Elle a signé : *Bonjour*, avec un sourire enjoué. J'allais négliger de répondre, mais du coin de l'œil, j'ai vu la mine sévère de Maman, alors je me suis forcée à répondre : *Bonjour.*

Excitée ? m'a demandé Kathleen. *Jour de la rentrée.*

J'ai haussé les épaules en signant : *Bien sûr.*

Le professeur R-I-V-E-R-A nous attend, a ajouté Kathleen, en épelant des doigts le nom du principal, et elle a montré d'un geste le bureau qui se trouvait derrière elle. *Ton emploi du temps est prêt.*

Merveilleux, ai-je signé, sans savoir si mon expression était aussi sarcastique que je le souhaitais.

Kathleen n'a rien fait de mal, a signé Maman alors que nous suivions l'interprète. *Sois gentille*, a-t-elle ajouté en me montrant du doigt, geste de menace non verbale.

Je suis toujours gentille, ai-je répliqué en posant la main sur ma poitrine et en battant des cils.

Maman a levé les yeux au ciel. À la façon dont ses épaules se sont affaissées, j'ai su qu'elle poussait l'un de ses soupirs exténués. J'ai officiellement perdu l'ouïe à l'âge de treize ans, quatre ans auparavant, mais je me rappelais encore certains sons, et les soupirs dramatiques de Maman étaient gravés dans ma mémoire.

La secrétaire du lycée était assise derrière un bureau massif juste à l'entrée de la salle, et elle a fait un signe de tête à Kathleen quand nous sommes entrées. Je l'ai regardée dire « Bonjour » quand Kathleen a ouvert une porte donnant sur une seconde pièce où travaillaient le principal, le Pr Rivera, d'autres administrateurs du lycée et l'infirmière.

Le bureau du Pr Rivera était petit. Les stores baissés créaient une pénombre qui avait compliqué la lecture sur les lèvres lorsque nous l'avions rencontré le vendredi précédent. J'avais une interprète avec moi, bien sûr, mais en même temps, je voulais au moins donner l'impression que je comprenais ce qui se disait. Je n'étais pas incompétente.

Le Pr Rivera se tenait derrière sa table de travail lorsque nous sommes entrées dans son bureau. Cette fois-ci, les lumières du plafond étaient allumées et la petite lampe de son bureau éteinte.

Debout à côté de l'unique fenêtre de la pièce, les bras croisés, l'air aussi gênée que moi, se tenait une fille coiffée d'une queue de cheval haute, vêtue d'une jupe et d'un chemisier élégants.

Je me suis figée sur le seuil. Engelmann m'avait assigné une seconde interprète ? Ou bien cette fille était-elle une stagiaire, censée suivre Kathleen pour apprendre le métier, en s'ajoutant à mon entourage déjà gênant ?

Deux interprètes ? ai-je signé frénétiquement à Maman. *Pas besoin de deux interprètes.*

Avant que ma mère ait pu répondre, Kathleen s'est glissée dans la conversation en signant : *Elle n'est pas interprète.*

La fille portait des lunettes élégantes à monture carrée, mais je voyais ses yeux sombres tournés vers la porte, comme si elle rêvait de s'esquiver tout en se forçant à rester sur place.

« On rêve de la même chose, mon amie », ai-je pensé.

Elle s'appelle N-I-N-A T-O-R-R-E-S, ont épelé les doigts de Kathleen.

De toute évidence, Nina ne connaissait rien à la langue des signes, mais comme nous la montrions toutes du doigt, elle savait que nous parlions d'elle.

Je comprends pas, ai-je signé à Maman et Kathleen. *C'est qui ? Pourquoi elle est là ?*

Le Pr Rivera s'était mis à parler vite, il percevait l'atmosphère tendue, mais je ne songeais même pas à lire sur ses lèvres pour l'instant. Je voulais savoir ce que cette Nina faisait ici.

Kathleen s'est balayé l'avant-bras avec les doigts, de bas en haut, signe voulant dire *lent,* et le Pr Rivera s'est interrompu en rougissant. Il n'avait sans doute jamais eu affaire à un élève sourd – comme tout le monde dans ce lycée, j'étais prête à le parier – et je voyais qu'il hésitait sur la conduite à tenir.

N-I-N-A est une merveilleuse élève, a signé Kathleen pendant que le Pr Rivera montrait celle-ci du doigt. Les joues cramoisies, elle avait toujours l'air au comble de l'embarras. *Nous lui avons demandé d'être ton mentor pendant tes deux premières semaines ici.*

Je comprends pas, ai-je signé, inquiète, en secouant la tête.

Le Pr Rivera s'est lancé dans une explication sur le sens de « mentor » en agitant les mains comme dans un monologue shakespearien dramatique. Je ne captais que certains mots, comme « bon élève », « notes » et quelque chose à propos des délégués de classe. Il n'avait pas vraiment compris le « vous devez ralentir pour que l'élève sourde puisse vous suivre ».

N-I-N-A va te montrer tes salles de cours, m'a expliqué Kathleen, *t'emmener faire le tour du lycée et vérifier que tout va bien.*

J'aurais dû voir le truc arriver.

C'est ma baby-sitter ? ai-je signé, un doigt furieux pointé sur Nina. *Elle va me promener et demander aux entendants de devenir amis avec la nouvelle fille sourde ?*

Maman pinçait les lèvres, gênée, tandis que Kathleen traduisait mes propos au Pr Rivera et à Nina. J'ai vu Nina se décomposer en l'écoutant et, l'espace d'un instant, je me suis sentie coupable.

Je voulais qu'on me laisse le temps de me réhabituer à être dans un établissement pour entendants. Je ne voulais pas qu'on me jette aux loups, qu'on me force à me lier d'amitié avec la première élève qui croiserait mon chemin.

Nina s'est mise à parler. *Ce n'est pas ça*, a traduit Kathleen. *On veut que tu aimes E-N-G-E-L-M-A-N-N.*

Impossible, ai-je rétorqué.

J'ai vu Maman pousser encore un soupir et se racler la gorge, les yeux fermés. Elle a pris un instant pour se ressaisir et a signé à mon intention : *Coopère avec elle. Je sais que tu n'es pas heureuse, mais essaie. S'il te plaît.*

C'est son expression qui a fini par me faire capituler. Elle avait l'air épuisée et usée, et je savais que c'était en partie à cause de moi. Je ne lui avais pas facilité la tâche depuis qu'elle avait annoncé notre déménagement. Je savais qu'elle faisait son maximum pour nous assurer une bonne vie ici, et elle avait assez de soucis avec mon petit frère, Connor. Quand vous avez un fils atteint de mucoviscidose, votre adolescente sourde finit par représenter le cas le moins difficile – sauf peut-être en ce qui concerne l'attitude.

O-K, ai-je signé, en tendant le bras pour lui toucher l'avant-bras. *Pardon.*

O-K, a-t-elle répondu, un sourire tremblotant aux lèvres.

Nous nous sommes installées sur les deux chaises face au bureau du Pr Rivera. Celui-ci s'était rassis, l'air soulagé que l'orage soit passé. Kathleen a fait signe à Nina de s'approcher avant de se placer derrière le Pr Rivera, dans mon champ de vision, pour interpréter.

Tout ceci me déplaisait au plus haut point, mais plus tôt j'accepterais ce lycée comme mon nouveau « quotidien », mieux je me porterais, sans doute.

2

Malgré la promesse de Kathleen, avoir Nina à côté de moi, c'était un peu comme avoir une baby-sitter.

Prenant son rôle de mentor très au sérieux, Nina nous a fait visiter Engelmann de fond en comble, à Kathleen et moi. Chaque classe, chaque couloir, chaque bureau nous ont été décrits dans le moindre détail, même si Engelmann n'était pas si différent de Pratt – juste plus grand. Et chaque fois que je levais les yeux, Nina ou Kathleen me regardaient comme si elles escortaient un bambin et non une fille de dix-sept ans.

Pour être honnête, j'avais paniqué pendant une fraction de seconde en disant au revoir à Maman avant la visite. J'ai eu un flashback de ma première rentrée de maternelle, terrifiée de voir Maman partir, me laisser seule dans un lieu étranger avec de parfaits inconnus. L'envie m'a prise de la serrer dans mes bras, de me laisser pénétrer de l'odeur réconfortante de son parfum ambré, de la supplier de ne pas m'obliger à vivre ça. Au lieu de cela, j'ai serré sa main trois fois et signé : *À tout à l'heure.*

Quand les élèves ont afflué dans le bâtiment juste avant la première sonnerie, j'ai eu du mal à rester concentrée sur Kathleen qui m'interprétait les propos de Nina.

Les gens se dirigeaient vers les rangées de casiers, discutant entre eux ou traînant les pieds, encore à moitié endormis. Au début, aucun d'entre eux ne m'a remarquée. Mais Kathleen était à fond dans son rôle d'interprète et s'y livrait sans réserve, accompagnant ses signes d'expressions faciales appropriées. J'appréciais son enthousiasme, mais il attirait l'attention plus que je ne l'aurais voulu. Il n'a pas fallu longtemps pour que les têtes se tournent vers nous tandis que nous passions dans les couloirs.

Pour la sixième fois peut-être, Kathleen a agité la main afin de ramener mon attention vers Nina. Nous venions d'atteindre une porte située à l'arrière du bâtiment, à côté de la cafétéria, et Nina parlait avec animation, utilisant ses mains presque autant que si elle parlait la langue des signes.

Elle parle beaucoup, ai-je signé à Kathleen, dont les lèvres m'ont paru réprimer un sourire.

Notre tour s'est achevé par une dernière halte devant mon casier. Nous devions ensuite nous rendre au gymnase pour la réunion de rentrée, destinée à renforcer notre enthousiasme à l'idée d'aborder l'année scolaire. J'étais probablement la seule personne heureuse de cette réunion, parce qu'elle allait m'offrir l'occasion de rester assise tranquillement et anonymement pendant quelques minutes dans cette folle journée.

J'ai dû secouer la porte de mon casier pour la décoller, et à l'ouverture, j'ai compris pourquoi. L'occupant précédent n'avait pas été des plus soigneux ; un tas de vieux devoirs froissés traînaient au fond, sous un ramassis de chewing-gums et d'emballages alimentaires. Dégoûtant. J'ai suspendu avec précaution mon sac à dos au crochet intérieur, en me demandant si l'univers ne conspirait pas vraiment contre moi. C'était sans doute le cas.

C'est la réunion maintenant, a signé Kathleen de la part de Nina au moment où je claquais la porte de mon casier. *Parfois ennuyeux, mais le bureau des élèves aime les bonbons.*

« Bon, du moment qu'il y a des bonbons », me suis-je dit.

À notre arrivée dans le gymnase, presque tous les gradins étaient pleins, et j'ai dû faire une croix sur mon envie de me retrouver au dernier rang. Nina a traversé la salle vers une zone libre au premier rang, nous faisant signe de la suivre. Kathleen et moi lui avons emboîté le pas en courant. Notre guide a salué d'un geste un groupe qui se trouvait près d'une table installée sous l'un des paniers de basket, puis elle s'est jetée sur les gradins lorsque le Pr Rivera s'est posté au milieu du gymnase, micro en main.

Je me suis dépêchée de m'asseoir à côté de Nina, et Kathleen est restée debout un peu plus loin, prête à interpréter dès que la réunion commencerait. Le Pr Rivera était trop loin pour que j'essaie de lire sur les lèvres, mais il semblait essayer de faire taire les élèves en effectuant avec sa main libre un geste apaisant.

Je ne pouvais pas deviner si les gens suivaient ses instructions parce que la conversation, le mouvement constant et les vibrations monotones provoquées par le bruit du micro se répercutaient dans les gradins où je me trouvais. Kathleen n'avait eu le temps de traduire que quelques mots du Pr Rivera lorsque j'ai éteint mes appareils auditifs.

Je n'entendais pas grand-chose avec mes appareils, contrairement à ce que certaines personnes semblaient penser. Je captais au mieux quelques bruits ambiants, comme un *boum* étouffé si quelqu'un claquait une porte. Mes appareils ne servaient qu'à m'aider à être un peu plus consciente de mon environnement et ne constituaient pas un remède miracle, juste une solution temporaire à un problème permanent.

Si je fermais simplement les yeux, appareils éteints, j'étais seule au monde, et parfois j'aimais mieux cela plutôt que d'être aspirée par tout le brouhaha qui m'entourait. C'était une chose que j'appréciais dans ma surdité : la capacité à me déconnecter de tout.

Quelques minutes m'ont suffi pour comprendre, d'après les signes de Kathleen, que le discours du Pr Rivera ressemblait à tous les discours du genre : « C'est la rentrée, alors faisons de notre mieux », que j'avais entendus à Pratt. Mon esprit s'est évadé ailleurs, sauf quand Kathleen a évoqué l'heure du déjeuner, parce que… nourriture ! Je me suis aussi réveillée quand quelques élèves ont lancé des bonbons dans les gradins et qu'un Snickers a atterri sur mes genoux. Ça a été de loin le meilleur moment de cette matinée étrange et stressante.

Dès la fin du discours du Pr Rivera, Nina a mis la main sur mon épaule et m'a montré la personne qui marchait vers nous. C'était l'un des gars qui avaient lancé des bonbons une minute auparavant, mais à présent, il tenait à la main un t-shirt noir. J'ai distingué la silhouette d'un soldat spartiate vert sur le t-shirt, avec les mots LYCÉE ENGELMANN imprimés au-dessus. Le type était grand et un peu dégingandé, maladroit même. Ses cheveux noirs étaient en bataille, comme au saut du lit, et pourtant il en ressortait une certaine élégance désinvolte.

Le gars s'est d'abord adressé à Nina en souriant, puis il s'est tourné vers moi, et ses joues se sont subitement empourprées lorsqu'il m'a dit bonjour. La suite de ses paroles m'a échappé parce que ses lèvres bougeaient trop vite. J'ai opté pour le signe universel signifiant : « je ne t'entends pas » – en montrant du doigt mon oreille et en secouant la tête avec un froncement de sourcils perplexe.

Voici mon ami, a signé Kathleen de la part de Nina, se chargeant des présentations lorsqu'elle a compris que je ne captais rien de ce qu'il disait. *Il s'appelle B-E-A-U W-A-T-S-O-N. Il est président du bureau des élèves.*

Enchantée, ai-je répondu pour faire simple.

« Beau » était un drôle de nom, plutôt original, le genre de nom qui convenait à un président du bureau des élèves.

Les joues de Beau sont passées du rose à l'écarlate pendant que je lisais sur ses lèvres. La concentration nécessaire pour lire sur les lèvres avait parfois tendance à mettre les gens mal à l'aise, ce que je trouvais secrètement hilarant.

« Enchanté, je… joie… accueillir. J'ai pensé que… t-shirt ? Tu sais… chose et… ça. »

J'ai regardé Kathleen, incapable de déchiffrer tout ce qu'il me disait.

Il t'apporte un t-shirt du lycée, a signé mon interprète. *Un cadeau de bienvenue.*

En un sens, je n'ai pas été surprise par l'expression apparue sur le visage de Beau lorsqu'il a regardé Kathleen me faire des signes. C'était un mélange de perplexité et de surprise, où la perplexité dominait. D'habitude, après cela, les gens se mettaient à crier, comme si ce volume sonore allait me permettre de les entendre. Ou alors, ils trahissaient leur pitié quand ils prenaient conscience que je n'entendais rien.

Mais j'avais assez de t-shirts entassés dans les cartons qui remplissaient ma nouvelle chambre, alors j'ai signé : *Non merci*, en secouant la tête.

Beau s'est mordu la lèvre quand Kathleen lui a traduit le message. Il a regardé Nina comme s'il ne savait plus sur quel pied danser.

Nina lui a présenté Kathleen, et j'ai saisi quelques-unes de ses paroles, comme « interprète » et « classe ».

« Oh ! a dit Beau. C'est… cool. »

C'était étrange de le voir envahi par la gêne alors que ses yeux passaient de Kathleen à moi. Il était clair qu'il ne savait pas à laquelle de nous deux il devait parler. Ce n'était pas la première fois qu'un interlocuteur s'adressait à l'interprète plutôt qu'à moi, comme si je n'étais pas littéralement en face de lui et parfaitement capable d'être incluse dans la conversation. Mais j'avais espéré vivre cette situation plus tard dans la journée – de préférence après la première heure de cours – et elle se produisait déjà.

Eh, ai-je signé à Kathleen. *La réunion est finie ? Les cours commencent maintenant, c'est ça ?*

Un tumulte de pas faisait trembler les gradins ; les élèves se bousculaient vers la sortie du gymnase. Le premier cours devait débuter d'ici quelques minutes.

Je me suis levée d'un bond dès que Kathleen a signé : *C'est fini.*

D'un geste de la main, j'ai indiqué à Nina qu'elle pouvait nous emmener au premier cours. Nina a fait un signe à Beau en attrapant son sac, Beau lui a mollement rendu la pareille, et nous nous sommes dépêchées de quitter le gymnase, en jouant des coudes pour contourner quelques personnes. Kathleen s'est retrouvée derrière nous. Quand elle nous a rattrapées dans le couloir, elle tenait le t-shirt que Beau venait d'essayer de me donner.

J'ai haussé un sourcil en guise de question silencieuse. Que voulait-elle que j'en fasse ?

C'est un joli cadeau, a signé Kathleen d'une main, en me tendant le t-shirt. *Il a l'air d'un bon gars.*

Beau avait plutôt l'air d'un lapin craintif – un très grand lapin. Je m'étais contentée de signer : *Enchantée* et *Non merci*, et il m'avait regardée comme si je parlais klingon. Pas très agréable.

J'ai pris le t-shirt, décidée à le fourrer dans mon sac dès que je l'aurais récupéré. Si, en déballant nos cartons, Maman en préparait un autre d'affaires à donner, je n'aurais qu'à y balancer le t-shirt.

Nina nous a guidées jusqu'à ma première salle de cours – statistiques – dans l'aile des mathématiques. Elle est restée sur le seuil, l'air désolé.

J'ai un autre cours maintenant, a signé Kathleen de sa part. *Je reviens ensuite pour t'accompagner à la salle suivante.*

O-K, ai-je répondu et, parce que je ne voulais pas paraître totalement ingrate, j'ai ajouté : *Merci pour ton aide.*

« Pas de problème », m'a dit Nina, à *moi* et non à Kathleen.

Stupéfaite, je lui ai souri. Cette fille devait vraiment être futée pour avoir compris l'art de l'interprétation. C'était… quelque chose. Mais ce n'était pas encore assez pour me convaincre que toute cette histoire de lycée pour entendants ne serait pas un complet désastre.

3

Prête ? a signé Kathleen en montrant d'un mouvement de tête la porte ouverte.

J'étais tout sauf prête, mais j'ai quand même répondu : *Bien sûr*, et haussé les épaules.

Mon premier cours dans un lycée pour entendants allait commencer, et j'éprouvais une folle envie de tourner les talons et de m'enfuir aussi vite que me le permettraient mes jambes.

Kathleen m'a souri en me serrant l'épaule. Je n'arrivais pas à décider si son engouement était encourageant ou agaçant, mais au moins il était fiable. La constance compte pour quelque chose quand toute votre vie a été chamboulée.

La cloche a dû sonner, vu la façon dont les gens se sont redressés sur leurs chaises, le regard fixé sur le bureau du professeur. L'enseignante, Mme Richardson – que j'avais déjà rencontrée la semaine précédente – était assise face à la classe et manipulait des piles de papiers. Elle a levé les yeux avec un sourire lorsque Kathleen m'a fait entrer.

Je l'ai regardée dire : « Il… ici, Maya. »

Contente de cette rentrée ? a ajouté Kathleen quand Mme Richardson s'est mise à parler trop vite pour que je la comprenne.

Oui, ai-je signé. J'aurais aimé que les gens arrêtent de me poser cette question.

Mme Richardson s'est levée, indiquant le premier rang de l'autre côté de la classe. *Ta place est ici*, a traduit Kathleen.

Pour l'instant, le bureau en question était occupé par une fille qui maîtrisait l'art du look impeccable que j'avais vu sur Pinterest peu de temps avant : maquillage parfait, chignon désordonné, jean et t-shirt. Je la voyais en train de taper des SMS, son iPhone à peine dissimulé sur ses genoux. Elle n'a pas levé les yeux jusqu'à ce que Mme Richardson frappe son bureau du doigt pour attirer son attention.

Mme Richardson me tournait le dos, si bien que je ne pouvais pas lire sur les lèvres pour deviner ce qu'elle disait. En tout cas, la jeune fille s'est renfrognée.

« J'aime… ici… place… la meilleure… », a-t-elle dit, même si le chewing-gum qu'elle mâchait compliquait la lecture sur ses lèvres.

J'ai regardé Kathleen, avec un coup d'œil appuyé vers la fille.

Kathleen a pris un moment pour écouter, puis elle a signé : *L'élève ne comprend pas pourquoi le professeur lui demande de partir. Tu as besoin d'un siège près du professeur. La fille ne veut pas partir, elle dit qu'elle était là avant.*

Waouh… Le cours n'avait pas encore commencé que les problèmes naissaient déjà. Un nouveau record !

Dans d'autres circonstances, je n'aurais pas daigné me battre pour une stupide place, et je me serais volontiers assise au fond de la classe, mais, de fait, j'avais besoin d'être au premier rang. C'était plus facile de voir le professeur et de suivre son cours, surtout avec une enseignante qui n'utilisait pas la langue des signes.

La fille a cessé de discuter avec Mme Richardson quand son voisin de derrière s'est penché vers elle pour lui parler. J'ai lu sur ses lèvres : « Bouge… pas… accord… » et la fille a fini par abandonner. Elle a pris ses affaires pour aller s'asseoir à un bureau libre à quelques rangs de là.

Mme Richardson est allée chercher une chaise pour que mon interprète puisse s'asseoir face à moi. Je me suis installée au bureau désormais vacant, j'ai posé mon sac à mes pieds et me suis retournée pour remercier mon voisin de derrière d'être intervenu.

C'était Beau, le gars du t-shirt. Bien sûr.

Merci, ai-je signé, un peu à contrecœur.

Beau a compris et hoché la tête en disant : « Pas de problème ». Son sourire a creusé deux fossettes, transformant le lapin maladroit en un gars étonnamment mignon, et pendant une seconde, j'ai oublié à quel point il m'avait agacée plus tôt.

Puis j'ai senti une main sur mon avant-bras. Je me suis retournée. Kathleen signait : *Début du cours.*

À ma grande surprise, ce cours de statistiques s'est plutôt bien passé avec Kathleen pour m'aider. J'en comprenais le contenu, et les signes dynamiques de Kathleen m'aidaient à percevoir quelque chose de la façon de parler de Mme Richardson. Celle-ci devait se rappeler certains trucs donnés par Maman lors de notre réunion du vendredi précédent sur la communication avec les personnes sourdes, par exemple faire face à son interlocuteur et ne pas se couvrir la bouche en parlant. Au bout des cinq minutes qu'elle nous avait données pour résoudre un problème, Mme Richardson a même fait clignoter les lumières pour attirer mon attention.

Mais malgré la gentillesse de Mme Richardson, j'étais extrêmement mal à l'aise. Je sentais les regards perçants de tous les élèves fixés sur Kathleen qui signait et moi qui la regardais attentivement. Si quelqu'un se moquait de nous, ce n'était pas comme si je pouvais l'entendre. Pourtant, je ne pouvais m'empêcher de penser qu'on parlait de moi, qu'on chuchotait dans mon dos, qu'on critiquait le bleu néon de mes appareils auditifs jurant avec ma couleur de cheveux, ou autre.

Heureusement, le cours n'a duré que cinquante-cinq minutes. Mme Richardson a griffonné nos devoirs sur le tableau blanc et distribué les manuels, puis elle nous a donné la permission de partir. Les élèves se sont bousculés vers la porte, mais je me suis attardée, prenant mon temps pour ranger mes affaires. Je ne voulais plus avoir affaire à Beau ni à mes autres camarades.

Kathleen a agité la main pour attirer mon attention et a pointé l'index derrière moi au moment où je rangeais mon manuel dans mon sac. J'ai jeté un coup d'œil par-dessus mon épaule : Beau était là. Il a commencé à parler ; Kathleen s'est avancée pour interpréter.

« Génial », me suis-je dit, en m'efforçant de cacher mon irritation. Ce gars n'avait aucun tact.

Tu as aimé le cours ? a signé Kathleen.

J'ai haussé les épaules. *Facile*, ai-je répondu, puis je me suis pointée du doigt : *Génie des maths.*

Quand Kathleen a interprété mes paroles à Beau, les coins de ses yeux se sont plissés, et ses pommettes se sont soulevées : il devait rire. J'ai compris la majorité de ce qu'il a dit ensuite, quelque chose comme : « Bien… Mme Richardson… dur. »

J'avais peut-être un peu exagéré, mais oui, j'étais forte en maths. Je suivais des cours de niveau renforcé depuis la seconde. Une bonne chose en soi, car mes notes en mathématiques et en sciences devaient être supérieures à la moyenne si je voulais devenir inhalothérapeute, le métier de mes rêves. Ma surdité allait déjà compliquer mon entrée dans le secteur médical, alors j'allais devoir prouver que, même si je n'entendais pas, j'étais assez intelligente pour contribuer à sauver des vies.

J'avais passé plus de temps que la normale auprès d'inhalothérapeutes. Ils formaient une partie importante de l'équipe qui traitait la mucoviscidose de Connor. Tous les aspects de cette maladie sont pénibles, de la douleur constante jusqu'aux médicaments en passant par le gilet spécial que Connor devait utiliser pour drainer le liquide et le mucus de ses poumons. Mais les thérapeutes aidaient à rendre les séjours de Connor à l'hôpital aussi faciles et confortables que possible. Je voulais faire la même chose pour d'autres enfants atteints de mucoviscidose.

Je me suis sentie coupable en constatant que Kathleen était toujours en train de m'interpréter les propos de Beau, et que je n'y avais pas vraiment prêté attention, trop absorbée par mes pensées sur Connor et la thérapie respiratoire.

Quel est ton prochain cours ? a signé Kathleen pendant que Beau continuait à lui parler.

Il semblait ne toujours pas comprendre qu'il devait me regarder, moi, et non Kathleen. Il était à un mètre de moi, et j'étais presque sûre de l'avoir vu dire : « Dis-lui... ». J'ai dû faire un effort pour réprimer des grincements de dents contrariés.

J'ai tiré de ma poche arrière mon emploi du temps chiffonné pour regarder quel cours j'avais maintenant. *Histoire américaine*, ai-je signé.

Un sourire a fait réapparaître les fossettes de Beau quand Kathleen a traduit cette information à haute voix. « Moi aussi », a-t-il dit.

Cool, ai-je répondu. Je n'étais pas sûre d'être sincère.

Je peux vous accompagner ? a traduit Kathleen de la part de Beau tandis qu'il montrait la porte d'un geste du pouce.

Nina m'a dit qu'elle allait m'emmener au cours suivant, ai-je répondu.

Beau a hoché la tête lorsque Kathleen lui a traduit mes signes. Il a dit : « Nina est… fille. C'est… amie. »

Kathleen a haussé les sourcils en me regardant tandis que Beau nous emboîtait le pas. Elle n'a pas eu besoin de faire de signes pour que je comprenne ce qu'elle voulait dire.

Il est mignon, je sais, mais pas pour moi, ai-je signé en veillant à ne pas regarder dans la direction de Beau. *Ne dis rien.*

C'est dans ce genre de situation que j'appréciais que personne autour de nous ne comprenne la langue des signes.

Qui ? Moi ? a signé Kathleen, mais en s'arrêtant là.

Nina nous attendait juste à la sortie de la classe, adossée à la rangée de casiers, son portable à la main. Tout sourire, elle nous a demandé comment s'était passé le cours, et je lui ai fait la même réponse qu'à Beau : *Attention, je suis une génie des maths.*

En route vers le cours d'histoire, je me suis retrouvée coincée derrière Nina et Beau, et j'ai compris qu'ils parlaient de moi. Pas parce que je les entendais ou que je pouvais lire sur leurs lèvres, mais parce qu'ils me laissaient hors de la conversation. De temps à autre, Beau jetait un coup d'œil derrière lui et s'adressait à Kathleen – toujours pas à moi – mais c'était tout.

Je comprends pas, ai-je dit à Kathleen en fronçant les sourcils.

Ils parlent du cours, m'a-t-elle répondu en désignant Nina et Beau du doigt.

Ils parlent de moi ? ai-je demandé.

Kathleen a fait une pause pour les écouter, puis elle a hoché affirmativement la tête.

J'ai fait une grimace.

C'est ce qui se passait à tous les coups quand je me trouvais avec des entendants. Ils étaient toujours si bavards et impatients, si occupés à bondir d'un endroit à l'autre, qu'ils ne pensaient jamais à ralentir, à faire le pas supplémentaire indispensable pour communiquer avec une personne sourde.

Kathleen m'a touché le bras pour attirer mon attention et elle a signé : *Ils ne savent pas comment s'y prendre avec les personnes sourdes. Ce n'est pas ta faute.*

Elle avait raison, mais j'ai quand même eu du mal à me défaire de mon expression boudeuse.

M. Wells, le professeur d'histoire américaine, s'est précipité vers moi à la seconde où je suis entrée dans sa classe. Il m'a donné une poignée de main vigoureuse ; j'ai été tellement surprise que j'ai fait un pas en arrière.

« Merveilleux… heureux de… toujours voulu… langue des signes… »

Il parlait beaucoup trop vite pour moi, alors Kathleen est intervenue, comme dans le bureau du Pr Rivera, en disant : *Doucement.*

Plutôt que de sombrer dans l'embarras, comme beaucoup de gens, M. Wells a continué à parler. D'après ses mouvements de lèvres exagérés et sa manière de se pencher en avant, j'ai deviné qu'il criait : « Je suis… désolé ! »

Il devait parler vraiment très fort, car Nina et Beau se sont tournés vers nous, alors qu'ils se dirigeaient vers des chaises libres. Les regards de toute la classe ont convergé sur nous.

J'étais mortifiée.

Kathleen avait l'air mécontente. Joignant encore une fois les signes à la parole, elle dit à M. Wells : *Il est inutile de crier. Parlez normalement. J'interprète pour elle.*

De mon côté, j'ai signé : *Même si vous criez, je n'entends pas.* Mes signes étaient peut-être un peu trop énergiques, mais je voulais mettre les points sur les i et ne pas laisser passer cette histoire de cris. *C'est stupide de crier sur les sourds.*

Malgré son absence de sensibilité, M. Wells a compris, à ma manière agitée de m'exprimer, que j'étais certainement agacée.

Je peux m'asseoir maintenant ? ai-je signé en désignant le bureau libre à côté de Nina.

M. Wells a hoché la tête lorsque Kathleen a parlé pour moi. Il s'est vite effacé pour me laisser passer. J'ai sorti un cahier et un crayon de mon sac pendant que Kathleen allait chercher une chaise pour s'asseoir en face de moi.

Lorsque je me suis redressée, j'ai vu Nina faire glisser vers moi son propre cahier. Elle avait griffonné quelque chose sur la première page.

M. Wells est un imbécile. Ne fais pas attention à lui.

J'ai réprimé un petit sourire et pris mon propre crayon pour griffonner une réponse à Nina avant de lui rendre son carnet de notes.

Il n'est pas le premier à me crier dessus et il ne sera pas le dernier. Mais merci.

Nina a affiché un grand sourire en lisant mon message et m'a dit : « Tu as tout compris ».

C'était une simple phrase, à laquelle j'avais souvent eu droit ces dernières semaines. Mais elle avait juste un peu plus de valeur venant d'une personne qui n'était ni ma mère ni une interprète.

4

À Pratt, le déjeuner était mon moment préféré de la journée. J'étais à peu près sûre qu'à Engelmann, ça allait être mon moment *le moins* préféré.

Ça te va si je te laisse pour le déjeuner ? m'a demandé Kathleen au moment où j'entrais dans la cafétéria à la suite de Nina.

Oui. Promis. À tout à l'heure.

Sûre ? a insisté Kathleen.

Oui, ai-je répété.

Ce n'était pas comme si j'annonçais publiquement que j'étais sourde – mon interprète, la langue des signes et mes appareils auditifs trahissaient cette évidence – mais je voulais avoir un déjeuner normal sans que tout le monde me regarde ou chuchote à mon sujet. Si Kathleen s'asseyait à ma table pour interpréter les conversations du déjeuner, ce serait impossible.

Nous nous sommes séparées à l'extérieur de la cafétéria, et Nina m'a emmenée faire la queue. La salle était déjà remplie de bandes d'amis en train de se raconter leurs vacances d'été. Chacun avait sa place, heureux de retrouver les mêmes groupes et les mêmes personnes.

J'ai eu un brusque coup de cafard.

Nous nous sommes retrouvées dans la file d'attente, derrière un gars plutôt petit, aux cheveux bruns et lisses. Il avait le physique svelte d'un sportif. Nina et lui se sont mis à discuter – peut-être étaient-ils amis ? – puis il s'est tourné vers moi. Un sourire qui se voulait probablement charmant, mais qui semblait un brin artificiel, s'est dessiné sur son visage.

« Eh, salut ! Qui... ici ? »

J'ai souffert intérieurement en lui serrant la main, prévoyant déjà l'issue de cette rencontre.

« Jackson, voici Maya », a dit Nina en nous présentant. Quelque chose dans son expression laissait penser qu'elle essayait de le rabrouer. « Elle vient... New Jersey. » « Merveilleux ! » a dit le dénommé Jackson en me faisant un clin d'œil.

La seule personne à m'avoir jamais fait des clins d'œil était mon grand-père Sully, qui n'était plus de ce monde. C'était généralement lorsqu'il me donnait des bonbons en cachette de ma mère. Qu'un garçon de mon âge me fasse un clin d'œil, c'était bizarre – et angoissant.

Nina s'est légèrement retournée, si bien que je ne voyais plus son visage, mais j'ai deviné qu'elle essayait d'informer Jackson de ma situation. Cette explication n'a pas paru ennuyer Jackson qui a répliqué : « C'est juste... Nina. Je... peu... langue des signes. »

Les yeux de nouveau fixés sur moi, il s'est mis à épeler son nom avec ses doigts, même s'il a terminé avec la lettre *M* au lieu du *N*. « Jackson », a-t-il dit en se penchant vers moi, signe révélateur qu'il élevait la voix.

J'ai souri poliment et décidé de répondre sur le même mode à sa manière exagérément dramatique de se présenter. J'ai signé en prenant mon temps : *Je n'aime pas les garçons entendants*. Mais j'ai eu grand-peine à ne pas éclater de rire en voyant Jackson hocher la tête et lever le pouce en continuant d'afficher un sourire espiègle alors qu'il avançait dans la queue.

« Désolée… ça », a dit Nina en se retournant vers moi. « Jackson… dragueur. »

J'ai haussé les épaules. Ce n'était pas comme si je n'avais jamais rencontré ce genre de spécimen. Je me suis frappé le front du dos de mon index et de mon majeur, le signe qui veut dire « stupide », et j'ai montré Jackson du doigt. Devant la perplexité de Nina, j'ai très clairement articulé le mot sans utiliser ma voix. Elle a réprimé un rire : elle avait compris.

Quand notre tour est venu, j'ai acheté un pauvre sandwich au rosbif et une bouteille de limonade, puis j'ai suivi Nina avec un peu d'anxiété. Elle était mon unique bouée de secours dans ce lycée, et je n'avais pas assez d'audace pour m'éloigner et m'asseoir seule à une table. Quand j'ai vu la table vers laquelle nous nous dirigions, j'ai presque regretté de ne pas l'avoir fait. Beau y était assis avec Jackson, en compagnie d'un tas d'inconnus.

J'ai pris place à côté de Nina, en face de Beau et heureusement loin de Jackson. J'ai déballé mon sandwich et croqué dedans, en faisant tout ce que je pouvais pour oublier les regards fixés sur moi. Nina m'avait appris que Beau et elle-même faisaient partie du bureau des élèves. Les autres appartenaient donc sans doute au même groupe.

Nina m'a posé une main sur l'épaule pour attirer mon attention, et je l'ai regardée me présenter à tout ce monde en disant : « Voici… Maya. Elle vient d'emménager… New Jersey. »

J'ai fait un petit signe de la main pour répondre aux gens qui disaient probablement « Salut », et je suis vite retournée à mon sandwich. J'avais la mauvaise habitude d'engloutir la nourriture hyper vite quand j'étais nerveuse, et au rythme où j'allais, mon sandwich serait fini en moins d'une minute, top chrono.

Nina m'a donné un petit coup de coude. J'ai sursauté et tourné les yeux vers elle. Elle me montrait Jackson, assis en face, à deux sièges de Beau. Il était penché vers moi et me parlait à toute allure, sans respirer entre deux phrases.

C'est peut-être parce que j'étais déjà épuisée à force de lire sur les lèvres, d'essayer de rester alerte et d'être paranoïaque à l'idée que les gens discutaient de moi dans mon dos : j'ai parlé, parce que c'était le moyen le plus rapide de faire passer mon message.

« Je suppose que Nina t'a dit que j'étais sourde ? »

J'ai vu Beau écarquiller les yeux, et j'ai lu les mots suivants sur ses lèvres : « Tu sais parler ? »

Dans la fraction de seconde qui a suivi, mon humeur est passée de gênée à *furieuse*.

« Bien sûr que je sais parler ! Beaucoup de personnes sourdes oralisent, mais c'est nous qui choisissons si nous voulons ou non utiliser notre voix, ai-je rétorqué en le foudroyant du regard. Si je choisis de ne pas parler, ça ne veut pas dire que je ne sais pas le faire. Je ne suis pas stupide, tu sais. Je suis tout aussi capable que toi. »

Son commentaire incroyablement irréfléchi m'avait mise en colère, mais dans un coin de ma tête planait la crainte que ma voix rende peut-être un son affreux, si surprenant qu'il allait déstabiliser Beau.

Beau s'est lancé dans ce qui allait être, selon moi, une pauvre excuse ; mais Jackson s'est mis à tapoter la table devant moi pour attirer de nouveau mon attention. Quand j'ai tourné vers lui mon regard incendiaire, il n'a pas paru s'apercevoir de ma colère :

« Si tu... parler, pourquoi... langue des signes ? »

« Et *toi*, pourquoi tu n'utilises pas la langue des signes ? » ai-je répliqué.

J'ai arraché mon sac au dossier de ma chaise, attrapé mon sandwich et ma bouteille de limonade, et suis partie comme une fusée. À la sortie de la cafétéria, le couloir était merveilleusement vide, alors j'ai filé, indifférente au claquement sans doute puissant de mes chaussures sur le carrelage. Je voulais mettre autant de distance que possible entre cette table de cantine et moi. Dommage qu'il ait été hors de question de parcourir ainsi à pied tout le chemin qui aurait pu me ramener dans le New Jersey.

On ne m'avait jamais fait le coup de la question : « Tu sais parler ? » Comme si la parole était impossible parce que j'étais sourde. Où était le rapport ?

Je me sentais de plus en plus irritée contre moi-même, à cause de cette gêne éprouvée à avoir parlé devant Nina, Beau et les autres parfaits inconnus à cette table.

En avançant dans le couloir, je me répétais comme une litanie : « N'y pense pas, n'y pense pas. » Ces gens n'étaient rien pour moi. Je me moquais de ce qu'ils pensaient ou disaient. Du moins, j'essayais.

Je me suis installée devant mon casier pour picorer le reste de mon sandwich et boire quelques gorgées de limonade, bien que la mésaventure de la cafétéria m'ait coupé l'appétit. Tout en mangeant, je réfléchissais à l'opportunité de chercher un job qui me permettrait de m'offrir une voiture pour me rendre à ce lycée pour personnes sourdes. Ce ne serait pas la même chose que Pratt, mais au moins j'y côtoierais d'autres personnes qui « parleraient » ma langue. Cette idée agréable m'a fait tenir jusqu'au cours d'art, même si je savais qu'elle n'était guère réaliste.

À supposer que je trouve un job dans les semaines suivantes, je doutais de pouvoir économiser assez pour acheter une voiture avant la fin du lycée.

Les tentatives de Maman pour me convaincre que je serais heureuse dans ce lycée pour entendants se heurtaient à un mur dès le premier jour. Comment avait-elle pu imaginer que tout se passerait bien ?

5

Ça va ? a signé Kathleen à la sortie du cours de chimie, le dernier de la journée. *Triste ?* a-t-elle ajouté en me montrant du doigt, les sourcils levés.

Ça va, ai-je répondu. *Fatiguée.*

Ce n'était pas complètement un mensonge – j'étais épuisée. J'avais oublié comme c'était fatigant de lire autant sur les lèvres pour tenter de comprendre ce qui se disait autour de moi. J'étais obligée de mettre dans la communication beaucoup plus d'énergie que les entendants de ce lycée. C'était déprimant de penser que j'allais devoir faire cet effort près de huit heures par jour, cinq jours par semaine, pendant les mois à venir.

Demain est un nouveau jour, a signé Kathleen avec un sourire encourageant.

Je sais, ai-je répondu. *Mais j'avais oublié que les entendants sont bizarres avec les sourds.*

Je sais, a signé Kathleen. Elle n'a pas ajouté d'autres paroles d'encouragement, elle s'est contentée de me serrer l'épaule d'un geste, et je lui ai été reconnaissante de ne pas insister.

Nous nous sommes quittées en nous promettant de nous retrouver devant le lycée le lendemain, et j'ai refait le long trajet menant à mon casier de l'autre côté du bâtiment.

Tête baissée, j'ai vite rassemblé tous les manuels et devoirs reçus au cours de la journée. J'en avais déjà pour quelques heures de travail à la maison, et j'en étais étrangement heureuse. Ce serait une distraction provisoire m'évitant de penser au retour horrible qui m'attendait dans ce stupide lycée.

Maman m'attendait sur la zone de dépose-minute. J'ai ouvert ma portière à la volée et sauté dans la voiture, jetant mon sac entre mes pieds avec un peu trop de force.

Je me suis penchée pour saluer Connor, affalé à l'arrière au milieu de plusieurs sacs de courses que Maman avait dû remplir. Il avait l'air un peu fatigué après sa rentrée, mais en forme. Il a signé : *Salut*, en me gratifiant d'un sourire. Sa langue était logée dans le trou dû à l'absence de ses deux dents de devant – il adorait la glisser là depuis qu'elles étaient tombées quelques semaines auparavant.

Puis Maman m'a posé la main sur l'épaule, et je me suis retournée pour la regarder. Son visage affichait une expression d'attente. J'ai deviné sa question silencieuse : *Alors, comment ça s'est passé ?*

Horrible, ai-je signé. J'ai commencé à dresser la liste de toutes mes épreuves tandis qu'elle démarrait et manœuvrait pour sortir du parking. *Une fille s'est fâchée contre moi au premier cours, et pourquoi ? Parce que le professeur l'a fait changer de place pour moi. Un autre professeur m'a crié dessus. Au déjeuner, un garçon a essayé de F-L-I-R-T-E-R avec moi, et un autre garçon, B-E-A-U, a été surpris que je parle. Il m'a dit : « Tu sais parler ? »*

Si Maman n'avait pas été aussi habituée à ma manière de signer, elle n'aurait probablement rien compris à ce que je lui disais, étant donné la frénésie de mes mouvements ; mais elle a pigé. L'air déçu, elle a continué à conduire, puis elle s'est tournée vers moi pour me répondre à la faveur d'un feu rouge.

Rappelle-toi, c'est le premier jour, a-t-elle signé. *C'est toujours étrange, le premier jour. Le lycée pour entendants, c'est nouveau pour toi. Mais je suis désolée de ce qui s'est passé.*

Pareil, ai-je répondu en me mordant la lèvre. Je me sentais frustrée, des larmes de colère me piquaient les yeux, mais je refusais que ces crétins m'atteignent en me faisant pleurer.

Ils ne sont pas méchants, a continué Maman. *Ils ne connaissent pas la surdité.*

Ils devraient, ai-je répliqué.

Maman a serré les lèvres, songeuse, et ce n'est qu'au feu rouge suivant qu'elle a signé : *Apprends-leur*.

La petite main de Connor a serré mon épaule très fort avant que j'aie pu répondre, et immédiatement, j'ai senti ma colère commencer à disparaître.

Malgré sa maigreur et sa pâleur, Connor était sans doute le petit garçon le plus heureux que je connaisse. Il avait des cheveux bruns qui rebiquaient de partout malgré les efforts de Maman pour les dompter, des joues couvertes de taches de rousseur, et un sourire permanent.

Connor ne connaissait pas grand-chose à la langue des signes, mais il se donnait à fond chaque fois que nous nous trouvions ensemble. Il m'écrivait souvent des messages ; nous possédions, dans ce but précis, un cahier à spirales couvert de stickers Marvel.

Salut, a répété Connor d'un signe. *Tu m'as manqué aujourd'hui.*

Pareil, ai-je répondu avec un grand sourire. Puis j'ai parlé à voix haute : « Comment s'est passée ta rentrée, minus ? »

Connor était l'une des rares personnes devant qui cela ne me gênait pas d'utiliser ma voix. Il était trop jeune pour se rappeler à quoi elle ressemblait du temps où j'entendais, alors pour lui, j'avais toujours été sa grande sœur sourde.

« Géniale ! » ai-je lu sur ses lèvres. Tout excité, il a levé les pouces, le visage fendu d'un nouveau sourire édenté. « J'ai... nouveau copain... prof nous a mis... s'appelle... Trevor. Aime... Spider-Man ! »

« C'est super », ai-je dit. Au moins, Connor aimait sa nouvelle école, même si je détestais la mienne.

Quelques minutes plus tard, nous nous garions dans l'allée devant notre nouvelle maison.

Elle était plus petite que celle du New Jersey, mais jolie quand même – peinte en vert, avec une pelouse bien tondue devant, et un grand copalme d'Amérique[2]. C'était probablement la seule chose que j'aimais dans le fait d'avoir déménagé si loin.

L'intérieur était encore un vaste bazar ; il fallait slalomer entre les cartons de déménagement empilés partout. Nous avions installé les canapés et le meuble de télévision dans le salon, mais le reste n'était que chaos.

Une fois les courses rangées, j'ai commencé à faire mes devoirs en m'installant dans le salon avec Connor. N'ayant pas de devoirs, il s'est allongé sur le canapé avec bonheur devant des dessins animés, en prenant soin d'activer pour moi le sous-titrage. Plongée dans mon manuel d'histoire américaine, j'étais en train d'apprendre un chapitre sur les entreprises dans l'Amérique du début du vingtième siècle lorsque Maman est entrée pour nous dire que le dîner était prêt.

2. Le copalme d'Amérique est un arbre aux feuilles caduques et à la forme pyramidale.

Comme je tardais à me lever, Connor a signé : *Dîner*, à mon intention, en formant la lettre D avec ses doigts et en se tapotant un côté de la mâchoire.

Nous avons rejoint Maman, qui avait déjà mis le couvert dans la salle à manger attenante à la cuisine. Elle nous a servi des pâtes aux crevettes avec une salade, changement bienvenu après les plats tout faits avalés depuis notre emménagement.

Je me suis assise en face de Maman pour faciliter l'interprétation, et j'ai plongé dans mon assiette.

Je levais régulièrement les yeux tout en mangeant et je voyais Connor en train de discuter avec Maman. J'éprouvais alors ce petit pincement au cœur ressenti à chaque fois que ma famille parlait autour de moi sans que je comprenne une miette de la conversation.

Je n'en voulais pas à Connor et Maman de ne pas toujours signer en parlant : ce n'est pas facile à faire quand on a l'anglais pour première langue. Même si je ne m'apitoyais pas sur mon sort, il m'était parfois impossible d'échapper à la tristesse. Je ne haïssais pas ma surdité – elle faisait partie de mon identité – mais elle me faisait parfois subir une impression de solitude douloureuse.

Après le dîner et la vaisselle, j'ai pris mes affaires et je suis montée dans ma nouvelle chambre, tout au bout du couloir, à côté de la salle de bains que je partageais avec Connor.

Plutôt que de me replonger dans mes devoirs, j'ai accroché quelques posters, principalement des reproductions de chefs-d'œuvre de van Gogh et de Picasso qui m'ont toujours émerveillée. J'ai fait mon lit avec soin, j'ai rangé davantage de vêtements dans la commode à côté de la fenêtre, puis j'ai décidé de laisser tomber et d'appeler ma meilleure amie Melissa par FaceTime.

Elle a décroché après quelques instants, avec de joyeux mouvements de mains lorsqu'elle est apparue sur mon iPad. J'ai rencontré Melissa à Pratt peu après mon arrivée là-bas, et ça a été le début d'une grande amitié. Contrairement à moi, elle est née sourde ; l'ASL est donc sa première langue. Il m'a fallu un certain temps pour arrêter de penser autant en anglais, ma première langue à moi, et il m'arrivait encore de penser que je ne parlais pas couramment l'ASL, mais cela n'a jamais posé de problème à Melissa.

Elle était vive et pétillante. Elle ne manquait jamais de voir le côté positif des choses – qualité qui me serait utile ces temps-ci. Et après ce premier jour désastreux à Engelmann, j'espérais que la confiance en elle de Melissa, si à l'aise avec son identité de personne sourde, déteindrait sur moi.

Tu me manques, ont été les premiers gestes de Melissa. *Le Colorado, tu aimes ?*

Ça va, ai-je répondu. *Les montagnes sont belles.*

Et ton lycée pour entendants ? a poursuivi Melissa avec un haussement de sourcils interrogateur.

Horrible, lui ai-je répondu honnêtement.

Je me suis lancée dans un compte rendu détaillé de cette journée de rentrée. Melissa suivait mes gestes avec attention, sans cesser d'entortiller autour de son doigt une mèche de ses cheveux teints en noir. Quand je suis arrivée au récit du déjeuner, que j'ai décrit Beau et le garçon pénible, l'expression de Melissa est passée de l'intérêt à l'ennui.

Les entendants, a-t-elle dit en accompagnant son geste d'un hochement de tête dégoûté qui semblait résumer sa pensée.

Je sais, ai-je acquiescé. *Et maintenant, je suis coincée ici. Encore huit mois avant mon diplôme.*

Forte, a signé Melissa en me montrant du doigt. *Je crois en toi.*

Merci. J'ai tenté un sourire, même si j'avais de nouveau envie d'éclater en sanglots de colère et de frustration. *Tu me manques aussi.*

Melissa et moi avons passé la demi-heure suivante à échanger des nouvelles. Ce dialogue signé m'a ramenée mentalement à mon ancienne chambre du New Jersey, du temps où nous retardions l'heure de nous mettre à nos devoirs. Melissa m'a promis de me retrouver sur FaceTime après sa rentrée à Pratt, fixée à la semaine suivante, et de me tenir au courant de tout ce que je ratais là-bas.

Il était 23 heures sur la côte est lorsque Melissa et moi avons raccroché. Je détestais dire au revoir, mais j'avais des devoirs à finir. Voir son visage m'avait fait du bien, mais pas seulement. Notre échange m'avait rappelé tout ce que j'avais laissé dans le New Jersey – une vie heureuse et confortable, entourée de gens qui me comprenaient. Ma rentrée à Engelmann m'avait prouvé une chose : j'étais complètement, radicalement, différente des autres.

Et il n'y avait aucune chance pour que cela change.

6

Quand j'ai perdu l'ouïe, Maman a mis la main sur un catalogue d'assistance technologique et m'a acheté un nouveau réveil appelé Sonic Bomb. Destiné aux malentendants, il est équipé d'un disque vibrant qu'on glisse sous le matelas et qui secoue le lit quand l'alarme se déclenche. L'appareil est même doté d'une lumière rouge clignotante.

C'est un outil technologique astucieux, mais il a tendance à m'arracher violemment au sommeil et à déchaîner mes battements de cœur. Ce réveil subi chaque matin dans le New Jersey m'était maintenant infligé dans le Colorado, où au lieu de me rendre à Pratt, j'allais passer une nouvelle journée horrible à Engelmann. Cette seule pensée a empêché mon cœur de retrouver son rythme normal.

Sur le chemin du lycée, j'ai gardé la tête appuyée contre la vitre de la voiture, en me concentrant sur les secousses ressenties par mon crâne au gré des cahots, plutôt que sur ce deuxième jour d'école à affronter.

Eh, a signé Maman en garant le van sur le trottoir devant Engelmann. *Tu vas passer une bonne journée. Promis.*

J'en doutais fortement, mais c'était gentil de la part de Maman. J'ai répondu : *À plus tard*, en détachant ma ceinture. J'ai envoyé un baiser à Connor assis à l'arrière et me suis traînée hors de la voiture pour gagner le lycée.

Kathleen m'attendait à l'entrée. *Salut*, a-t-elle signé, une tasse de café dans sa main libre. J'ai été parmi les premiers à entrer dans la salle de statistiques, contente de m'asseoir à la même table qu'hier, sans encombre cette fois-ci. En attendant le début du cours, j'ai rapidement parcouru les devoirs faits la veille pour m'assurer que j'avais bien résolu chaque problème.

J'étais en train de relire l'avant-dernier problème quand quelqu'un m'a tapoté sur l'épaule. Je me suis retournée et j'ai fait une grimace. C'était Beau, de nouveau assis derrière moi.

« Qu'est-ce que tu veux ? » ai-je dit tout haut.

J'éprouvais l'étrange envie de continuer à utiliser ma voix devant lui, ne fût-ce que pour prouver ma capacité parfaite à parler.

J'ai écarquillé les yeux en voyant Beau tracer très soigneusement le signe *pardon* – un poing fermé effectuant un mouvement circulaire contre la poitrine.

L'ordinateur portable de Beau devait afficher un site ASL quelconque, car dans la minute qui a suivi, il a enchaîné une série de signes, s'efforçant clairement de se rappeler ceux qu'il voulait utiliser. Pétrifiée, éberluée, je me demandais pourquoi Beau essayait d'utiliser la langue des signes avec moi. Et lorsqu'il a employé un mauvais signe sans le faire exprès, je n'ai pas pu réprimer un fou rire.

« Qu'est-ce que… trompé ? » m'a demandé Beau, l'air nerveux.

J'ai fait la lettre *W* et porté trois doigts à mes lèvres. « Ça veut dire "eau" », ai-je dit. Puis j'ai levé mon petit doigt et porté les quatre doigts relevés à mes lèvres. « Ça veut dire "parler". Tu as dit que je n'avais pas besoin d'eau en ta présence. »

Beau a plaqué la main sur ses yeux en se tassant de quelques centimètres sur sa chaise. Son embarras était étrangement adorable. « OK... mérite d'essayer. »

Peut-être qu'il avait un peu de mérite. Comparé aux inconnus lambda qui aimaient m'arrêter et épeler tout l'alphabet avec leurs doigts juste pour me montrer qu'ils en étaient capables, Beau avait fait un effort décent pour me transmettre son message.

« Si tu essaies de dire que tu es désolé pour hier, je comprends », lui ai-je dit en espérant que ma voix était calme. Je ne pouvais jamais être sûre de son volume sonore. « Mais juste... quand tu t'entraîneras de nouveau à l'ASL en ligne, tu pourras peut-être chercher sur Google les choses que tu n'es pas censé dire à une personne sourde. »

Les joues de Beau étaient passées par toutes les nuances de rose, mais il a acquiescé d'un signe de tête en disant : « D'accord. Peut-être que... chercher ça... aussi. »

Je pense lui avoir souri avant de me retourner sur ma chaise.

Comme la veille au matin, Nina m'attendait à la porte de la classe quand la cloche a sonné. Elle m'a dit, tout sourire : « Comment vas... ce matin ? »

Cela me dépassait de la voir tellement joyeuse de si bonne heure, mais bon, je n'avais avalé que la moitié de ma tasse de café au petit déjeuner et j'avais du mal à être gaie sans une grosse dose de caféine.

Bien, ai-je signé, Kathleen traduisant à côté. *Fatiguée. Trop de devoirs hier.*

Kathleen m'a interprété la réponse de Nina : *Pareil. Et ça ne va qu'empirer.*

Heureusement, cette fois, lorsque nous sommes arrivées en cours d'histoire, M. Wells ne s'est pas adressé à moi à la seconde où je franchissais le seuil. En fait, il s'est empressé d'aborder la séance du jour, suite de la discussion d'hier sur la création de grandes entreprises aux États-Unis au tournant du siècle. Ma prise de notes était assez molle, parce que j'avais déjà eu ce cours à Pratt. J'en étais arrivée à la moitié d'un gribouillage représentant un Poudlard miniature, le lac sillonné de bateaux remplis d'élèves de première année, lorsque Kathleen s'est penchée vers moi et a commencé à tapoter sur mon bureau.

Travail en groupe, a-t-elle signé quand j'ai levé le nez.

Je l'ai fixée d'un regard perplexe, sans trop savoir ce qu'elle voulait dire. Elle m'a expliqué : *Le professeur veut que vous discutiez du commerce américain. Comment le commerce a évolué avec les nouvelles technologies.*

C'était sans doute le cauchemar d'une personne sourde – le « travail en groupe ». Kathleen et moi n'allions jamais pouvoir suivre le flux rapide d'une conversation entre des interlocuteurs multiples. De plus, il était rare que les gens ne paraissent pas ennuyés par le petit moment de décalage causé par l'interprétation. Autant placer une personne entendante entre deux personnes sourdes se disputant en langue des signes, et lui demander de comprendre le sujet de la discussion.

J'espérais être dans le même groupe que Nina, mais je me suis retrouvée avec deux filles qui semblaient rêver d'être n'importe où ailleurs et un type à moitié endormi, tellement penché en arrière qu'il me paraissait voué à une chute.

Kathleen a traîné sa chaise jusqu'à notre cercle de bureaux, au pied du tableau blanc, tout devant.

Toilettes, a-t-elle signé pour me signifier qu'elle partait aux cabinets.

« Super timing », ai-je pensé.

J'ai acquiescé en essayant de vaincre le sentiment de malaise qui m'agitait le bas du ventre.

Quand M. Wells est venu donner des instructions, Kathleen n'était toujours pas revenue. Même s'il me faisait face, son débit était trop rapide et animé pour que je comprenne un seul mot. À la fin, il a levé le pouce à mon attention, les yeux grand ouverts guettant ma réaction, alors je me suis forcée à sourire en levant le pouce à mon tour.

M. Wells parti, le seul garçon du groupe s'est enfoncé encore davantage dans son siège et a croisé les mains derrière la tête comme s'il se préparait à la sieste. Les deux filles se sont mises à rire, et j'ai supposé que le garçon avait fait une blague ou un commentaire sarcastique. Je ne pouvais pas en être sûre parce que je ne voyais pas vraiment son visage.

Que devais-je faire ? La discussion débutait sans moi, et où était Kathleen ? Ce n'était que le deuxième jour de cours, et j'étais décidée à ne pas prendre de retard dès maintenant, même s'il ne s'agissait que d'une stupide discussion de groupe. Pour ce que j'en savais, ils avaient peut-être engagé la discussion la plus intelligente et la plus stimulante de la dernière décennie.

Mais comment apporter ma contribution si je ne comprenais même pas ce qu'ils disaient ? Si je prononçais de travers le nom d'un patron ou d'une entreprise, ou si je parlais trop fort ? Cela me vaudrait encore plus de regards bizarres et *curieux* de la part de ce type, Jackson, qui était assis de l'autre côté de la classe, et dont je sentais encore les yeux fixés sur moi.

J'ai levé les yeux, jusque-là rivés à mes mains crispées, quand j'ai vu quelqu'un se retourner sur son siège pour passer la tête dans notre groupe. C'était Beau, et il parlait aux filles. Je n'ai saisi que quelques mots. Quelque chose comme : « Vous… elle est sourde, OK ? Vous devriez… »

« Eh ! »

Beau et les deux filles se sont tournés vers moi, l'air surpris.

« Tu n'as pas besoin de parler pour moi. Arrête de t'occuper de mes affaires. »

J'avais peut-être parlé d'un ton un peu trop dur – impossible à savoir – parce que Beau a fait la tête de quelqu'un qui a reçu une gifle. Il s'est mis à chercher ses mots, disant quelque chose comme : « Je voulais… aider. J'essayais juste… »

« Je ne veux pas de ton aide, ai-je rétorqué, et j'étais sincère. Je n'ai pas besoin de ton aide. Je suis parfaitement capable de contribuer à la conversation. Par exemple, je ne pense pas que John D. Rockefeller ait été quelqu'un de bien, même si c'était un brillant businessman. Tu vois ? »

C'est à ce moment précis que Kathleen est arrivée. Elle a paru alarmée par l'atmosphère tendue qu'elle découvrait.

Que s'est-il passé ? m'a-t-elle signé.

Rien. On t'attend pour lancer la discussion.

Kathleen n'a pas semblé convaincue, mais elle a acquiescé en se rasseyant, prête à interpréter. Beau a senti que c'était le moment de retourner dans son propre groupe, ses yeux évitant les miens.

Qui avait dit que j'avais besoin qu'il intervienne ainsi pour moi ? C'était évident pour le reste de la classe que j'étais sourde, alors pourquoi le rappeler à mon groupe ?

J'ai décidé que ses excuses en langue des signes ne valaient rien. Beau ignorait tout de mon monde, et je doutais sincèrement qu'il le découvre un jour.

7

Deux semaines après le début du semestre, j'ai enfin pu rencontrer ma nouvelle conseillère d'orientation, Mme Stephens. Quand Maman nous avait annoncé que nous déménagions dans le Colorado, je m'étais lancée dans des recherches sérieuses sur les universités voisines, pour repérer les meilleurs programmes de thérapie respiratoire auxquels je pourrais postuler. Mes recherches m'avaient aiguillée vers Cartwright College, un petit établissement comptant vingt-cinq étudiants par classe en moyenne, à une vingtaine de minutes en voiture. Cela me permettrait de rester vivre à la maison et d'aider ma mère à prendre soin de Connor.

Il était crucial que je voie Mme Stephens le plus tôt possible. Plus j'aurais de temps pour m'assurer qu'elle comprenait tous les aspects de mes projets d'études et leur importance pour moi, mieux ce serait. J'avais l'intention de présenter une demande d'inscription précoce à Cartwright, dans l'espoir de savoir dès la fin du semestre si j'étais admise.

Après la chimie, Kathleen m'a suivie dans le couloir menant au bureau principal à l'entrée du lycée.

Un rendez-vous pour parler de l'université ? a-t-elle signé pendant que nous marchions.

J'ai acquiescé et lui ai résumé le plan que j'avais élaboré pour les quatre années à venir. À la fin, Kathleen était rayonnante.

Intelligente, a-t-elle dit en me désignant du doigt. *Ne te fais pas de souci, je suis sûre qu'ils vont t'accepter.*

J'ai esquissé un sourire tremblotant et répondu : *Merci.*

Malgré mes inquiétudes du début, Kathleen était en train de se tailler une place dans mon entourage familier, quittant la catégorie des étrangers. Plus ça allait, plus je me disais que mes cours n'étaient peut-être pas si horribles avec cette interprète à mes côtés. Mes camarades étaient le plus gros problème, et je remarquais que Kathleen avait l'habitude de foudroyer du regard quiconque affichait un air bizarre en nous regardant signer. Ce n'était pas vraiment son rôle d'interprète, mais c'était gentil de sa part de veiller sur moi.

Lorsque nous avons atteint le bureau de Mme Stephens, Kathleen a frappé avant que j'aie eu le temps de le faire. On a dû répondre de l'intérieur, car elle a ouvert la porte et m'a fait entrer.

Mme Stephens était assise derrière son bureau et s'est levée pour nous accueillir. Ses lunettes à monture épaisse et ses cheveux noirs au carré lui donnaient un air austère, mais elle a souri en nous serrant la main.

Elle a dit quelque chose comme : « Ravie de… Maya ».

Pareil, ai-je signé en m'asseyant sur l'une des chaises près de son bureau.

Kathleen s'est mise à interpréter les propos de Mme Stephens, qui a commencé à parler en tapotant sur son ordinateur.

Je vois les bulletins de ton ancien lycée. Tes notes sont extraordinaires. J'espère que tu aimes ton nouveau lycée.

J'ai haussé une épaule et signé : *Différente, mais O-K.*

Kathleen a continué à traduire : *Dis-moi tes vœux pour l'université.*

J'ai répondu : *Je veux candidater tôt pour le programme T-R à C-A-R-T-W-R-I-G-H-T.*

Mme Stephens a paru surprise : *Pourquoi le programme T-R ?* a signé Kathleen de sa part.

J'ai hésité, pas sûre de vouloir partager quoi que ce soit au sujet de Connor, mais j'ai décidé qu'il valait mieux être honnête. Si elle savait à quel point c'était important pour moi, je gagnerais peut-être une alliée.

Je lui ai parlé du diagnostic de Connor et de la difficulté de faire face à sa maladie, non seulement pour lui, mais aussi pour le reste de la famille.

Je veux aider tous les enfants atteints de mucoviscidose, ai-je conclu en signant avec émotion.

Mme Stephens hochait la tête tandis que Kathleen interprétait mes gestes. Elle a dit :

« ... pense que ce que tu veux... magnifique. Promets... t'aider. »

J'ai regardé Kathleen interpréter la suite. C'était presque surréaliste : Mme Stephens estimait qu'avec mes notes et mes bulletins supérieurs à la moyenne, j'avais de bonnes chances d'entrer à Cartwright, alors qu'il n'était pas rare que des étudiants restent sur liste d'attente pendant plus d'un ou deux semestres. Je n'ai pas pu m'empêcher de retomber sur ma chaise avec un gros soupir de soulagement. Je crois que j'ai signé : *Merci,* environ neuf fois.

Faire des plans pour l'université était l'une de mes inquiétudes majeures depuis que j'avais appris que j'allais rejoindre un lycée pour entendants. Mon conseiller d'orientation à Pratt était sourd lui aussi, alors il comprenait l'enchaînement d'obstacles qui allaient m'attendre au moment de mon diplôme. Mme Stephens n'en avait aucune expérience – personnelle du moins – mais elle paraissait plus que disposée à essayer de travailler avec moi.

Mon sourire était sincère à la fin du rendez-vous, et j'ai presque eu du mal à réprimer des bonds de joie. Tout s'annonçait bien mieux que je ne l'avais imaginé. Une personne qui ne sourcille pas et ne soulève pas d'objections quand une personne porteuse d'un « handicap » lui fait part de ses rêves est évidemment quelqu'un que l'on veut avoir à ses côtés.

Nous avons pris un rendez-vous deux semaines plus tard pour commencer à travailler sur ma candidature à Cartwright, et Mme Stephens a promis d'effectuer des recherches sur les politiques d'hébergement de l'université.

Bon rendez-vous, a signé Kathleen en sortant.

Merveilleux, ai-je acquiescé. *Je suis heureuse de son soutien.*

Les choses s'étaient bien passées, mais cela ne signifiait pas que j'étais tirée d'affaire. J'avais déjà du mal à suivre ce qui se passait dans mes cours, même avec Kathleen. La lecture sur les lèvres n'était pas une science exacte. Dans les rares moments où Kathleen sortait pour aller aux toilettes, je n'étais jamais sûre de ce que je ratais. J'étais consciente d'être entourée de conversations que je ne pouvais pas saisir. Et une fois que je serais à l'université, j'allais devoir suivre le rythme global tandis que quelqu'un interpréterait pour moi la leçon du professeur. Si je peinais à suivre un cours de chimie normal, qu'est-ce que ce serait à l'université ?

Kathleen m'a serré les épaules et elle a signé : *Pourquoi elle ne te soutiendrait pas ? On croit tous en toi.*

Je me suis forcée à sourire de nouveau, mais j'ai vite détourné les yeux. C'était bien d'attaquer cette épreuve dans de bonnes conditions, mais elle ne faisait que commencer.

Au déjeuner, Maman m'a envoyé un texto pour me dire que Connor avait rendez-vous avec son nouveau médecin à l'hôpital pédiatrique d'Aurora, et qu'elle serait peut-être en retard à ma sortie du lycée. Pour tuer le temps, je me suis traînée jusqu'à la bibliothèque après avoir dit au revoir à Kathleen. J'ai essayé de faire des devoirs, en vain : j'avais l'esprit accaparé par l'université et mon avenir. C'était difficile de me concentrer sur la chimie avec tout ce qui tournait dans ma tête. J'ai sursauté en sentant la douceur d'une main sur mon épaule. J'ai levé les yeux : Nina se tenait à côté de moi.

« Salut », a-t-elle dit avec un sourire. « Ça va ? »

J'ai fait un signe de tête affirmatif et signé : *Bien.*

Je me voyais bien devenir amie avec Nina. C'était vraiment la première personne rencontrée à Engelmann qui en avait le potentiel. Nina savait que j'étais là, et le plus surprenant, c'est que cela ne me dérangeait pas vraiment de me servir de ma voix devant elle. Elle n'avait pas paru troublée le moins du monde quand elle l'avait entendue pour la première fois, à la différence de Beau, apparemment persuadé que ma capacité à parler était un miracle absolu. Le naturel de Nina à cet égard faisait toute la différence pour moi, et j'étais un peu tentée de lui demander à quoi ressemblait ma voix.

« Cool », a dit Nina. « Nous allons... réunion du bureau des élèves. Je serais ravie si... rester. »

Nina désignait les gens qui s'approchaient maintenant de la table en bavardant, cahiers et sacs à la main. Beau fermait la marche. Il fallait toujours qu'il se trouve quelque part en arrière-plan avec ses yeux verts et ses fossettes.

Beau ne s'était plus essayé à la langue des signes depuis cet incident dans la classe de M. Wells, et j'en étais contente. Il avait dû piger l'ordre donné de ne pas se mêler de mes affaires. Je n'avais pas besoin qu'il monte au créneau pour moi ou qu'il dise aux gens d'être gentils parce que j'étais sourde. Être ménagée pour cette raison était la dernière chose dont j'avais besoin dans ma vie.

Beau s'est figé en m'apercevant, puis il a tiré une chaise en face de moi et il s'est assis, laissant tomber sur la table son énorme cahier.

Je ne m'attendais pas à ce qu'il signe : *Salut*, suivi de : *Comment vas-tu ?*

Apparemment, mon répit était terminé, il reprenait ses tentatives de signes.

Bien, ai-je répondu machinalement.

Il paraissait tout sauf sûr de lui, mais il a poursuivi : *Bonne journée ?* en levant des sourcils interrogateurs.

À quoi jouait-il ? Une triste tentative d'excuses en langue des signes était une chose, mais maintenant cela ? Il n'était pas question que Beau apprenne l'ASL pour tenir une conversation avec moi. Ce n'était pas une langue particulièrement facile à apprendre, même avec un professeur. Et les sites Internet et tutoriels YouTube n'étaient pas toujours la meilleure façon d'apprendre.

« Qu'est-ce que tu fais ? » ai-je dit, sans me soucier du monde qui s'était assis à la table entre-temps.

Je m'attendais à voir Beau devenir rouge tomate à chaque fois que je lui parlais ou que je signais, et là encore, il ne m'a pas déçue. Mais sa bouche avait un pli déterminé lorsqu'il a essayé de signer ce que j'ai interprété comme : *Je veux apprendre la langue des signes*, même si ses gestes donnaient plutôt : *Moi langue signes.*

« Tu as voulu dire "Je veux apprendre la langue des signes" ? » ai-je demandé, incrédule.

Beau a hoché la tête et signé : *Oui.* Je lui ai montré la bonne façon de formuler cette phrase, en effectuant lentement chaque mouvement pour être sûre qu'il me comprenait. J'étais sûre à 50 % qu'il me faisait une blague tordue, mais autant m'assurer qu'il signait correctement.

Merci, a répondu Beau quand j'ai terminé.

Quelqu'un a commencé à taper de la main sur la table à côté de nous, et lorsque je me suis retournée, j'ai vu un type en polo bleu, aux cheveux soigneusement gominés, qui se penchait vers moi. Il me faisait face, aussi ai-je compris sans peine qu'il me disait : « Ce… réservé aux membres. »

Cela me convenait parfaitement. Sans perdre de temps, j'ai rassemblé mes affaires et les ai fourrées dans mon sac. Ce n'était pas comme si j'avais envie d'assister à une réunion du bureau des élèves où je serais la cible de tous les regards à cause de mes gestes, voire de l'usage de ma voix. Je pouvais tout aussi bien aller attendre Maman dehors.

Beau m'a attrapé le bras alors que je fermais mon sac et m'a très clairement dit : « Reste », en ajoutant un signe : *S'il te plaît.*

Non merci, ai-je répondu, en ajoutant un mensonge : *Ma mère est là.*

J'ai salué Nina et fait cinq pas vers la sortie de la bibliothèque avant qu'une autre main ne se pose sur mon épaule. Je me suis retournée pour me retrouver face à Beau.

« Il y a... » a commencé Beau, mais ensuite il a épelé lentement avec ses doigts les mots : *F-O-I-R-E D-U C-L-U-B D-E-S É-L-È-V-E-S.* « ... Vendredi. Tu viendras ? »

Ma réaction immédiate a été de dire non. Mes devoirs, combinés à la montagne de cartons qu'il nous restait à défaire, laissaient peu de loisirs dans mon emploi du temps. Mais j'ai pensé à l'invitation que Connor avait acceptée de la part de l'un de ses nouveaux camarades le week-end précédent.

Mon petit frère de huit ans faisait un effort pour rencontrer des gens et s'impliquer à l'école, mucoviscidose ou pas. Et moi, au maximum, je m'étais attardée à discuter avec Nina. En tant que sœur aînée, n'avais-je pas la responsabilité de donner le bon exemple à Connor ? Lui montrer que moi aussi, je tirais profit de notre emménagement dans le Colorado ?

J'ai donc opté pour : « Peut-être. »

Peut-être que, si j'avais la possibilité de la vivre en compagnie de quelqu'un comme Nina, cette foire du club des élèves ne serait pas trop pénible, même si bien sûr, j'avais déjà ma dose d'Engelmann, huit heures par jour et cinq jours par semaine.

Une lueur d'espoir a brillé dans l'expression de Beau, un sourire a fait lentement apparaître ses fossettes, et il a dit : « D'accord. Cool... à bientôt... »

En quittant la bibliothèque, je n'arrivais pas à savoir ce que je devais penser du fait que Beau essayait d'apprendre la langue des signes pour me « parler ». Sa langue des signes était rudimentaire, mais il s'était certainement entraîné, vu la fluidité de ses mouvements. L'effort était louable, mais que s'imaginait-il ? Qu'il lui suffirait d'apprendre quelques signes en ligne pour que nous soyons soudain les meilleurs amis du monde ? C'était une chose d'apprendre l'ASL et de s'en servir, mais c'en était une autre de comprendre les personnes et la culture liées à l'ASL.

J'ai tiré mon téléphone de ma poche avant de m'asseoir sur le trottoir devant l'entrée principale pour attendre Maman. J'ai envoyé un texto à Melissa pour lui demander conseil.

Garçon entendant essaie d'apprendre langue des signes pour me parler... qu'est-ce que je dois en penser ?

La réponse de Melissa a été presque instantanée, en anglais haché, comme chez beaucoup de personnes sourdes dont l'ASL est la première langue.

Garçon entendant mignon ?

J'ai poussé un soupir en préparant ma réponse. Bien sûr, il fallait s'attendre à ce que Melissa me pose cette question en premier.

Très grand, yeux très verts... et fossettes, ai-je fini par envoyer.

Alors, mignon, a répondu Melissa.

Oui, mais il est ENTENDANT !

Et alors ? S'il apprend langue des signes quelle importance ?

L'arrivée de Maman qui se garait devant moi m'a dispensée de répondre. Au lieu de m'asseoir sur le siège avant comme d'habitude, j'ai ouvert la portière arrière, sachant déjà ce que j'allais trouver.

Connor était étendu sur la banquette, somnolant, la tête appuyée sur son bras, un peu plus pâle que d'habitude. J'ai senti mes entrailles se tordre à la vue de la bouteille d'oxygène portable posée à ses pieds, et de la canule insérée dans son nez pour s'assurer qu'il recevait suffisamment d'air.

Mauvais rendez-vous ? ai-je signé à Maman quand elle s'est retournée sur son siège pour me faire face.

Elle m'a répondu en secouant la tête avec un sourire grave.

Ça va. Le déménagement est dur pour lui. Le médecin dit : il a besoin de temps pour se sentir mieux.

J'ai doucement déposé mon sac à côté de la bouteille d'oxygène, et me suis installée à côté de Connor. Le bruit de la ceinture que je bouclais l'a fait sursauter. Il a promené un regard assoupi autour de lui.

« Salut, mon petit, ai-je dit avec un sourire. Désolée de te réveiller. »

Il n'a pas répondu. Il s'est contenté de poser la tête sur mes genoux et il a sombré en quelques secondes.

À l'arrivée à la maison, il a fallu que j'extirpe doucement Connor de la voiture. Il luttait pour garder les yeux ouverts, instable sur ses pieds. Maman marchait sur nos talons avec la bouteille d'oxygène et mon sac. Connor s'appuyait lourdement contre moi tandis que je le faisais entrer.

Melissa m'avait renvoyé un message à propos de Beau, mais je n'ai pas répondu. Dans ma vie, il n'y avait qu'un seul garçon entendant pour m'intéresser, et ce n'était pas celui qui avait des fossettes et des yeux verts.

8

Vendredi, Maman a travaillé une demi-journée, puis elle est rentrée tôt, laissant la voiture disponible. C'était peut-être un clin d'œil de l'univers pour me signifier que je devais aller à la foire du club des élèves après les cours.

J'avais dit à Beau que je viendrais *peut-être*. Eh bien, c'était *peut-être* la motivation que j'attendais.

Maman s'est redressée, assise à la table de la cuisine où elle examinait des documents de travail, quand j'ai signé : *Eh !* suivi de : *Je peux emprunter la voiture ?*

L'air tout aussi suspicieuse qu'excitée, elle a demandé : *Pourquoi ?*

J'ai signé en réprimant un soupir de frustration qui menaçait de s'échapper : *Un événement scolaire… Un truc. Pour le lycée.*

Maman a passé trente secondes à signer : *Génial*, le visage fendu d'un tel sourire qu'il était difficile de ne pas mieux assumer ma décision d'aller à ce truc à Engelmann.

Avec des amis ? a-t-elle signé en se penchant vers moi avec un vif intérêt.

Il m'a fallu réfléchir une seconde. J'ai décidé qu'en fin de compte, oui, je pouvais appeler Nina « une amie ». Elle avait tant fait pour que je me sente la bienvenue à Engelmann – même si elle ne connaissait pas la moitié des signes que Beau semblait avoir appris en deux semaines – et elle n'avait même pas cillé en entendant ma voix pour la première fois, ce qui était essentiel à mes yeux.

J'ai donc signé : *Oui* à Maman, mais j'ai rapidement ajouté : *Je pense*. Cette fois, elle a répété : *Génial*, pendant environ une minute.

Je souriais et grognais d'exaspération. Au moins, ma mère était ravie de me voir devenir un peu plus sociable.

Je ne reste pas tard, ai-je précisé en attrapant les clés de la voiture dans son portefeuille sur la chaise à côté d'elle.

Emmène peut-être ton frère ? a demandé Maman, en désignant du pouce le salon où Connor était allongé sur le canapé.

On aurait dit qu'il s'était dilué dans les coussins tellement il y était resté longtemps, la télécommande serrée dans une main. Son regard était vitreux à force de regarder la télé en boucle.

La foire allait être pleine de lycéens, mais cela ferait peut-être du bien à Connor de passer un moment loin de la maison et de Nickelodeon.

Bien sûr, ai-je signé en rangeant les clés de la voiture dans la poche arrière de mon jean. *Je rapporte une pizza pour le dîner ?* Il n'y a jamais de mauvais moment pour une pizza, et cela éviterait à Maman d'arrêter de travailler pour préparer le dîner.

Maman a acquiescé et fouillé son portefeuille à la recherche de quelques billets froissés qu'elle m'a passés. Je les ai aussi fourrés dans ma poche arrière.

Je me suis assise à côté de Connor sur le canapé : « Hé, minus, ça te dirait de m'accompagner à une foire du club des élèves dans mon lycée ? »

Connor s'est redressé sur un coude, l'air suspicieux. « C'est quoi… foire du club des élèves ? »

Bonne question.

« Hum. C'est un événement super chouette organisé pour les clubs de l'école. Beaucoup de musique, de bonbons et tout ça. »

Il s'agissait d'un beau mensonge, alors, restait à espérer qu'il y aurait bien des bonbons. Si c'était Beau qui organisait l'événement, il allait probablement encore lancer des Snickers aux gens.

Le mot « bonbons » a fait son effet : Connor a repris vie.

« OK ! » a-t-il dit tout excité, en se levant avec précaution. Il a montré du doigt le coin du salon où nous stockions un grand carton de bouteilles d'oxygène de rechange. Il a signé : *Tu m'aides ?*

Connor est allé chercher le sac à dos qu'il utilisait pour ses petites bouteilles d'oxygène lorsqu'il ne voulait pas en transporter une sur roulettes. Nous lui en avons installé une ainsi qu'une nouvelle canule avant de dire au revoir à Maman et de quitter la maison. J'ai surveillé Connor dans le rétroviseur sur la route d'Engelmann, de plus en plus soulagée à la vue de ses joues qui reprenaient des couleurs.

La plupart des événements à Pratt avaient lieu dans le gymnase qui était suffisamment grand pour ça. J'ai donc été surprise de découvrir que la foire du club des élèves d'Engelmann se tenait au milieu du parking.

En suivant la rue à la recherche d'un stationnement, je voyais la fanfare en uniforme vert vif avec ses instruments scintillants, une ou deux arches de ballons, et plein de tables dressées pour faire la publicité des clubs scolaires ou des équipes sportives.

J'ai passé quelques minutes angoissantes à essayer de garer le van parallèlement au trottoir et je me suis motivée intérieurement en aidant Connor à installer son sac et sa bouteille d'oxygène.

« Ce ne sera pas si terrible, me suis-je dit. De toute façon, personne ne te remarquera. Il y a trop de monde ici. »

Sur le parking, nous nous sommes facilement mêlés à la foule. J'ai remarqué que d'autres élèves avaient eu l'idée d'amener leurs frères et sœurs à cette foire, car Connor n'était pas le seul à avoir moins de quatorze ans.

Un bras autour des épaules de Connor, je me suis mise à déambuler avec lui le long des tables. Nous passions en revue les objets et photos que les clubs des élèves exposaient dans l'espoir d'inciter les gens à rejoindre leurs associations. J'avais vu juste au sujet des bonbons, et j'ai dû arrêter Connor en le voyant s'emparer d'un énorme tas de sucreries au beurre de cacahuète et de Milky Way sur la table du Key Club, et les jeter dans son sac à dos.

C'était un peu gênant d'arpenter les rangées de tables d'activités sans voir de visages familiers, mais ce n'était pas inconfortable comme je m'y étais attendue.

« Est-ce que… faire du foot quand… lycée ? » m'a demandé Connor quand j'ai baissé les yeux vers lui. Il désignait une table voisine où deux gars en uniforme tapaient dans un ballon, se le renvoyant mutuellement.

J'ai hésité à lui répondre. La réponse honnête était probablement non. Les poumons de Connor devaient travailler tellement plus dur que ceux d'une personne lambda ! Un effort physique comme le football l'éprouverait encore davantage.

J'ai opté pour ces mots : « Bien sûr, minus. Tu peux essayer de faire ce que tu veux. »

C'était du moins la devise selon laquelle j'essayais de vivre.

Je me suis brusquement arrêtée en apercevant Nina à quelques tables de là, en train de discuter avec des filles qui devaient être en seconde. Je lui ai fait signe sans réfléchir, et Nina m'a aussitôt repérée. Son geste de la main a été bien plus enthousiaste que le mien.

Connor a levé les yeux vers moi avec un geste : *Qui ?* en désignant Nina.

N-I-N-A, ai-je épelé avant de le conduire jusqu'à la table du bureau des élèves.

« Tu es venue ! » m'a dit Nina en m'adressant un sourire de mille watts.

« C'est qu'on n'avait pas grand-chose d'autre à faire cet après-midi », ai-je répondu, énonçant une demi-vérité.

La plupart du temps, on trouve toujours quelque chose de bien à regarder sur la télé.

J'attendais que me traverse ce spasme familier de panique quand j'ai vu Nina dire bonjour à Connor ; j'étais prête à le tirer en arrière et à la protéger des yeux inquisiteurs ou des habituelles questions indiscrètes. Mais étrangement, ce moment ne s'est pas produit. Elle n'a même pas semblé remarquer que Connor était sous oxygène.

Et puis Beau est apparu à son tour, se présentant à Connor avec un sourire aussi franc que d'ordinaire. Son regard n'est pas devenu curieux quand il a découvert la bouteille d'oxygène de mon frère. Mon cœur a raté un battement, le temps que j'attende l'inévitable assaut de questions qui allaient m'être posées, mais ce n'est pas arrivé non plus.

Beau s'est tourné vers moi : « Je ne pensais... venir. »

« On sortait acheter une pizza, ai-je répondu en hâte. On s'est dit qu'on allait passer. »

Ce n'est pas comme si j'allais lui dire que j'avais fait toute la route avec la ferme intention de les retrouver, lui ou Nina.

Connor a pivoté sur ses talons en m'entendant, l'air plus qu'enchanté. « On va... pizza ? »

J'ai vu Beau et Nina rire de son enthousiasme.

Plus tard, ai-je signé. Connor a poussé un soupir avant de plonger dans le saladier de bonbons posé sur la table.

« Alors… » J'ai jeté un bref coup d'œil à toutes les brochures et publicités étalées sur leur table, regorgeant de couleurs, de photos d'adolescents aux sourires exagérément enthousiastes. « Qu'est-ce que vous faites exactement ? »

« Tout », a répondu Nina, et elle a ri de nouveau.

Beau m'a fait un signe de la main pour attirer mon attention et s'est lancé dans une énumération : « Bureau des élèves, DECA[3], parfois discours... débat. »

J'ai été un peu stupéfaite.

Beau suivait des cours avancés supplémentaires, sans parler de sa responsabilité de président du bureau des élèves, et il s'était volontairement engagé dans tous ces autres clubs ? Ça me semblait horrible.

Pourquoi ? ai-je signé, les yeux écarquillés.

J'aime rester occupé, a signé Beau en haussant les épaules.

Moi aussi, bien sûr, mais waouh !

« N'oublions pas... ! » a ajouté Nina en attrapant un porte-bloc qu'elle m'a passé.

J'y ai découvert une feuille rose décorée d'un tas de ballons de baudruche. Les mots : *Rejoignez le comité du bal de rentrée* étaient inscrits en gras tout en haut. Je me suis sentie grimacer, guère surprise de voir le nom de Beau figurer à côté de l'inscription.

3. *Distributive Education Clubs of America*, formation à l'entrepreneuriat, dispensée dans les lycées et universités américaines.

Qu'est-ce qu'il ne faisait pas, ce garçon ? Je voulais m'en agacer, mais je devais admettre être aussi un peu impressionnée.

J'ai aussitôt rendu le porte-bloc à Nina. « La danse, c'est pas vraiment mon truc. »

« Non ? » a demandé Nina en fronçant les sourcils, expression aussitôt balayée par un air compréhensif. « Désolée... oubliais que la musique... »

À ces mots, j'ai réprimé un soupir en me mordant la lèvre. Je comprenais pourquoi Nina disait cela, mais ce n'était pas comme si la musique était hors de portée pour les personnes sourdes. Beaucoup d'entre elles apprécient la musique, moi y compris.

« J'aime la musique, ai-je dit à Nina. Je ne l'entends pas, mais je la sens quand son rythme est assez fort. Je ne suis pas bonne danseuse, c'est tout. »

Pareil, a signé Beau, et j'ai étouffé un rire.

Avec sa démarche chaloupée, Beau semblait trop maladroit pour être bon danseur.

« N'empêche... soirée amusante », a dit Nina en replaçant le porte-bloc sur la table.

« Bien sûr », ai-je acquiescé à contrecœur.

L'occasion d'échanger d'autres mots ou signes s'est arrêtée là, interrompue par l'arrivée d'une jeune fille à l'allure chic, aux cheveux bruns raides et au sourire étincelant, vêtue aux couleurs du lycée Engelmann. Elle était jolie – un peu artificielle à mon avis, mais qui étais-je pour juger, quand cette fille avait l'air de s'amuser ?

« Salut ! Erica », a-t-elle dit en posant les yeux sur moi.

J'ai marmonné mon nom en lui serrant la main, et elle s'est lancée dans ce qui devait être, j'en étais certaine, une description détaillée de tous les clubs qui exposaient. Je ne me suis même pas donné la peine d'essayer de lire sur ses lèvres. J'étais plus intéressée par sa manière de lever les yeux vers Beau tous les trois mots, comme si elle tentait de s'assurer qu'il la regardait.

Sans la peinture vert et noir – aux couleurs du lycée – qui lui décorait le visage, j'aurais pensé qu'Erica rougissait.

Connor s'est mis à tirer sur ma main pour attirer mon attention tandis que je me demandais combien de clubs et d'activités Erica partageait avec Beau. Elle avait l'air d'être le genre de fille débordante d'énergie qui courait après Beau en raison de leurs centres d'intérêt communs.

Sauf que Beau ne regardait pas Erica parler. Je sentais ses yeux fixés sur moi pendant que Connor s'adressait à moi par signes, un Milky Way fourré dans la bouche.

Connor semblait désireux de planter là cette foire du club des élèves. Le regard plein d'ennui, il signait : *Pizza ?*

Bien sûr, lui ai-je répondu. *Pizza, maintenant.*

N'importe quel prétexte pour filer. On aurait dit qu'Erica venait de se rendre compte que je n'avais pas entendu un mot de ce qu'elle disait ; elle semblait légèrement gênée.

« Désolée, mais il faut qu'on parte acheter notre dîner », ai-je subitement annoncé.

O-K, a signé Nina, et elle a levé les pouces en disant quelque chose sur le fait de nous retrouver lundi au lycée.

« Heureuse de t'avoir rencontrée », ai-je dit à Erica avant de me tourner vers Beau et de signer : *À bientôt.*

Beau a hoché la tête avec un petit sourire. « Content... venue. »

« Bien sûr. »

« Lycée... bizarre, hein ? » m'a dit Connor tandis que nous regagnions le van.

« Ouais, ai-je acquiescé sans réserve. Le lycée, c'est vraiment bizarre. »

Ça l'était, qu'il s'agisse d'un établissement pour entendants ou pour personnes sourdes.

Et perdre du temps à me poser des questions sur la relation entre Erica et Beau n'arrangerait certainement rien.

9

Le premier mois de cours a fait place au suivant, et l'automne a agrippé la ville dans ses serres glaciales. Les jours passaient et je m'accoutumais à la vie dans un lycée pour entendants, mais je ne me sentais toujours pas vraiment chez moi à Engelmann.

Personne, à part Nina, ne semblait désirer faire connaissance avec moi. Je me répétais sans cesse que c'était une bonne chose – Nina était géniale, alors qu'est-ce que ça pouvait faire ? Mais cela me peinait plus que je ne voulais l'admettre. J'ignorais si la barrière de la communication mettait les gens mal à l'aise ou si les mots : *Allez-vous-en*, étaient gravés sur mon front en néons clignotants, mais le reste de mes camarades gardait ses distances.

Nina comprenait de plus en plus de signes à mesure que nous passions du temps ensemble au déjeuner ou pendant les récréations. Elle ne parlait pas couramment, loin de là, mais nous pouvions tenir de mini conversations. Nina était sans aucun doute ma première amie entendante depuis des années, amitié que j'avais toujours crue impossible. Et il m'avait été plus facile que je ne l'aurais imaginé de lui expliquer la maladie de Connor quand elle m'avait poliment demandé pourquoi il était sous oxygène.

Elle s'était contentée de me serrer le bras et de me dire que c'était génial que je sois là pour prendre soin de lui, sans la moindre trace de pitié.

Et puis il y avait Beau.

Cette journée de la première semaine, où il avait commencé à me parler en signes, n'avait été que le début. Tous les deux jours ou presque, il arrivait avec quelques signes supplémentaires, me posant des questions comme : *Tes devoirs durs ?* ou *Bien dormi ?*

Je le corrigeais quand il faisait une erreur – ce qui arrivait souvent – et ne lui adressais qu'un mot ou deux en réponse. Je suis sûre que les expressions accompagnant mes gestes n'étaient jamais très enthousiastes, mais cela n'avait pas l'air de le décourager.

Je voyais suffisamment Beau au quotidien pour m'être fait une idée assez précise de sa vie. Beau était la star d'Engelmann grâce à son travail au sein du bureau des élèves et grâce à ses résultats scolaires, et il le savait. Il avait même cette façon « mec cool » de s'asseoir en classe, la jambe droite étendue devant lui, penché en arrière sur sa chaise.

Son monde et le mien appartenaient à deux systèmes solaires différents. C'est pourquoi je ne pouvais m'empêcher de penser que je constituais pour lui une sorte d'effort humanitaire – un bon point sur son CV ou dans une lettre de motivation pour s'inscrire à l'université. *Regardez comme je suis génial, j'aide une camarade sourde !*

Un jour, vers la fin septembre, je revenais des toilettes après le cours de littérature historique, que j'avais en commun avec Beau, et je l'ai trouvé en train de discuter avec Kathleen. Ils étaient à deux ou trois mètres de moi, et comme Kathleen me tournait le dos, je n'ai pas pu voir sa réponse à la question de Beau : « Alors pourquoi… Maya… pas ? »

J'ai foncé droit sur eux, très énervée que Beau veuille parler de moi en mon absence.

Qu'est-ce qui se passe ? ai-je signé à Kathleen en haussant les sourcils.

Beau m'a gratifiée d'un : *Salut*, mais j'ai feint de l'ignorer, attendant la réponse de Kathleen.

Il demande pourquoi tu ne discutes pas par signes avec lui, a-t-elle fini par répondre en se détournant de Beau.

J'ai levé les yeux au ciel si haut qu'ils ont failli disparaître à l'arrière de ma tête.

Qu'est-ce qu'il en a à faire ? ai-je signé. Je savais qu'avec sa connaissance limitée d'ASL, Beau ne comprendrait pas ce que je disais, mais j'ai jugé prudent de signer à toute allure, au cas où. *Il est pas occupé avec ses amis, là ? Ou ses cours ?*

Pendant une seconde, Kathleen a paru avoir envie de sourire, mais son visage est resté impassible lorsqu'elle a répliqué en désignant Beau d'un geste de la tête : *Pas mauvais en signes.*

Rien à faire, ai-je rétorqué. *Jamais demandé qu'il apprenne la langue des signes. Allez, en classe maintenant.*

O-K, a signé Kathleen. Elle s'est tournée vers Beau : « À plus tard », a-t-elle dit, en accompagnant sa parole d'un geste.

J'ai pris le couloir comme une flèche sans attendre Kathleen, mais je l'ai retrouvée à mes côtés une fois passé l'angle. Nous nous étions assises pour la dernière heure de cours de la journée, chimie, avec M. Burke, quand Kathleen a décidé de signer : *B-E-A-U est un gentil garçon, pas vrai ?*

J'ai enfoncé la mine de mon crayon dans ma feuille, creusant les lignes du gribouillis que je réalisais dans les marges. Un haussement d'épaules indifférent a été ma seule réponse.

Kathleen a repris ses signes avec prudence : *Pourquoi tu ne veux pas signer davantage avec lui ? Il a l'air enthousiaste.*

M'en fiche, ai-je répliqué. *Je signe avec N-I-N-A, ça me suffit.*

C'est vrai, a approuvé Kathleen avec un hochement de tête. *Mais un nouvel ami ne peut pas faire de mal.*

Je ne veux pas de nouvel ami, ai-je répondu d'un geste ferme. *Je suis ici pour les cours, pas pour un garçon.*

Kathleen paraissait souhaiter prolonger cette conversation, mais elle a élevé les paumes en signe de défaite quand M. Burke a fait clignoter les lumières, sa nouvelle manière de réclamer l'attention de la classe. J'ai été contente de mettre ce sujet de côté et j'ai espéré qu'il ne reviendrait jamais sur la table.

Le lendemain de cet accrochage avec Beau, Nina et moi étions à table, plongées dans l'une de ces conversations que nous menions moitié par signes, moitié par la lecture sur les lèvres.

« Veux-tu... moi... ? » m'a-t-elle demandé en attaquant la salade qu'elle avait apportée.

« Pardon ? » ai-je demandé tout haut, perplexe. J'étais incapable de remplir les trous que j'avais ratés.

Beau s'est penché vers moi, avec un geste de la main pour attirer mon attention. Il s'est mis à signer lentement ce que Nina avait dit, luttant un peu pour trouver les bons mots.

Elle demande si tu... Beau a froncé les sourcils, se mordant la lèvre d'un air concentré. Je remarquais la même expression déterminée dans ses yeux verts à chaque fois qu'il essayait de signer.

... veux la retrouver...

« Veux la retrouver ce week-end ? » ai-je deviné, et Beau a signé : *C'est ça.*

« Pour... de mi-semestre... Monsieur... », a dit Nina.

J'échouais au jeu de lecture sur les lèvres, alors je me suis tournée vers Beau et j'ai signé : *Devoirs ?*

Il a acquiescé, ajoutant : *Pour W-E-L-L-S. M-I-S-E-M-E-S-T-R-E.*

Le devoir de mi-semestre en histoire américaine consistait à présenter l'importance d'un événement majeur qui s'était produit dans l'Amérique du vingtième siècle. Je n'étais pas sûre de savoir comment allait se passer ma moitié de l'exposé en langue des signes, puisque je n'allais définitivement pas employer ma voix pour ça. C'était déjà assez éprouvant pour les nerfs de passer un oral quand on entendait parfaitement.

« Bien sûr, ai-je dit à Nina. On pourrait faire ça. »

« Génial ! a dit Nina avec un immense sourire. Tu veux... chez moi ? »

Accepter sa proposition valait mieux que de l'inviter à la maison. Le gros des cartons était déballé, mais Connor luttait toujours pour s'adapter. Le déménagement à une altitude plus élevée compliquait sa respiration, ce qui l'obligeait à vivre sous oxygène en permanence ; il détestait cela. Depuis qu'il y était contraint, il était grognon la plupart du temps ; un petit caprice éclatait dès que nous devions changer sa bouteille ou lui mettre une nouvelle canule.

Lorsque nous étions à la maison, il s'accrochait à moi et voulait regarder des dessins animés. J'avais donc du mal à faire mes devoirs ou mes tâches ménagères, mais j'étais prête à tout pour que

Connor puisse se reposer tranquillement. Si cela signifiait veiller tard pour finir mon travail, ça ne me posait aucun problème de faire plus d'une cafetière le matin.

Non pas que cette situation ennuierait Nina, mais n'empêche, ce n'était pas l'environnement idéal pour les devoirs de mi-semestre.

Bien sûr, ai-je signé à Nina.

« Je te… mon adresse », m'a dit Nina en tapotant sur son téléphone. J'ai hoché la tête.

Nina et moi échangions beaucoup par texto, surtout au sujet des devoirs, mais nous nous amusions aussi à commenter les côtés ridicules que nous saisissions parfois chez nos camarades, ou à parler de nos projets d'études supérieures. Elle m'avait témoigné tout son soutien quand je lui avais dit être déterminée à intégrer le meilleur programme possible de thérapie respiratoire.

Il m'avait fallu beaucoup plus de temps que je ne l'aurais souhaité pour écrire la lettre de motivation à inclure dans mon dossier de candidature à Cartwright, mais Mme Stephens était contente du résultat. La semaine précédente, nous avions envoyé le dossier, et je pensais ne pas réussir à dormir jusqu'à la réception de la réponse du bureau des admissions. C'était probablement une bonne chose que j'aie des examens de mi-semestre sur lesquels me concentrer.

Mon regard est tombé sur Beau alors que j'entamais le sandwich au beurre de cacahuète et à la confiture que j'avais apporté de chez moi. Comme toujours, Jackson était assis à côté de lui. La star de baseball du lycée et son ami discutaient de je ne sais quoi ; mais Beau paraissait avoir l'esprit ailleurs. Il tripotait l'emballage de son sandwich, et vu ses mouvements de lèvres épisodiques, il répondait à Jackson par monosyllabes.

Beau a levé les yeux lorsque Jackson lui a donné une bourrade amicale pour l'inviter à participer à la conversation. Il a haussé les sourcils en constatant que je l'observais, et je n'ai pas réussi à détourner le regard avant qu'il ait signé : *Qu'est-ce qui ne va pas ?*

Rien, ai-je répondu. J'ai ajouté, en faisant au plus simple : *J-A-C-K-S-O-N parle beaucoup.*

Beau a froncé les sourcils et signé en secouant la tête : *Je comprends pas.*

J'ai montré Jackson du doigt et porté la main à ma bouche pour mimer un moulin à paroles, et cette fois, Beau a compris. À sa manière de pincer très fort les lèvres tandis que des pattes d'oie se dessinaient au coin de ses yeux, il devait s'efforcer de ne pas éclater de rire.

Ouais, a-t-il signé avec un hochement de tête vers Jackson. *C'est son truc préféré.*

Nos signes n'avaient pas échappé à Jackson, dont les yeux faisaient des allers-retours entre nous ; il semblait mal à l'aise. Lorsqu'il s'est penché vers Beau, j'ai saisi des bribes de ce qu'il disait, quelque chose comme : « Est-ce que vous pouvez éviter... moi... ici. »

Il était clairement un peu ennuyé.

« Ne t'inquiète pas... nous ne faisions que... » a répondu Beau, mais son sourire narquois démentait l'excuse.

J'ai levé les paumes en l'air, en faisant de mon mieux moi aussi pour éviter de sourire. C'était le côté amusant d'un dialogue entre deux interlocuteurs parlant la même langue – ou du moins des éléments de cette langue – et l'employant au milieu de personnes qui ignoraient ce qui se disait.

Nina m'a soudain mis la main sur l'épaule, et j'ai levé les yeux lorsqu'elle m'a montré le plafond. La cloche avait dû sonner :

autour de nous, tout le monde se levait de table, ramassant déchets et sacs. Je me suis rendu compte que Beau et moi étions restés assis là à nous sourire, et je ne savais pas pourquoi.

Je détournai rapidement le regard et rassemblai mes affaires, prête à m'enfuir. J'avais un cours d'art, que je ne partageais heureusement pas avec Beau. J'étais tout sauf une artiste, mais c'était le seul moment de la journée où je pouvais me détendre.

J'ai dit au revoir à Nina et je suis allée en classe avec Kathleen, qui m'attendait près de mon casier. Le cours avait lieu dans un atelier qui ressemblait un peu à un entrepôt, avec des sols en béton et de hauts plafonds. Des années d'œuvres d'art d'élèves couvraient chaque centimètre carré des murs.

Kathleen a commencé à interpréter lorsque le professeur, Mme Phillips, s'est levée et a contourné son bureau pour se placer devant la classe.

Aujourd'hui, nous faisons un autoportrait, a signé Kathleen. *Dessine ce que tu penses être.*

Qui suis-je ? Voilà une question à laquelle je ne pouvais plus répondre simplement. J'avais des ambitions pour mon avenir, mais qui suis-je aujourd'hui ? Une fille sourde brusquement parachutée au milieu d'un monde d'entendants auquel j'étais certaine de ne plus appartenir. Je tournais et retournais la question dans ma tête en rassemblant un tas de fusains sur l'étagère des fournitures et en sortant mon carnet d'esquisses. Kathleen m'avait expliqué que Mme Phillips nous autorisait à nous servir de tout ce que nous voulions dans l'atelier pour réaliser l'autoportrait. Mes camarades, plus ambitieux, se munissaient de mottes d'argile ou de pinceaux et de toiles vierges.

J'ai feuilleté mon carnet jusqu'à une page blanche, ignorant toujours comment j'allais m'y prendre. Mme Phillips voulait un autoportrait. Cela signifiait-il une représentation de ce que je voyais dans un miroir, ou quelque chose qui montrerait ce que je me sentais être de l'intérieur ?

Mme Phillips s'est arrêtée à ma table alors que je traçais au fusain des lignes épaisses, tout en boucles, complètement au hasard.

Elle a sollicité Kathleen pour interpréter sa question : *Qu'est-ce qui ne va pas ?*

Perdue ? a ajouté Kathleen en me montrant du doigt.

Oui, ai-je répondu très vite. *Complètement perdue.*

Le froncement de sourcils de Mme Phillips s'est accentué quand Kathleen lui a traduit ma réponse. Elle a demandé : « Comment... aider ? »

J'ai dû réfléchir un instant avant de signer : *Je sens que je ne me connais pas.*

L'air songeur, Mme Phillips a tiré un tabouret pour s'asseoir en face de moi. Kathleen est restée à proximité.

« C'est... normal... partie de la vie, a dit Mme Phillips, le menton dans les mains. Ne t'inquiète pas... Prends ton temps. »

Elle s'est penchée sur la table pour saisir les fusains posés à côté de mon carnet. Elle les a regardés, de nouveau perdue dans ses pensées.

Tu te vois en noir et blanc ? a signé Kathleen quand Mme Phillips a repris la parole.

Non, ai-je répondu. *Je ne sais pas.*

J'aimais la couleur. J'adorais la couleur. C'est pour cela que j'avais tant de reproductions de van Gogh et Picasso sur les murs de ma chambre. Les couleurs, on n'a pas à les entendre. Quand je regardais leurs œuvres, je ne ratais rien.

Mme Phillips s'est levée et a traversé l'atelier jusqu'aux étagères industrielles massives où elle rangeait toutes les fournitures artistiques connues de l'humanité. Elle a fouillé un peu avant de revenir avec deux plateaux de peinture aux couleurs vives.

« Essaie… celles-là », a-t-elle dit en tapotant les plateaux.

O-K, ai-je répondu, hésitante.

Je n'étais pas mauvaise en esquisses, mais je n'avais jamais essayé la peinture. Ce cours d'art était censé être pour débutants, alors j'espérais que Mme Phillips ne s'attendait pas à ce que je réalise la prochaine *Nuit étoilée*.

Elle m'a offert un sourire rassurant avant de s'en aller à la table suivante pour voir comment les choses avançaient.

Je suis restée assise, les yeux rivés sur le plateau de peinture plein de rouges, verts et bleu vif, puis j'ai fini par me lever pour aller chercher le dernier chevalet qui se trouvait dans un coin de l'atelier, à côté d'une pile de toiles. Je pouvais au moins essayer.

10

Un petit déjeuner de pancakes aux pépites de chocolat m'attendait sur la table lorsque je suis descendue comme une zombie ce samedi matin, encore à moitié endormie. Connor était en train d'engloutir les siens. Il m'a saluée gaiement de la main lorsque je me suis affalée sur la chaise voisine.

Maman a sursauté comme une comédienne quand elle m'a vue, une main sur le cœur. Elle a signé : *Réveillée avant midi ? Waouh !*

Très drôle, ai-je répliqué en levant les yeux au ciel. *Café ?*

Cuisine, a répondu Maman.

Elle avait mis un tas de pancakes et du sirop devant ma place quand je suis revenue de la cuisine avec un mug de café fumant et ma crème de noisette préférée.

Journée bien remplie aujourd'hui ? ai-je signé.

Maman a secoué la tête en attaquant sa propre pile de pancakes. *Connor veut une journée films*, a-t-elle signé avec un mouvement de tête vers mon petit frère, qui continuait à s'empiffrer. *J'essaie le télétravail. Tu es occupée ?*

Je redoutais de lui faire part de l'invitation de Nina à travailler chez elle pour le projet de mi-semestre du cours de M. Wells. Maman et moi n'avions pas beaucoup discuté d'amitiés possibles avec des entendants, et je ne savais pas si elle serait contente ou anxieuse pour moi.

Je peux emprunter la voiture ? ai-je demandé en toute hâte.

Maman a eu l'air stupéfaite et a signé : *Pourquoi ?*

J'ai expliqué : *Une amie m'a demandé de travailler avec elle aujourd'hui pour nos examens de M-I-S-E-M-E-S-T-R-E. Nous sommes en binôme.*

Un grand sourire a éclos sur le visage de Maman qui a signé : *Amie ? Même amie qu'avant ?*

Oui, ai-je signé avec un soupir. *Nous sommes en classe ensemble.*

Maman m'a bombardée de questions comme : *C'est qui ?* et *Nom ?* et *À quoi elle ressemble ?*

N-I-N-A, ai-je répondu. *Tu l'as rencontrée. C'était mon mentor à la rentrée.*

Je vois, a signé Maman avec le même sourire enthousiaste. *Merveilleux. Tu lui as donné un nom signé ?* a-t-elle ajouté avec curiosité.

J'ai secoué la tête en signant : *Non.* Je n'avais pas prévu de devenir assez proche de quiconque pour lui donner un nom signé, mais Nina se révélait être une vraie bonne amie. Elle pourrait probablement en avoir un.

Tu devrais, m'a dit Maman.

J'ai haussé les épaules. *Peut-être.*

Contente que tu aies une amie, a signé Maman, et soudain, une expression plutôt intéressante est apparue sur son visage en même temps qu'un sourire. *Et le garçon ?*

Ma bouchée de pancake s'est coincée dans ma gorge, et j'ai failli m'étouffer. J'ai volé son lait à Connor et avalé une grande gorgée pour la faire passer.

Je comprends pas, ai-je signé quand j'ai pu respirer de nouveau. *Y a pas de garçon.*

Le sourire de Maman s'est teinté d'ironie.

Le garçon qui a signé « À plus » ce jour où tu m'attendais après les cours.

Je ne voulais pas mentionner le nom de Beau à Maman parce que je n'allais jamais m'en sortir. Maman ne m'avouait jamais franchement qu'elle s'inquiétait parce que j'allais avoir dix-huit ans fin janvier et que je n'étais jamais sortie avec quiconque, mais je la soupçonnais fortement d'y penser régulièrement. C'était une conversation que je voulais éviter à tout prix.

Le grand garçon, a signé Maman quand je me suis remise à croquer bouchée après bouchée. *Mignon.*

Je sais pas, ai-je signé de nouveau.

Maman s'est recalée sur sa chaise, et j'ai deviné qu'elle poussait un soupir d'exaspération.

Ça ne peut pas te faire de mal de rencontrer un garçon, m'a-t-elle dit, son expression passant de la curiosité à la gravité.

Je suis bien sans garçon, lui ai-je dit honnêtement.

Maman a levé les mains en l'air et signé : *Bien. Mais une relation ne te ferait pas de mal.*

Je suis retournée à mes pancakes, pour en finir avec tout ça. En plus, Maman savait tout aussi bien que moi que je préférerais sortir avec un garçon sourd – l'ouïe, ou l'absence d'ouïe, était un point commun important à partager avec quelqu'un – et autant que je sache, il n'en existait pas à Engelmann.

Maman a tapé sur la table devant mon assiette, et quand j'ai levé les yeux, elle a signé : *Sortir avec un garçon entendant n'est pas un mal.*

J'ai secoué la tête, en donnant de violents coups de fourchette dans mes pancakes. *Je suis concentrée sur les cours*, ai-je signé après avoir pris une énorme bouchée. *Devoirs, études supérieures. Pas de temps pour un garçon.*

Elle a fini par laisser tomber, et signer : *Tu peux emprunter la voiture.*

Merci, ai-je répondu, soulagée d'avoir classé l'affaire.

Connaissant Maman, je savais qu'elle y reviendrait tôt ou tard, surtout si elle revoyait Beau en venant me chercher à la sortie du lycée. Mais pour l'instant, je refusais d'y penser.

J'ai aidé Maman à faire la vaisselle du petit déjeuner, puis je suis montée pour prendre ma douche et m'habiller tout en finissant mon café. Nina m'avait dit de venir quand je voulais, mais plus tôt nous nous mettrions au travail, mieux ce serait.

M. Wells était un peu tête en l'air, mais des rumeurs couraient sur le fait qu'il notait sévèrement, et une mauvaise note à un examen de mi-semestre était la dernière chose dont j'avais besoin pour gâcher mon bulletin.

Je reviens dans l'après-midi, ai-je signé à Maman en attrapant les clés dans son sac sur le comptoir de la cuisine.

Elle était sur le canapé en train de regarder un film avec Connor, qui avait déjà l'air de s'endormir. En le voyant, j'ai senti une onde de tristesse me traverser. C'était dur pour lui. Je suis sûre que Maman y avait déjà pensé, mais il était peut-être temps de demander de l'aide, de faire les démarches pour obtenir un nouvel auxiliaire de vie à domicile pour Connor.

Nous irons au parc tout à l'heure, a signé Maman pendant que j'enfilais ma veste.

Super, ai-je répondu avec un sourire forcé. Une nouvelle journée froide d'automne s'annonçait, mais ça ferait du bien à Connor de sortir prendre l'air.

À plus tard, ai-je signé, et je me suis penchée pour déposer un baiser sur le front de Connor. Il m'a répondu par un vague salut de la main, écartelé entre son film et sa fatigue.

Le trajet jusque chez Nina a duré dix minutes. La plupart des maisons de son quartier semblaient huppées, les pelouses étaient bien entretenues, et les voitures dans les allées coûtaient plus cher qu'une année d'études à l'université. Au bout d'un cul-de-sac, Nina habitait une maison brune à un étage avec une balançoire et une rangée de plantes en pot menant à la porte d'entrée.

Je remontais l'allée vers le porche quand la porte s'est ouvert à la volée. Nina est sortie sur le seuil, habillée aussi joliment qu'elle l'était toujours au lycée.

Elle m'a fait entrer en signant : *Salut*.

Jolie maison, ai-je signé en observant autour de moi.

Le décor était tout en couleur crème, des tons doux, avec du mobilier en cuir dans le salon et une impressionnante télé à écran plat fixée au-dessus de la cheminée. Nina n'avait jamais évoqué les métiers de ses parents, mais j'étais prête à parier qu'ils étaient très bien payés.

« Je te laisse... chaussures », a dit Nina en désignant une impeccable étagère à chaussures à côté de la porte.

En me déchaussant, j'ai été gênée de montrer mes chaussettes dépareillées aux motifs de dessins animés, mais Nina n'a pas semblé les remarquer. Je l'ai rejointe au coin d'un couloir qui nous éloignait du salon.

J'ai supposé que nous allions nous installer sur le comptoir énorme dans la cuisine, où se trouvaient le cahier d'histoire et le manuel de Nina ; j'ai donc déposé mon sac au pied d'un des tabourets.

Nina nous a pris des bouteilles d'eau dans le réfrigérateur, et je l'ai vue dire « Coucou » quand elle a refermé la porte.

J'ai regardé par-dessus mon épaule. Une femme, qui était à l'évidence la mère de Nina, en tenue de sport aux couleurs vives, entrait dans la cuisine. Elle avait les cheveux de la même couleur que Nina, tirés en une queue de cheval haute, et des lunettes semblables, à monture carrée.

« Maman, c'est... » disait Nina en me désignant. « Elle est... »

Mon attention s'est trouvée déviée quand la mère de Nina s'est tournée vers moi en signant avec un sourire chaleureux : *Bonjour. Enchantée de te rencontrer.*

Pareil, ai-je répondu, stupéfaite. *Vous connaissez la langue des signes ?*

Un peu. Cours à l'université.

J'ai répondu avec une certaine excitation : *Cool !*

Je m'appelle J-A-C-K-I-E, a repris la mère de Nina. Puis elle a dit en riant : « Et c'est... fini ».

Je me suis occupée de sortir mes affaires de classe pendant que Nina discutait avec sa maman. Elle m'a rejointe au comptoir après le départ de Jackie.

« Prête ? » m'a demandé Nina en attrapant un surligneur. « Maman est partie... jogging et Papa... travail. »

« Nous sommes seules ? » ai-je deviné en m'asseyant sur le tabouret haut voisin du sien.

Nina a hoché affirmativement la tête. « Tant mieux. Mon frère est parti... Stonybrook... à New York. »

Cool, ai-je signé en ouvrant mon manuel.

« ... frère... genre... génie », a dit Nina en plaçant le sien devant elle. « Moins de pression... moi. »

« Tu veux aller à New York, toi aussi ? » ai-je demandé, curieuse d'en apprendre un peu plus sur Nina.

Elle a frissonné d'un air dramatique et secoué la tête. « Non... préfère le Colorado. Près... maison. »

Je ne pouvais pas dire que je préférais le Colorado après y avoir passé moins de deux mois, mais je comprenais le désir de rester tout près de chez soi. Maman et Connor – c'étaient eux, mon chez-moi.

Pareil, ai-je signé avec un petit sourire. « Et donc, dans quelle université veux-tu aller ? »

Nina a levé un doigt pour me faire signe d'attendre, puis elle s'est mise à épeler très soigneusement : *B-O-U-L-D-E-R*.

L'effort qu'elle a fourni pour épeler a fait s'élargir mon sourire, alors j'ai signé : *Pour ?*

« Histoire », a-t-elle dit à voix haute. « ... veux... travailler... musées... »

Elle a conclu sa phrase par un mot que je n'ai pas très bien compris, alors j'ai imaginé qu'elle avait dit vouloir devenir conservatrice, ou directrice, ou quelque chose comme cela.

Merveilleux, ai-je signé.

« Bon, au travail, a dit Nina avec un sourire heureux, en tapotant son manuel du doigt. Je te promets... goûter... »

L'heure suivante est passée vite, mais nous n'avons guère avancé. Nina et moi froncions les sourcils en scrutant nos livres. Nous avions restreint la liste et discuté de la manière de faire une présentation, mais nous n'arrivions pas à choisir un sujet final.

« Qu'est-ce... nous... faire ? Le... siècle... énorme », a dit Nina tandis qu'elle griffonnait des notes sur la moitié d'une page pour répertorier les événements célèbres disséminés à travers le vingtième siècle.

Elle a attrapé le morceau de brouillon dont nous nous servions pour échanger des messages quand la parole ou les signes ne suffisaient pas, et elle a écrit : « Comment se passaient les exposés dans ton ancien lycée ? »

J'ai haussé les épaules, ne sachant que répondre. « Comme partout, je suppose ? »

À part le fait d'être en langue des signes.

Nina a repoussé son manuel avec une grimace. Sautant de son tabouret, elle s'est dirigée vers le réfrigérateur. *Manger*, a-t-elle signé.

J'ai regardé l'heure sur mon téléphone et constaté qu'il était près de midi. Difficile de croire qu'au bout de deux heures, nous n'avions pas encore choisi un sujet pour notre exposé.

« On a le temps, ai-je dit à Nina en lui emboîtant le pas. On va finir par trouver. »

En chaussettes, j'ai senti le sol vibrer quand Nina a claqué la porte du réfrigérateur après y avoir pris un yaourt. Elle a déchiré l'opercule, attrapé une cuiller dans un tiroir et elle s'est mise à manger. Son expression acerbe était encore là quand elle a balancé le yaourt vide à la poubelle.

« Tout va bien ? » lui ai-je demandé, hésitante.

Nina s'est effondrée sur le comptoir de la cuisine, le visage entre les mains. « J'ai toujours… difficultés à l'école. J'ai envie… notes parfaites. Et… j'adore l'histoire… mais quand même… tous les cours… importants. Besoin… réussir cet examen. »

J'avais l'impression que cette conversation allait s'engager sur un terrain plus personnel, et pourtant, la franchise de Nina me mettait étrangement à l'aise pour parler. Ce n'était donc pas si dérangeant.

« Je ressens la même chose, ai-je dit. Littéralement tout le temps. »

Parfois, j'avais le sentiment de me pousser à bout en essayant de réussir tous les devoirs, tous les examens. Quelque part, je m'étais convaincue qu'avoir des notes parfaites était le seul moyen d'intégrer un programme de TR réputé et de faire ce dont je rêvais depuis des années. Le fait que je ne sois jamais complètement réveillée avant la quatrième heure, lorsque deux de mes cours de spécialités étaient terminés, ne m'a pas aidée. Veiller tard chaque soir pour finir une montagne de devoirs me rendait groggy toute la matinée, malgré de multiples tasses de café.

« Maman est... et Papa... médecin, me disait Nina. Grosses pointures... Il faut que je... bonne école. Boulder... pas... facile. »

« Nina, je pense que tu n'auras aucun mal à entrer à Boulder, lui ai-je dit, en espérant que ma voix sonnait ferme et confiante. Tu es plus qu'intelligente. Ça ira. »

« Merci, mais je pense... entrera... avant moi », a répliqué Nina.

Me voyant la dévisager d'un air perplexe, sans comprendre de qui elle parlait, elle a épelé : *B-E-A-U.*

« Quoi ? » ai-je dit en essayant de réprimer un froncement de sourcils, comme à chaque fois que quelqu'un évoquait Beau.

« Il veut... Yale, a dit Nina. C'est tout ce que son père... pour lui. » Le coin de ses yeux s'est plissé parce qu'elle riait. Elle a ajouté : « Je pense que... nous entendons... bien. Nous sommes l'un et l'autre... perfectionnistes. »

Je savais Beau intelligent, mais l'Ivy League[4] ? Je n'ai pu m'empêcher d'être un peu impressionnée.

« Mais au moins mes... pas de pression sur moi... comme le père de Beau, a repris Nina avec un petit hochement de tête. Tout ce qu'il essaie de faire, c'est... »

« D'essayer de quoi ? », ai-je questionné, tout à coup soucieuse de savoir ce qu'elle avait dit sur Beau.

Nina a levé un doigt pour me demander d'attendre, et elle est allée chercher notre brouillon sur le comptoir. Elle a pris son temps pour écrire un message qu'elle m'a ensuite tendu.

Le père de Beau est très exigeant en ce qui concerne l'université. La moitié de sa famille est allée à Yale, alors c'est ce que son père veut pour lui aussi. Je crois que ça le rend malade parfois, de penser à ce qui se passera s'il n'est pas admis. Je ne pense même pas qu'il ferait partie du bureau des élèves si son père ne lui avait pas dit que ça ferait bien dans son dossier de candidature.

Je ne savais pas comment répondre au message de Nina.

Je pouvais au moins comprendre la pression ressentie par Beau, même si dans mon cas, c'était moi qui me mettais cette pression. Mais cette information s'accordait mal avec ce que je savais de Beau. Il paraissait toujours si sûr de lui, confiant même, lorsqu'il signait et luttait visiblement pour trouver le bon mot. Mais si quelqu'un d'autre lui dictait sa vie, peut-être ne maîtrisait-il pas tout, comme je le pensais.

Qu'est-ce qui ne va pas ? a signé Nina quand je me suis enfin arrachée à son message.

Rien, ai-je répondu du tac au tac.

4. L'Ivy League désigne un groupe de huit universités privées aux États-Unis, connues pour leur excellence et leur prestige (NdT).

Elle m'a fixé un long moment, lèvres serrées comme si elle s'empêchait de parler.

« Quoi ? » lui ai-je demandé, mal à l'aise.

« Rien. » Elle m'a décoché un sourire si radieux que ce brusque changement d'humeur m'a fait l'effet d'un coup de fouet.

« Alors, tu... bal de rentrée... ? »

Je n'avais pas besoin d'entendre pour savoir ce qu'elle demandait. J'ai crié : « Non ! » avant même qu'elle ait terminé de parler. « Je te l'ai dit à cette foire du club des élèves que je n'aimais pas danser, tu te rappelles ? »

Rejetant la tête en arrière, Nina a éclaté de rire. Je ne voyais pas ce qu'elle trouvait drôle.

« Eh bien, le bal de rentrée sera plus... que les devoirs », a-t-elle dit en montrant d'un mouvement de tête le bazar de manuels et de feuilles de notes sur le comptoir.

« Le bal de rentrée, mieux que l'examen de M. Wells ? Impossible ! » ai-je décrété fermement.

Je crois que ça a fait rire Nina encore plus fort.

« Allez, Maya, on... terminer, a-t-elle dit. Mais d'abord... besoin de manger encore. »

« Ouais, ai-je approuvé. La nourriture d'abord. Toujours. Mais je crois avoir une idée pour notre exposé. »

J'étais assez sûre qu'aucun lycéen ne préférait travailler à un examen de mi-semestre plutôt que d'échanger sur la fête de rentrée, mais l'obtention de bonnes notes se trouvait au-dessus de la danse sur ma liste de priorités.

De plus, j'étais assez sûre d'avoir en tête une idée qui pourrait rendre mes camarades un peu plus familiers de la langue des signes.

11

Même si j'avais réussi à détourner Nina d'une discussion sur le bal de rentrée, ça n'a fait que repousser l'échéance au lundi suivant. À Engelmann, tout semblait subitement tourner autour du bal. J'étais un peu stupéfaite de ne pas l'avoir remarqué plus tôt. Des bannières et des prospectus scintillants aux couleurs vives ornaient tous les couloirs, et quelqu'un avait même lancé un compte à rebours dans la cafétéria.

Toute cette excitation autour du bal de rentrée ne cessait de me rappeler un bal désastreux que j'avais vécu en première à Pratt. En plein milieu d'un cours de maths, Jake Perkins, un garçon pour qui j'avais eu un coup de cœur à cette époque, m'avait demandé d'être sa cavalière, avant de me laisser tomber pour une autre fille au milieu du bal. J'ai passé le reste de la soirée à faire la potiche en m'apitoyant sur mon sort. Je n'avais pas envie de renouveler l'expérience, et d'ailleurs, aurait-il pu en être autrement au bal de rentrée d'un lycée pour entendants ?

J'aurais dû être préoccupée par les examens à venir, et en un sens je l'étais vraiment, mais j'avais du mal à faire abstraction du bal avec tant de rappels partout. Même Beau, qui prétendait ne pas être doué pour la danse, participait aux discussions sur le sujet, l'air sincèrement enthousiaste.

J'étais assise en face de lui au déjeuner, lui prêtant probablement plus d'attention que je n'aurais dû, alors qu'il parlait avec Jackson. Beau parlait beaucoup avec ses mains, même lorsqu'il ne signait pas, et le regarder était parfois plus intéressant que tout ce qui se passait à Engelmann.

Beau ne me faisait pas complètement face, donc je ne pouvais pas en être certaine, mais j'avais l'impression de l'avoir vu prononcer le mot « bal » au moins une ou deux fois.

Jackson était plus facile à déchiffrer, et c'était peut-être grossier de ma part de le penser, mais ce type avait une grande gueule : lire sur ses lèvres ne demandait pas beaucoup d'efforts. Mon intérêt a été piqué au vif quand je l'ai vu dire : « … devrais demander à Erica… bal ».

Il devait parler de l'Erica que j'avais rencontrée à la foire du club des élèves. Je la croisais parfois dans les couloirs, et elle me saluait par politesse, mais nos relations se limitaient à cela puisque nous n'avions aucun cours en commun.

Beau s'est borné à lever les yeux au ciel en disant quelque chose comme « … n'aime pas… comme ça. »

Ainsi, Beau n'aimait pas Erica ? C'était… intéressant. Elle paraissait être le genre de fille avec qui il pouvait avoir envie de sortir, lui qui était président du bureau des élèves et tout ça.

Lorsque Beau m'a jeté un coup d'œil une seconde plus tard, j'ai vite détourné le regard et tenté d'engager une conversation en signes avec Nina. J'étais bien plus gênée de me faire surprendre en train de lire sur les lèvres quand c'étaient celles de Beau que je surveillais.

Le déjeuner terminé, tandis que Kathleen et moi nous dirigions vers le cours d'art de Mme Philips, je ne cessais de penser à Erica et de me demander pourquoi Jackson estimait que Beau devrait lui demander d'être sa cavalière, si bien que je ne captais pas grand-chose de ce que Kathleen signait. Elle devait me parler du bal, elle aussi. Je ne pouvais pas lui reprocher d'être si gentille et joyeuse, parce que parfois, voir un visage amical était un soulagement, mais mon interprète devait-elle vraiment montrer autant d'intérêt pour un bal scolaire ?

Un jour pareil, j'avais hâte de me mettre au travail sur mon autoportrait plutôt que de me concentrer sur tout ce qui se passait autour de moi. Jusqu'à présent, j'avais réussi à tracer une silhouette décente de quelqu'un sur ma toile, mais je me demandais comment faire pour que ce quelqu'un soit moi.

Une fois dans l'atelier, j'ai filé vers les étagères de fournitures et pris les peintures vives que Mme Phillips m'avait suggéré d'utiliser la semaine précédente. J'avais redouté de toucher aux couleurs par crainte de tout gâcher, mais la date de remise de ce travail approchait vite.

J'ai choisi divers pinceaux et un gobelet d'eau pour les nettoyer, puis j'ai posé ma toile sur un chevalet au fond de la salle. Je ne voulais pas que les gens me regardent travailler, mais je sentais la présence de Kathleen derrière moi, qui observait par-dessus mon épaule pendant que j'inspectais les couleurs sur le chevalet devant moi.

Quand j'ai levé les yeux vers elle, elle a signé : *Couleur aujourd'hui ?*

J'ai haussé les épaules.

Peut-être, ai-je répondu. *Je ne sais pas.*

Kathleen s'est tapoté les lèvres du doigt, songeuse. Ses yeux balayaient ma toile.

Je me suis sentie froncer les sourcils en la voyant signer : *Bleu*, au bout d'un moment, le doigt tendu vers la couleur correspondante.

Pourquoi ? ai-je demandé, perplexe.

Kathleen a incurvé son index et a tapé deux fois le haut de son oreille, signe qui veut dire « appareil auditif ». *Toi, non ?* a-t-elle ajouté en signes, les sourcils haussés.

« Un point pour elle », ai-je pensé.

Mes appareils auditifs étaient bel et bien un élément important de moi-même, et je trouvais la couleur bleu néon magnifique. À mon avis, ce ne serait pas trop difficile de l'incorporer dans mon autoportrait.

O-K, ai-je signé au bout d'un moment. *J'essaie*.

Kathleen m'a offert un sourire radieux en levant les pouces, et puis cet instant a été gâché par sa question suivante : *Tu veux essayer la danse ?*

Son expression était si sérieuse que je n'ai pas eu la force de signer un *Non* franc. Alors j'ai de nouveau opté pour : *Peut-être*.

Le bal ne serait probablement pas trop horrible si Nina et Beau étaient là. Ils connaissaient un peu la langue des signes. Et, au moins, je savais que les bals de rentrée n'étaient jamais comme ceux que l'on voit à la télévision – personne ne se lance dans des danses ou des chansons chorégraphiées, il n'y a pas de déclaration d'amour embarrassante de la part du roi du bal.

Au moins, je savais que je ferais une potiche acceptable.

Nina a fini par vaincre ma résistance à l'égard de cette soirée. Elle était vraiment très insistante ; elle me garantissait que le bal d'Engelmann était toujours un bon moment et que le comité du bal – dont elle était fière d'être membre – concoctait un bon spectacle. Tout ceci était très bien, mais j'avais encore de sérieux doutes sur le fait que je finirais par m'amuser.

Mais j'ai quand même accepté parce que c'était agréable de passer du temps avec une amie hors des devoirs et des travaux scolaires. Nina avait tant fait pour que je me sente chez moi à Engelmann ! Si elle voulait que je l'accompagne au bal, comment pouvais-je refuser ce signe d'amitié ?

Un sourire d'un kilomètre de long fendait le visage de Maman quand elle m'a emmenée chez Nina, ce samedi en début de soirée, quelques heures avant le bal. Connor était sur le siège arrière, absorbé par un jeu vidéo. Il avait encore beaucoup de temps devant lui avant de braver les bals lycéens.

À un feu, juste avant d'arriver, Maman s'est tournée vers moi et a signé : *Tu sais, je t'achète une robe neuve si tu veux.*

Je déteste le shopping, lui ai-je rappelé. Acheter des vêtements, c'était pire que tout, ça n'avait jamais été mon passe-temps favori. *Je vais emprunter une robe à N-I-N-A, c'est bien.*

Le shopping, c'est amusant, a contredit Maman.

Parfois, ai-je répondu.

Maman s'est garée dans l'allée des Torres, et la porte d'entrée s'est ouvert à toute volée une seconde plus tard. Nina est venue nous accueillir en bondissant d'un pas guilleret.

Maman a baissé la vitre pour saluer Nina, qui s'est penchée à l'intérieur de la voiture et m'a dit bonjour avec un geste joyeux de la main. J'ai essayé de lui sourire en retour, mais je ne savais toujours pas quoi penser de ce bal maintenant qu'il était si proche.

« Je promets... amuser », disait Nina à Maman, et celle-ci riait en hochant la tête. « Les bals de rentrée... toujours drôles ».

Nina a ensuite jeté un coup d'œil sur la banquette arrière et a salué Connor, qui a réussi à lui rendre la pareille sans lever les yeux de sa Nintendo 3DS.

J'ai attrapé mon sac et rapidement embrassé Maman avant de quitter la voiture, en promettant de la tenir au courant tout au long de la nuit. Elle a signé : *À plus tard* en bâillant, et je suis restée là pendant un moment, à l'observer. Ce n'était pas quelque chose que je faisais souvent, mais ce bâillement avait attiré mon attention.

Maman avait des cernes sous les yeux et ses cheveux étaient gras, tirés en arrière en un chignon désordonné. Les rides autour de ses yeux et de sa bouche, creusées à force de rire et de sourire, étaient accentuées comme si elle avait vieilli plus vite que la normale.

Je me sentais à la fois coupable et triste de voir Maman si mal en point. Elle ne prenait pas soin d'elle, et je savais que c'était parce qu'elle consacrait tout son temps et toute son énergie à Connor, veillant en permanence sur sa santé et son confort, en plus d'être l'unique soutien financier de notre famille. Et j'étais là, moi, sa fille, qui ne lui avais certainement pas facilité la vie, à faire un esclandre sur ce déménagement dans le Colorado et à râler sans cesse sur le lycée pour entendants.

Il fallait que je me rattrape, d'une façon ou d'une autre.

Eh, a signé Nina une fois dans l'entrée de sa maison alors que je venais de me déchausser. *Ça va ?*

« Oui, ai-je répondu à voix haute, en serrant mon sac sur mon cœur. Je pensais juste à autre chose. »

« Ne t'inquiète pas, m'a dit Nina en m'emmenant vers l'escalier. Le bal sera... tu vas adorer... promis. »

« C'est sûr. Ça va être génial. »

Nina m'a entraînée dans sa chambre à l'étage, et j'ai compris en entrant qu'elle avait fait de longs préparatifs en vue du bal. Toutes sortes de produits de maquillage étaient soigneusement alignés sur sa commode, avec un fer à friser branché, de multiples produits capillaires sortis, et une poignée de robes disposées en ordre sur son lit.

« Je pense qu'on... même taille, m'a dit Nina tandis que je posais mon sac par terre. J'ai sorti... robes que tu... aimer. »

Je me suis approchée du lit. Elle me proposait quatre robes qui étaient toutes plus stylées que tout ce que j'avais jamais porté. L'une d'elles était violette avec plein de dentelle, et un peu trop décolletée à mon goût, deux autres étaient noires et simples, mais elles allaient sans doute m'arriver au-dessus du genou parce que j'étais plus grande que Nina, et la dernière était jaune ; elle faisait un peu plus robe d'été que tenue de bal. Il m'a semblé qu'elle serait parfaite pour moi.

« Celle-ci, ai-je dit en caressant le tissu des doigts. Je l'aime bien. »

« J'en étais..., a répondu Nina avec un grand sourire. Essaie-la ! »

J'ai pris la robe, et Nina m'a montré, dans le couloir, la salle de bains où j'allais pouvoir me changer. J'ai soigneusement plié mon jean et mon t-shirt et je les ai déposés sur le meuble du lavabo pour essayer la robe. La salle de bains regorgeait de serviettes, savons et pots-pourris extravagants, et je ne voulais pas mettre le bazar là-dedans.

Nina avait raison de dire que nous faisions la même taille. La robe m'allait parfaitement, cintrée à la taille et tombant à quelques centimètres de mes genoux. J'ai regardé mon reflet dans le miroir de la salle de bains avant d'aller me montrer à Nina. Je me reconnaissais encore, c'était une bonne chose. À mon avis, mes appareils auditifs bleu néon s'accordaient mal avec le jaune de la robe, mais il n'y avait rien à y faire.

« Je le savais ! » Nina a applaudi et exécuté une petite danse quand je suis retournée dans sa chambre, mes vêtements calés sous mon bras. « Tu es… jolie ! »

« Merci », ai-je répondu, gênée.

« Maintenant… toi, a dit Nina en me conduisant à la chaise qu'elle avait placée devant un miroir dressé sur son bureau. Je vais d'abord… cheveux. »

J'ai ôté mes appareils, que j'ai posés sur le bureau avec précaution, puis j'ai donné à Nina mon feu vert pour détacher mes cheveux. Je me suis servie du miroir pour lire sur ses lèvres lorsqu'elle s'est mise à parler.

« Je ne savais pas… si longs ! » s'est-elle exclamée en s'attaquant à quelques nœuds avec un peigne.

« J'aime bien les garder attachés. Sinon, ils s'emmêlent beaucoup avec mes appareils. »

J'ai donné à Nina la permission de me coiffer et de me maquiller à sa guise, et je l'ai laissée opérer son tour de magie. Jamais je n'avais pris la peine de faire quoi que ce soit de mes cheveux le matin à part une queue de cheval, et depuis le jour où Melissa m'avait offert un maquillage désastreux en première, je ne voyais pas non plus l'intérêt de me maquiller.

J'ai fait exprès de ne pas me regarder dans le miroir pendant que Nina travaillait, me concentrant plutôt sur la pizza que sa mère nous avait achetée pour le dîner. Nina devait avoir des trésors de patience que je n'avais pas soupçonnés, car elle a réussi à boucler mes cheveux fabuleusement bien, ce que Melissa avait déclaré impossible.

Nina y est allée doucement avec le maquillage et a utilisé du gloss pour rendre mes lèvres plus brillantes que d'ordinaire.

« Je sais que tu... inquiète, m'a-t-elle dit en me voyant inspecter mon reflet dans le miroir plus longuement que je n'aurais dû. Mais je te promets... super moment. »

Je n'étais pas habituée à me voir avec du fard à paupières ou du mascara, mais ils rendaient mes yeux plus lumineux, et mes lèvres étaient d'un rose brillant. Je paraissais... différente, et pourtant toujours moi-même. Pas laide, rien de tel, mais peut-être un peu déformée – à l'image de mon autoportrait.

« Sûr », ai-je dit en remettant mes appareils auditifs en place sans croiser son regard. « Un super moment. »

12

Le parking d'Engelmann était bondé à notre arrivée. Nina a passé quelques minutes à explorer toutes les rangées en quête d'une place. Elle chantait la chanson qui passait à la radio. Elle avait monté le volume assez fort pour que je sente tout le siège vibrer sous moi, ce qui ne m'aidait pas à retrouver mon calme.

Nous avons finalement trouvé une place tout au fond. J'ai laissé Nina ouvrir la marche vers le lycée, avec le sentiment d'être son ombre maladroite. Elle était sublime avec sa robe fourreau rouge, ses boucles d'oreilles dorées et sa queue de cheval. Elle avait un look simple et élégant, et sa démarche révélait une assurance que j'essayais d'imiter en traversant le parking. Ce n'est pas parce que j'étais une boule de nerfs que tout le monde devait le savoir.

Une fois à l'intérieur, Nina a donné nos billets à la réceptionniste, qui avait la malchance d'être le chaperon de la soirée, puis elle s'est faufilée dans le gymnase, impatiente de danser. Des guirlandes de lumières scintillantes tombaient du plafond, et une multitude de ballons noirs et bleu foncé décorait la salle. Presque tout le monde était déjà en train de danser ou de se goinfrer aux buffets situés au fond du gymnase.

Nina m'a crié quelque chose, mais l'éclairage était trop tamisé pour que je puisse lire sur les lèvres. M'attrapant par le poignet, elle m'a fait traverser la piste de danse jusqu'aux tables du buffet, et j'ai vite saisi pourquoi. Beau était là.

Je me sentais gênée et mal à l'aise dans une robe aussi belle, mais j'ai cru percevoir que Beau l'était aussi dans son pantalon de soirée et sa chemise rouge impeccablement boutonnée. Il fronçait les sourcils en mangeant un cookie, jetant un regard oblique et furieux à un couple qui dansait non loin de lui avec un peu trop d'ardeur.

Quand il nous a vues, il a laissé tomber le deuxième gâteau qu'il tenait à la main, et a avalé tout rond le reste du cookie. Il faisait trop sombre pour que j'en sois certaine, mais je crois qu'il rougissait.

Nina l'a salué d'une bourrade amicale sur l'épaule et a dû faire un commentaire sur son apparence, d'après la manière dont il s'est mis à triturer son col de chemise. Il a tourné les yeux vers moi en répondant à Nina, et il s'est interrompu.

J'ai failli me mettre à me tortiller sous son regard. Pourquoi me regardait-il ainsi ? Comme un défi, je lui ai rendu son regard fixe, en signant : *Qu'est-ce qui se passe ?*

Beau n'a pas eu l'air de réfléchir à deux fois avant de faire le signe : *Belle*, mouvement circulaire des doigts autour du visage, puis il m'a désignée de l'index.

Je n'ai pas eu d'autre idée de réponse que de signer : *Stupide*, en le montrant du doigt à mon tour.

Beau a souri de ma réaction et a signé : *Merci.*

Je t'en prie, ai-je répliqué.

Je ne savais pas comment prendre le fait que Beau me trouvait belle. Les yeux fixés sur moi, il ne faisait guère attention à ce que lui disait Nina. Je me sentais à la fois flattée et désireuse qu'il arrête ça. Je n'avais jamais été très remarquée par les garçons, qu'ils soient sourds ou entendants. Ce qui se passait était bizarre. Encore plus bizarre était cette sensation étrange qui s'emparait de moi sous le regard de Beau, faisant se recroqueviller mes orteils.

Content que tu sois là, a signé Beau.

Son expression authentiquement heureuse m'obligeait à penser qu'il était sincère.

À présent, je ne savais plus si j'avais envie de pouffer de rire ou de me cacher le visage, embarrassée. Mes joues étaient en feu, mais au moins, l'éclairage faible l'empêchait de le voir.

Plutôt que de signer quelque chose que Beau ne pourrait pas comprendre, j'ai dit : « Je ne ferai rien de plus ce soir. »

Pareil, a-t-il signé. Il a essayé d'enchaîner avec d'autres gestes, et j'ai mis un moment à deviner qu'il tentait de me demander si j'aimais danser, mais il a buté sur le dernier signe, les lèvres serrées de nouveau.

J'ai essayé de réprimer un grand sourire en lui montrant le signe qui désigne la danse – la pointe de l'index et du majeur effectuant de petits pas en avant et en arrière plusieurs fois au-dessus de la paume.

Non, ai-je ensuite ajouté. *Je déteste la danse.*

Pareil, a-t-il répondu, son grand sourire revenu.

Nina avait les mains sur nos deux avant-bras pour attirer notre attention. Elle a dit : « Les amis... danser ? »

Beau et moi avons éclaté de rire.

Nina était décidée à entrer sur la piste de danse, ce qui m'a poussée à m'esquiver aux toilettes. Je m'y suis cachée et j'ai joué à

Fruit Ninja sur mon téléphone. Pas vraiment ce qu'on est censé faire pendant un bal de rentrée, mais plus j'arriverais à tuer le temps, moins il m'en resterait pour danser.

Au bout d'un quart d'heure, je me suis dit que je ne pouvais pas prolonger mon isolement. Nina était tout à fait capable de venir me traquer jusqu'ici et de me traîner sur la piste. Et comme c'était elle mon chauffeur, je ne pouvais pas me permettre de m'enfuir de bonne heure.

J'ai fini par retourner vers le gymnase, mais en prenant tout mon temps. J'étais encore assez loin et je sentais déjà les basses faire vibrer le carrelage – pas assez pour percevoir un rythme clair, mais assez pour deviner qu'il s'agissait d'une chanson entraînante et rapide. Alors que je songeais à me trouver une autre cachette, je me suis arrêtée en apercevant Beau.

Il s'était apparemment éclipsé, lui aussi, et était partiellement caché derrière la montagne de vestes et de chaussures posées sur les tables pliantes où la réceptionniste avait vérifié nos billets. Je le voyais dans un coin, trahi par ses cheveux en bataille et ses longues jambes étendues devant lui.

Il avait un livre ouvert sur ses genoux. Perdu dans sa lecture, il grignotait distraitement un cookie. Je suis restée là à l'observer si longtemps que cela devenait gênant, mais j'éprouvais une fasciation étrange à le voir en dehors de son milieu naturel. Il continuait à tourner les pages l'une après l'autre, en se servant de cookies dans la pile constituée sur une serviette à côté de lui. Il semblait indifférent aux bruits qui l'environnaient, comme s'il s'était déconnecté de tout – chose que j'aimais faire, moi aussi.

Je me suis rapprochée de quelques pas, sans qu'il lève les yeux de son livre. Je voyais le titre entre ses doigts : *Contes de Canterbury*.

Ce gars lisait le livre au programme de notre cours de littérature historique, au bal.

« Tu es vraiment en train de lire Chaucer au bal du lycée, là, tout de suite ? » lui ai-je demandé, incrédule.

Beau a levé les yeux, surpris, et a hoché la tête en signant : *Oui.*

« Pourquoi ? »

Beau avait sans doute beaucoup d'amis qui se demandaient où il était, et plus d'une fille désireuse de danser avec lui. Probablement Erica, dont Jackson avait parlé l'autre jour, pour ne citer qu'elle. « Tu ne veux pas rester avec tes amis ? Ou t'occuper de trucs pour le bureau des élèves ? »

Oublie, a signé Beau en secouant légèrement son livre. *C'est pour mes devoirs.*

« Et alors ? Les devoirs, tu auras toujours le temps de les faire demain. »

Il a répondu par un léger sourire et a signé : *Vrai. Mais je préfère maintenant.*

Je me suis installée par terre à côté de lui sans vraiment y penser, et j'ai attaqué un cookie pris dans la pile sur la serviette.

« Nina m'a dit que tu t'inquiétais beaucoup pour les cours », lui ai-je dit entre deux bouchées.

La conversation que j'avais eue avec Nina le week-end précédent, lors de notre tentative désordonnée de construire un exposé pour notre examen d'histoire, avait été pour le moins éclairante.

Lèvres pincées, Beau a refermé d'un coup sec les *Contes de Canterbury*, et il a de nouveau signé : *Vrai.*

J'ai terminé mon cookie et me suis resservie en fronçant les sourcils. Pourquoi Beau n'utilisait-il pas sa voix ? J'appréciais les signes, mais il me semblait que Beau éprouvait les mêmes sentiments à signer que moi à me servir de ma voix. C'était bizarre et peut-être inconfortable, mais nous le faisions quand même tous les deux.

J'ai décidé d'employer le même mode de communication que lui. De plus, le fait de ne pas utiliser nos voix nous permettait de continuer à manger des cookies.

Pourquoi t'inquiéter pour les cours ? ai-je signé.

J'ai dû m'y reprendre à deux fois avant qu'il comprenne. Il a mis une minute ou deux à préparer sa réponse. C'est tout juste si je ne voyais pas vrombir les engrenages de son cerveau tandis qu'il cherchait les signes qu'il lui fallait pour s'exprimer.

J'ai besoin d'entrer dans une bonne U-N-I-V-E-R-S-I-T-É, a-t-il fini par signer en prenant ensuite un nouveau cookie.

Je sais. Y-A-L-E.

Oui. Comment tu sais ?

Beau était si étonné que ses sourcils s'étaient rejoints.

N-I-N-A me l'a dit. Que tu es très intelligent.

Il a fallu que j'épelle « intelligent », et il s'est empourpré quand il a compris.

Peut-être, a-t-il répondu.

Ce n'est pas un mensonge, ai-je signé en essayant de réprimer un sourire. *Tu sais que tu es intelligent.*

Beau a haussé les épaules en balayant un peu de glaçage du cookie tombé sur son pantalon.

Je me suis penchée vers lui et lui ai donné une petite bourrade du coude pour attirer son attention. *Qu'est-ce qui ne va pas ?* ai-je signé quand il m'a enfin regardée.

Il a commencé à épeler le mot « rien », mais je l'ai arrêté pour lui montrer le bon signe. *Rien* est un signe un peu bizarre qui demande de tracer la lettre *O* avec les doigts puis de secouer la main d'avant en arrière.

Beau a reproduit le signe : *Rien.*

Mensonge, ai-je rétorqué.

Pourquoi ne pouvait-il pas me dire avec simplicité ce qui lui pesait ?

Bien, a-t-il signé très vite. *Ce n'est pas un mensonge. C'est vrai.*

J'ai affiché une grimace perplexe, façon Sherlock Holmes, yeux plissés et menton dans la main.

Cela a fait rire Beau, et l'espace d'une fraction de seconde, j'ai rêvé de savoir quel son rendait ce rire. Ses fossettes sont apparues, et j'ai senti mon estomac faire un énorme bond.

Je déteste l'école, a signé Beau lorsque son rire s'est éteint. *Je n'aime pas.*

Pareil. Mais la loi dit que nous en avons besoin.

Je sais. Mais je...

Il a fait une pause, se mordant la lèvre, peinant à me faire passer son message.

« Mais quoi ? » ai-je demandé à haute voix parce que cela me paraissait plus simple ainsi.

Les signes de Beau n'étaient peut-être pas exceptionnels, mais il essayait néanmoins de communiquer avec moi. Il en connaissait davantage que Nina. Je pouvais bien le retrouver à mi-chemin, non ?

« Je ne sais pas... veux... ma vie », a-t-il dit, l'air agité, en attrapant un nouveau cookie. Notre réserve s'amenuisait vite.

« Tu ne sais pas ce que tu veux faire de ta vie ? » ai-je répété en espérant avoir compris.

Oui, a-t-il signé.

C'était insolite – du moins à mes yeux – de ne pas avoir de projets. J'avais déjà en tête de devenir inhalothérapeute avant même de devenir sourde. Cette ambition m'avait toujours habitée, et il était étrange de penser à ce que je vivrais aujourd'hui si je n'avais pas eu cette révélation lors d'une journée passée à l'hôpital avec Connor quand il avait à peine quatre ans.

« Je pense que c'est normal, ai-je dit à Beau après un instant de réflexion. Tu as, quoi ? Dix-sept, dix-huit ans ? Rien ne t'oblige à avoir déjà tracé tout ton plan de route. »

J'ai deviné que Beau se remettait à rire, mais ce n'était pas un rire joyeux comme le précédent.

Mon père pense que, a-t-il signé, en fronçant les sourcils de plus en plus. *Il veut que je...*

Nina m'avait dit que le père de Beau était plus exigeant à propos de l'université que la plupart des parents, mais il m'a semblé que les désirs de son père l'exaspéraient vraiment. Comme les expressions faciales sont éloquentes, parfois !

« C'est toi qui vas devoir prendre ces énormes emprunts pour financer tes études, non ? Tant qu'à faire, à toi de choisir ton cursus universitaire. »

« Peut-être », a répondu Beau. « Je... à... Yale. Mon père ne... si ce n'est pas le cas. »

J'avais toujours bénéficié du soutien sans faille de Maman, et sur ce point, j'avais donc du mal à me mettre dans la peau de Beau.

« Et alors ? ai-je fini par dire. Ce n'est pas à lui de vivre ta vie. »

Beau a écarquillé les yeux et ouvert les lèvres comme s'il allait parler. Mais au même instant, j'ai poussé une exclamation de stupeur, parce que des mains s'étaient posées sur mes épaules.

J'ai essayé de me libérer, de pivoter sur moi-même pour voir qui se trouvait derrière moi, mais je n'ai fait que me cogner douloureusement la tête sur la rangée de casiers voisine.

Jackson était là ; il a reculé d'un pas sous le regard noir dont je l'ai foudroyé. J'avais le cœur qui battait la chamade et la respiration inégale. Je ne supportais pas que les gens me prennent ainsi par surprise, de dos.

À chaque fois que cela se produisait, c'était comme si l'une de mes plus grandes peurs se réalisait. Je vivais des flashs de ce scénario sombre : quelqu'un se faufilant derrière moi, tard le soir, au moment où je marche vers ma voiture dans un parking vide, sans que je puisse le détecter. J'en suis incapable parce que, privée de l'ouïe, il y a des choses qui m'échappent dans mon environnement.

« Pardon », a dit Jackson en ouvrant de grands yeux.

« Ne fais pas ça, ai-je rétorqué d'un ton mordant. Ne me surprends pas comme ça. »

« Pardon, a répété Jackson, et il avait peut-être l'air sincère, mais ça ne changeait rien au fait qu'il m'avait fait une peur de tous les diables. Je venais juste... ce que vous faisiez. Tu voudrais... danser ? »

Sérieux ?

Beau s'est levé. Il ne paraissait plus frustré ou triste, comme quelques instants auparavant, mais en colère. « Idiot. Pourquoi tu... »

Jackson a levé les paumes comme s'il se rendait. « C'est ma faute. Je n'ai pas... »

Eh, ai-je signé à Beau pour attirer son attention alors qu'il semblait vraiment sur le point de se lancer dans une diatribe contre Jackson. *Stop*.

Jackson s'est interrompu au milieu d'une phrase, et une expression curieuse a envahi ses traits tandis qu'il me regardait faire des signes à Beau. Je n'ai pas prêté attention à ce regard fixe. Non seulement parce qu'il me gênait – comme si on ne me dévisageait pas assez dans ce stupide lycée – mais aussi parce que je soupçonnais fortement Jackson d'être un peu plus qu'un dragueur, comme Nina l'avait présenté.

J'avais vu une fille lui opposer un refus catégorique en cours d'histoire américaine, mais ça ne l'avait pas arrêté. Soit il était exceptionnellement bouché, soit c'était le genre de type qui ne prenait pas un « non » pour une réponse. Et un gars pareil n'était pas quelqu'un dont je recherchais la compagnie.

Pourquoi tu es ami avec lui ? ai-je signé à Beau. *Il n'est pas très gentil.*

Beau a eu l'air troublé. *Pas une mauvaise personne*, a-t-il signé en choisissant soigneusement ses signes. *Il...*

Quoi ? ai-je répliqué. J'étais un peu plus en colère que je ne l'aurais cru. Mes mains tremblaient. *C'est l'ami cool dont tu penses avoir besoin ?*

Pas vrai, a-t-il répondu, après que j'ai dû me répéter. *J'ai besoin...*

Je n'avais aucune envie de rester dans le coin assez longtemps pour découvrir ce dont Beau avait besoin. J'étais fatiguée d'être l'objet du regard intéressé de Jackson. La danse me paraissait encore préférable au fait de m'attarder entre ces deux-là.

À plus tard, ai-je signé à Beau et, juste parce qu'il était à ma portée, j'ai attrapé le dernier de ses cookies avant de m'éloigner d'un pas déterminé.

Je me suis laissée tomber sur les gradins du gymnase et j'ai mangé le dernier cookie, heureuse d'échapper au bruit de la danse qui battait son plein. Je sentais toutes les vibrations de la musique s'enfoncer dans les gradins, mais c'était assez facile d'en faire abstraction.

J'avais cru tenir une véritable conversation avec Beau, signée et parlée, et maintenant je commençais à me demander si je ne m'étais pas trompée. Et je ne voulais pas me tromper.

Beau était le seul garçon entendant de ce lycée qui avait pris l'initiative d'apprendre quelques signes pour essayer de me parler. Il ne parlait pas couramment l'ASL, loin de là, mais je m'étais sentie plus proche de lui dans le couloir, à signer en mangeant des cookies, que de tous les garçons sourds que j'avais rencontrés à Pratt.

Et après la discussion que nous venions d'avoir, je ne pensais pas pouvoir ignorer ce fait plus longtemps. Le garçon entendant avec tous ses livres, celui qui était destiné à Yale, semblait aussi vulnérable et effrayé que je l'étais la plupart du temps dans ce lycée.

Je me suis redressée en voyant une paire de pieds nus se diriger vers moi. À mon grand soulagement, c'était Nina qui s'approchait.

Ça va ? a-t-elle signé.

Bien.

« Où est Beau ? » a-t-elle dit en regardant tout autour.

Sais pas, ai-je signé en haussant les épaules.

Nina a laissé tomber avec le même haussement d'épaules. « Tu... danser ? »

« Oui, ai-je répondu, animée du sentiment de n'avoir rien à perdre. Dansons. »

J'ai laissé Nina m'entraîner sur la piste. Malgré mon hésitation préalable, je n'ai pas mis longtemps à m'abandonner à ce rythme que je n'entendais pas, et à me lâcher.

13

Beau avait dû dire quelque chose à Jackson après notre accrochage du samedi soir dans le couloir. Le lundi suivant, je n'ai senti aucun regard insistant venant de Jackson pendant le cours d'histoire américaine, et il ne m'a pas jeté le moindre coup d'œil au déjeuner. C'était un soulagement, mais une curiosité stupide m'avait poussée à me demander si Beau avait sorti son couplet : « Laisse la pauvre sourde tranquille. »

Dès que cette pensée m'avait traversée, je l'avais écartée. Même si je me posais encore une interminable liste de questions à son sujet, il fallait bien admettre que Beau était un gars authentiquement gentil.

J'aurais pu passer beaucoup plus de temps à m'interroger sur les mystères qui entouraient encore Beau, mais avec les examens de la semaine suivante et l'incident du bal, il me fallait reléguer à l'arrière-plan ma conversation avec lui.

Notre exposé approchant à grands pas, Nina et moi passions tous nos moments libres à la bibliothèque à faire des recherches et à nous entraîner à la présentation. Nous avions décidé de présenter un événement majeur du vingtième siècle… mais pas l'un de ceux qui figuraient dans notre manuel d'histoire. « Deaf President Now[5] » (DPN) a marqué un tournant décisif pour la communauté sourde dans les années 1980. DPN était une protestation menée par les étudiants à l'université Gallaudet (la première université américaine ouverte aux sourds et aux malentendants) contre la nomination d'un énième président entendant qui ne connaissait même pas la langue des signes.

À cette époque, en cent vingt-quatre ans d'histoire, Gallaudet n'avait jamais eu de président sourd. Plus d'un siècle s'était écoulé, et jamais un responsable n'avait été à même de comprendre ainsi les étudiants, d'une manière qu'aucun entendant ne peut le faire. Il a fallu des journées de manifestations et une marche de milliers de personnes sur le Capitole pour que soient entendues les requêtes des étudiants sourds.

Je souhaitais, grâce à notre présentation sur DPN, faire comprendre à mes camarades de classe que ce n'est pas parce qu'une personne est sourde qu'elle n'est pas capable de mener une vie réussie et riche de sens. J'espérais que cette présentation inciterait les gens à me traiter comme une personne normale, comme je l'avais été à Pratt.

J'avais donc de quoi être stressée par la présentation devant M. Wells, mais en plus de ça, il y avait l'examen de chimie de mi-semestre avec M. Burke. La chimie est une matière essentielle dans le domaine médical, et j'étais à la limite d'un A-/B+ dans ce cours. Un examen réussi me permettrait d'obtenir un A ; dans le cas contraire, ma moyenne serait plombée.

Stressée ? a signé Kathleen à notre entrée en salle de chimie.

5. « Un président sourd maintenant ».

Un peu.

Si l'examen avait consisté en un questionnaire à choix multiples, j'aurais été sereine, mais M. Burke avait annoncé la semaine précédente qu'il nous évaluerait en nous faisant faire un TP. Les travaux pratiques me stressaient. Il y avait beaucoup trop d'occasions de se tromper. Mon binôme, Eli Collins, n'avait jamais l'air enthousiaste à l'idée de partager ces TP avec moi, ce qui rendait les choses pour le moins imprévisibles.

Je me suis assise à côté d'Eli, qui tapotait sans cesse son crayon sur la table. L'air plus nerveux que moi, il m'a à peine gratifiée d'un signe de tête.

Une fois M. Burke prêt, nous avons enfilé tabliers de laboratoire et lunettes de protection, et nous avons reçu le feu vert pour commencer. *Vous avez 5-0 minutes*, a signé Kathleen d'une main, en parcourant notre feuille d'instructions.

« Béchers, a dit Eli en désignant d'un mouvement de tête la table où étaient posées nos fournitures. Tu... maths ».

« D'accord », ai-je dit en prenant place sur le tabouret.

Il était plus difficile que je ne l'aurais pensé de partager mon attention entre le TP et Eli. Toutes les trente secondes, mon regard passait de lui aux équations sur lesquelles j'essayais de travailler, pour vérifier que je ne manquais rien de ce qu'il pourrait me dire.

Kathleen était là, mais elle se tenait à deux mètres de nous afin de nous laisser la place de travailler.

Je me disais : « Tu peux te débrouiller sans que Kathleen intervienne sans arrêt. Jusqu'à présent, tout va bien. » Je tapotais sur la table avec mon crayon en effectuant mes équations. *Attention, génie des maths.*

Depuis le début du TP, Eli n'avait d'yeux que pour les tubes à essai. Il prenait les mesures d'un mélange de bicarbonate de soude et de vinaigre, et manipulait le capteur de pression. Jusqu'à présent, les choses allaient bien.

Crayon fermement serré entre mes doigts, je résolvais les équations à toute allure en appuyant sur le papier pour que chaque chiffre, chaque lettre soient parfaitement lisibles.

Je n'avais aucun moyen de savoir combien de temps s'était écoulé quand la main de Kathleen s'est soudain posée sur mon épaule, puis Eli m'a attrapée par le bras pour me mettre debout. Il m'a montré du doigt le bécher rempli de la solution de bicarbonate de soude qui débordait sur la table, se répandant sur le côté et dégoulinant par terre.

Kathleen signait : *O-K, tout va bien, pas de mal*, mais Eli ne le prenait pas ainsi.

« Je t'avais dit... surveiller... capteur de pression ! » Il devait hurler sur moi, son visage était écarlate. « C'est quoi... ton problème ? »

« Je suis désolée... » La voix qui montait de ma gorge et sortait par ma bouche me donnait une drôle d'impression.

Tout le monde nous fixait du regard. Oubliés, les TP : mes camarades regardaient Eli m'accabler de reproches.

« Je veux... autre partenaire », a-t-il dit à M. Burke, qui s'employait à éponger rapidement la paillasse.

J'étais pétrifiée, les pieds vissés au sol. Je ne savais pas quoi faire. Eli piquait sa crise, les gens nous dévisageaient, et c'était ma faute. J'avais fait rater l'expérience et probablement aussi flingué l'examen, tout cela parce que je n'avais pas entendu Eli me dire de surveiller ce stupide capteur de pression.

« Eli, calme-toi, a dit M. Burke, en tenant un amas d'essuie-tout trempé. Nous allons... avoir nettoyé. Vous... repasser l'examen. »

J'avais presque oublié la présence de Kathleen à un mètre de moi jusqu'à ce qu'elle s'approche d'Eli. Elle n'avait pas l'air très contente.

Pourquoi tu ne m'as pas demandé d'interpréter ? a-t-elle signé, tout en semblant élever la voix, comme pour rivaliser avec celle d'Eli, vu ses sourcils haussés et sa bouche qui s'ouvrait en grand. *Tu sais que M-A-Y-A est sourde, tu penses qu'elle t'entend ? Pourquoi tu n'as pas attiré son attention ?*

« Tout… bien », a dit M. Burke lorsqu'il est revenu après avoir jeté l'essuie-tout. L'un de mes camarades de classe avait emporté dans l'évier voisin le bécher qui débordait. « Je les laisserai… l'examen. »

« … pas le sujet ! » a dit Kathleen en oubliant de signer en même temps.

M. Burke n'a pas répondu ; il s'est tourné vers moi et, tendant le bras, m'a tapoté la main d'un geste réconfortant. Il n'avait pas l'air fâché.

« Tout va bien, Maya, a-t-il dit. Ne t'inquiète pas. »

Je savais que j'étais sur le point de verser des larmes de frustration, et je ne voulais pas m'effondrer devant la classe. J'ai vite signé : *Toilettes*, à Kathleen, en ôtant lunettes et tablier. D'un pas vacillant, je me suis dirigée vers les toilettes au bout du couloir. Respirer me faisait mal à la poitrine. Mes yeux me faisaient mal aussi à cause de l'effort qu'il me fallait faire pour retenir les larmes qui menaçaient de couler.

Je n'avais aucune idée de l'endroit où j'allais ni de ce que j'étais censée faire, mais mettre le plus de distance possible entre ce laboratoire et moi me semblait être la meilleure idée que j'aie jamais eue. En moins de deux minutes, j'ai quitté le couloir des sciences, traversé la moitié du lycée et pénétré dans la classe de Mme Phillips.

Je savais peut-être inconsciemment que l'atelier serait libre puisque Mme Phillips devait y préparer ses cours. Je l'ai trouvée assise devant l'une des tables de travail. Elle réalisait une esquisse et n'a pas levé les yeux jusqu'à ce que je m'approche et que je tapote du doigt sur la table.

« Je peux peindre ? » ai-je demandé en désignant le coin de la pièce où elle rangeait nos autoportraits.

Pour une raison que j'ignore, ma requête n'a pas paru surprendre Mme Phillips. Plutôt que de m'assaillir de questions, elle a dû lire sur mon visage des explications suffisantes, et a simplement hoché la tête en souriant. Elle a fait un geste vers la pile de toiles comme pour me dire : « Vas-y ».

J'ai éteint mes appareils après m'être installée avec un gobelet d'eau et de la peinture fraîche, ne souhaitant rien de plus, pour l'instant, que d'être laissée tranquille dans mon monde de silence. Assise devant mon autoportrait à moitié terminé, je me suis demandé si je voulais le finir ou le gâcher avec un tas de peinture. Il était maladroit, et toutes les couleurs que j'avais tenté d'incorporer semblaient ternes.

J'avais déjà du mal à réfléchir correctement, alors il était vain d'essayer de choisir les couleurs à utiliser ou les éléments du tableau à travailler. Ma seule idée fixe était la suivante : et si cet examen de chimie était un avant-goût de ce qui se passerait quand je travaillerais comme inhalothérapeute dans un hôpital ?

Le bicarbonate n'était qu'un ingrédient alimentaire ; ce n'était donc pas la fin du monde. On pouvait le nettoyer et l'oublier. Mais que se passerait-il si un patient dont j'étais responsable souffrait d'insuffisance respiratoire et que je n'entendais pas les alarmes ? Cette personne pourrait mourir, et ce serait ma faute.

Pour réussir à décrocher un emploi dans un hôpital, il allait me falloir des années de travail acharné afin de faire mes preuves, obtenir mon diplôme universitaire et effectuer des stages. Ensuite, voir tout cela s'écrouler en un instant parce que je n'étais pas capable d'entendre une simple alarme ? Cette idée était terrifiante.

Quelqu'un m'a effleuré l'épaule. J'en ai sursauté, et j'ai failli pousser un gémissement en levant les yeux vers la personne qui se tenait là, fixant mon autoportrait sur le chevalet.

« Qu'est-ce que tu fais ici ? »

Les yeux rivés sur mon autoportrait, Beau a mis une éternité à s'en détourner pour me regarder.

C'est toi ? a-t-il signé en désignant la toile d'un geste de la tête.

Oui, ai-je répondu en serrant fort entre mes doigts le pinceau que tenait ma main gauche.

J'aime, a commenté Beau avec son sourire et ses fossettes, et une nouvelle fois, j'ai eu l'impression de craquer intérieurement.

Voyant que je ne réagissais ni par mots ni par signes, Beau s'est figé : *Qu'est-ce qui ne va pas ?*

Rien, ai-je répondu ; mais je n'ai pas pu effectuer ce signe sans être prise d'un tremblement de lèvres.

Beau a haussé un sourcil. Il refusait clairement de prendre ma réponse au sérieux. À la manière dont sa poitrine s'est soulevée, j'ai deviné qu'il poussait un soupir. Il est allé prendre un tabouret à la table voisine et s'est assis à côté de moi.

Qu'est-ce qui ne va pas ? a-t-il répété.

J'ai éludé sa question : « Qu'est-ce que tu fais ici ? Tu ne devrais pas être en classe ? »

« Je suis… bureau… pendant cette heure. Je dois courir… pour Mme… »

Devant mon regard stupéfait, il a épelé avec ses doigts : *C-O-M-M-I-S-S-I-O-N-S*. J'ai senti s'échapper un autre soupir lorsqu'il a signé de nouveau : *Qu'est-ce qui ne va pas ?*

« Demande-moi encore une fois ce qui ne va pas, je te jure... »

Beau a fait une pause, puis un grand sourire a fendu son visage tandis qu'il reprenait : *Qu'est-ce qui ne va pas ?*

Je n'ai pas pu m'empêcher de rejeter la tête en arrière et de rire, mais je l'ai immédiatement regretté : déséquilibrée, j'ai failli tomber de mon tabouret.

Beau m'a regardée avec un petit sourire et a attendu que j'aie fini de grommeler pour dire : « Sérieusement. Tu peux... ce qui s'est passé ? »

Je n'avais pas envie de déballer mon histoire, mais je n'avais pas l'énergie nécessaire pour continuer à me chamailler avec lui.

« Je viens de passer mon examen de chimie », ai-je commencé, et j'ai senti ma voix s'enrouer.

Beau a haussé les sourcils comme pour dire : « Et alors ? »

« Ça ne s'est pas bien passé. En fait, ça a été un vrai désastre, pour être honnête. »

Pourquoi ? a signé Beau du tac au tac, en se penchant en avant avec intérêt.

« Je crois que mon binôme, Eli Collins, a oublié que j'étais sourde. Il m'a demandé de surveiller le capteur de pression que nous faisions fonctionner pour cette solution de bicarbonate de soude, mais voilà, évidemment, je ne l'ai pas *entendu* me parler. »

Il a fallu une demi-seconde à Beau pour comprendre la suite de ma petite histoire triste, et il a commencé à froncer les sourcils, lèvres pincées. Ce n'était pas la peine de lui expliquer comment tout avait dérapé après cela.

Au lieu de signer, Beau a mimé quelque chose comme une explosion, et à voir ses joues se gonfler, j'ai su qu'il avait ajouté une sorte d'effet sonore.

« C'est ça », ai-je dit en réprimant un petit sourire.

Beau a secoué la tête d'un air dégoûté. « Eli est un… »

« Un quoi ? » J'ai signé : *Répète.*

Il fait un signe de main évasif. « Peu importe. Maya, ce n'était pas… faute. »

J'ai haussé les épaules. « Peut-être que si, ou pas. Mais tu ne peux pas nier que c'est arrivé uniquement parce que je n'entends pas. »

Il n'en fallait pas plus pour ébranler ma confiance en moi, qui n'était déjà pas des plus solides au départ.

« Sérieusement, dit Beau. Oublie Eli. »

« Il veut un nouveau binôme pour les TP, donc ça ne devrait pas être un problème », ai-je répondu en levant les yeux au ciel.

Bien, a signé Beau, en ajoutant : « Tu es mieux... sans... »

« C'est sûr. »

Beau m'a tapoté le genou pour que je le regarde dans les yeux, et il a signé : *Tu es intelligente. Ne t'en fais pas.*

Je m'en fais beaucoup, ai-je signé.

Pareil, a acquiescé Beau avec un sourire en coin. *Ça ira mieux bientôt.*

Bientôt ? J'ai failli me mettre à rire. Je ne me voyais pas devenir moins inquiète dans un avenir proche. Ce ne serait pas avant la fin de l'université, au plus tôt.

Nous sommes restés assis quelques instants ; je faisais tourner mon pinceau dans de la peinture verte. J'ai repris :

Tu fais des progrès en signes.

Beau a semblé surpris : *Vraiment ?*

J'ai acquiescé, réprimant mon envie de sourire. *Tu t'entraînes beaucoup ?* lui ai-je demandé.

Comme il ne comprenait pas, j'ai dû épeler « entraînement » ; il a haussé nonchalamment les épaules en signant : *Peut-être.*

J'hésitais à l'interroger, mais cette question me taraudait depuis si longtemps.

Pourquoi apprends-tu les signes ? ai-je signé lentement sans croiser son regard.

Beau est resté assis à me regarder, la tête penchée sur le côté. Le suspense est retombé d'un coup quand il s'est contenté de se frotter le nez avec deux doigts – signe qui veut dire « amusant ».

Et nous sommes restés là, sans signer ni parler ; c'était à la fois étrange et... apaisant. Normal, presque. Comme si nous étions amis.

Beau a brusquement levé les yeux et bondi sur ses pieds en désignant le plafond d'un doigt : « La cloche a sonné », m'a-t-il dit.

À plus tard, ai-je répondu par signes. *Je reste.*

Pour ? a-t-il demandé en montrant mon autoportrait.

« Je me sens... inspirée », ai-je répondu.

Amuse-toi, m'a-t-il dit en accompagnant ce signe d'un geste d'au revoir.

Un sourire m'est venu quand j'ai pivoté sur moi-même pour faire face à la toile.

Cette fois, tandis que Beau s'éloignait, il me semblait avoir hâte de le retrouver.

14

« Attends. Comment ça, tu dois partir ? »

Nina s'est retournée vers moi, les mains jointes dans le dos, l'air toute penaude. Il lui a fallu plus d'une minute pour épeler « décathlon académique » alors que j'attendais impatiemment à côté de mon casier.

« Notre exposé pour Wells a lieu demain », ai-je insisté.

À moins de vingt-quatre heures de cette présentation en cours d'histoire, tenant lieu d'examen de mi-semestre, Nina assurait devoir s'en aller pour un décathlon académique quelconque ? Elle était du plus grand sérieux pour ce qui était du travail scolaire ; pourquoi n'avait-elle jamais évoqué cet événement ? Après la débâcle de l'examen de chimie, je ne pourrais pas survivre à un autre échec.

« Voilà... truc, a dit Nina. J'ai parlé... M. Wells... parce que le partenaire de Beau... avec moi aussi, il... »

Je me suis tournée vers Kathleen, ayant désespérément besoin de son interprétation.

Nina s'est lancée dans une explication qui incluait une solution mise au point pour notre exposé du lendemain. J'ai appris que ma partenaire me laissait tomber pour aller à un décathlon académique à Greeley, à plus d'une heure de route. Apparemment, le binôme de Beau, Kyle Matthews, lui faisait le même coup. M. Wells avait accepté que Nina et Kyle lui rendent une rédaction pour remplacer l'exposé, et il avait trouvé cette folle solution : Beau et moi formions maintenant un binôme. Apparemment, nous avions le choix entre présenter l'exposé préparé par Nina et moi, ou celui que Beau et Kyle avaient fait.

Nina n'arrêtait pas de signer : *Pardon*. Elle m'a dit : « Prévenu M. Wells… risquait d'arriver, mais... pensais pas... finale... dernière minute... une autre école s'est retirée... »

J'ai commencé à m'éloigner, me coupant du reste de l'explication de Nina.

Je pouvais être sereine quant au fait que Beau prenait ses notes très au sérieux et qu'il voulait faire une présentation aussi professionnelle et bien préparée que possible, mais c'était tellement à la dernière minute ! Et si Beau n'avait rien à faire du thème de notre présentation ? Je ne le supporterais pas.

Décidément, l'univers conspirait contre moi.

J'ai sursauté ; Nina venait de m'attraper l'avant-bras, et le serrait doucement.

« ... bien, a-t-elle dit. ... confiance totale... »

Vrai, a signé Kathleen vers qui je me suis tournée. *Donne une chance à B-E-A-U.*

Je me suis mordu la lèvre pour éviter de pousser un soupir écœuré.

Beau méritait sans doute une chance, oui. Je ne comprenais pas tout à fait les raisons pour lesquelles il voulait apprendre la langue des signes, mais il devenait assez bon dans ce domaine. Et c'était drôle de parler avec lui, d'ennuyer Jackson au déjeuner avec nos signes exagérément dramatiques et nos gestes du doigt vers lui.

Si la langue des signes l'intéressait à ce point, peut-être se mettrait-il assez vite à l'exposé sur DPN.

« D'accord, ai-je dit à Nina. Mais tu as une dette envers moi. »

« OK », a-t-elle répondu en me serrant la main.

« Ce n'est pas vraiment nécessaire », ai-je dit à Beau, bras croisés, sur le parking du lycée.

La voiture de Beau était la plus belle du coin, et j'hésitais à y monter de peur d'abîmer sans le faire exprès les sièges en cuir que je devinais à travers les vitres teintées. Quel que soit le métier du père de Beau, de toute évidence, il gagnait très bien sa vie.

Ne t'inquiète pas, a signé Beau en me regardant par-dessus le toit de sa voiture. *Je suis un conducteur sûr.*

« Ce n'est pas le problème, ai-je dit, les lèvres pincées. C'est cette présentation stupide. »

Beau a hoché la tête en signe d'assentiment, et je n'ai saisi que quelques mots au vol : « ... on peut... ton idée... »

Je n'ai pas pris la peine de répondre et je me suis installée sur le siège passager en bouclant soigneusement ma ceinture. Au lieu de m'assaillir de questions lorsque je lui avais envoyé un texto pour l'informer de mon changement de programme, Maman avait paru ravie que je travaille avec « quelqu'un d'autre » pour mon projet scolaire.

Mon plan était de forcer Beau à rester dans l'allée pendant que j'allais courir chez moi attraper mon ordinateur qui contenait la présentation PowerPoint. Ensuite, nous irions directement à la bibliothèque.

À un feu rouge, non loin de chez moi, j'ai jeté un coup d'œil sur la banquette arrière pour achever mon inspection de la voiture. Je n'ai pas été surprise de découvrir la gigantesque pile de livres qui occupait la majeure partie de l'espace. Je voyais des étiquettes de la bibliothèque sur la plupart des livres, dont certains étaient en piètre état. Avant de reprendre ma position, j'ai aperçu quelques titres comme *Le Vieil Homme et la Mer* d'Ernest Hemingway et *Le Meilleur des mondes* d'Aldous Huxley.

« J'aime lire », a dit Beau en me surprenant à lorgner sa collection.

« J'ai remarqué », ai-je répliqué avec un petit sourire.

Il entrait dans mon allée, et m'a regardée après s'être garé.

Ma mère, a signé Beau en jetant un coup d'œil à ses livres dans le rétroviseur. *Toujours avec un livre.*

Comme ? ai-je demandé avec curiosité.

Lorsqu'il a épelé les mots « Harry Potter », j'ai signé : *Yeah !* car qui n'aime pas Harry Potter ? J'avais enfin trouvé un sujet sur lequel Beau et moi pouvions être totalement d'accord.

« Elle m'emmenait... bibliothèque..., a poursuivi Beau avec sa voix. Elle adorait les livres. »

« Et toi aussi », ai-je avancé.

Oui, a signé Beau en hochant la tête.

« Je parie que ça la rend heureuse. »

« Impossible... savoir. »

Beau a ôté les clés du contact, les a retournées dans ses mains. Il a fallu que je me rapproche pour lire la suite sur ses lèvres.

« Elle est morte... quelque temps. »

J'ai senti mon cœur cogner douloureusement dans ma poitrine. Je me suis rendu compte que Beau m'avait parlé plus d'une fois de son père, mais jamais de sa mère. Il ne m'était jamais venu à l'esprit que c'était parce qu'elle était décédée. Je comprenais encore mieux tous ses livres et sa lecture. C'était une façon pour lui de garder un lien avec sa mère. J'avais fait la même chose à l'âge de huit ans quand mes parents avaient divorcé. J'avais conservé l'une des vieilles cravates à carreaux de mon père, soigneusement pliée dans ma commode.

Désolé, ai-je signé, puis j'ai répété le mot à haute voix.

Le mot et le signe me semblaient inadéquats, mais je ne savais pas quoi faire d'autre.

Pas de problème, a signé Beau, mais son sourire forcé ne m'a pas convaincue. *C'est du passé.*

Beau a soudain fait un signe poli de la main. Je me suis sentie pousser un cri de surprise quand j'ai regardé autour de moi et que j'ai vu Maman dans l'allée. Elle tapait du doigt sur le pare-brise en arborant un sourire éclatant.

« Eh bien, tu l'auras deviné, c'est ma mère », ai-je dit inutilement.

Je me suis retenue d'ajouter : « Ma mère qui est de retour étonnamment tôt. »

Je suis sortie de la voiture, les mains crispées à mon sac, essayant de garder mon aplomb. Je voyais bien que Maman se méprenait, et qu'un interrogatoire parental dans les règles de l'art m'attendait.

Beau est sorti à son tour. Il s'est présenté et a serré la main de Maman. Mon estomac a fait un looping quand j'ai vu Maman lui faire signe de la suivre en montrant la maison.

Stop, ai-je signé à l'attention de Maman en espérant que Beau ne regardait pas. *Nous allons à la bibliothèque, on reste pas.*

Bien, a signé Maman d'un air léger, et comme au jour de la rentrée à Engelmann, elle a ajouté : *Sois gentille.*

Je les ai précédés, soucieuse de prendre mon ordinateur et de décamper le plus vite possible. Ce n'était probablement pas la meilleure idée de laisser Maman derrière avec Beau, mais des petits sacrifices sont parfois nécessaires. J'ai fait un signe à Connor qui regardait des dessins animés sur le canapé, ses devoirs étalés sur la table basse devant lui, et j'ai grimpé l'escalier pour attraper mon ordinateur sur mon lit et enrouler le chargeur.

Beau attendait près de la porte d'entrée, et j'ai raté la dernière marche, non parce qu'il avait parlé avec Maman et Connor, mais parce qu'il se tenait devant l'autoportrait fait dans le cours de Mme Phillips, que Maman avait tenu à accrocher dans le salon.

Cela ne m'avait pas dérangée outre mesure que Beau m'ait surprise à peindre alors que la toile n'était pas achevée et que j'y essayais un tas de couleurs. Mais là, c'était différent. Finalement, le résultat n'était pas si mauvais à mes yeux. J'avais été agréablement surprise, et je pense que Mme Phillips l'avait été aussi.

Il y avait toujours le contour imprécis d'une personne au milieu, en noir. Sans sa main tendue qui tenait deux appareils auditifs bleu néon, on n'aurait pas su que c'était moi. L'autre main masquait les yeux, voilant l'explosion de couleurs vives qui couvraient le reste de la toile et ruisselaient autour de la personne comme des cours d'eau.

Cela semblait être la meilleure façon de décrire une chose importante dans ma vie – il me suffisait de retirer mes appareils, de fermer les yeux, et le monde m'appartenait. Il n'y avait pas de limites à mon imagination lorsque j'étais seule avec l'univers. Et je n'avais que dix-sept ans ; comment aurais-je pu savoir qui j'étais vraiment à ce moment-là ? La silhouette informe qui me représentait avait donc un sens.

Prête ? a signé Beau quand je suis arrivée à sa hauteur.

Oui, ai-je répondu.

Beau a continué à scruter ma toile. Je me mordais la lèvre, impatiente de le voir s'en détourner. Je commençais à me sentir trop vulnérable ainsi, devant Beau qui examinait mon autoportrait de si près. Il se trouvait face à une représentation de ce que j'avais vraiment fini par penser de moi, et je m'attendais à ce qu'il en fasse la critique.

Pour finir, il s'est contenté de signer : *C'est beau.*

Merci, ai-je répondu avec embarras.

Maman nous a raccompagnés, tout sourire. Lorsque Beau a tourné le dos pour ouvrir la porte, elle a signé : *Attention*, comme si elle pensait que je devais être en état d'alerte maximale parce que j'allais travailler sur un projet scolaire avec un garçon.

Promis, ai-je répondu.

J'ai fait un signe d'au revoir à Connor et suis sortie de la maison en courant derrière Beau, mon ordinateur sous le bras.

Bibliothèque, O-K ? ai-je signé à Beau une fois dans sa voiture, ceinture attachée.

Beau a fait une drôle de tête en consultant l'horloge du tableau de bord, et il a secoué la tête.

La bibliothèque est fermée, a-t-il signé en montrant l'horloge. *Il est 4 heures.*

« Tu rigoles », ai-je pensé en regardant l'horloge à mon tour ; elle affichait : 04 h 03.

« Tu n'es pas en train de suggérer qu'on s'installe à la maison pour travailler ? ai-je demandé d'un ton brusque. J'étais sûre qu'il y avait une note de panique dans ma voix, même si je ne l'entendais pas. Je veux dire, ma mère… »

Beau a pincé les lèvres, et je me suis rendu compte une seconde plus tard que c'était pour réprimer un sourire. Ce n'était pourtant pas drôle du tout. Ma mère n'était pas une maman poule, mais elle avait perfectionné au plus haut degré l'art de couver ses œufs.

Quand Beau a signé : *D'accord pour chez moi ?* j'ai senti la chaleur m'envahir les joues. Aller travailler chez Beau pourrait très bien signifier que nous ne serions que tous les deux. Seuls.

« Hum. »

« Ne t'inquiète pas », a-t-il dit très vite, les joues aussi pourpres que devaient l'être les miennes. Ce n'est pas qu'il pensait au fait que nous serions seuls ensemble, ou quoi que ce soit… si ?

« ... promets... pas... et nous aurons... »

J'ai signé : *Comprends pas*, en secouant la tête, et Beau a passé une minute à réfléchir intensément à quelque chose, j'ignorais quoi. Ensuite, il a signé : *Tu me fais C-O-N-F-I-A-N-C-E ?*

Ce n'était pas ce à quoi je m'attendais, mais j'ai signé : *Oui*, sans même prendre le temps de la réflexion.

Je lui faisais bel et bien confiance, même si j'étais très loin de le connaître aussi bien que j'en avais envie à ce moment-là. Étrange.

Beau m'a offert ce que j'ai supposé être un sourire encourageant avant de démarrer et de sortir de l'allée en marche arrière.

Le trajet a duré moins de dix minutes, mais j'ai senti croître mon appréhension lorsque Beau a dépassé l'angle d'une rue où toutes les maisons qui bordaient les trottoirs ont commencé à devenir beaucoup plus grandes.

Toutes les pelouses étaient soigneusement entretenues, même si l'on était au cœur de l'automne. Les maisons avaient toutes deux étages et leurs façades à la peinture impeccable étaient plus qu'intimidantes. Je n'ai pas été très surprise lorsque Beau s'est garé dans l'allée d'une maison digne d'orner la couverture d'un magazine d'architecture de luxe. C'était un élégant édifice couleur stuc sombre, entouré de la même pelouse immaculée. Un chemin éclairé menait à la porte d'entrée.

Les mains crispées sur mon ordinateur, j'ai senti le moteur s'éteindre. Beau me regardait d'un air réservé, comme s'il était aussi nerveux que moi de m'inviter chez lui. Même si j'avais à cœur de réussir cet examen, je ne pouvais m'empêcher de me demander ce que Beau pensait de tout cela, d'être seul avec moi, s'il pensait qu'il allait se passer quelque chose… ou même si je voulais qu'il se passe quelque chose.

« Quel est le métier de ton père, déjà ? » ai-je demandé en me tournant vers Beau.

C-H-I-R-U-R-G-I-E-N pour enfants, a signé Beau en prenant son temps, puis il a ajouté à haute voix : « Il travaille... hôpital pédiatrique. »

Je connaissais très bien les hôpitaux pédiatriques. Connor fréquentait souvent celui du New Jersey et il se rendait maintenant à celui qui se trouvait près d'Aurora.

« Waouh, ai-je répondu. C'est impressionnant. »

Les lèvres de Beau se sont pincées de nouveau. Il a attrapé son sac à dos posé au pied de la banquette arrière, et fourré ses clés dans sa poche. Il était clair que la discussion sur son père était close.

À mon tour, j'ai pris mon sac et mon ordinateur, et je me suis dirigée vers la porte d'entrée à côté de Beau, en me demandant dans quoi j'allais mettre les pieds.

15

Dans l'entrée, Beau m'a fait signe d'enlever mes chaussures et d'accrocher ma veste dans la penderie. J'ai pris mon temps pour inspecter la maison des Watson pendant que Beau me faisait entrer au-delà du vestibule. Un architecte d'intérieur avait dû passer par là pour essayer de rendre les lieux accueillant et chaleureux, avec des couleurs chaudes et des meubles de luxe.

Sauf qu'il manquait encore quelque chose.

Il n'y avait aucune photo d'aucune sorte. Les murs étaient complètement vides : pas de cliché de Beau avec ses parents, ni la moindre de ces embarrassantes photos d'école primaire. Il n'y avait même pas de certificats ou de médailles académiques de Beau ; or je savais qu'il en avait beaucoup.

Ça m'a rendue triste.

Dès qu'on franchissait la porte de chez nous, il n'y avait quasiment plus d'espace vide, vu toutes les photos de famille, œuvres artistiques et pièces de céramique arc-en-ciel que Maman insistait pour accrocher. Notre maison était pleine – ou désordonnée, pour être précise – et l'on voyait que des gens vivaient là et s'étaient approprié l'espace.

Beau m'a emmenée dans une cuisine ultra-contemporaine, donnant sur un salon spacieux orné d'une grande cheminée en marbre, avec un éclairage d'ambiance, des meubles en cuir et tout un étalage de plantes artificielles en pot. Il y avait déjà quelqu'un dans la cuisine, et ce n'était pas le père de Beau.

La femme qui se trouvait devant l'évier, en train de mettre des tasses et des assiettes dans le lave-vaisselle, était petite et ronde, avec des cheveux gris bouclés. Elle portait un t-shirt violet trop grand, un jean et des chaussures de sport. Elle s'est retournée à notre arrivée et a adressé un sourire chaleureux à Beau. Je n'ai pas compris ce qu'elle lui disait. Elle a sursauté en me voyant et s'est saisi d'un torchon pour s'essuyer les mains, puis elle s'est approchée pour me saluer.

D-A-N-A, a signé Beau en désignant la femme à qui je serrais la main. *Elle nous aide parfois à la cuisine et au ménage.*

Cette Dana n'a pas sourcillé en voyant Beau faire des signes. Elle s'est contentée de sourire et d'articuler très clairement : « Enchantée ! »

Je me suis demandé si Beau lui avait déjà parlé de moi.

« Moi aussi », ai-je dit à haute voix.

« Vous... goûter ? » nous a demandé Dana à tous les deux.

« Bien sûr, dit Beau. Merci. »

Je n'allais pas décliner l'offre – comment refuser de la nourriture ? – alors j'ai remercié Dana et suivi Beau dans le salon pour commencer à m'installer, prête à travailler sur le projet.

Une amie de la famille ? ai-je signé à Beau en montrant Dana après avoir allumé mon ordinateur.

Il a acquiescé, un sourire aux lèvres, puis il a signé : *Elle nous a aidés quand ma mère est morte. Mon père est toujours occupé.*

Je regardais Dana s'affairer dans la cuisine. Elle préparait un plateau de bâtonnets de céleri avec du beurre de cacahuète et des raisins secs, et je l'imaginais en train de fredonner quelque chose, une chanson de Disney peut-être. Dana paraissait être l'une de ces personnes qui sont tout simplement heureuses.

Même si je commençais à ressentir un pincement au cœur à l'idée que Beau et moi n'allions pas être seuls, j'étais contente de la présence de Dana.

Nous l'avons tous deux remerciée lorsqu'elle nous a apporté le plateau avec des verres d'eau. Elle nous a souhaité bonne chance pour notre projet avant de retourner finir la vaisselle.

« OK, ai-je dit à Beau en ouvrant le PowerPoint sur mon ordinateur. Voici ce que nous avons préparé. »

La présentation comportait une douzaine de diapositives et l'essentiel des informations que Nina et moi avions rassemblées sur DPN, principalement à partir de sources trouvées sur Internet. Pour le reste du monde, je doutais que DPN ait assez d'importance pour bénéficier ne fût-ce que d'une petite mention dans l'histoire, mais cette affaire était tellement riche de sens ! Elle avait marqué un tournant dans le mouvement pour les droits des personnes handicapées. Elle avait révélé l'énergie et les capacités des personnes sourdes. Elle avait créé un précédent pour la nomination des futurs présidents de Gallaudet et avait permis aux étudiants d'avoir enfin leur mot à dire.

Beau a pris son temps pour examiner chaque diapositive à mesure que je les affichais. À la cinquième, il s'est penché en avant, une certaine fascination dans les yeux, le menton dans la main. À la fin du diaporama, il s'est redressé et s'est donné une claque sur la cuisse.

« Qu'en penses-tu ? » ai-je demandé en espérant ne pas paraître trop anxieuse.

« Brillant », a répondu Beau en levant le pouce.

J'ai signé : *Super*, ne sachant pas trop quoi faire ou dire d'autre.

« ... y a... reportages ? » m'a demandé Beau, en signant ensuite : *Des vidéos, peut-être ?*

Sais pas, ai-je répondu. Nina ne s'était pas trop préoccupée de chercher autre chose que les faits essentiels autour de DPN. *Essaie Y-O-U-T-U-B-E.*

Beau a haussé les épaules, grignotant distraitement un bâtonnet de céleri tout en se penchant pour afficher YouTube sur mon ordinateur. Il signait quelque chose de sa main libre, mais je n'ai même pas eu l'idée d'y prêter attention : je venais de constater qu'il était assis vraiment tout près de moi.

Si près que je lui découvrais une cicatrice de varicelle près de l'œil gauche. Ses cheveux commençaient à boucler juste derrière les oreilles, et il sentait les épices et la cannelle. Il fronçait les sourcils en se concentrant sur YouTube, mais ça ne lui allait pas si mal. C'était même mignon.

« Tu es tellement stupide, Maya », ai-je pensé à l'instant où j'ai pris conscience que je m'étais penchée vers Beau sans le vouloir, pour inhaler un peu plus son parfum séduisant.

Deux mois s'étaient écoulés depuis la rentrée et aujourd'hui, seulement, j'étais prête à admettre que mes sentiments pour Beau dépassaient de plus en plus le stade de l'amitié.

J'ai senti un bruit de surprise s'échapper de ma gorge lorsque Beau a touché mon genou ; mon cerveau a soudain compris qu'il essayait d'attirer mon attention depuis un certain temps.

Ça va ? a signé Beau d'un air alarmé. « ... t'avoir perdue. »

« Toilettes ! ai-je lâché, rêvant aussitôt qu'un trou apparaisse dans le sol et m'engloutisse. Je veux dire, je peux aller aux toilettes ? »

J'ai été reconnaissante que Beau ne se mette pas à rire de ma question embarrassante : il s'est contenté d'acquiescer d'un signe de tête. D'un pas légèrement vacillant, il m'a emmenée à la salle de bains qui donnait sur le couloir.

Je n'avais pas vraiment besoin d'y aller – les lieux étaient tout aussi agréables, sinon plus, que chez Nina, avec des serviettes de luxe et des savons décoratifs –, mais j'avais besoin de quelques minutes pour émerger de mon étrange stupeur.

« Reprends le contrôle, ai-je marmonné après m'être aspergé le visage d'eau froide en me séchant avec un ravissant essuie-main. Tu es ridicule. »

Avoir été assise sur le canapé à côté de Beau, si près que je sentais le moindre de ses mouvements, m'avait rendue bien trop consciente de sa présence. Je n'avais jamais été aussi préoccupée par un garçon – entendant ou sourd – et là, ça s'avérait être une distraction majeure, alors que je devais me préoccuper de ce stupide examen de mi-semestre.

Après quelques minutes dans la salle de bains, je suis retournée dans le salon, mais je me suis arrêtée sur le seuil en voyant Beau assis, la jambe droite tendue devant lui, son pantalon remonté jusqu'au genou. Il s'asseyait toujours ainsi pendant les cours, mais cette fois-ci, il pressait ses doigts le long de son tibia comme pour masser la peau. Même de loin, je voyais une cicatrice qui balafrait toute la partie inférieure de sa jambe. Lisse et rose, elle devait dater de plusieurs années, mais d'après la façon dont Beau la massait, elle devait rester douloureuse.

J'ai dû faire un effort pour me rappeler la tâche qui nous attendait. Je suis entrée dans le salon en veillant à frapper lourdement le parquet pour annoncer ma présence. Il me semblait que Beau souhaitait rester discret sur cette cicatrice, et je voulais lui donner le temps de se redresser paisiblement.

Quand j'ai repris place à côté de lui sur le canapé, son pantalon couvrait sa jambe. Beau se forçait à sourire, sans que ses fossettes apparaissent.

« Trouvé quelque chose ? » ai-je demandé en montrant mon ordinateur.

« ... quelques vidéos », a-t-il répondu.

Je me suis rapprochée pour regarder Beau lancer le reportage qu'il venait de visionner. L'un des étudiants à l'origine de la manifestation était interviewé, ainsi qu'une actrice sourde respectée qui avait reçu un diplôme honorifique de Gallaudet. Le président entendant dont l'élection avait provoqué le tumulte initial s'exprimait également.

Pendant toute l'interview, je me suis sentie désolée pour l'étudiant et l'actrice. Le présentateur leur compliquait la tâche, même si c'est lui qui leur posait toutes les questions sur la manifestation et sur les résultats qu'ils espéraient. Ils avaient l'air frustrés, sans cesse interrompus lorsqu'ils tentaient une explication signée. J'étais toujours ennuyée par la même chose.

Trop long, ai-je jugé à la fin de l'interview.

C'est vrai, a acquiescé Beau. « Mais peut-être... reportage de... »

Sais pas, ai-je répondu. Je craignais déjà qu'il soit difficile de capter l'intérêt de la classe pendant dix minutes.

« On va faire en sorte que ça rentre », a dit Beau en hochant fermement la tête.

Et c'est ce que nous avons fait, en réduisant la vidéo à une minute et demie, avec surtout des images du défilé étudiant vers le Capitole et des portes fermées de l'université. Beau a opéré un tour de magie informatique pour insérer la séquence dans le PowerPoint.

Puis nous avons achevé l'exposé, vérifié la bibliographie, créé des fiches pour nous répartir la présentation. Nous étions tellement absorbés l'un et l'autre que nous avons eu un choc lorsque Dana – je n'avais même pas conscience qu'elle était encore là – a allumé les lumières du salon et pénétré dans notre champ de vision. Elle parlait à Beau, alors je me suis redressée contre le canapé, étirant mes bras en l'air.

Lorsque Dana a fini de parler, Beau s'est levé d'un bond pour se tourner vers le vestibule. J'étais tellement habituée à le voir s'empourprer sans cesse que j'ai été surprise de voir ses joues prendre la couleur de la cendre. Ses lèvres ont formé les mots « Bonsoir, Papa » : c'était la pièce manquante dont j'avais besoin.

Beau était la réplique de l'homme qui enlevait son manteau et ses chaussures dans l'entrée, avec une trentaine d'années de moins. L'homme arborait un air autoritaire et des vêtements bien repassés. Ses cheveux grisonnants étaient coiffés en arrière de façon quelque peu sophistiquée. Il s'est présenté comme le Dr Watson lorsqu'il s'est approché de moi, la main tendue.

« Enchanté », ai-je dit, un sentiment de malaise me parcourant la moelle lorsque le regard du Dr Watson s'est fixé sur mes appareils auditifs.

« Devoirs ? » a dit le Dr Watson en désignant notre bazar sur la table basse.

J'ai vu Beau commencer : « Oui, nous… » mais je n'ai rien saisi de la suite. Il gardait les mains levées comme s'il voulait signer sa conversation avec son père, mais son air malheureux donnait l'impression qu'il ne savait pas comment signer ce qu'il disait.

Je pouvais au moins compatir avec Beau sur ce point. Signer et utiliser sa voix en même temps quand on apprend la langue des signes est difficile, mais je détestais ce sentiment que j'avais d'être un peu exclue de la discussion.

Quelque chose que Beau a dit a fait hausser un sourcil au Dr Watson, qui s'est avancé d'un pas pour regarder de plus près notre PowerPoint toujours affiché sur mon ordinateur. La diapositive visible était celle où nous énumérions les quatre requêtes des manifestants, et soit le Dr Watson avait perfectionné l'art de l'impassibilité, soit il n'était pas impressionné par ce qu'il voyait.

« Intéressant, a-t-il enfin dit. Mais... pense que la Peur rouge[6] aurait pu... »

J'ai volontairement détourné le regard pour ne pas avoir à lire la fin de la phrase sur ses lèvres. Je m'attendais à ce que certains de mes camarades soient indifférents à notre sujet, mais je n'avais pas envie d'être témoin de cette indifférence chez le père de Beau.

Je regardais plutôt Beau, des questions se formant dans mon esprit tandis que j'observais son comportement face à son père. Il ne semblait pas aussi confiant qu'au lycée, pas aussi sûr de lui. Les mains le long du corps, il gardait le regard fixé sur un point du mur au-dessus de la tête de son père.

Bien sûr, le père de Beau avait l'air intimidant, mais qu'est-ce qui poussait Beau à se comporter de la sorte, comme s'il essayait de rentrer en lui-même ?

Je pense que c'est son air constipé qui m'a poussée à utiliser ma voix pour dire : « Eh bien, nous avons presque fini. Tu veux bien me ramener chez moi, Beau ? »

Beau a sauté sur mes mots comme sur une bouée de sauvetage. Après un hochement de tête enthousiaste, il a dit au Dr Watson : « ... bientôt rentré. »

6. *Red Scare*, la Peur rouge, désigne une époque où l'anticommunisme a été très fort aux États-Unis.

« … prudent », a répondu le Dr Watson, et j'ai pressenti la froideur de sa voix à voir son expression soudain austère. Celle-ci a disparu lorsqu'il m'a jeté un coup d'œil avec un bref signe de tête poli.

Beau est passé à l'action, se dépêchant de sauvegarder la présentation, d'éteindre mon ordinateur et de rassembler nos notes. J'ai tout rangé soigneusement dans mon sac et suivi Beau dans l'entrée pour attraper mes chaussures après avoir salué Dana. Celle-ci avait observé tout l'échange avec une expression qui ressemblait à de la tristesse. Ce n'était sûrement pas la première fois qu'elle était témoin d'une scène de ce genre.

Après avoir franchi et refermé la porte de la maison, Beau s'est immédiatement tourné vers moi en signant : *Pardon. Mon père, il…*

Tout va bien, ai-je répondu.

J'ai répété la même chose à voix haute, car Beau ne paraissait pas convaincu. « Je comprends. Ton père a l'air exigeant. Il nous a pris par surprise. »

Beau a esquissé un sourire malheureux accompagné d'un hochement de tête, en signant : *Vrai.*

Il semblait un peu plus détendu maintenant qu'il y avait une certaine distance entre nous et son père, sa posture n'était plus aussi crispée. Je me suis demandé s'il réagissait toujours comme ça en présence de son père, comme s'il avait été surpris en train de commettre un délit. « Ce n'est pas parce que Beau est… gêné par moi », ai-je pensé en m'installant sur le siège passager.

Non, impossible que ce soit le cas.

Pas vrai ?

16

Tout va bien, répétait sans cesse Kathleen le lendemain, tandis que nous nous rendions au cours de M. Wells. *Vous êtes au point, tous les deux.*

Je sais, ai-je répondu.

Quoiqu'il ait pris ce projet la veille au soir en cours de route, Beau était prêt. Il se tenait devant la classe, et je l'ai trouvé en train de connecter mon ordinateur au projecteur de M. Wells.

J'ai posé mon sac au pied de mon bureau et sorti la pile de fiches que nous avions préparées la veille. Beau tenait absolument à inclure tous les détails importants pour défendre notre cause et semblait encore plus impliqué que Nina.

« Faites que tout se passe bien », me disais-je en rejoignant Beau, les doigts crispés sur les fiches.

Kathleen me suivait. Comme M. Wells, elle avait l'air impatiente de nous écouter. Elle se rappelait avoir vu les journaux évoquer DPN ; apparemment, cela avait été un facteur déterminant dans sa décision de faire des études d'interprétariat. Mes camarades ne seraient peut-être pas intéressés par la présentation, mais Kathleen, si ; cela m'aidait de savoir qu'elle serait là pour assurer l'interprétation avec un sourire encourageant si j'en avais besoin.

Prêt, a signé Beau en me montrant mon ordinateur.

Cool, ai-je répondu en inspirant profondément.

M. Wells a eu la gentillesse de faire clignoter les lumières pour nous indiquer qu'il était prêt à nous écouter, et j'ai senti mon estomac dégringoler quelque part aux alentours de mes genoux.

C'était maintenant ou jamais.

J'ai saisi Beau par le bras au moment où il allumait le projecteur, notre présentation tout près de prendre vie, et j'ai signé : *Je ne veux pas utiliser ma voix.*

« Par solidarité », avais-je envie d'ajouter.

Beau n'a pas eu l'air surpris. Il a répondu : *Je comprends.*

Merci, ai-je dit, et il a souri. Ses fossettes n'ont pas apaisé mes nerfs.

Prenant les devants – ce n'était pas pour me déplaire – Beau s'est lancé dans l'introduction que nous avions répétée la veille pendant notre session chez lui. Je n'avais pas besoin de Kathleen pour interpréter cette partie, car je savais ce que Beau disait. Il a présenté la première diapositive, un assemblage de photos prises pendant les manifestations, le défilé vers le Capitole et devant les portes fermées de Gallaudet.

Lorsque mon tour est arrivé, j'ai passé les fiches à Beau afin d'avoir les mains libres pour signer. Kathleen m'a fait un signe de tête encourageant, accompagné d'un autre sourire lumineux, et j'ai respiré un peu plus librement.

« Tu peux y arriver », me suis-je dit avec confiance.

Mes mains tremblaient affreusement en exécutant les premiers signes, mais ça s'est amélioré ensuite. Mon regard faisait des allées et venues constantes entre Kathleen et Beau, et quelque chose dans leurs expressions me donnait l'énergie de poursuivre.

À la moitié de la diapositive sur la réaction des médias, je me suis demandé si toutes mes inquiétudes n'avaient pas été vaines. Quelques élèves étaient penchés en avant avec intérêt, comme Beau la veille, et personne ne chuchotait derrière ses mains ou n'essayait de cacher un rire. Même si certains n'étaient pas attentifs, au moins ils n'étaient pas moqueurs.

Lorsque Beau est passé à la diapositive suivante, qui montrait la séquence reconstituée à partir de l'interview trouvée sur YouTube, Jackson a levé le doigt et attendu qu'on lui donne la parole. Je pensais que sa question serait destinée à Beau, mais quand Kathleen s'est approchée pour interpréter, j'ai constaté qu'il s'adressait à moi.

L'intervention de Jackson a fait hésiter Kathleen. Ses lèvres se sont pincées, sa posture est devenue rigide. Elle n'était manifestement pas satisfaite de la question de Jackson, mais son rôle d'interprète l'obligeait à me transmettre l'information, quels que soient ses sentiments personnels.

En quoi c'est important pour le monde réel ? a signé Kathleen tandis que Jackson restait là à me fixer d'un regard curieux.

Le monde réel ? ai-je répété, et ces signes sur mes doigts me semblaient bizarres, dans ce contexte du moins.

J'étais presque sûre de savoir à quoi Jackson faisait allusion, et c'est à contrecœur que j'ai regardé Kathleen me traduire ses propos.

La plupart des gens ne sont pas sourds, a signé Kathleen ; je la regardais, elle, et non Jackson. *En quoi c'est important pour nous ?*

Je n'ai pas réussi à trouver une réponse cohérente, alors j'ai signé à Beau : *Lance la vidéo.*

Beau a appuyé sur « Play » sans hésiter.

Ce n'était pas l'interview occupant la moitié de la vidéo qui m'intéressait, mais la compilation de scènes au début, qui montrait les réactions du monde entier face à l'initiative de DPN, et tout le soutien qui convergeait de partout vers Washington en faveur des étudiants de Gallaudet, qu'ils soient sourds ou entendants.

Beau a appuyé sur « Pause » en me voyant signer : *Stop*. J'ai écarté Kathleen qui s'apprêtait à interpréter, et je me suis adressée moi-même à Jackson.

« Comme tu peux le constater, il y a dans le monde plus de personnes sourdes que tu ne l'imagines. Et plus de personnes entendantes impliquées dans cette affaire que tu ne le penses. »

« Ouais, mais... » a dit Jackson en levant les mains.

« Mais quoi ? ai-je répliqué. Parce que mon monde est un peu différent du tien, il serait moins important ? Je sais ce que c'est que de faire partie du monde des entendants parce que j'ai été entendante. Mais je sais aussi ce que c'est que de faire partie du monde des personnes sourdes parce que je le suis maintenant. Tout le monde n'a pas cette chance, et ce président entendant ne l'a pas eue. Peu importe à quel point tu essaies de comprendre quelque chose, il te manque parfois ce lien personnel avec la cause, quelque chose que tu n'atteindras peut-être jamais, et qui fait toute la différence. C'est pour cela que c'est important dans le monde réel. »

Je n'avais jamais été du genre à faire des discours militants pour la cause des personnes sourdes, mais dans le cas présent, je sentais que c'était justifié. Ce n'est pas parce que vous ne comprenez pas une chose qu'elle a moins d'importance.

Jackson a mis un temps fou à répondre ; j'ai eu la naïveté de penser qu'il allait laisser tomber le sujet, mais il s'est tourné maladroitement sur son siège pour parler à Kathleen, m'empêchant de lire sur ses lèvres.

Bien, mais c'était il y a 3-0 ans, a interprété Kathleen, les yeux fixés sur moi et pas sur Jackson. *Maintenant, la technologie aide les sourds à entendre et les gens à marcher et bien plus. Le passé ne compte plus.*

« Je suis presque à peu près sûre que M. Wells ne serait pas d'accord avec toi sur ce point, dis-je sans pouvoir m'empêcher de lever les yeux au ciel. Le passé est important. Deaf President Now a montré au monde que les personnes sourdes n'ont pas besoin d'être infantilisées, mais ce n'est qu'une infime partie du mouvement pour les droits des personnes handicapées, tu sais. »

J'étais lancée, prête à continuer, à dire ce que je pensais vraiment, pour une fois. Peu m'importait ce que tous mes camarades de classe diraient sur cette affaire.

« Certains estiment même que le mouvement pour les droits des personnes handicapées a commencé à Denver, où des personnes en fauteuil roulant se sont enchaînées à des bus pour protester contre le manque de transports accessibles. Mais même à cette époque, il faudra attendre des années avant que l'ADA[7] ne soit adoptée. L'histoire est écrite par tout le monde. »

Je suis restée devant la classe, attendant une réaction de Jackson ou d'autres élèves, mais rien n'est venu. Je gardais les lèvres serrées pour ne pas laisser échapper de souffle bizarre, et mon cœur battait encore inconfortablement dans ma poitrine.

J'ai ensuite regardé Beau et j'ai été surprise de le voir sourire. Lorsque j'ai signé : *Qu'est-ce qu'il y a ?* il s'est contenté de son haussement d'épaules habituel, puis il a répondu : *Rien*, et levé un pouce. Je n'ai pas pu creuser la question avant la fin du cours, lorsque j'ai éteint mon ordinateur. Il avait été difficile d'assister aux

7. « Americans with Disabilities Act », loi votée en 1990.

trois autres présentations en me demandant si mes camarades chuchotaient des commentaires sur tout ce que j'avais balancé à Jackson.

Eh, ai-je signé en tendant la main pour saisir le bras de Beau qui passait, son sac jeté sur une épaule. Il s'est tourné vers moi.

J'ai fait une mauvaise présentation ? ai-je questionné.

Non, s'est-il empressé de signer en secouant la tête. *Tu as été merveilleuse.*

Sûr ? ai-je insisté, sceptique.

Beau s'est approché d'un pas, et j'ai choisi d'ignorer la façon dont mon cœur bégayait sottement dans ma poitrine.

« Ils ont entendu... » a-t-il dit en me montrant du doigt.

« Ils m'ont entendue ? » ai-je demandé, en espérant l'avoir compris.

Beau a hoché la tête.

« Oui. Ils t'ont entendue. »

17

Une semaine après la confrontation qui avait eu lieu dans la classe de M. Wells, Kathleen m'a rattrapée à l'instant où Maman se garait sur le parking à la sortie du lycée, impatiente de nous apprendre qu'un groupe d'adolescents sourds allait se réunir dans un café local. Maman n'avait pas hésité à dire à Kathleen que nous y serions, et maintenant je ne savais pas si j'étais censée être ravie ou terrifiée à l'idée de rencontrer des personnes sourdes de mon âge pour la première fois depuis notre déménagement.

Pourquoi es-tu stressée ? a signé Maman en se garant devant le café où le groupe devait se réunir. *C'est merveilleux pour toi de rencontrer d'autres jeunes sourds.*

Pas stressée, lui ai-je répondu.

Excitée ?

Maman semblait excitée elle-même, malgré l'air épuisé qui ne quittait plus son joli visage depuis que nous avions emménagé ici. Ses cheveux bruns étaient parsemés de plus de mèches grises que dans mon souvenir. Comment réussissait-elle à partager son temps entre son bureau et le télétravail à la maison pour être avec Connor ? Cela restait un mystère pour moi.

Prête ? a signé Maman en montrant le café.

Oui, ai-je répondu en détachant ma ceinture.

Le café était bondé pour un jeudi soir. L'adresse était branchée, avec ce côté familial qu'aucun Starbucks n'a jamais eu. Il y avait des tables, des canapés et de vieux fauteuils un peu partout. Si Connor était venu, il se serait dirigé droit vers le damier géant et les autres jeux rangés sur des étagères dans un coin.

Maman et moi avons fait la queue pour acheter un thé chaud et un cookie à partager. Rassemblés autour du canapé le plus proche de la fenêtre, et occupant aussi les chaises voisines, se trouvaient une poignée d'adolescents et deux femmes : j'étais prête à parier que c'étaient les membres de ce nouveau groupe de jeunes sourds.

Je les ai montrés à Maman qui m'a souri et m'a encouragée à avancer. Chaque pas vers le groupe me semblait plus pesant que le précédent.

Pourquoi étais-je si stressée ? Ça allait être génial. J'allais peut-être même me faire un ou deux amis. Depuis le temps que nous avions emménagé dans le Colorado, il était grand temps que je me fasse un nouvel ami sourd.

Une femme vêtue d'un tricot aux couleurs vives, orné d'une dinde de Thanksgiving, s'est levée à notre approche : « Bonjour ! Je m'appelle… et vous… ? »

Maman lui a serré la main en souriant, et a dit quelque chose que je n'ai pas bien saisi.

La femme s'est ensuite tournée vers moi, et a vigoureusement serré ma main libre : « Comment t'appelles-tu ? »

M-A-Y-A, ai-je épelé avec mes doigts, ajoutant ensuite mon nom signé.

La femme m'a regardée, les sourcils froncés, la tête penchée de côté, jusqu'à ce que Maman intervienne et prononce mon nom à haute voix.

« Eh bien, je suis… connaître. Pourquoi ne pas… là ? » dit la femme en désignant une place libre sur le canapé à côté d'une fille profondément absorbée par son téléphone.

En soi, ce n'était pas si bizarre que la femme ne comprenne pas mes signes, mais si elle avait un enfant sourd, ne devrait-elle pas connaître l'ASL ? Ma propre mère s'était donnée à fond pour apprendre l'ASL avec moi.

Qui est-ce ? ai-je signé à Maman, voulant savoir qui était cette femme en train de prendre place sur une chaise voisine.

Assis par terre à côté d'elle se trouvait un garçon d'environ quatorze ans, plus intéressé par sa tablette que par son entourage. Ses cheveux bruns étaient coupés court, de sorte que je voyais clairement qu'il portait un implant cochléaire, la seule technologie d'assistance faisant l'objet d'un débat passionné au sein de la communauté sourde.

Les implants cochléaires sont un peu comme des appareils auditifs, dans la mesure où ils améliorent l'audition, mais leur mise en place implique une intervention chirurgicale irréversible et un suivi orthophonique important si l'on est sourd de naissance et qu'on n'a jamais développé d'aptitudes orales. Je me rappelais un cours d'histoire à Pratt où ma voisine avait un implant cochléaire, qu'elle éteignait la plupart du temps, en signant comme nous tous. Lorsque j'avais eu le courage de lui demander pourquoi elle n'utilisait jamais cet implant, elle m'avait répondu que c'était à cause de l'étrangeté des sons filtrés par l'appareil. Des craquements, comme si le bruit était traité par ordinateur et que tout sonnait électronique. C'est le mot qu'elle a utilisé : « électronique ».

Elle m'avait expliqué que cela la fatiguait aussi, parfois, de devoir traiter tous les bruits supplémentaires auxquels elle n'était pas habituée, et que ça lui causait des maux de tête. La rééducation orthophonique postopératoire avait également été une rude épreuve. Cette conversation avait suffi à me dissuader d'opter pour un IC. Je savais qu'ils faisaient beaucoup de bien aux gens, mais j'estimais que ce n'était pas la bonne solution pour moi.

Et je ne le dirais jamais à personne – ni par mots ni par signes – mais j'avais une peur bleue de l'opération nécessaire pour recevoir un implant cochléaire, même si l'intervention était plus courante qu'auparavant. J'avais déjà vécu prisonnière d'un hôpital, à combattre une méningite en perdant l'ouïe au passage. C'était plus que suffisant pour me faire développer une peur irrationnelle des hôpitaux. Ces jours comptaient parmi les pires de ma vie.

Maintenant que je regardais de plus près la poignée d'autres adolescents présents, je constatais qu'ils semblaient tous avoir quelques années de moins que moi. Il n'y avait qu'un second garçon, lui aussi équipé d'un implant visible. Il discutait avec sa voisine ; aucun des deux n'utilisait la langue des signes.

Les cheveux longs des trois autres filles m'empêchaient de voir si elles avaient des implants cochléaires, mais j'étais prête à parier que c'était le cas. Personne ne signait : c'était un indicateur important.

Maman m'a donné une petite bourrade en me montrant la femme qui s'était présentée. *Elle s'appelle J-O-A-N. Elle est ici avec sa fille C-A-S-E-Y.*

Joan, la femme au tricot orné d'une dinde, discutait avec animation, et sa fille Casey était apparemment celle qui avait un café à la main et bavardait avec l'un des garçons.

Et eux ? ai-je signé en montrant les autres.

Maman a mis quelques minutes à me présenter tout le monde. Le temps qu'elle ait fini, j'avais déjà une bonne idée de ce qui se passait. Il ne s'agissait pas d'un groupe d'enfants sourds, mais d'un groupe d'enfants qui, techniquement, pouvaient entendre… d'une manière très différente, cependant. Lorsque mon tour est venu de me présenter, j'ai refusé d'utiliser ma voix. Je voulais voir par moi-même si quelqu'un d'autre dans ce groupe, à part Maman et moi, connaissait la langue des signes.

Je m'appelle M-A-Y-A, ai-je signé. *Élève en terminale. Enchantée de vous rencontrer tous.*

Mes soupçons se sont confirmés. Une fois que Maman avait interprété ces mots, je n'ai reçu que quelques regards perplexes et quelques hochements de tête polis.

Joan est intervenue et Maman s'est mise à m'interpréter ce qu'elle disait. *Nous créons ce groupe pour que C-A-S-E-Y rencontre d'autres enfants munis d'IC. Le lycée fait peur, et…*

J'ai levé une main pour arrêter Maman et Joan au milieu de la phrase.

Je n'ai pas d'IC, ai-je signé en me désignant. *Ce sont des appareils auditifs.*

Joan s'est tournée vers Maman qui interprétait mes mots. Elle s'est rembrunie puis a fait un geste léger en disant : « C'est… OK. Je voulais juste… » Je n'ai même pas pris la peine d'essayer de lire la suite sur les lèvres. J'ai dévisagé Maman en signant : *Ce n'est pas un groupe pour sourds ?*

Maman a transmis ma question aux autres, et Casey, la fille de Joan, a répondu : « Oh, je ne suis pas sourde. »

Cette réaction m'a prise tellement au dépourvu qu'un seul mot m'est venu aux lèvres : « Quoi ? »

Casey a ramené un pan de ses cheveux en arrière pour montrer son IC couleur chair. Elle a tapoté du doigt dessus en disant : « Je ne suis pas sourde. J'entends bien... »

J'ai éprouvé un sentiment d'impuissance. Non, ce n'est pas le mot ; quelque chose de pire encore, comme de l'angoisse, sans que je puisse mettre un nom dessus. Le sentiment qu'il manquait quelque chose ; j'en éprouvais presque de la douleur physique.

Les implants cochléaires sont formidables, bien sûr, mais si on les enlève, on n'entend plus. Ce n'est qu'avec l'aide des technologies d'assistance que l'on peut entendre. Où est le problème à dire que l'on est sourd ?

Ils ne connaissent pas la langue des signes, ai-je dit à Maman en désignant le groupe.

Elle a acquiescé d'un bref signe de tête, tout aussi désarmée que moi. Elle s'est penchée vers Joan, et ce qu'elle a dit a fait hocher la tête à son interlocutrice.

« Elle ne voulait pas... dans sa bulle. On a pensé que... apprendre... parler », a dit Joan en jetant un coup d'œil à Casey, qui avait repris sa discussion avec son voisin.

Il n'y avait rien de mal à avoir un implant cochléaire. Bien sûr qu'il n'y avait rien de mal à cela. Mais il n'y avait rien de mal non plus à être sourd. Je n'arrivais pas à croire qu'on n'avait enseigné l'ASL à aucun de ces enfants.

Que se passerait-il si leur implant se cassait et qu'ils se retrouvaient sans moyen de communiquer parce qu'ils ne connaissaient pas les signes ? Tout le monde ne se promène pas avec un carnet et un crayon pour prendre des notes en permanence. N'est-ce pas une nécessité de connaître la langue des signes s'il y a la moindre chance que cela se produise ?

Eh. Maman m'a fait signe pour attirer mon attention. *Qu'est-ce qui ne va pas ?*

Rien, ai-je répondu.

Je n'avais plus rien à apporter à la conversation. Je me sentais tellement étrangère à ces jeunes équipés d'implants cochléaires, qui ne savaient pas signer. Même à Engelmann, je ne m'étais jamais sentie aussi déstabilisée.

Je suis restée assise sur le canapé, à boire mon thé qui avait refroidi, et j'ai rédigé un brouillon de message pour Melissa. C'était la seule confidente qui me comprendrait vraiment. Si ses parents en avaient eu les moyens, je parie qu'ils lui auraient offert un implant, mais même dans ce cas, il était impossible d'imaginer une Melissa ignorant la langue des signes. Cette langue faisait partie de son identité.

J'ai fini par lui envoyer un texto qui disait : Si tu avais un IC... tu signerais quand même ?

La réponse de Melissa m'est parvenue quelques minutes plus tard, alors que je finissais le cookie que Maman nous avait acheté.

OUI ! Mais je ne veux pas d'IC, donc aucune importance.

Je me suis sentie un peu mieux.

Une minute plus tard, un deuxième message de Melissa a fait vibrer mon téléphone.

Pourquoi cette question ?

On FaceTime plus tard ? ai-je répondu par texto, et Melissa a conclu par un grand émoji souriant.

Cette rencontre au café s'est enfin achevée. Il me semblait qu'elle avait duré bien plus longtemps que quarante-cinq minutes, et j'avais vraiment hâte de m'en aller. J'ai à peine fait un petit signe de la main avant de me précipiter vers la sortie.

Maman s'est attardée pour parler à Joan pendant que les enfants échangeaient des numéros de téléphone. Un violent accès de jalousie m'a tordu les tripes devant ce spectacle, et il m'a fallu une seconde pour m'en extraire. Nina et moi avions échangé nos numéros, non ? Je l'avais fait avec Beau aussi, même si ce n'était qu'à cause de notre exposé pour l'examen. Et si ces gamins tenaient tous le même raisonnement que Casey, qu'ils ne se considéraient même pas comme sourds, est-ce qu'ils voudraient être amis avec moi ? Est-ce que j'aurais encore droit à ces regards bizarres auxquels je m'étais habituée à Engelmann, ou est-ce qu'on feindrait carrément de m'ignorer ?

Maman est sortie du café quelques minutes plus tard, et je me suis ruée sur le siège passager à la seconde où elle a ouvert la voiture.

Sur le chemin du retour, nous n'avons rien signé.

Pour moi, tout était toujours silencieux, mais ce silence était complètement différent. Je voulais dire quelque chose à Maman, au moins essayer de lui dire ce que je ressentais, mais aucun mot et surtout aucun signe ne me venait à l'esprit.

Les lumières du salon étaient allumées quand Maman s'est garée devant la maison. À travers les rideaux fins, je voyais la baby-sitter embauchée par Maman pour la soirée. Elle était assise sur le canapé. Je n'étais pas sûre de savoir où était Connor, mais je devinais qu'il était assis près de la télévision, devant les dessins animés Spider-Man.

Qu'est-ce qui ne va pas ? a enfin signé Maman en me tapotant le genou.

Je me suis mordu la lèvre en inspirant profondément. Mon souffle a dû être bizarre, car Maman s'est penchée vers moi, les yeux écarquillés, inquiète.

Comprends pas, ai-je signé d'une main tremblante.

Immobile, Maman a attendu que je m'explique, tandis qu'en moi grandissait un sentiment de frustration. Je n'arrivais pas à comprendre pourquoi cette rencontre m'avait tant secouée. Je détestais les larmes de colère qui commençaient à couler sur mes joues.

Comprends pas, ai-je signé de nouveau en me forçant à poursuivre. *Pourquoi cette fille dit qu'elle n'est pas sourde ?*

Maman a paru souffrir tandis qu'elle réfléchissait à sa réponse. Elle a répondu par des signes lents : *Je ne sais pas.*

Elle a des IC, O-K, ai-je repris. *Mais pourquoi elle ignore la langue des signes ? Pourquoi ils l'ignorent tous ?*

Je ne sais pas, a répété Maman. *Certains parents pensent différemment.*

Tu veux des IC pour moi ? ai-je demandé, la question surgissant brusquement dans ma tête.

C'est toi qui sais mieux, a répondu Maman, et un sourire chaleureux a éclairé son visage. *Je veux pour toi ce que tu veux.*

Elle a marqué une pause, les yeux fixés sur le tableau de bord central. *Si tu veux des IC, peut-être qu'on…*

Non, ai-je signé rapidement pour l'arrêter avant qu'elle n'aille trop loin dans sa phrase. *Je n'en voudrai jamais. Il n'y a pas de mal à avoir des IC, mais ce n'est pas pour moi. Je m'aime bien sourde.*

Bien, a signé Maman un instant plus tard. Son sourire était assez large pour plisser les coins de ses jolis yeux bruns.

C'était un sourire que je n'avais pas vu souvent depuis que nous avions emménagé dans le Colorado. Aider Connor à s'adapter à cet endroit et à se rendre souvent à l'hôpital pour ses traitements respiratoires avait usé Maman. Mon attitude négative n'avait probablement pas aidé. En voyant le sourire de Maman maintenant, je me suis rendu compte qu'il m'avait manqué.

Il n'y a rien de mal à cela, a insisté Maman en me serrant le genou. *Il faut que tu t'aimes sourde.*

Promis, lui ai-je assuré.

Ne t'inquiète pas pour les enfants avec IC. Fais-toi des amis, sourds et entendants.

Oui, ai-je acquiescé après une pause.

Bien sûr, Melissa était mon amie la plus proche, même si elle vivait dans le New Jersey. Il m'arrivait aussi de recevoir sur Facebook des messages moins réguliers de la part d'anciens camarades de Pratt. Nina était mon amie. Elle comprenait si bien les signes qu'il m'arrivait d'oublier qu'elle entendait.

Passer du temps avec elle n'était jamais ennuyeux non plus, et elle faisait l'effort qu'il fallait pour apprendre à me connaître – moi, la nouvelle fille sourde bizarre accompagnée de son interprète.

Et puis il y avait Beau. Sa compagnie et nos dialogues signés étaient bien plus amusants que cette réunion pénible. Même le moment où je lui avais raconté mon désastreux examen de chimie avait été plus agréable que ne l'aurait été une minute supplémentaire dans ce café. J'avais rencontré des jeunes qui étaient censés être comme moi, et pourtant je me sentais dix fois plus à l'aise avec Beau, malgré notre communication parfois maladroite.

Jusqu'à présent, hormis Nina, je n'avais rencontré personne qui investissait autant d'efforts que Beau pour pratiquer la langue des signes. Ces deux-là étaient vraiment la seule raison pour laquelle j'avais parfois hâte d'aller au lycée.

Ça va ? a signé Maman en me rattrapant avant que j'aie pu monter dans ma chambre.

Oui, lui ai-je répondu. Même si c'était la dernière chose au monde que j'aurais eu envie de faire cinq minutes auparavant, je me suis sentie esquisser un sourire.

18

Deux semaines après la rencontre ratée au café, Connor, assis en tailleur sur le lit de Maman, pliait soigneusement l'un des pulls de cette dernière, devant le dessin animé du samedi matin. Maman courait partout dans la chambre, à ne plus savoir où donner de la tête. La veille, pendant le dîner, elle nous avait annoncé que son entreprise l'envoyait passer un week-end à Aspen, ville située à deux heures environ de Denver. Je me disais que ça tombait à pic. Maman avait besoin de se détendre et, même si nous n'étions qu'à quelques jours de Thanksgiving, je savais que ce serait de vraies vacances pour elle.

Tu es sûre que ça ira avec Connor ? a signé Maman d'une main, en sortant de la salle de bains avec des produits de toilette.

C'était probablement la dix-neuvième fois qu'elle me posait la question.

Oui, promis, ai-je répété comme je le faisais à chaque fois.

Si Maman était aussi nerveuse, ce n'était pas, à mon avis, parce qu'elle ne me faisait pas confiance pour surveiller Connor. C'est juste qu'elle s'inquiétait des traitements respiratoires réguliers dont il avait besoin ; pendant deux jours, elle ne serait pas là pour s'asseoir à son chevet pendant qu'il les subissait.

Elle semblait avoir déjà oublié qu'elle avait passé beaucoup de temps à m'expliquer chaque étape de la préparation du nébuliseur de Connor, à me détailler le remplacement de sa bouteille d'oxygène, les gestes à faire s'il commençait à avoir des difficultés à respirer ou à tousser au point de cracher du sang. Je connaissais sa routine sur le bout des doigts.

Eh. Tout ira bien, ai-je répété, et j'ai saisi les mains de Maman à l'instant où elle fermait à grand-peine son sac de voyage. *Promis.*

Maman m'a serrée dans ses bras, le menton sur ma tête.

O-K, a-t-elle signé avec un sourire tremblotant.

Connor et moi avons aidé Maman à transporter ses affaires jusqu'à la voiture que son entreprise avait louée pour elle. Nous avions besoin de garder le van au cas où il arriverait quelque chose.

À bientôt, a signé Maman après avoir longuement étreint Connor en le couvrant de baisers. *Les clés de la voiture sont dans la cuisine. Envoie-moi un texto au moindre besoin.*

Toujours, lui ai-je garanti.

Connor et moi sommes restés sur le perron et avons salué Maman, attendant qu'elle disparaisse dans la rue avant de rentrer.

« Qu'est-ce que tu veux faire aujourd'hui, minus ? » demandai-je à Connor en refermant la porte.

Il a levé un doigt pour me faire signe d'attendre, et s'est éloigné en trottinant, sa bouteille d'oxygène à la main, pour attraper notre carnet de notes. Revenu avec, il a écrit soigneusement son message sur une nouvelle page avant de me passer le carnet.

Je me suis assise à côté de lui pour le lire.

« Regarder Spider-Man. Pâtes au fromage pour le déjeuner. »

Je me suis mise à rire, j'ai lancé le premier Spider-Man et suis allée nous faire un saladier de pop-corn. J'avais été si occupée par mes devoirs, mes examens et mes soucis de candidatures universitaires que je n'avais pas passé autant de temps avec Connor que j'aurais dû le faire. Mon petit frère me manquait, même si nous vivions sous le même toit.

Nous avons passé l'après-midi et le gros de la soirée à regarder des Spider-Man, puis d'autres dessins animés Marvel. Entre les films et les dessins animés, nous avons sorti les jeux de société et joué au Monopoly et à Trouble ; les deux fois, j'ai laissé Connor gagner.

Comme promis, j'ai fait des macaronis au fromage pour le déjeuner et des restes pour le dîner, en terminant par une glace à la menthe et aux pépites de chocolat.

Je ressentais une douce chaleur à voir Connor si animé et enthousiaste pour la première fois depuis une éternité. Il avait eu plus de mal à s'adapter à l'emménagement dans le Colorado que nous ne l'avions imaginé.

À 21 heures, Connor était inerte sur le canapé. J'en ai conclu qu'il était temps d'éteindre la télévision et de le mettre au lit. Il m'a fallu de sérieux efforts pour lui faire monter l'escalier, lui enfiler son pyjama et le border.

Je l'ai embrassé sur le front en lui disant : « Je t'aime, minus. À demain ».

Je me suis réveillée en sursaut : quelqu'un me secouait. Je me suis assise dans mon lit, écartant de mes yeux mes cheveux en désordre. Connor se tenait là, une main agrippée à mon lit pour s'y soutenir, les doigts crispés sur les couvertures. Il ne portait pas sa canule et il n'y avait pas de bouteille d'oxygène en vue. À la lueur de ma lampe, j'ai découvert qu'une teinte bleuâtre avait envahi son visage.

« Qu'est-ce qu'il y a ? Qu'est-ce qui ne va pas ? J'ai demandé, me jetant à bas de mon lit. Dis-moi ce qui ne va pas. »

Je ne sais pas comment il a réussi à le faire, mais il a tapé ses deux index l'un contre l'autre, les mains tremblantes, le signe qui veut dire : « Je ne peux pas », et a fait un geste vers sa gorge.

Connor ne pouvait plus respirer.

19

Il y a des moments dans la vie où le temps s'accélère au lieu de ralentir.

Je ne sais pas comment j'ai pu descendre Connor jusqu'à la voiture, comment je me suis souvenue de prendre les clés et de chercher l'adresse de l'hôpital le plus proche, ni même comment j'ai pu démarrer et quitter le jardin.

Connor était sur le siège passager, attaché à la hâte, les bras pliés autour de ses jambes, la tête reposant sur ses genoux.

« Respire, Connor, continue de respirer, disais-je sans cesse, mais je n'étais pas sûre qu'il m'écoutait vraiment. Nous sommes presque à l'hôpital, c'est promis. Tout va bien se passer. Les médecins vont t'aider et tout ira bien. »

Tout va bien se passer.

Connor devait avoir un peu d'air dans ses poumons parce qu'il était encore conscient, mais je n'avais jamais vu mon petit frère dans un tel état. Je l'observais à chaque feu rouge, je lui serrais le bras, je lui disais que je l'aimais et que tout allait bien se passer, mais je ne savais pas ce qu'il comprenait et j'ignorais son degré de panique.

C'est un miracle que je n'aie pas provoqué d'accident sur le trajet de l'hôpital. Le volant a fait une embardée entre mes mains lorsque je me suis garée brutalement devant l'entrée des urgences. J'ai ôté ma ceinture si vite que le bord m'a brûlé la main.

J'ai ouvert la portière du passager et détaché Connor, le prenant avec précaution dans mes bras. Il était assez léger pour que je le porte, mais mes genoux s'entrechoquaient et j'avais le tournis. J'ai titubé sur quelques pas avant de retrouver mon équilibre. Lorsque je me suis retournée avec Connor dans les bras, des gens en blouse d'hôpital se ruaient vers moi. Quelqu'un arrivait avec un brancard, et quelqu'un d'autre essayait de m'enlever Connor.

Lire sur les lèvres n'est facile dans aucune situation, mais à ce moment-là, ce n'était même pas envisageable.

« Attendez, s'il vous plaît, mon frère… il a une mucoviscidose, il ne peut pas... » Personne ne semblait m'entendre.

« S'il vous plaît, pouvez-vous me dire ce qui se passe ? Je dois… »

Une infirmière m'a empoignée par le bras lorsqu'on m'a enlevé Connor, qu'on l'a allongé sur le brancard et qu'on lui a mis un masque à oxygène sur le visage. J'ai utilisé la manche de ma chemise pour m'essuyer les yeux, essayant de me débarrasser des larmes, mais sans succès. Je n'arrivais pas à m'arrêter de pleurer. Je n'arrivais pas à voir clair. Le visage de la femme était flou, mon regard ne parvenait pas à se focaliser dessus.

Je me suis libérée d'un geste et j'ai couru après les personnes qui transportaient Connor à l'intérieur. Je n'avais fait que quelques mètres dans les urgences avant qu'une autre infirmière ne me bloque le chemin. Je savais qu'elle parlait, mais je regardais, par-dessus son épaule, Connor disparaître derrière les doubles portes, juste après le bureau d'enregistrement.

« C'est mon frère, je dois l'accompagner, je dois… » J'ai essayé de contourner la femme afin de franchir les portes, mais elle s'est remise devant moi pour me barrer la route.

Ça a été mon point de rupture. J'ai senti le cri monter dans ma gorge. Je ne sais pas comment les mots sont sortis, mais la femme a fait la tête de quelqu'un qui recevait une gifle.

« JE SUIS SOURDE ! »

Elle a reculé d'un pas, mettant de la distance entre nous. Je suis restée là quelques instants, à essayer de reprendre le contrôle de ma respiration. Je n'avais sûrement pas l'air calme quand j'ai dit : « C'est mon petit frère. J'ai besoin d'être avec lui ! »

Je hurlais probablement, constituant un spectacle pour les personnes que je voyais derrière le poste d'accueil et qui nous observaient. « Où est votre VRI ? Les hôpitaux sont censés en avoir un ! »

L'interprétation virtuelle à distance est un système utilisé par les hôpitaux et les médecins parce qu'il coûte moins cher qu'un interprète. Il nécessite une caméra et un écran installés sur un chariot qu'on transporte d'une pièce à l'autre en fonction des besoins. Lorsque le système est activé, un interprète apparaît à l'écran pour permettre la communication entre le médecin et le patient.

Je ne sais pas combien de temps je suis restée dans la salle d'attente des urgences pendant qu'une infirmière cherchait partout le VRI. Après avoir vécu dans une folle précipitation, il n'était pas facile de me réadapter à ce temps ralenti.

Par une chance incroyable, j'avais pensé à attraper mon téléphone avant de quitter la maison en catastrophe, et j'ai envoyé un message à Maman. Il était un peu plus de 2 heures du matin, mais Maman gardait son téléphone sous la main dès qu'elle s'absentait. Elle était déjà assez inquiète à l'idée d'aller à Aspen. Elle allait répondre.

À l'hôpital ac Connor. Sais pas ce qui se passe. Ils cherchent VRI.

Je me suis affalée sur l'une des chaises inconfortables de la salle d'attente, la tête en arrière, les yeux fermés.

Pourquoi est-ce que ça arrivait ? *Pourquoi* ?

La réponse de Maman est arrivée au bout d'une minute.

Je suis en route.

Maman avait trois heures de trajet devant elle ; autant dire une éternité. Je me suis levée, j'ai fait les cent pas, je me suis rassise. Je suis allée boire à la fontaine à côté des toilettes. Je me suis rassise.

Combien de temps fallait-il pour dénicher un VRI ? Ils ne pouvaient pas être si occupés que ça à cette heure de la nuit.

Je me suis levée d'un bond lorsque j'ai vu la même femme qu'à mon arrivée traverser la salle d'attente, bloc-notes et stylo à la main.

Le badge épinglé à sa blouse indiquait qu'elle s'appelait Kelsey. Lorsqu'elle m'a tendu le bloc-notes, j'ai aussitôt décidé d'éteindre ma voix et de communiquer uniquement par ce bloc-notes.

Mon cœur s'est décroché quand j'ai lu ces mots de Kelsey :

« Notre VRI est cassé. »

J'ai écrit ma réponse d'une main tremblante : « Quoi ? »

Kelsey a repris le bloc-notes, a inscrit quelque chose, et me l'a redonné.

« Impossible d'établir une connexion Internet avec l'interprète. »

Ça devait être une blague.

J'ai écrit en majuscule, en soulignant les deux mots : « MAINTENANT ? QUOI ? Comment va mon frère ? »

Kelsey a serré les lèvres et plissé les yeux en me lisant. Elle a écrit sa réponse sur le bloc-notes et me l'a rendu.

« Avez-vous quelqu'un que vous pouvez contacter pour assurer l'interprétation en langue des signes ? »

C'était la poisse. Les hôpitaux sont censés avoir des VRI pour cette raison précise, si aucun interprète n'est disponible – et à cette heure avancée de la nuit, il était peu probable qu'on en trouve un.

Je n'avais aucune idée de ce que j'étais censée faire. Je n'avais pas le numéro de Kathleen, qui était de toute façon une interprète scolaire, formée pour travailler dans un cadre académique, pas dans une situation comme celle-ci.

Si, il y avait peut-être quelqu'un. Si Nina avait fait plus de progrès dans l'apprentissage des signes, je lui aurais envoyé un SMS, mais elle était moins douée qu'une autre personne de ma connaissance, et j'avais besoin de savoir ce qui se passait avec Connor.

C'était gonflé, et je ne pensais pas qu'il répondrait, vu l'heure – il y avait même un risque qu'il ne veuille plus me parler après cela, parce que c'était demander beaucoup à quelqu'un que l'on commençait à peine à connaître – mais je lui ai quand même envoyé le texto.

J'ai besoin de ton aide. Tu peux me rejoindre à l'hôpital ?

20

Il était un peu plus de 3 heures du matin quand Beau est entré à grandes enjambées aux urgences. Il portait encore le pantalon de survêtement et le t-shirt dans lesquels il avait dû s'endormir, sa veste et ses baskets avaient été enfilées à la hâte, et il avait les cheveux en bataille.

Mais il était là, et ses yeux m'ont immédiatement repérée.

Qu'est-ce qui s'est passé ? a-t-il signé en s'approchant, la mine inquiète.

J'ai dû faire un effort considérable pour ne pas lui sauter dans les bras et le supplier de me dire que tout allait bien se passer. J'ai dû respirer profondément à plusieurs reprises en me mordant la lèvre avant de pouvoir signer une réponse cohérente :

Mon frère. Il n'arrive pas à respirer.

Ton frère va bien ? Où est l'interprète pour t'aider ? a-t-il demandé, le doigt pointé vers le poste d'enregistrement.

J'ai signé : *Je ne sais pas*, à peu près dix fois, parce que je ne savais vraiment pas.

Je n'avais pas d'interprète, cela faisait plus d'une heure que nous étions arrivés à l'hôpital, et je n'avais toujours pas la moindre idée de ce qui se passait pour Connor. Et même s'il était en...

Beau m'a prise par la main et m'a emmenée vers le poste d'accueil. De sa main libre, il a tapé sur le comptoir pour attirer l'attention de Kelsey assise derrière son ordinateur. Avait-il pris cette habitude avec moi ?

J'ai vu Kelsey dire : « Qui... vous ? » Beau m'a épatée. Il a signé et parlé en même temps, disant : « Je lui traduis tout en signes. Qu'est-ce qui est arrivé à son frère ? »

Il a astucieusement évité de dire qu'il n'était pas interprète certifié, se bornant à expliquer qu'il était juste là pour tout me traduire en signes.

Kelsey a jaugé Beau comme si elle s'apprêtait à faire une objection, mais j'ai poussé un soupir de soulagement en la voyant répondre : « OK ».

Je peux le voir maintenant ? ai-je signé, parce que c'était mon idée fixe depuis une heure.

J'avais besoin de voir mon petit frère.

Beau a transmis ma question à Kelsey, qui a tapoté sur son ordinateur avant de secouer négativement la tête. J'ai eu l'impression d'être un ballon qu'on dégonfle.

Pourquoi ? ai-je demandé en ravalant un sanglot. *Pourquoi ?*

Je n'avais pas besoin de Beau pour interpréter la réponse de Kelsey : « Ils doivent d'abord le stabiliser... »

Je n'en pouvais plus. Je suis retournée vers les chaises de la salle d'attente et je m'y suis laissée tomber, recroquevillée en avant, la tête entre les mains. Mon corps tout entier palpitait de la douleur insolite d'un chagrin à la fois mental et physique. Une pensée a traversé mon esprit comme un éclair : « Si j'entendais, aurais-je pu accompagner Connor ? »

C'était une pensée stupide, je le savais. Mais je n'arrivais pas à m'en défaire.

Pour la première fois, je haïssais ma surdité. Je voulais juste savoir ce qui se passait sans avoir besoin d'un stupide interprète. Je voulais juste être avec mon petit frère. Et je détestais ce sentiment d'impuissance totale.

Je me suis forcée à lever les yeux parce qu'on me touchait doucement le bras. Beau s'était assis à côté de moi. Il me tendait la main. J'avais à la fois envie de le repousser et de l'attirer à moi.

Ça va ? a signé Beau.

J'ai soudain eu envie de m'excuser auprès de lui. Beau n'avait pas signé pour ça. C'était beaucoup lui demander – peut-être trop – mais le fait qu'il soit là, à côté de moi, sa main tendue comme pour que je la prenne, devait avoir un sens. Non ?

Non, ai-je répondu honnêtement. *Ça ne va pas.*

Désolé, a signé Beau. *Dur pour toi, je sais.*

Je me suis forcée à le regarder dans les yeux quand il m'a serré la main doucement.

Il va bien, a-t-il ajouté. *Ton frère.*

On n'en sait rien, ai-je fait remarquer.

Il a acquiescé d'un signe de tête et a repris : *Peut-être. Mais essaie de ne pas t'inquiéter.*

J'ai aspiré une grande bouffée d'air et penché la tête en arrière pour fixer tous les points beiges recouvrant les carrés blancs du plafond.

Ne pas s'inquiéter. Plus facile à dire qu'à faire. Ce n'était pas le petit frère de Beau qui gisait sur un lit d'hôpital et luttait pour respirer.

Lorsque la réceptionniste, Kelsey, est venue à nous dans la salle d'attente, je me suis redressée et j'ai serré le genou de Beau si fort que je l'ai vu grimacer. Je n'avais pas surveillé l'heure par crainte de devenir folle, et j'ignorais donc combien de temps s'était écoulé depuis la dernière fois que l'on m'avait interdit d'aller voir Connor.

C'était Beau que Kelsey regardait. Elle a dit : « ... dire... aller le voir maintenant. »

Je peux aller le voir ? ai-je aussitôt demandé à Beau. Il a hoché la tête en signant : *Oui.*

J'ai emboîté le pas à Kelsey qui nous a guidés vers les doubles portes par lesquelles Connor avait disparu lors de notre arrivée à l'hôpital. Je ne sais pas quand j'ai glissé mes doigts entre ceux de Beau, en lui broyant la main, mais quand je m'en suis rendu compte, je ne l'ai pas lâché.

Kelsey nous précédait dans un long couloir rempli d'équipements médicaux et de gens en blouse. À notre droite comme à notre gauche, des lits étaient isolés par des rideaux verts. Nous avons parcouru ce qui m'a semblé être la longueur d'un terrain de football. Enfin, vers le bout du couloir, Kelsey s'est arrêtée et a ouvert les rideaux d'un lit.

La main de Beau s'est détachée de la mienne quand j'ai fait un pas en avant, les yeux fixés sur Connor. Il paraissait si petit dans ce gigantesque lit d'hôpital, vêtu d'une blouse disproportionnée, un tube respiratoire soigneusement inséré dans sa gorge. J'ai choisi de me concentrer sur le fait que Connor respirait, pas sur son air malheureux, voire inconscient.

Ma main tremblait lorsque j'ai essayé de signer : *Il va bien ?*

Beau a dû comprendre ma question, car je l'ai vu parler à Kelsey, mais la réponse a été évasive : *Le docteur va passer, il expliquera.*

Kelsey a refermé les rideaux en partant, nous laissant seuls avec Connor. J'avais l'impression d'avoir pris racine dans le sol. Mon esprit surchauffait à essayer d'assimiler tout ce qui s'était passé en si peu de temps. J'ai dû faire un effort pour mettre un pied devant l'autre et aller me pencher sur Connor.

Je suis restée là, mes doigts enveloppant la minuscule main de Connor, jusqu'à l'instant où les rideaux se sont rouverts, livrant passage à un homme aux cheveux blancs, vêtu d'une blouse de médecin. Il tenait un dossier sous le bras. Beau, qui s'était assis sur l'unique chaise de l'autre côté du lit, s'est levé à l'arrivée de l'homme.

Celui-ci s'est présenté à Beau, et ils se sont serré la main, avant de s'approcher. J'ai vu Beau dire : « S'il vous plaît... Lentement », et l'homme a acquiescé.

Docteur W-E-S-L-E-Y, a signé Beau en désignant l'homme, et j'ai hoché la tête, me présentant à mon tour en langue des signes.

Qu'est-ce qui s'est passé ? ai-je demandé en montrant Connor. Beau a écouté un moment avant de se tourner vers moi. *Il a…* Il s'est interrompu sitôt sa phrase commencée, puis il a épelé des doigts : *C-O-L-L-A-P-S-U-S P-U-L-M-O-N-A-I-R-E.*

Un collapsus pulmonaire est toujours possible dans une mucoviscidose, mais le fait que ce soit arrivé à mon frère – sachant que ça peut être mortel – dépassait mon entendement. J'aurais pu perdre mon frère ce soir-là.

J'ai serré plus fort la main de Connor, sans me soucier de la nouvelle vague de larmes qui menaçait de me noyer.

Il va bien maintenant ? ai-je signé d'une main, sans quitter des yeux le visage de Connor.

Beau a dû agiter la main pour attirer mon regard, et il a signé : *Oui, mais il doit rester ici quelques jours.*

Il m'a expliqué qu'une infirmière allait bientôt passer pour installer Connor dans sa chambre, à un autre étage. J'ai attendu que le Dr Wesley nous quitte pour signer à Beau : *Merci pour ton aide.*

Aucun problème, a-t-il répondu avec un faible sourire.

Rentre chez toi maintenant, ai-je ajouté.

Je serai à jamais reconnaissante à Beau de s'être dérangé pour venir m'aider au milieu de la nuit, mais je voulais rester seule avec mon petit frère, à présent. Je ne me voyais pas cesser de pleurer de sitôt, et je détestais qu'on me voie pleurer. Beau m'avait assez regardée le faire.

Je peux rester ? a signé Beau. *Attendre avec toi l'arrivée de ta mère*, a-t-il ajouté devant mon air sceptique.

J'ignorais pourquoi il ne sautait pas sur l'occasion de s'en aller. C'était forcément gênant et inconfortable.

J'ai renoncé à comprendre son raisonnement et signé : *O-K.*

Je vais aux toilettes, m'a dit Beau en ouvrant les rideaux. *Je reviens vite.*

Beau a disparu, je me suis installée avec précaution sur le lit de Connor, en veillant à ne pas déranger les tubes ou les fils auxquels il était relié. Le lit était largement assez vaste pour nous deux et je me suis allongée à côté de lui. Il s'est inconsciemment tourné vers moi dans son sommeil quand j'ai posé ma tête sur l'oreiller à côté de lui.

« S'il te plaît, va bien, ai-je chuchoté. *S'il te plaît.* »

21

J'ai dû m'endormir, car lorsque j'ai rouvert les yeux, j'ai été éblouie par une lumière crue qui ne m'était pas familière. Tout était flou quand je me suis redressée, et au bout de quelques secondes, j'ai pris conscience que je n'étais plus aux urgences avec Connor.

Je me trouvais dans une chambre d'hôpital terne : murs beiges, vieux mobilier vert. Connor dormait toujours dans le lit, le tube respiratoire en place. Maman était à côté de lui, affalée sur un siège, le menton dans les mains, les yeux fermés.

J'ai quitté en titubant le fauteuil étroit où l'on m'avait installée et je me suis dirigée vers Maman en écartant mes cheveux de mon visage. Elle a ouvert les yeux en m'entendant marcher, et elle s'est redressée, en clignant des yeux pour chasser le sommeil.

Ça va ? a-t-elle signé.

Oui, ai-je menti. Je me sentais courbaturée de partout, avec des élancements dans le crâne.

Tu es arrivée quand ?

À l'aube. 5 h 3-0.

Il est quelle heure ? ai-je demandé en cherchant une horloge des yeux.

Maman a tiré son portable de son sac et a signé : *8 h 2-4.*

Comment avais-je pu dormir plus de trois heures ?

B-E-A-U était avec toi à mon arrivée, a signé Maman en rangeant son téléphone.

Ah oui. Beau.

Je… ne sais pas, ai-je commencé, voulant tout raconter à Maman. *Je ne sais pas ce qui s'est passé, je ne sais pas comment aider Connor, le VRI de l'hôpital ne fonctionnait pas, je…*

Maman m'a attrapé les mains et elle les a serrées très fort. Je savais qu'elle essayait juste de me réconforter, mais j'avais l'impression que j'allais m'effondrer.

Je ne t'en veux pas, a signé Maman après m'avoir relâché les mains. *Ce n'est pas ta faute.*

J'ai l'impression que c'est ma faute.

Maman a repris place sur le siège et m'a doucement fait asseoir à côté d'elle, passant un bras autour de mes épaules.

Tu as fait de ton mieux. Je sais que tu as eu peur, mais tu as aidé Connor. Il va bien.

J'ai laissé ma tête tomber sur l'épaule de Maman et j'ai fermé les yeux, avec l'envie que tout ce qui nous entourait s'écroule et disparaisse dans le néant. Je sentais les vibrations dans sa gorge et je savais qu'elle parlait, alors je me suis redressée pour mieux la voir.

Connor va bien, signait-elle, en me caressant la joue de sa main libre. *Je sais que tu ne le penses pas, mais tu es courageuse. Pas facile.*

Ce n'est… J'avais une main sur mon cœur, comme si cela pouvait faire disparaître le poids que j'y ressentais. Je voulais juste que les choses redeviennent normales.

Maman a haussé un sourcil, ignorant où je voulais en venir.

Je ne sais pas si je pourrai devenir inhalothérapeute, ai-je signé, les mains parcourues de tremblements. De perplexe, l'expression de Maman est passé à choquée.

Pourquoi pas ?

J'ai perdu la tête quand Connor ne pouvait plus respirer. Comment je pourrais aider les enfants souffrant du même problème si je ne peux pas communiquer ?

Il m'avait fallu des années pour arriver à apprivoiser ma surdité, à l'apprécier et à accepter tout ce qui en découlait. Mais maintenant, j'avais l'impression que c'était la seule chose qui m'empêchait de réaliser le rêve que je nourrissais depuis que j'étais enfant.

Je n'avais pas pu aider mon frère la veille au soir. J'étais paniquée et confuse, incapable de parler, de signer ou d'écouter. J'avais pleuré un million de fois en perdant le contrôle de moi-même. Si je ne pouvais pas aider Connor, comment pourrais-je aider qui que ce soit d'autre ?

C'est différent, a signé Maman fermement. *Les enfants dont tu t'occuperas ne seront pas ton frère. Ce sera différent.*

Tu es sûre ? ai-je demandé, sceptique. *Parce que je n'aime pas l'état dans lequel je suis.*

Je te comprends. Mais je crois en toi.

Je savais que Maman croyait en moi, mais pourquoi avais-je l'impression que ça ne suffisait pas ?

Tu ressentiras les choses différemment plus tard, a signé Maman après une courte pause. *Je te le promets.*

Je voulais croire en la promesse de Maman, mais à ce moment-là, cela me semblait impossible.

Maman m'a laissé le temps de retrouver un rythme normal de respiration, puis, se tournant de nouveau vers moi, elle a signé : *B-E-A-U est toujours là.*

« Quoi ? » ai-je dit à haute voix, tout en signant : *Vraiment ?*

Maman a hoché la tête et avalé une gorgée de café de la tasse posée sur la table de nuit.

Où ? ai-je demandé en me relevant rapidement.

Dans la salle d'attente, a répondu Maman en montrant la porte d'un signe de tête. Je suis sortie de la chambre le plus gracieusement possible pour m'élancer dans le couloir au pas de course, en suivant les panneaux qui menaient à la salle d'attente. À l'angle de la salle, j'ai pilé net en apercevant Beau.

Il était de profil et discutait avec une petite femme brune vêtue d'une blouse décorée sur le thème de Thanksgiving. D'après son langage corporel, sa mine détendue, le sourire poli sur son visage, Beau devait connaître cette infirmière.

J'étais assez proche pour saisir quelques mots de ce qu'il disait, comme « les cours sont bien », et peut-être « Yale ». J'étais sûre d'avoir l'air ridicule, plantée là, les yeux rivés à Beau, mais je n'allais pas m'approcher d'eux en pas chassés et m'immiscer dans leur conversation. Beau m'a remarquée un instant plus tard, et il a vite mis fin à sa conversation, en embrassant rapidement l'infirmière avant de se diriger vers moi.

Salut, a-t-il signé en me rejoignant au centre de la salle d'attente. *Comment vas-tu ?*

Répondre : *Bien*, aurait constitué un mensonge ; j'ai préféré signer : *Qu'est-ce que tu fais là ?*

Beau a cligné des yeux, confus, et il s'est servi de sa voix : « Je voulais m'assurer que… tu allais bien. »

J'ai fini par signer : *Tout va bien.*

J'essayais d'avoir une expression calme et posée, mais je n'étais pas sûre de réussir.

Ne mens pas, s'il te plaît, a repris Beau, l'air inhabituellement sombre. *Hier a été dur pour toi.*

Maintenant, ça va, ai-je répété en me mordant la lèvre. *Mon frère est sorti d'affaire. Tu as l'air fatigué. Rentre chez toi.*

Il a fait une grimace quand il m'a comprise, après m'avoir fait répéter. Il a dit avec des signes très hésitants : *Je t'attends.*

Pourquoi ?

Beau a mis du temps à me répondre. Des taches colorées parsemaient ses joues, et je le voyais déglutir avec peine.

Je... m'inquiète pour toi, a-t-il signé après une longue pause. *Je n'aime pas que tu sois triste. Je veux que tu ailles bien.*

J'ai feint d'ignorer les battements de mon cœur après cet aveu de Beau, et j'ai secoué la tête en signant avec insistance : *Je vais bien, vraiment.*

Beau avait l'air incrédule, mais il a fini par céder, avec un haussement d'épaules. *Si tu en es sûre,* a-t-il signé en souriant faiblement.

Aucune explication rationnelle ne m'est venue pour justifier mon geste, mais j'ai fait un pas en avant et serré Beau dans mes bras. Sans perdre de temps, il m'a enlacée à son tour. J'ai fermé les yeux, oublié notre environnement, et pendant une fraction de seconde, j'ai perdu de vue les quelques jours difficiles qui m'attendaient pendant la convalescence de Connor. Finalement, j'ai dû me résoudre à laisser Beau partir.

Rentre chez toi, ai-je signé en reculant d'un pas. *Il est temps de dormir.*

Beau a de nouveau haussé les épaules :

O-K. Tu me tiens au courant par texto ?

Oui.

22

Je n'ai pas envoyé de texto à Beau par la suite, ignorant délibérément tous les messages qu'il m'envoyait. Je n'écrivais à personne, sauf à Nina et Melissa de temps en temps, pour leur faire savoir que j'étais toujours en vie.

J'ai passé Thanksgiving à l'hôpital avec Connor, où les téléphones captaient mal, mais ce n'était pas vraiment la raison de mon silence radio.

J'avais peur de reparler à Beau. Même s'il s'efforçait d'apprendre la langue des signes, la barrière de communication entre nous était encore plus évidente qu'avant. Je lui vouais une reconnaissance éternelle pour ce qu'il avait fait à l'hôpital cette nuit-là, mais ça avait été un combat pour nous deux.

Et puis, il y avait aussi son père, entre autres. De toute évidence, Beau était intimidé par son lui, alors je ne pouvais qu'imaginer ce que le Dr Watson avait pensé du départ de Beau en pleine nuit pour venir à ma rescousse à l'hôpital.

Nos deux mondes étaient si différents. Voudrait-il un jour construire un pont entre les deux ? Même moi, je ne savais pas si je voulais le faire. J'ai donc choisi de me concentrer sur mes devoirs et sur ma famille, en répondant aux messages de Melissa et de Nina, juste assez pour faire savoir que j'étais en vie et que j'allais relativement bien. Tout le reste pouvait attendre.

Le lundi de la rentrée des vacances de Thanksgiving, je suis arrivée au lycée avec une multitude de papillons dans le ventre, dont je n'arrivais pas à me débarrasser. Mes paumes étaient moites à l'idée d'aller au cours de statistiques et de revoir Beau pour la première fois depuis cette nuit à l'hôpital. Mais j'ai évacué mon appréhension, la repoussant au fond de moi-même, avec mes nouvelles peurs au sujet du métier d'inhalothérapeute.

J'ai gardé pour moi les événements des vacances, ne mettant pas Kathleen au courant de ce qui s'était passé, faisant comme si tout était normal. J'avais un peu l'impression de mentir en affirmant à Kathleen que j'allais bien, mais comme ça allait être ma réponse automatique à tous ceux qui me poseraient la question, autant m'y habituer.

Lorsque Kathleen et moi sommes entrées dans la classe, presque tout le monde était déjà assis. J'ai pris ma place habituelle devant Beau, comme si rien n'avait changé pendant les vacances, et j'ai sorti mon manuel et mes devoirs.

On m'a tapoté sur l'épaule peu avant que Mme Richardson ne commence son cours.

J'ai ressenti quelque chose qui ressemblait fortement à de la culpabilité lorsque je me suis retournée pour regarder Beau et que j'ai vu l'inquiétude marquée sur son visage. J'avais feint de l'ignorer pendant toute la récréation, alors que je savais qu'il voulait juste vérifier que j'allais bien.

Qu'est-ce qu'il y a ? ai-je signé nerveusement.

Ça va ? m'a demandé Beau, et il s'est penché vers moi, bras tendu comme pour me toucher la main. J'avais peut-être envie qu'il le fasse.

Bien, ai-je signé rapidement. *Désolée. Fatiguée.*

Beau a hoché la tête, mais mon excuse a paru le laisser incrédule. Je me doutais qu'il ne tarderait pas à me reposer la question.

Et cela s'est produit alors que nous étions assis l'un en face de l'autre à notre table habituelle à la cafétéria pour le déjeuner. Encore un simple : *Ça va ?*

Oui, bien, ai-je répondu pour ce qui m'a semblé être la millième fois.

Nina et Kathleen m'avaient toutes les deux demandé la même chose.

Ton frère ? m'a ensuite signé Beau.

J'ai répondu d'un signe hésitant : *Mieux*.

C'était la vérité, au moins. Connor avait encore besoin de temps avant de se remettre complètement, et il n'était pas question qu'il retourne à l'école avant le prochain semestre. Un infirmier à domicile allait venir dans le courant de la semaine pour l'aider à la maison. Maman se renseignait déjà sur les programmes d'enseignement à domicile, mais je n'étais pas sûre que ce soit compatible avec ses obligations professionnelles. Ce n'est pas pour rien que ses employeurs l'avaient mutée à l'autre bout du pays : cela voulait dire plus de travail qu'auparavant.

Je commençais à penser que si je trouvais un emploi rémunéré, Maman aurait peut-être moins de soucis à se faire, que ça n'aurait alors pas tellement d'importance si son salaire diminuait un peu parce qu'elle abrégeait ses journées de travail de temps à autre pour rentrer à la maison. À cause du déménagement, je n'allais pas suivre le séminaire de fin d'études à Pratt, au cours duquel les futurs étudiants devaient établir des CV et apprendre à rédiger des lettres de motivation ; mais je me disais que je pourrais demander de l'aide à ma conseillère d'orientation, Mme Stephens, pour chercher un emploi.

Dans des circonstances normales, il ne me serait jamais venu à l'esprit d'abandonner Maman à la maison, alors que Connor avait besoin qu'on veille sur lui, mais grâce à l'arrivée de l'infirmier à domicile, elle bénéficierait d'un petit répit. Un soulagement temporaire pointait à l'horizon, et j'espérais pouvoir y contribuer grâce à un petit revenu complémentaire.

Bon, a signé Beau en hochant la tête. *Content.*

Pareil, ai-je répondu.

C'est le moment qu'a choisi Nina pour intervenir. Elle s'est penchée vers nous : « … tout va bien ? »

« Oui », ai-je répondu immédiatement, et Beau a acquiescé.

J'ai cru déceler une lueur de suspicion dans les yeux de Nina, mais elle s'est contentée d'un haussement d'épaules.

« Alors… réfléchissais… », dit-elle en posant son menton sur ses mains.

« … des devoirs… pour les examens ? »

C'était devenu une réaction automatique de regarder Beau quand je ne comprenais pas ce que Nina disait, et il a signé comme s'il s'y était déjà préparé : *Devoirs et révisions pour examens de fin de semestre.*

Je me suis sentie soupirer. La dernière chose dont j'avais envie, c'était d'étudier. J'aurais préféré camper devant la boîte aux lettres par une température négative pour guetter des nouvelles de Cartwright ou passer un maximum de temps à tenir compagnie à Connor.

« D'accord, dis-je. Quand et où ? »

Nous avons décidé de commencer à réviser après les cours dans un café local. Il s'appelait « Le Haricot Fumant » et, d'après Nina, c'était un endroit très fréquenté par les lycéens et étudiants en révisions. Pour y aller, Nina s'est retrouvée sur la banquette arrière de la voiture de Beau, une pile de livres de la bibliothèque de voyage de celui-ci sur les genoux.

Les lieux étaient déserts pour un lundi après-midi, et il n'a pas été difficile de trouver une table pour décharger nos livres et nos devoirs. L'atmosphère était apaisante, parfumée d'effluves de chocolat et d'espresso, et il y avait une agréable petite cheminée dans un coin. Beau a tenu à nous offrir des mokas à la menthe malgré notre insistance pour acheter nos propres boissons, puis nous nous sommes mis au travail.

Nous avons d'abord révisé la littérature historique. Notre professeur nous avait prévenus que notre examen final serait une rédaction de huit à dix pages sur les deux œuvres majeures étudiées ce semestre, *Beowulf* et les *Contes de Canterbury*. Je n'avais pas l'étoffe d'un écrivain et je préférais largement les chiffres aux mots, mais je n'ai pas pu m'empêcher de remarquer la façon dont le visage de Beau s'est illuminé lorsque nous avons commencé à parler de la rédaction.

Je me suis calée sur ma chaise et j'ai siroté mon moka pendant que Beau se lançait dans une longue critique de *Beowulf*. Rapidement, il a captivé Nina. Ses fossettes apparaissaient de temps à autre, lorsqu'une intervention de Nina le faisait sourire. Il semblait s'enthousiasmer sincèrement pour *Beowulf*, ce que je ne comprenais pas du tout, moi qui avais lutté pour ne pas m'endormir pendant la plupart des cours sur ce texte.

J'ai sursauté quand Nina m'a fait signe, en signant : *Eh*, et je me suis demandé combien de temps je m'étais perdue à regarder Beau. Je me suis sentie un peu mal.

Qu'est-ce qu'il y a ? ai-je signé en reposant ma tasse de moka vide.

Ça va ? m'a demandé Nina en haussant un sourcil.

« Oui, ai-je répondu en rêvant que les gens arrêtent de me poser la question. Je… réfléchis juste à la rédaction et à tout le reste. »

Beau a souri en levant maladroitement les pouces. « Tout se passera… bien. Promis. »

Il a signé : *Toilettes*, et s'est levé pour s'y rendre, à l'arrière du café. Il n'avait fait que deux pas lorsqu'il a fléchi un genou au sol. Il serait probablement tombé face contre terre s'il n'avait pas tendu un bras pour s'agripper à la table la plus proche.

Sans réfléchir, je me suis précipitée à ses côtés et me suis agenouillée devant lui. Nina était là aussi, elle disait quelque chose, tendait une main pour aider Beau à retrouver son équilibre.

« Eh, qu'est-ce qui ne va pas ? » ai-je demandé tout haut, sans penser à signer. Beau a repoussé la main de Nina ; avec une grimace, il a pris appui sur la table pour se redresser avec beaucoup de précautions. Ses genoux s'entrechoquaient tandis que nous nous levions tous les deux.

J'avais les mains en l'air, ne sachant pas si je voulais signer ou parler à Beau. Il s'agrippait toujours à la table, les yeux fermés. Ses lèvres formaient une ligne fine.

Mon sentiment d'impuissance a grandi lorsque j'ai regardé Nina, stupéfaite de lui découvrir une expression exaspérée plus que préoccupée. Elle paraissait fâchée contre Beau.

« Est-ce que… a pris… ? »

Le dernier mot de Nina comportait beaucoup de syllabes : impossible de comprendre ce qu'elle disait.

Beau a secoué la tête lorsqu'il a rouvert les yeux, mais c'est d'un air indéniablement doux qu'il a dit à Nina : « Merci pour… »

Elle lui a fait un petit sourire tout en levant les yeux au ciel. De l'épaule, elle a donné une petite bourrade à Beau.

Lorsque Beau a disparu aux toilettes, et que nous sommes retournées nous asseoir, alors seulement, je me suis rendu compte que le sentiment brûlant qui m'envahissait était de la jalousie. Beau ne m'avait jamais regardée comme il venait de regarder Nina, mais je n'avais aucune idée de la raison pour laquelle cela me dérangeait.

« Qu'est-ce qui ne va pas avec Beau ? » ai-je lâché.

Nina s'est essuyé les lèvres avec une serviette après avoir bu une gorgée de son moka, puis elle a répondu à ma question : « Beau… bien, a-t-elle dit. Il est… »

Elle s'est donné une petite claque sur la tempe, le signe de l'entêtement, qui désigne aussi l'âne.

« Beau est têtu », dis-je en fronçant les sourcils, et Nina a acquiescé.

Qu'est-ce que ça voulait dire ? Où était le rapport entre la situation présente et le fait que Beau soit têtu ?

« Qu'est-ce que tu veux dire par là ? » ai-je demandé au bout d'une minute, voyant que Nina ne détaillait pas.

C'est à lui de te le dire, a-t-elle répondu prudemment en langue des signes.

J'étais bien avancée, avec ça.

« Et vous deux, vous êtes… hum… » Je me suis enfoncée dans ma chaise, en réprimant l'envie de me couvrir le visage des mains tant j'étais gênée. « Je veux dire, toi et Beau… ? »

Nina a arqué un sourcil en reprenant son moka et elle a affiché un sourire malicieux que je ne lui avais jamais vu. Elle paraissait savoir exactement ce qui flottait dans mon cerveau.

« Moi… Beau ? Non… » Elle secoua la tête. « Nous sommes… amis. Il n'y a rien… »

Promis, a-t-elle signé, et je l'ai crue.

Elle s'est penchée en avant avec intérêt. À voir son expression curieuse, j'ai redouté ce qu'elle allait dire.

« Et toi… Beau… ? »

Heureusement, j'ai été sauvée par le retour de Beau. Je l'ai observé à la dérobée. À mon vif soulagement, il ne semblait pas souffrir autant que quelques minutes plus tôt. Il s'est assis, l'air mal à l'aise, en étendant la jambe droite devant lui dans une position insolite. Ce n'était plus vraiment une posture de type cool, il devait avoir mal.

C'était la jambe balafrée de l'énorme cicatrice que j'avais entraperçue la veille de l'examen de mi-semestre.

Ça va ? ai-je signé à Beau lorsqu'il a levé les yeux de son exemplaire de *Beowulf*.

Il a répondu : *Oui*, beaucoup trop vite. Je n'étais pas dupe.

Je me suis promis de creuser sans tarder la question. Cette résolution m'a été beaucoup plus facile que toutes celles que j'avais prises dernièrement.

23

J'étais assise par terre derrière la table de la cuisine avec Connor. Le visage pressé contre la porte vitrée, il regardait la neige tomber dehors. Il aurait vraiment dû se reposer après son traitement respiratoire, mais à la seconde où j'avais signé : *Neige*, il avait semblé prêt à exploser d'excitation et il s'était laissé tomber du canapé avec une énergie inattendue.

Il n'en était pas à ses premiers flocons, mais cette neige du Colorado était un peu différente de celle du New Jersey. La lumière du porche était allumée et éclairait l'arrière-cour d'une douce lueur. Plus la neige recouvrait le sol, plus les paillettes étaient nombreuses à danser dans la lumière.

« On... sortir ? » m'a demandé Connor en tapotant sur la porte.

« Hors de question, ai-je répondu. Profitons-en d'ici. »

Connor a fait la grimace, mais quelques secondes plus tard, il avait retrouvé son air ravi, sous l'enchantement de la neige.

J'ai senti des pas faire vibrer le sol ; ce ne pouvait être que Maman qui s'approchait de nous. Lorsque je me suis tournée dans sa direction pour me lever, elle entrait dans la cuisine avec des sacs de courses dans les bras et un sourire radieux sur le visage.

« Qu'est-ce qui se passe ? ai-je demandé d'un air suspicieux, en lui prenant deux sacs. Pourquoi tu fais cette tête ? »

Les mains prises, Maman ne pouvait pas signer. Je me suis penchée en avant pour lire sur ses lèvres : « … du courrier. »

Du courrier ?

J'ai espéré que le contenu des sacs de courses n'était pas fragile, parce que je les ai laissés tomber pour attraper le paquet de courrier coincé sous le bras de Maman. Je me suis précipitée sur la plus grande enveloppe, jetant le reste du courrier sur le comptoir. Je crois que j'ai étouffé un sanglot en voyant l'écusson de Cartwright sur l'enveloppe, adressée à Maya N. Harris.

« Ouvre… ! » m'a dit Maman en se balançant sur ses talons, les mains jointes devant elle, après avoir posé ses sacs de courses.

Les doigts tremblants, j'ai essayé d'ouvrir l'enveloppe le plus proprement possible. Maman s'est approchée pour regarder par-dessus mon épaule, et même Connor s'est joint à nous au moment où je sortais avec précaution la première feuille de papier de l'enveloppe. Les mots semblaient danser sur la page, ce qui les rendait difficiles à comprendre.

Une minute s'est écoulée lentement avant que les mots ne se mettent en place.

Maman m'a prise par les épaules, et quand j'ai enfin levé les yeux, elle avait les sourcils haussés, interrogateurs.

Je ne pensais pas être capable de trouver les mots pour parler, alors j'ai signé : *Oui.*

Oui ? répéta Maman, ses sourcils disparaissant dans ses cheveux.

Oui !

Je n'arrivais pas à y croire. Je n'arrivais pas à y croire. J'étais admise à Cartwright.

Kathleen se tenait là, au milieu de la classe de Mme Richardson, lisant et relisant la lettre d'admission de Cartwright. Chaque fois qu'elle l'achevait et revenait au début, son sourire s'élargissait.

Elle a fini par poser soigneusement ma lettre sur mon bureau et a signé : *Félicitations !* avant de me serrer dans ses bras. *Merveilleux, merveilleux*, a-t-elle ajouté en me relâchant.

J'ai probablement un peu trop répété : *Heureuse*, mais je doute qu'elle m'en ait voulu.

Dans quelques mois, diplôme, puis université ! a signé Kathleen avec son sourire éclatant.

Cette fois, son enthousiasme était contagieux. Je ne me rappelais pas la dernière fois où j'avais autant souri.

J'ai regardé autour de moi quand Kathleen s'est interrompue pour signer : *Salut*, à quelqu'un derrière moi. Je n'ai pas été surprise que ce soit Beau, entrant dans la classe. En revanche, j'ai été surprise que son nom s'envole de mes lèvres, que ma première réaction soit d'attraper ma lettre d'admission et de courir vers lui.

« Beau ! »

J'ai senti s'éteindre mon sourire extatique lorsque Beau s'est figé net, me fixant des yeux avec un mélange de confusion et de surprise.

Pardon, ai-je signé immédiatement, soudain consciente des regards curieux de nos quelques camarades de classe déjà assis.

« Non, a dit Beau en secouant la tête. Je ne t'ai jamais… dire mon nom… »

Répète, ai-je demandé, perplexe.

Il a fallu un moment à Beau pour signer : *C'est la première fois que je t'entends dire mon nom.* Mais il souriait maintenant et n'avait plus l'air d'un cerf pris dans le faisceau des phares. Cela signifiait-il qu'il était… *heureux*, lui aussi ?

Beau a fait un geste vers la lettre d'admission que je tenais serrée dans ma main.

Je me suis soudain souvenue de la raison pour laquelle j'avais couru vers lui.

Sans mot dire, je lui ai tendu le courrier. Il a eu l'air encore plus ravi que Kathleen, si tant est que ce fût possible. J'ai poussé un petit cri quand il m'a serrée dans ses bras, ce qui n'était pas totalement désagréable. Un peu surprenant, certes, mais une fois que je lui avais rendu son étreinte, je n'ai plus eu envie de le lâcher.

J'avais envie de me répandre en rires et non en larmes comme la première fois que je l'avais serré dans mes bras à l'hôpital. J'étais un peu étourdie par son odeur d'épices à la cannelle.

Lorsque les lumières ont clignoté pour signaler le début du cours, nous nous sommes dépêchés de nous asseoir ; j'ai plié la lettre d'admission et l'ai mise à l'abri dans mon sac. On m'a tapoté sur l'épaule tandis que Mme Richardson, penchée sur son ordinateur, essayait d'afficher les notes du jour sur le projecteur.

Beau a signé : *Félicitations*, lorsque je me suis retournée sur mon siège pour lui faire face.

Merci ! ai-je répondu en essayant d'étouffer mes petits rires. *Et toi, tu as eu une lettre de Y-A-L-E ?*

Beau était encore plus soucieux que moi d'entrer dans l'université qu'il visait, alors j'espérais qu'il avait reçu un courrier similaire.

Avec une moue amère, il a secoué la tête en signant : *Pas encore.*

Bientôt, lui ai-je affirmé, et je lui ai serré la main pour le réconforter.

Beau a souri, et avant que je ne puisse me perdre complètement dans ses fossettes, il a fait un signe de tête vers Mme Richardson. Je me suis vite retournée, mais n'ai pas réussi à effacer complètement mon sourire.

Mon bonheur d'être admise à Cartwright ne s'était toujours pas estompé au déjeuner. Communiquer avec Nina a été difficile, parce que je n'arrivais pas à choisir entre utiliser ma voix ou signer ; tout sortait dans un fouillis indescriptible. Kathleen a dû intervenir pour lui annoncer la nouvelle avant de s'excuser pour aller déjeuner à l'extérieur, puis j'ai montré ma lettre d'admission à Nina.

Félicitations ! a signé Nina en me passant le bras autour des épaules. *Merveilleux !*

Je sais, ai-je répondu, joyeuse.

« Est-ce... tu l'as dit à Beau ? » demanda Nina une fois la lettre rangée dans mon sac.

Mon regard s'est automatiquement porté sur Beau, assis à notre table habituelle, à côté de Jackson. Je me suis vite détournée lorsque Jackson, me surprenant à les regarder, m'a fait un de ses clins d'œil déstabilisants.

« Euh, oui, ai-je répondu à Nina. Il se réjouit pour moi, lui aussi. »

Nina et moi avons acheté des sandwichs et une barquette de frites à partager, et nous sommes allées nous asseoir. Je me suis retrouvée en face de Beau – j'étais toujours à côté ou en face de lui – et j'ai été surprise de voir le regard contrarié qui commençait à envahir ses traits. J'avais déjà avalé quelques bouchées de mon sandwich lorsque Jackson s'est penché vers Beau. Ce qu'il a dit n'a fait qu'accentuer le froncement de sourcils de Beau. Je n'ai pu que deviner : « … dérange pas si… » avant de devoir renoncer à essayer de lire sur les lèvres de Jackson.

Préférant me concentrer sur mon sandwich, j'ai attrapé un morceau de laitue flétrie. Je voulais savoir ce que Jackson disait, parce que cela énervait visiblement Beau, mais ce n'étaient vraiment pas mes affaires. Parfois, j'étais trop curieuse pour mon propre bien.

À la moitié de mon sandwich, j'ai vu Jackson se pencher vers moi en me faisant coucou, et j'ai immédiatement jugé cela suspect.

« Je peux t'aider ? » lui ai-je dit après avoir fini ma bouchée.

« … bien sûr, dit Jackson avec un sourire qui se voulait éblouissant. … je me demandais… »

Il n'a même pas eu le temps d'achever sa phrase que Beau l'a interrompu, en signant si rapidement que j'ai marqué un temps d'arrêt.

Répète, ai-je signé par réflexe – je ne pouvais pas l'avoir compris correctement.

Les joues de Beau sont passées du rose vif au rouge flamboyant lorsqu'il a refait les signes qu'il me semblait avoir déjà vus.

Tu me demandes de sortir avec toi ? ai-je demandé, les mots tombant de mes doigts.

Beau a acquiescé, le soulagement se peignant sur ses traits. Je me suis sentie pousser un soupir de soulagement, moi aussi.

Bien, ai-je dit. *La première fois, tu m'as demandé si je voulais divorcer.*

Beau a compris quand je lui ai épelé le mot avec les doigts. Il a écarquillé les yeux : *Non ! Pas ça. Je veux…*

Je me suis penchée sur la table pour lui prendre les mains, et je l'ai aidé à former la lettre *D* avec les doigts. J'ai ensuite rapproché ses deux mains afin que les extrémités de ses doigts se touchent au lieu de s'écarter, comme précédemment.

« C'est comme ça qu'on fait, lui ai-je dit. On réunit, on ne sépare pas. »

« D'accord », a-t-il dit avec un sourire timide.

Lorsqu'il a retiré ses mains des miennes – soudain, je ne voulais plus les lâcher – il a signé : *Tu veux sortir avec moi ?*

Je n'ai même pas pris le temps de réfléchir avant de répondre : *Oui.*

Après un long moment à sourire tous les deux comme des idiots, je me suis souvenue que Nina était assise juste à côté de moi. Nina, qui connaissait assez la langue des signes pour savoir exactement ce qui venait de se passer. Jackson aussi avait sans doute compris en voyant les regards niais que nous échangions, Beau et moi.

Quand j'ai jeté un coup d'œil à Nina, comme un enfant pris la main dans le sac, elle affichait un sourire en coin.

Elle a signé : *Enfin.*

24

Le sourire enjoué de Melissa s'affichait sur l'écran de mon iPad. J'étais assise par terre au milieu de ma chambre, entourée d'un fouillis de vêtements.

Je signais sans arrêt : *Peu importe*, en jetant de côté un chemisier que ma tante Caroline m'avait offert pour mon seizième anniversaire et que je n'avais jamais porté. *Ce que je mets ne compte pas.*

Melissa secouait la tête en signe de désaccord. Elle a répété : *Si !*

J'ai montré à Melissa un pull d'une jolie couleur dorée, et elle a fait une grimace, fronçant le nez.

Il fait froid ici, lui ai-je rappelé.

Je lui avais déjà envoyé une photo de la montagne de neige dans notre jardin.

O-K, a-t-elle fini par signer. *Ça va. Il faut de la couleur.*

Je me suis levée et j'ai ouvert le tiroir du haut de ma commode, fouillant un peu jusqu'à ce que je déniche ce que je cherchais. C'était un bonnet rouge avec une fleur tricotée sur le côté. Je le trouvais mignon, mais je n'avais jamais eu l'occasion de le porter.

Melissa a levé le pouce et signé : *Parfait*, quand je lui ai montré le bonnet.

Faut que je me change, ai-je signé en ramassant mon iPad. *Il va bientôt arriver.*

Melissa m'a fait un signe frénétique pour que je ne raccroche pas après avoir signé : *Au revoir*, et elle m'a dit : *Pas de baiser au premier rendez-vous.*

J'ai aussitôt répliqué, bouche bée : *Jamais !*

J'ai mis fin à l'appel avec Melissa après lui avoir promis de lui donner par texto des nouvelles du rendez-vous. Après m'être changée, avoir enfilé mes bottes et mis mon bonnet le plus joliment possible, je me suis ruée dans la salle de bains pour me brosser les dents. Il était hors de question que j'aborde mon premier rendez-vous avec une mauvaise haleine.

Les lumières du couloir ont commencé à clignoter alors que j'avais encore la bouche pleine de dentifrice ; j'en ai conclu que Beau venait d'arriver. Je suis sortie de la salle de bains aussi vite que possible. Je me suis souvenue in extremis d'enlever mes appareils auditifs et de les ranger dans leur étui sur ma commode avant de descendre en courant. Je ne portais jamais mes appareils quand il pleuvait ou qu'il neigeait. J'ai atteint le bas de l'escalier à bout de souffle, agrippée à la rampe. Comme je m'y étais attendue, Beau était à l'heure, mais j'ai eu la surprise de le trouver sur le canapé à côté de Connor, une figurine de Spider-Man à la main, comme s'il jouait avec mon petit frère depuis des lustres. Je savais que Beau était gentil, mais je n'aurais pas imaginé le voir comme ça avec Connor.

Je ne me rappelais pas un seul moment où je ne m'étais pas sentie férocement protectrice à l'égard de Connor, décidée à être son bouclier dans le monde, mais à cet instant, étonnamment, ce sentiment ne m'est pas venu. Je me tenais là, au pied de l'escalier, à regarder mon petit frère rire et jouer avec Beau, et je ne pouvais que sourire.

La scène était sincère – on ne peut pas se tromper sur le sourire de Beau quand ses fossettes apparaissaient – et je ne savais pas trop comment gérer la variété d'émotions qui se bousculaient en moi.

Maman a eu l'air aussi surprise que moi lorsqu'elle est sortie de la cuisine, une tasse de café à la main, et qu'elle a vu Beau et Connor ensemble.

Tu sors avec B-E-A-U ? a-t-elle signé d'une main en faisant un signe de tête vers le canapé.

Connor avait la mauvaise habitude de répondre quand on sonnait à la porte, et de laisser entrer quiconque se trouvait sous le porche. Il n'était donc pas surprenant qu'il ait devancé Maman cette fois-ci.

Oui, ai-je répondu. *Garçon entendant, je sais, mais…*

Je me suis interrompue parce que Beau m'avait remarquée et qu'il venait de se lever, rendant Spider-Man à Connor.

Salut, a-t-il signé en s'approchant de Maman et moi. *Prête ?*

Oui, ai-je répliqué très vite, m'apprêtant à prendre Beau par le bras et à l'entraîner vers la porte avant que Maman ne nous inflige l'un de ces commentaires parentaux gênants dont elle avait le secret.

Où allez-vous ? a-t-elle demandé avant que je ne puisse prendre la fuite.

Surprise, a répondu Beau, et j'ai de nouveau senti mon ventre tomber en chute libre.

Prêt ? ai-je signé en désignant la porte d'entrée.

Beau a hoché la tête en m'adressant un grand sourire, ce qui, évidemment, n'est pas passé inaperçu auprès de Maman.

Attention, a-t-elle signé en nous accompagnant jusqu'à la porte. *Je veux te voir rentrer s'il se met à neiger trop fort.*

Promis.

Beau avait laissé la voiture en marche, le chauffage à fond. En m'y installant, j'ai donc eu l'impression de me glisser sous une couverture tout juste sortie du sèche-linge.

Quelques rues plus loin, j'ai demandé : « Alors, tu peux me dire où on va maintenant ? »

J'étais sûre que Beau avait prévu une activité en intérieur avec toute cette neige, mais je voulais quand même savoir ce que c'était.

« J'ai dit… surprise », a déclaré Beau, l'air faussement sévère.

« Mais encore ? Je n'aime pas les surprises. »

Attends, m'a signé Beau en profitant d'un feu rouge. *On va s'amuser, promis.*

La conversation a été limitée, en route vers le lieu où il m'emmenait. Il conduisait sans pouvoir me faire face afin que je lise sur ses lèvres, et il ne pouvait pas signer, les mains sur le volant. Plus nous avancions sur notre trajet, plus je me détendais. Beau était pour moi une présence apaisante, il m'était difficile de l'ignorer.

Au bout d'une vingtaine de minutes, nous avons quitté Denver et pris l'autoroute I-70 vers l'ouest. Je ne connaissais pas encore très bien le Colorado, mais j'ai remarqué que nous entrions dans une zone plus montagneuse. La neige recouvrait tout, le ciel était d'un blanc immaculé, et j'ai eu l'impression d'être en route pour Narnia.

Je me suis redressée sur mon siège lorsque Beau a pris une sortie où des panneaux indiquaient un lieu appelé Georgetown.

« Qu'est-ce que c'est, Georgetown ? » ai-je demandé avec intérêt.

Il était impossible de savoir à quoi pensait Beau. Il conduisait prudemment à travers les rues verglacées, sans répondre à ma question. Il nous a fallu encore dix minutes avant de passer sous un grand panneau qui annonçait : « Bienvenue à Georgetown ! »

C'était une petite ville nichée dans les montagnes et qui ne devait pas compter plus d'un millier d'habitants. Il y avait quelques maisons sorties tout droit d'un autre siècle, une poignée de magasins et peut-être un ou deux restaurants dans le centre-ville. C'était mignon et pittoresque avec toute cette neige, mais qu'est-ce qu'on faisait là ?

Beau s'est garé sur un terrain en terre battue derrière un ancien hôtel, et s'est tourné vers moi.

« Qu'est-ce qu'on fabrique ici ? » lui ai-je demandé.

Il s'est détaché en souriant et a ouvert sa portière.

« Tu aimes Noël, non ? »

25

Beau nous avait emmenés sur un marché de Noël à l'ancienne.

Le centre de Georgetown accueillait visiblement ce marché de Noël depuis quelques décennies, et il n'était pas difficile de comprendre pourquoi les rues étaient bondées de gens de toutes sortes, emmitouflés dans des vestes, des bonnets et des écharpes.

La rue principale sortait tout droit d'une carte vintage de Noël. Il y avait des lumières, des guirlandes et des couronnes, ainsi qu'un feu de joie qui ronflait plus haut dans la rue, entouré d'étals proposant des produits faits maison, des objets en bois et des amandes grillées à la cannelle.

Les monticules de neige sur les trottoirs, et la présence d'un homme en costume de saint Nicolas mettaient encore plus d'esprit de Noël dans l'atmosphère. Je me suis arrêtée net en découvrant une chorale de Noël dont les chanteurs, partitions à la main, portaient des costumes victoriens. Une petite foule les entourait.

Beau a posé la main sur mon bras alors que nous étions sur le trottoir à côté du centre d'accueil. *Tu aimes ?* a-t-il signé.

Oui, ai-je répondu honnêtement. *C'est... différent, mais c'est beau. J'aime.*

Beau s'est visiblement détendu. *Bon*, a-t-il signé. *Content.*

« J'aime bien cet endroit, ai-je dit à voix haute. Mais pourquoi tu nous as amenés ici ? » Je n'étais jamais sortie avec un garçon, mais j'étais presque certaine que ce n'était pas un lieu de rendez-vous courant pour des élèves de terminale. Non que j'aie à m'en plaindre, mais...

Beau a froncé les sourcils pour préparer sa réponse. Le voyant fourrer les mains dans ses poches, je me suis redressée, prête à lire sur ses lèvres.

« C'est... ce que je... avec ma mère... il y a longtemps, a-t-il fini par dire, avec un signe de tête pour désigner le marché. ... spécial, n'est-ce pas ? Je me suis dit que tu aimerais... sans rapport avec la lycée. »

La seule réponse qui me soit venue a été « Oh ! »

Oh.

C'était seulement la deuxième fois que Beau parlait de sa mère. Je savais que ce n'était pas facile pour lui de l'évoquer, et pourtant il partageait quelque chose comme ça avec moi ? Quelque chose qu'il appréciait vraiment et dont il ne se souciait pas de savoir si c'était ridicule ou si ça ne ressemblait pas à un rendez-vous.

Merci, ai-je signé.

J'ai pensé qu'on serait mieux ici, a-t-il repris, l'air encore anxieux. *Nina m'avait suggéré un cinéma, mais...*

Sachant exactement où il allait en venir, j'ai levé une main pour l'interrompre.

« J'aime bien le cinéma aussi. J'ai juste besoin des sous-titres. Mais sérieusement, Beau, c'est merveilleux ici. Je suis contente. »

Pareil, a approuvé Beau, le visage fendu d'un sourire. « Allons-y, alors. »

Nous avons commencé par longer le côté gauche de la grande rue, en admirant les jolies boutiques à l'ancienne qui vendaient des articles de Noël et des antiquités. Il y avait quelques galeries de photographies naturalistes, des boutiques de vêtements, des librairies et une vieille supérette encore dans son jus. Le marché de Noël de Georgetown avait perfectionné l'art de vous faire remonter le temps.

Beau nous a offert un tour en calèche dans la ville, ce qui a encore renforcé l'ambiance festive. Une jeune fille en manteau et bonnet rose vif s'est levée et a commencé à nous raconter l'histoire de Georgetown pendant que deux Clydesdales[8] nous promenaient à travers la ville – c'est du moins ce que Beau m'a expliqué. Il essayait d'interpréter ce qu'elle disait, mais elle parlait trop vite pour qu'il puisse suivre.

Pas grave, ai-je signé. Puis, sans même y penser, je lui ai pris la main. Beau ne m'a pas lâchée.

Ses doigts longs, fins et chauds sous la couverture de laine jetée sur nos genoux, traçaient un motif au hasard sur le dos de ma main. Mon cœur a enchaîné quelques battements erratiques, et respirer correctement a soudain été une lutte.

Mes mains étaient probablement la partie la plus importante de mon corps, car je les utilisais tous les jours pour communiquer. Mais étrangement, personne ne semblait y prêter attention, se

8. Race de chevaux de trait.

concentrant sur les signes que j'effectuais, plus que sur les mains que j'utilisais pour les tracer.

J'ai tourné la main, laissant les doigts de Beau se poser sur ma paume. Ma peau était chaude contre la sienne. Comme lorsqu'il m'avait serrée dans ses bras en classe, relâcher sa main et rompre le contact était la dernière chose que je voulais faire.

Je crois que j'ai arrêté de respirer quand Beau a entrecroisé ses doigts avec les miens. J'ai dû faire un effort pour lever les yeux vers lui. Il regardait droit devant, comme s'il se contentait de regarder défiler les maisons, mais son sourire ne trompait pas.

La promenade en calèche s'est terminée lorsque nous sommes revenus devant le sapin géant recouvert de lumières de Noël à côté de la place du marché. Pendant quelques brèves secondes, Beau m'a lâché la main pour m'aider à descendre, mais une fois que j'ai posé les pieds avec précaution sur le sol enneigé, ma main s'est à nouveau retrouvée dans la sienne. Je ne pouvais pas m'empêcher de sourire à mon tour.

Nous nous sommes rendu au marché, où nous avons essayé plusieurs bonnets et écharpes, et Beau nous a acheté du cidre chaud et un sachet d'amandes grillées à la cannelle. Il s'est mis à neiger. Blottis l'un contre l'autre près du feu de joie, nous sirotions notre cidre chaud, les amandes fourrées dans nos poches de veste.

C'est beau, ai-je répété en désignant le ciel.

Beau a tenté de cacher son grand sourire en prenant une gorgée de cidre chaud.

« Quoi ? lui ai-je demandé. Ça veut dire quoi, cet air-là ? »

« Rien. Je suis juste... »

Il a conclu sa phrase en signant : *Heureux*.

Pareil, ai-je répondu. *Heureuse*.

Les journées étant brèves à cette époque de l'année, la nuit est tombée, et le marché a commencé à fermer. Beau m'a fait traverser la rue pour entrer dans un restaurant portant le nom de « Café Troia », où nous avons dîné de pâtes et de boulettes de viande. Il était encore tôt.

J'avais la bouche pleine de nouilles lorsque Beau a signé : *Ensuite, on prend le train.*

Pardon ? ai-je répondu.

« Le train… a dit Beau à voix haute. Il grimpe… montagne. Lumières de Noël… »

Il a extirpé de sa poche une feuille de papier qu'il m'a passée. C'était un billet aux couleurs vives, qu'il avait imprimé : deux places pour le « Chemin de fer de la boucle de Georgetown », à bord du train du père Noël, pour traverser la forêt illuminée.

« C'est pour les enfants, non ? » ai-je dit à Beau en lui rendant le billet.

À ma grande surprise, il a acquiescé. *J'ai 1-8 ans*, a-t-il signé en se montrant du doigt avec un sourire. *Mais je me sens très gamin.*

Pareil, ai-je signé, heureuse de son espièglerie. Je n'avais pas l'occasion de voir cet aspect de lui au lycée, et j'aimais ça.

Je n'ai pas été surprise, cette fois, de tenir à nouveau la main de Beau en retournant à sa voiture après le dîner, mais cela continuait à me donner l'impression de fondre dans un désordre étourdissant. C'est étrange ce qu'un garçon peut vous faire ressentir.

Il nous a fallu traverser le reste de Georgetown – qui ne comptait que quelques rues de plus – pour arriver au chemin de fer. Beau nous a conduits au sommet d'une petite colline. Les lumières de la ville scintillaient. Je me suis retournée sur mon siège pour mémoriser le spectacle. Tout était enchanteur dans cette ancienne bourgade minière cachée au milieu des montagnes.

La petite gare était aussi bondée que l'avait été le marché de Noël, remplie d'enfants qui se régalaient de chocolat chaud et de biscuits au sucre. Je me suis emparée de quelques biscuits sur la table réservée aux visiteurs ayant réglé leurs places, et j'ai glissé mon bras sous celui de Beau alors que nous faisions la queue pour monter dans le train.

Un homme en uniforme de conducteur a pris nos tickets. Nous avons trouvé des places dans la deuxième voiture, à l'arrière. Le wagon était chauffé, mais je me suis quand même assise tout contre Beau, faisant semblant d'avoir besoin de me réchauffer.

Les pins enneigés défilaient sous mes yeux au fil de la boucle parcourue par le train du père Noël, et j'apercevais même la lueur ténue de la lune cachée derrière une couche de nuages. Les enfants se sont bien amusés quand le père Noël est apparu dans son costume et son bonnet rouges, et qu'il a commencé à distribuer des friandises.

« Tu prenais le train avec ta mère, aussi ? » ai-je demandé à brûle-pourpoint.

Oui, m'a répondu Beau. *Je m'amusais bien.*

Cool, ai-je signé avec un grand sourire.

Il y a eu un moment de chaos lorsque les lumières de la voiture se sont subitement éteintes : c'est que nous arrivions au clou du spectacle, avec les illuminations de Noël. Je me suis rapprochée de la fenêtre pour mieux voir les scènes sophistiquées qui s'offraient à nous : l'atelier du père Noël, une maison en pain d'épices et même quelques personnages de Star Wars, le tout entièrement constitué de lumières. Ces éclairages baignaient la neige environnante dans une multitude de couleurs – ce qui était déjà un spectacle en soi.

Fascinée par toutes les lumières, désireuse d'en voir plus, j'ai mis du temps à me rendre compte que Beau me tapotait le genou.

« Pardon. Quoi ? » ai-je dit en me tournant vers lui.

La voiture n'étant éclairée que par les reflets des lumières extérieures, je distinguais trop mal le visage de Beau pour pouvoir lire sur ses lèvres ce qu'il était en train de me dire.

J'ai signé : *Je ne comprends pas*, en secouant la tête, mais Beau ne semblait pas très bien me voir, lui non plus. Je me suis éloignée de la fenêtre pour me rapprocher de Beau, de plus en plus agacée par la complexité de cette conversation. Ils n'auraient pas pu laisser au moins une lumière allumée dans cette voiture ?

« Je ne comprends pas ce que tu dis », ai-je dit à Beau d'un air penaud.

J'ai vu Beau lever la main et j'ai cru qu'il allait essayer de me faire un signe, mais il a mis un doigt sur ses lèvres, le signe universel pour dire « chut ». Je devais parler trop fort. Cela m'arrivait souvent : comment deviner mon volume sonore ?

« Beau, qu'est-ce que… ? »

Beau se penchait plus près de moi comme s'il essayait de lire sur mes lèvres à son tour, mais son expression était différente. Je m'attendais à ce qu'il essaie de me reparler, à voix haute ou par signes, mais cela ne s'est jamais produit. Il n'y avait plus qu'un souffle d'espace entre nous et, je ne sais pourquoi, je n'ai compris que Beau allait m'embrasser que lorsqu'il a pressé ses lèvres contre les miennes.

Pendant une seconde, je suis restée là, comme un poisson hors de l'eau, sans savoir ce que j'étais censée faire. C'était mon premier baiser, ici, à bord d'un train dont la pénombre était éclairée par les lumières de Noël. Que devais-je faire avec mes mains ? Avec mon visage ?

Puis mon cerveau a commencé à fondre, et il m'a été impossible de réfléchir lorsque les doigts de Beau ont effleuré ma joue et atteint ma nuque pour incliner mon visage vers le sien. D'instinct, j'ai plongé les doigts dans sa veste pour le rapprocher.

J'ai senti son rire contre mes lèvres, et j'ai eu envie de rire moi aussi, me demandant comment nous en étions arrivés là. Si quelqu'un m'avait demandé il y a quelques mois ce que je pensais de Beau, j'aurais répondu que je ne voulais rien avoir à faire avec lui ou ses piles de livres. Et maintenant, je me disais que Beau aurait dû m'embrasser il y a bien longtemps.

Lorsque nous nous sommes enfin séparés, les lumières du train s'étaient rallumées. Je voyais Beau clairement maintenant, et je voulais mémoriser son regard incroyablement joyeux.

J'ai été la première à parler, ou plutôt à signer. Je n'ai réussi qu'à tracer un mot tremblant : *Pourquoi ?*

Beau a désigné le plafond du train. En levant les yeux, j'ai découvert un petit bouquet de gui suspendu au-dessus de nous. Quel cliché !

« Si niais », ai-je dit dans un souffle.

Peut-être, a signé Beau en affichant un sourire malicieux. « Mais… j'avais besoin… encouragement. »

Pourquoi ? ai-je répété.

Je suis amoureux de toi, a signé Beau avec une aisance parfaite.

Une phrase simple qu'il a signée comme s'il n'avait jamais eu autant confiance en lui.

Pareil, ai-je répondu sans la moindre hésitation.

J'ignorais où et comment tout ceci avait débuté, mais un garçon entendant avait des sentiments pour moi. Plus surprenant encore, c'était réciproque.

26

J'avais à peine franchi le seuil de la maison ce mardi après-midi, trois jours après mon rendez-vous avec Beau, quand mon téléphone s'est mis à vibrer dans ma poche de veste, la lumière clignotant en même temps.

Je m'attendais à un texto, pas un appel FaceTime, et j'ai été surprise de lire « APPEL EN COURS – BEAU WATSON » sur l'écran. Nous nous étions contentés de textos dans les quelques jours qui avaient suivi notre rendez-vous, mais surtout, nous nous étions quittés à peine un quart d'heure plus tôt.

Qui est-ce ? a signé Maman qui se dirigeait vers la cuisine.

Au lieu de lui répondre, j'ai appuyé sur le bouton vert, et Beau est apparu une seconde plus tard. J'ai ouvert la bouche pour le saluer, mais son expression m'a cloué le bec : il avait l'air paniqué, les traits tendus et la posture rigide.

Qu'est-ce qui ne va pas ? ai-je demandé.

Au lieu d'une réponse signée, Beau a brandi une large enveloppe couleur crème, marquée, en haut à gauche, de l'impressionnant blason de l'université de Yale.

Pas étonnant que Beau ait l'air d'être sur le point de se trouver mal. C'était la réponse qu'il attendait pratiquement depuis des années. Ce qu'il considérait comme la clé de son avenir était là, entre ses mains.

Je me suis empressé de dire : « Ben alors ! Pourquoi tu ne l'as pas encore ouverte ? »

Je t'attendais, a signé Beau d'une main, en posant l'enveloppe.

« C'est gentil, vraiment, mais ouvre-la ! »

Les épaules de Beau se sont soulevées puis affaissées tandis qu'il reprenait l'enveloppe. Les mains tremblantes, il l'a ouverte et en a fait tomber le contenu en la secouant. Quelques brochures se sont échappées, ainsi qu'un papier épais et officiel.

« Qu'est-ce que ça raconte ? » ai-je fini par demander, le silence de Beau s'éternisant.

Son regard courait sur le papier au fil de sa lecture, mais je n'avais aucune idée de ce qu'il pensait : sa mine était impénétrable. Mon cœur chavirait à mesure que le silence durait. « … j'ai… » a-t-il fini par dire en levant les yeux du courrier.

Répète, ai-je signé en fronçant les sourcils.

Je suppose que Beau ne savait pas comment traduire en signes le contenu de la lettre, alors il a simplement signé : *Oui*.

« Tu es admis ? » ai-je demandé, assez fort pour que Maman passe la tête dans le salon, curieuse.

Oui, a répété Beau, d'un mouvement léthargique.

« Beau, c'est génial ! » me suis-je exclamée en signant : *Yeah !* en même temps. « Tu n'es pas heureux ? Sois heureux ! »

Beau a esquissé un petit sourire forcé, mais il n'a rien signé.

« Tu… Tu es heureux, non ? »

Quelque chose m'a empêchée de le croire quand il a répondu par l'affirmative.

Eh, ai-je repris. Quand il a levé les yeux de la lettre pour me regarder, j'ai signé : *Je suis fière de toi.*

Voilà qui lui a arraché un vrai sourire, et j'ai commencé à me détendre. Peut-être Beau digérait-il les choses différemment. Il devait exulter à l'idée d'être admis, seulement il ne savait pas comment l'exprimer. C'était une nouvelle majeure pour lui.

Merci, a-t-il repris, son sourire s'accentuant. *Je...*

S'interrompant au milieu d'un signe, il s'est redressé : un homme apparaissait dans le champ de l'écran. J'ai immédiatement reconnu le Dr Watson. Celui-ci n'a pas eu l'air de remarquer que j'étais au téléphone avec son fils. Il tendait le bras vers les documents de Yale éparpillés sur le comptoir.

Ça va ? ai-je demandé à Beau en montrant du doigt le Dr Watson.

Beau a vite hoché la tête, signé : *À plus tard*, et coupé FaceTime.

Je suis entrée dans la cuisine, encore un peu étourdie, et j'ai laissé mon téléphone sur le comptoir pour aider Maman à préparer le dîner.

Ça va ? a-t-elle signé quand je l'ai rejointe devant l'évier où elle lavait quelques légumes.

Oui, ai-je répondu. « C'était Beau. Il vient de recevoir sa lettre d'admission à Yale. »

Waouh, a signé Maman d'une seule main. *Cool.*

Elle était concentrée sur les légumes, les épaules tendues, les gestes brefs et saccadés. Il ne m'a pas fallu plus d'une seconde pour comprendre qu'elle était sérieusement stressée. Et elle n'était pas souvent comme ça, seulement quand les choses l'accablaient vraiment. Je m'en suis voulu sur-le-champ de ne pas en faire davantage pour l'aider.

Maman me disait toujours de me concentrer sur les cours, mais je ne pouvais ignorer tout ce qui se passait à la maison. Connor était encore en convalescence, nécessitant plus d'attention et de soins que d'habitude. Maman et moi avions fait des efforts supplémentaires en ce sens – du moins, j'espérais avoir fait des efforts supplémentaires.

J'étais encore en train de réfléchir à tout cela quand Maman m'a demandé d'aller chercher les poivrons qu'elle avait oublié de sortir du frigo. Une chose était encore plus évidente que le stress de Maman : le réfrigérateur n'était pas aussi plein que d'habitude. Plus j'y réfléchissais, plus j'avais du mal à me rappeler quand Maman avait fait les courses pour la dernière fois.

J'ai pris des poivrons dans le bac à légumes, je suis allée les rincer dans l'évier, puis j'ai attrapé une planche à découper. J'ai dû écarter une pile de courrier du comptoir pour y caser la planche et je me suis figée en découvrant la facture dépliée des soins à domicile Spring Meadows. Le montant indiqué à côté de la date d'échéance, la semaine suivante, m'a laissée bouche bée.

C'est presque pareil qu'une facture d'hôpital, ai-je pensé, l'esprit en ébullition, en éminçant soigneusement un poivron. Le genre de facture d'hôpital qu'on mettait des mois à rembourser.

Nous les collectionnions à cause des hospitalisations prolongées dont Connor avait besoin régulièrement. Et Maman travaillait pour une bonne entreprise et avait une assurance maladie correcte. Mais même du haut de mes dix-sept ans, je savais qu'une facture pareille était tout simplement ahurissante.

Il fallait que je me mette à chercher un emploi. C'était le moment ou jamais de commencer à assumer ma part.

Le lendemain matin, quand je suis entrée dans le cours de statistiques, j'ai vu Beau assis à sa place habituelle, avec son sourire radieux. Je l'ai observé en traversant la classe pour gagner ma place. J'essayais de déterminer si son sourire était sincère ou non.

Il s'est redressé lorsque je me suis assise et il a signé : *Bonjour.*

Salut, lui ai-je répondu. *Ça va ? Hier...*

Beau m'a interrompue en signant : *Non, ça va.*

Sûr ? ai-je insisté, sceptique.

Promis.

J'ai laissé tomber en haussant les épaules et j'ai sorti mes devoirs, prête à attaquer le cours. Les examens avaient lieu la semaine suivante, et nous révisions au lieu d'aborder de nouveaux sujets. J'avais déjà assez de mal à me concentrer, avec Beau assis juste derrière moi.

Plus tard, Nina s'est précipitée vers nous dans le couloir alors que nous nous dirigions vers le cours d'histoire américaine. Elle a saisi Beau par le bras, parlant à un rythme effréné. Je suis restée là à regarder ce dialogue, où j'ai saisi plus d'une fois le mot « Yale ».

Beau a fini par se tourner vers moi : « Nous... fête... chez moi ce soir. »

O-K, ai-je signé avec un petit sourire.

Tu viendras ? a-t-il demandé, une lueur d'espoir dans les yeux.

Promis.

Tandis que nous poursuivions notre chemin vers la salle de cours, Nina avait un regard entendu, et il m'a semblé qu'elle ne tarderait pas à nous harceler, Beau et moi, sur la nature de notre relation.

Ce ne serait peut-être pas si mal, parce que je n'avais aucune idée de la situation actuelle entre Beau et moi, et que j'aurais beaucoup aimé savoir ce qu'il en pensait à ce moment-là.

Après m'être garée devant chez Beau, je suis restée assise un bon moment pour essayer de me ressaisir. De nombreuses voitures étaient alignées le long du trottoir et dans l'allée ; j'en ai déduit qu'il ne s'agissait pas d'une simple petite soirée.

Mais j'avais dit à Beau que je viendrais, et je voulais tenir parole. Même si ce que nous étions n'avait pas de nom, il avait jubilé à la nouvelle de mon admission à l'université, et le moins que je puisse faire était de témoigner le même enthousiasme envers la sienne. Et, quels que soient les sentiments de Beau, il s'agissait de Yale, d'une institution de l'Ivy League. L'événement méritait d'être célébré.

Je me suis dirigée vers la maison, mains dans les poches, tête baissée pour résister au froid. Lorsque j'ai atteint la porte, je n'ai même pas eu le temps de frapper qu'elle s'est ouvert. Beau se tenait dans l'embrasure. Ses traits manifestaient quelque chose comme du soulagement lorsqu'il m'a fait entrer.

Qu'est-ce qui ne va pas ? ai-je demandé machinalement, mais il a balayé ma question d'un signe de main et signé : *Rien.*

J'ai dû enlever mes chaussures et accrocher ma veste dans la penderie avant de suivre Beau dans le salon où se déroulait la fête. La maison n'avait guère changé depuis ma visite à la veille de l'examen de mi-semestre, mais Dana avait dû mettre de l'huile de coude pour que tout brille encore un peu plus.

En découvrant le nombre de convives présents dans le salon, j'ai eu envie de me cacher derrière Beau pour me protéger des regards.

Tous ces invités qui conversaient au coin du feu, les adultes qui discutaient autour d'un verre de vin, les délicieux apéritifs disposés sur la table basse constituaient un tableau des plus chic.

Je me suis sentie très mal fagotée dans mon jean et mon t-shirt quand j'ai aperçu deux filles que je connaissais, des membres du bureau des élèves, en jupe et chemisier. Le seul point de réconfort – à part le fait de pouvoir côtoyer Beau de si près – était la présence de Nina. Bon, il fallait qu'elle soit en train de discuter avec Jackson, mais au moins elle était là.

Ne t'inquiète pas, m'a signé Beau quand il m'a vue me mordre la lèvre. *Ces gens sont gentils.*

C'était délicat de sa part d'essayer de me rassurer, mais j'avais des doutes là-dessus, surtout quand j'ai saisi le regard que le Dr Watson nous a décoché quand il a vu Beau en train de me parler par signes.

Un homme s'est approché de nous alors que j'envisageais d'éloigner Nina de Jackson pour bavarder avec elle. Il ressemblait beaucoup au Dr Watson, à l'exception des cheveux grisonnants ; j'ai donc parié qu'il s'agissait d'un membre de la famille de Beau.

Mon oncle, a signé Beau tandis que nous nous serrions la main. *E-D-D-I-E.*

« Enchantée », ai-je dit, espérant qu'il ne remarquerait pas la moiteur de ma paume.

L'oncle Eddie a montré son oreille du doigt : « ... sourde ? »

J'ai acquiescé, me forçant à croiser son regard et à ne pas m'enfuir devant l'intensité du regard du Dr Watson.

« Cool », m'a dit Eddie avec un grand sourire, et il s'en est tenu là. J'ai apprécié.

Beau m'a ensuite présenté deux autres membres de la famille. Sa tante Paula, l'épouse d'Eddie, m'a paru gentille à sa manière de sourire et de me serrer la main. Puis leur fille, Lacey, qui n'a pas pris la peine de me saluer et s'est contentée de me faire un geste vague de la main.

Tous les autres invités étaient, je le savais, des amis ou des membres du bureau des élèves d'Engelmann, ce qui rendait les présentations inutiles. Mais ce soir, Beau était le roi de la fête ; il n'était donc pas surprenant que la plupart des regards se tournent vers lui. Ce n'était pas si différent que de me tenir à côté de lui au lycée.

Tu veux manger ? a signé Beau en me montrant les apéritifs posés sur la table basse.

Oui, merci, ai-je signé.

J'ai décidé de me goinfrer pendant que les conversations allaient bon train. Je ne faisais pas vraiment attention à ce que je mangeais, mais je profitais de cette distraction. Les invités se pressaient autour de Beau pour le féliciter de son admission à Yale. Ce n'était pas le genre de discussion que je tenais à lire sur les lèvres.

Beau a à peine remarqué que je signais : *Je vais boire*, en lui montrant la cuisine, parce qu'un collègue du Dr Watson lui parlait sans s'arrêter. Je me suis éclipsée avant qu'il ne puisse répondre. J'ai eu l'agréable surprise de croiser Dana dans la cuisine où elle préparait d'autres apéritifs pour les invités ; je lui ai dit « Bonjour » à haute voix.

Dana s'est figée à ma vue et a laissé tomber les chips qu'elle était en train de disposer. Elle s'est essuyé les mains sur son tablier avant de venir me serrer dans ses bras. Le geste m'a surprise, sans trop me déranger.

« Contente de te voir », a dit Dana en me relâchant après m'avoir effleuré la joue d'une caresse. Puis elle a signé : *Comment vas-tu ?*

« C'est Beau qui vous a appris la langue des signes ? » ai-je demandé avec un petit sourire.

Oui, a répondu Dana, et elle s'est mise à rire. « Beau parle beaucoup de toi. »

Il n'était pas difficile de remplir les blancs dans ce que disait Dana. Tout comme il n'était pas difficile de me faire rougir, apparemment. Est-ce que Beau parlait souvent de moi quand je n'étais pas là ? (En fait, dès que je ne le regardais pas, il pouvait parler de moi, car je n'entendais jamais rien de ce qu'il disait.)

Dana m'a comprise quand j'ai signé : *J'aimerais boire de l'eau*, et elle est allée chercher une bouteille dans le frigo. J'ai dévissé le bouchon et bu quelques gorgées en regardant la fête qui se déroulait dans le salon. Nina formait à présent un groupe avec Beau et quelques autres membres du bureau des élèves. Elle m'a repérée une seconde plus tard et, souriante, m'a fait signe de les rejoindre.

Je l'aide, ai-je répondu en montrant Dana.

C'était peut-être un petit mensonge, mais Dana n'allait sans doute pas refuser mon coup de main pour préparer un autre plateau de nourriture.

J'avais un œil sur la fête pendant que j'aidais Dana à disposer des légumes, du houmous et autres sauces. Il était impossible d'ignorer la façon dont le Dr Watson plastronnait à quelques mètres de Beau, fier comme un coq. Chaque fois que quelqu'un regardait dans sa direction, il tapait sur l'épaule de Beau, l'air de dire : « Ça, c'est mon fils. »

Beau était conscient du comportement de son père ; ses lèvres se pinçaient et ses yeux se plissaient dès qu'il regardait le Dr Watson. Je me suis demandé pourquoi personne d'autre ne semblait remarquer son malaise, mais j'ai pris conscience que personne ne prêtait attention à Beau comme je le faisais.

« Vous croyez qu'il est heureux ? » ai-je lâché en regardant Dana.

Dana, qui remplissait une coupelle de houmous, s'est arrêtée, perplexe. « Qui ? »

« Beau, dis-je en faisant un signe de tête vers le salon. Vous pensez qu'il est vraiment content d'être admis à Yale ? » Ce n'était pas la première fois que cette pensée me traversait l'esprit, mais c'était la première fois que je la formulais à voix haute. Cette fête était censée célébrer le grand succès de Beau et pourtant, il avait l'air de souhaiter être n'importe où ailleurs.

Le sourire perpétuel de Dana s'est éteint lorsqu'elle a jeté un coup d'œil à Beau. Je crois qu'elle était déjà parvenue à la même conclusion que moi.

« ... je ne sais pas, a-t-elle fini par me dire. J'espère. »

« Moi aussi », ai-je songé.

Lorsque nous avons fini de préparer les plateaux et que nous les avons apportés au salon, le Dr Watson en a profité pour solliciter l'attention générale, un nouveau verre de vin à la main – clairement décidé à porter un toast.

Je me suis glissée à côté de Nina, ce qui m'a offert un point de vue parfait pour m'apprêter à lire sur les lèvres du Dr Watson. J'y ai mis toutes mes facultés de concentration, et parce que le Dr Watson semblait être un brillant orateur, j'ai pu deviner l'essentiel de son propos. Je ne parvenais pas à diviser mon attention entre la lecture sur ses lèvres et l'observation des réactions de Beau, mais j'ai bien vu l'expression de ce dernier lorsque le Dr Watson a dit que son fils allait faire sa fierté en suivant ses traces et en étudiant la médecine.

J'ai fait tout ce que j'ai pu pour ne pas sursauter à ces mots.

Beau, en médecine ? Pas possible.

Enfin, Beau était si avenant qu'il ferait sûrement un grand chirurgien pédiatrique comme son père, mais ça ne semblait pas être sa voie. Je l'avais toujours imaginé allant à l'université pour y satisfaire sa passion des livres.

Mais Beau a affiché un sourire forcé pendant que les gens l'applaudissaient, et trente secondes plus tard, quand nos regards se sont croisés, il s'est excusé en signant : *Toilettes*.

Nina m'a impliquée dans la conversation à ce moment-là, si bien que je n'ai pas eu l'occasion de faire quoi que ce soit d'autre à part me demander ce qui pouvait bien arriver à Beau.

27

Il m'a été facile de fausser compagnie à mes interlocuteurs au bout de dix minutes, quand j'ai constaté que Beau ne revenait pas. J'ai signé à Nina que j'allais aux toilettes. C'était étrange que personne d'autre ne se soucie de savoir où Beau était passé, mais j'étais ravie de partir à sa recherche.

Au rez-de-chaussée, il n'y avait pas grand-chose d'autre que ce qui m'a semblé être le bureau du Dr Watson, une chambre d'invités, et une salle de bains ; Beau ne s'y trouvait pas. J'ai éprouvé une certaine angoisse à monter l'escalier sur la pointe des pieds, mais le désir de localiser Beau et de m'assurer qu'il allait bien était plus fort que tout.

À l'étage, il y avait d'autres chambres et salles de bains, décorées dans le même style que le reste de la maison ; l'une d'elles était forcément celle de Beau. Au lieu de l'appeler partout à haute voix, j'ai pris le risque d'entrer dans la chambre la plus proche de l'escalier et d'y jeter un coup d'œil.

C'était la chambre de Beau, sans aucun doute, et presque exactement telle que je l'avais imaginée. Deux étagères parfaites, qui semblaient provenir tout droit d'une université, occupaient presque tout l'espace. Des livres étaient éparpillés sur toute la surface du lit, cette fois des ouvrages scolaires plutôt que des romans. À côté du lit se trouvait un bureau impeccablement organisé, avec un ordinateur ouvert et divers devoirs.

Beau était assis à son bureau, penché en avant, le menton dans la main ; ses papiers d'inscription à Yale se trouvaient étalés devant lui. Je ne voyais qu'une partie de son visage depuis mon poste d'observation sur le seuil, mais j'étais presque sûre qu'il fronçait les sourcils.

J'ai frappé sur le montant de la porte, et Beau a fait volte-face dans sa chaise de bureau. Il a eu l'air stupéfait de me voir.

Désolé, a-t-il signé à la hâte.

C'est bon, ai-je répondu, puis j'ai ajouté : « Je peux entrer ? »

Beau a acquiescé, et je me suis assise en face de lui sur le lit.

« Alors, ai-je dit après un instant de silence tendu. Quand est-ce que tu vas dire à ton père que tu ne veux pas aller à Yale ? »

Je m'attendais à le voir rougir ; ça n'a pas été le cas. Il a haussé les sourcils, dont un en coin.

« ... se voit ? » a-t-il dit.

Facile à lire, ai-je signé en le désignant du doigt.

L'espace d'une seconde, le sourire de Beau s'est accentué avant de disparaître tout à fait. Il s'est calé en arrière sur son siège et s'est passé les doigts dans les cheveux. C'était étrange de le voir si abattu. Il ne laissait jamais quiconque le voir dans cet état au lycée.

Mais ici, il n'avait pas à jouer la comédie.

Pas de problème avec Y-A-L-E, a-t-il soudain signé, ses épaules se levant puis s'affaissant au rythme d'un lourd soupir. *C'est une bonne université*. Puis il a dit à voix haute : « Mais... veux pas... médecine. »

« Ouais, je m'en suis doutée, ai-je dit. Alors qu'est-ce que tu veux faire ? »

Beau a désigné d'un geste ce qui se trouvait derrière moi, et j'ai jeté un coup d'œil à ses étagères, avant de me retourner vers lui. Il a dit : « ... étudier... » puis il a épelé avec ses doigts : *L-I-T-T-É-R-A-T-U-R-E.*

Cette réponse était tellement typique de Beau qu'elle m'a fait sourire.

Tu ferais un bon professeur, ai-je signé.

Peut-être. Je ne sais pas.

Il a désigné toute sa chambre d'un geste du bras : « Mais... veux pas... troquer mes livres contre... »

« Une école de médecine ? » ai-je suggéré, et il a acquiescé.

Je pouvais comprendre ça, même si la médecine était mon objectif à moi.

Tu vas le dire à ton père ? ai-je demandé avec curiosité.

Il a fait la grimace et secoué la tête aussitôt. Cette idée semblait le révulser.

Je n'ai rien dit ni signé, attendant que Beau réponde à son rythme. Il y avait forcément quelque chose derrière son refus d'être franc avec son père.

« ... ne peux pas », a-t-il fini par dire, et avant même que j'aie pu demander pourquoi, il s'est levé pour se diriger d'une démarche incertaine vers sa bibliothèque.

Quand il s'est rassis sur le lit à côté de moi, il tenait un petit cadre qu'il m'a tendu. Je me suis mordu la lèvre pour réprimer un sourire en regardant la photo. C'était Beau, à l'âge de sept ou huit ans peut-être, avec une femme qui était de toute évidence sa mère. Très jolie, le sourire radieux, elle avait de longs cheveux bruns qui ondulaient en vagues ravissantes autour de son visage. Beau tenait d'elle ses yeux verts brillants.

C'est ta mère ? ai-je demandé en lui rendant la photo.

Oui, a répondu Beau. Ses yeux étaient un peu plus brillants que d'ordinaire quand il a déposé la photo, face cachée, sur son oreiller. « C'est ma faute si elle est morte. »

J'ai eu un blanc. Je n'arrivais plus à dire ou à signer quoi que ce soit. Mais si j'avais de la difficulté à assembler des mots, ce n'était pas le cas de Beau. Il était lancé et je n'allais pas l'arrêter.

Il a levé un doigt, me signalant d'attendre une seconde, puis il s'est penché pour remonter avec précaution la jambe droite de son pantalon. Je me suis baissée pour examiner de près cette cicatrice, et aussitôt, j'ai presque regretté de l'avoir fait.

Une fois sa jambe de pantalon roulée jusqu'au genou, il s'est mis à signer : *Voiture*. Puis il a épelé : *A-C-C-I-D-E-N-T.*

Cassée, a-t-il ajouté en tapotant sur le côté de sa jambe. *À trois endroits. Mauvais. Nombreuses O-P-É-R-A-T-I-O-N-S*. Il a terminé tout haut : « J'ai passé… temps… l'hôpital. »

Je me suis brusquement rappelé ce jour où Connor était hospitalisé, et où j'avais trouvé Beau dans la salle d'attente en pleine discussion avec une infirmière. Il avait effectivement dû passer beaucoup de temps à l'hôpital pour garder des liens amicaux avec les infirmières.

Quand Beau a ensuite signé : *Ma mère*, la main parcourue d'un tremblement, j'ai eu le souffle coupé. J'espérais me tromper sur le signe suivant qu'il allait tracer. Je savais qu'il allait arriver, et pourtant une onde de tristesse m'a suffoquée quand Beau a ajouté : *Morte*.

Beau et sa mère avaient eu un accident de voiture. À part sa jambe, Beau s'en était relativement bien sorti. Sa mère, non.

Mon moyen de communication préféré était la langue des signes, et heureusement, parce que je n'aurais pas pu me faire confiance pour parler. Mais me contenter du signe : *Désolée*, m'a paru insuffisant.

Beau a répondu : *C'est bon*, alors que, clairement, ça ne l'était pas.

Vraiment, ai-je ajouté.

Que dire de plus ?

« C'est pour ça que tu, euh... dans le froid, tu as du mal à marcher ? À cause de ta jambe. Tu t'assieds toujours la jambe étendue devant toi, aussi. »

Maman s'était cassé le poignet lors d'un match de tennis pendant un barbecue d'entreprise dans le New Jersey, et elle se plaignait toujours de la douleur aiguë que provoquait le froid. Si Beau avait subi des opérations en plus des fractures, ça ne devait pas aider du tout.

Beau a acquiescé : « ... barre... mon tibia. Nina... me dit... prendre médicaments pour... mais... rappelle jamais. »

Voilà pourquoi Nina avait eu l'air si agacée le jour où nous révisions au café, me suis-je dit.

« OK, ai-je repris, mais je ne vois pas en quoi ça te rend responsable de la mort de ta maman. »

Beau a balayé mes paroles d'un geste comme si elles ne comptaient pour rien. *J'avais entraînement de foot. Tard. J'ai voulu que Maman m'y conduise...*

J'ai levé la main pour arrêter Beau avant qu'il ait fini de signer. Je n'avais pas besoin de la suite, je la devinais parfaitement.

« Non. Pas du tout. Ce n'est pas du tout ta faute, Beau. »

« Mais... »

« Si tu penses que ton père t'en veut pour cet accident, et que c'est le moyen de te rattraper envers lui, arrête tout de suite. »

Beau en est resté bouche bée, la stupeur peinte sur ses traits. « Mais... ne pas... »

« Tu te rappelles, le jour de la rentrée, quand tu as été tellement surpris que je sache parler ? »

Beau a esquissé un hochement de tête. Il n'avait pas l'air si heureux de ce souvenir de ce moment particulier.

« Eh bien, je sais parler parce que je ne suis pas née sourde. Je le suis devenue à treize ans, à cause d'une maladie. »

Ce n'était plus une histoire triste à raconter. C'étaient juste les faits, et même à cet instant, je ne pensais pas avoir envie de revenir en arrière et de modifier la réalité. Tout finissait par s'arranger.

Qu'est-ce qui s'est passé ? a signé Beau avec curiosité.

« Une méningite. Je l'ai attrapée en rendant visite à ma grand-mère en Louisiane. Ça aurait pu arriver à n'importe qui, et en fait, j'ai beaucoup de chance de m'en être tirée avec seulement la perte de l'ouïe. Ça aurait pu être bien pire. Mais tu sais quoi ? Ma mère s'en est voulu. Elle a pensé que c'était entièrement sa faute parce que c'est elle qui m'avait laissée partir pour ce voyage, et que je suis tombée malade. »

C'était intéressant d'observer les émotions qui se succédaient sur les traits de Beau au fil de mon récit. Je crois qu'il comprenait où je voulais en venir et qu'il n'avait pas envie d'entendre la suite.

« Mais ce n'est pas vraiment la faute de Maman, si ? » ai-je demandé.

Beau a secoué la tête en signant : *Non.*

Voilà, lui ai-je répondu. « Tu n'es pas responsable de cet accident, Beau. Et tu ne dois rien à ton père en compensation. Alors pourquoi vas-tu te rendre malheureux en faisant médecine ? »

Si douée que je sois pour lire sur les visages, je n'ai pas réussi à déchiffrer celui de Beau. Il était plongé dans ses pensées, peut-être sur Yale, ou sur ses parents, ou sur ce que je venais de dire. En tout cas, il ne disait ni signait rien.

O-K ? ai-je signé d'une main tremblante en voyant durer ce silence entre nous.

Au lieu de me répondre, Beau m'a embrassée.

Quand ses lèvres ont effleuré les miennes, tous mes petits soucis du moment ont glissé à l'arrière-plan. Je ne savais pas très bien d'où cela venait, surtout dans la situation présente, mais Beau m'embrassait et il m'était difficile de penser à quoi que ce soit d'autre.

J'avais les doigts dans ses cheveux, lui les bras autour de ma taille. Et soudain, il a pris ses distances d'un bond, en sautant sur ses pieds.

Je serais tombée face contre terre si je n'avais pas empoigné son lit pour garder l'équilibre. Je m'apprêtais à lui demander pourquoi il avait sauté en arrière comme s'il venait d'être électrocuté – j'étais à peu près sûre qu'aucun de nous deux n'avait envie de mettre un terme soudain à ce baiser – mais la raison m'est apparue clairement quand j'ai découvert Nina à la porte. Elle avait les bras croisés, et son regard amusé allait et venait entre nous.

Ce n'est pas ma faute, ai-je signé à Beau en espérant être assez rapide pour que Nina ne comprenne pas. *C'est toi qui as commencé à m'embrasser, pas moi.*

Beau s'est passé les mains sur le visage, les épaules soulevées par l'un de ses soupirs habituels. Il a dû dire quelque chose à Nina, parce que le sourire amusé de celle-ci s'est transformé en un grand sourire ironique. Elle semblait prête à éclater de rire. Elle a levé les paumes en l'air et dit quelque chose comme : « ... vos affaires. »

« ... veux... ? » m'a demandé Beau avec un geste désignant le rez-de-chaussée.

J'ai répondu sans même réfléchir : *Non. Il faut que je travaille. Mais à demain.*

D'accord, a répondu Beau en hochant la tête. *À demain.*

Je suis sortie de la chambre tête baissée, un peu effrayée à l'idée de croiser le regard de Nina, parce que je savais qu'un interrogatoire m'attendait dès la première occasion.

Tout le monde était encore dans le salon, à boire et manger, si bien que notre arrivée au rez-de-chaussée n'a pas suscité beaucoup d'intérêt. Je me suis arrêtée pour faire un geste d'au revoir à Dana, qui m'a souri en retour, au milieu d'une conversation avec un collègue du Dr Watson.

Beau a enfilé ses chaussures et une veste, et il m'a raccompagnée jusqu'à la voiture, même si j'étais assez certaine que ce n'était pas pour un autre baiser.

« Merci... venue », a-t-il dit en m'ouvrant la portière.

« De rien. Félicitations pour Yale. Si c'est vraiment ce que tu veux. »

Beau m'a fait un dernier geste d'au revoir quand j'ai démarré. Le conflit se dessinait sur son visage aussi clair que l'eau de roche quand j'ai jeté un coup d'œil dans le rétroviseur.

28

Les vacances d'hiver auraient probablement dû être appelées « vacances de printemps ». Après les examens de fin de semestre, quand nous avons quitté le lycée pour deux semaines, un temps d'une douceur incroyable est arrivé de nulle part, faisant fondre la neige et régner une température de vingt degrés chaque jour. Quand je m'en étonnais, Nina signait : *Hahaha*, et me disait de m'y habituer, parce que ça n'avait apparemment rien d'extraordinaire dans le Colorado.

Deux jours après le début du second semestre, j'ai annoncé à Maman : « Je veux trouver un petit boulot. »

Elle en est restée bouche bée et m'a dévisagée au-dessus de son assiette comme si je m'étais fait pousser une deuxième tête.

Vraiment ?

Oui. Je crois que c'est bien pour moi.

Oui, a acquiescé Maman. *Mais le lycée, c'est important.*

Je sais. Mais un boulot, c'est important aussi.

Ce n'est pas comme si je voulais prendre un travail à temps plein dans une banque ou un grand magasin, mais quelque chose de plus simple, comme caissière ou serveuse dans un restaurant. Nina travaillait dans un Target[9] voisin et elle avait au moins deux fois plus de travail au lycée.

Plus je passais de temps avec mes amis entendants, plus je me rendais compte qu'il me fallait fréquenter le monde des entendants – même si c'était inconfortable – pour m'habituer à communiquer et gérer certaines situations. Je devais me préparer à tout ce qu'allaient me réserver l'université et l'avenir plus lointain. Je savais que ma surdité n'allait pas me freiner, et j'étais prête à le prouver, même si pour l'instant, ce n'était pas dans un hôpital.

O-K, m'a dit Maman, les signes hésitants. *Si tu le veux, je te soutiens.*

Son expression n'était pas réjouie, mais elle savait aussi bien que moi que je décrocherais un boulot tôt ou tard. Nous savions toutes les deux que ma surdité ne me rendait pas incapable de travailler. Je ne voulais pas demander des allocations après mon diplôme et me satisfaire de cette situation. Je voulais davantage que ça.

Merci, ai-je signé.

Maman m'a demandé : *Où ?* À ce moment-là, Connor nous a interrompues en tapotant sur la table ; il voulait savoir ce que nous nous disions.

« Plus tard, minus. Finis ton dîner », lui ai-je répondu.

J'ai pris mon ordinateur après avoir aidé Maman à faire la vaisselle, ouvert Google et plongé directement dans ma recherche d'emploi. Le risque était que de nombreuses entreprises soient en train de mettre un terme aux contrats des vacances, maintenant que le Nouvel An était passé, donc j'ignorais le nombre d'offres

9. Magasin discount.

que j'allais trouver. Plus vite je poserais des candidatures, mieux ce serait.

En parcourant les résultats, j'ai trouvé un site avec des offres d'emploi et j'ai commencé à cliquer çà et là. J'ai glané quelques idées : il y avait un poste d'employé au cinéma de la ville, ainsi qu'un boulot de magasinier à temps partiel à l'épicerie King Soopers.

J'en étais à la troisième page des offres d'emploi lorsqu'une annonce prometteuse a attiré mon regard. On cherchait un barista au Haricot Fumant, le joli petit café où nous avions révisé, Beau, Nina et moi, avant les examens. Je l'avais trouvé chaleureux et accueillant. Je ne savais pas vraiment faire du café, mais l'adresse paraissait idéale pour un premier job.

Passant de la cuisine au salon, Maman a déposé une tasse de thé chaud au bout de la table basse, à côté du canapé où je travaillais.

Tu envoies une candidature ? a-t-elle signé en tapotant le capot de mon ordinateur.

J'ai acquiescé d'un signe de tête et ajouté : *Dans un café.*

Une étincelle d'enthousiasme visiblement sincère a éclairé son regard, accompagnant un *Yeah !*

Tu es formidable, a-t-elle ajouté en s'asseyant à côté de moi sur le canapé. *Bonne chance.*

Merci, ai-je répondu. J'allais probablement avoir besoin de toute la chance possible.

Rappelle-toi, l'école c'est important, a-t-elle ajouté en jetant un coup d'œil à la liste des offres affichée à l'écran.

Je sais. Promis.

Les sourcils de Maman se sont rejoints. *Pourquoi tu veux un boulot ?*

Je pense… qu'il est temps de faire de nouvelles expériences.

Bien, a approuvé Maman en me donnant une bourrade affectueuse de l'épaule. *Je suis fière de toi*, a-t-elle ajouté en me serrant la main.

Merci, ai-je dit.

Toujours, a-t-elle répondu.

L'e-mail est arrivé trois jours plus tard. Je vérifiais ma boîte de réception avec une obsession maladive depuis que j'avais envoyé ces candidatures et la déception me frappait à chaque fois que je constatais l'absence de message.

Beau m'avait proposé de me ramener du lycée, mais j'avais décliné en raison d'un rendez-vous médical avec mon nouvel ORL ; nous attendions donc dehors, dans le froid, sur le parking. Je crois que j'ai laissé échapper un cri quand j'ai vu que j'avais reçu une réponse du Haricot Fumant.

Qu'est-ce qui ne va pas ? a signé Beau, alarmé, en me voyant bouche bée devant mon téléphone. *Eh.* Il a agité la main près de mon visage parce que je ne répondais pas.

Je ne pensais pas en être capable. J'étais soudain terrifiée à l'idée d'ouvrir l'e-mail et d'y lire un refus poli, le genre de situation à laquelle Maman m'avait recommandé de me préparer, au cas où.

Qu'est-ce qui ne va pas ? a insisté Beau.

Rien, ai-je répondu machinalement. *J'ai répondu à une offre d'emploi. La réponse est là.*

Il a eu l'air stupéfait de cette nouvelle inattendue, mais il s'est mis à sourire une seconde plus tard et a signé : *Lis !*

J'ai respiré profondément plusieurs fois en me forçant à cliquer sur l'e-mail. Une fois que les mots se sont alignés correctement à l'écran, j'ai attentivement lu et relu le message. Mes lèvres formaient les mots au fil de ma lecture ; j'essayais d'interpréter l'information.

« Alors ? » a dit Beau quand mon regard s'est enfin arraché au téléphone.

« Ils veulent me voir en entretien. »

Même si j'avais pu entendre ma propre voix, je sais que les mots auraient eu une drôle de sonorité. Voilà une phrase que je n'avais jamais prononcée ni signée. J'en étais à mes premières candidatures, et déjà j'obtenais une réponse proposant un entretien.

Merveilleux, a signé Beau. *Yeah !*

Comme je ne réagissais pas, la joie de Beau s'est transformée en inquiétude. Il a pris ma main dans la sienne : *Ça va* ?

Surprise, ai-je répondu honnêtement. *Je ne sais pas si je...*

Me voyant désigner maladroitement mon oreille gauche, Beau a saisi mes pensées et a signé : *Ça n'a pas d'importance.*

En fait, dans certains cas, la surdité avait bel et bien de l'importance.

Écris-leur, a signé Beau en montrant mon téléphone. *Dis oui.*

Je vais le faire, ai-je répondu. Et parce que ça allait être impossible à cacher, j'ai ajouté : *Stressée.*

Pourquoi ? a demandé Beau, perplexe.

« Parfois, ça peut être difficile de trouver un interprète au pied levé. Et ça coûte un peu cher, aussi. »

T'inquiète, a réagi Beau du tac au tac.

Merci, ai-je répondu en me mordant la lèvre.

« Les entretiens... pas... grosse affaire, a dit Beau en se servant de sa voix. Tu... bien. Ils trouveront... interprète aussi. »

« J'espère », ai-je pensé tout en commençant à taper ma réponse au Haricot Fumant. Du moment qu'ils étaient prêts à me recevoir un après-midi après les cours, il ne devrait pas y avoir de problème.

D'un autre côté, je savais qu'il serait impossible de me passer d'interprète pour cet entretien. Et je doutais que Kathleen soit prête à passer ses soirées et week-ends avec moi. Interpréter un entretien d'embauche ne faisait pas exactement partie de ses obligations professionnelles.

J'ai senti mes doigts faiblir, me reprochant à moi-même de ne pas avoir réfléchi au problème.

29

À quelques semaines de mes dix-huit ans, j'avais subi tant de tests auditifs depuis près de cinq ans, les médecins cherchant à déterminer l'ampleur de ma perte d'ouïe, que j'aurais presque été capable de m'en administrer un toute seule.

Vous passez un quart d'heure dans une cellule insonorisée avec un bouton sur lequel vous cliquez dès que vous entendez l'un des nombreux sons que le médecin fait passer dans les appareils glissés dans vos deux oreilles. S'il n'y a pas de bouton, vous levez la main à la place.

Nous étions dans un nouvel État avec un nouveau médecin et un nouvel hôpital, et j'espérais sincèrement que nous n'allions pas recommencer tout le processus. J'ai essayé de ne pas bouder comme une gamine pendant tout le trajet qui nous menait à l'hôpital pédiatrique, mais j'avais toujours redouté ces rendez-vous ORL. Personne n'aime être manipulé et trituré jusqu'au fond des oreilles ou subir des tests pour évaluer une audition qui, de toute évidence, vous fait défaut.

Stressée ? m'a demandé Maman quand je lui ai jeté un coup d'œil.

Pour l'entretien d'embauche, oui. Pour le rendez-vous médical, non.

Les deux vont bien se passer, a signé Maman, puis elle m'a passé le bras autour de l'épaule pour me serrer contre elle.

Quelques minutes plus tard, une infirmière enjouée est venue nous chercher et nous a emmenées vers les salles d'examen. Sans surprise, un petit écran plat posé sur un chariot à roulettes m'attendait dans la pièce violette où nous a fait entrer l'infirmière. Celle-ci – Maman m'avait signé qu'elle s'appelait Wendy – paraissait savoir ce qu'elle faisait, et a allumé le VRI en quelques instants.

L'interprète à l'écran était un homme d'un certain âge, affable, qui n'a eu aucun mal à prendre le rendez-vous en cours de route. Wendy a mesuré ma taille et mon poids, après quoi nous avons attendu environ dix minutes l'arrivée du médecin, ce qui était un peu gênant, avec l'interprète qui patientait aussi.

Quand la porte s'est ouvert, une petite femme est entrée, dont les cheveux blonds, qui blanchissaient un peu, s'échappaient de son chignon. Elle semblait fatiguée, mais nous a saluées en souriant. Mon médecin précédent, le Dr Hartwood, était un vieux grognon, donc ça faisait du bien de voir un visage joyeux dans le cabinet.

L'interprète a épelé du doigt son nom, Dr Porter, et elle est entrée dans le vif du sujet juste après les présentations. Elle m'a examiné la gorge, le nez et a passé la majorité du temps à regarder mes oreilles.

Plus d'un médecin nous avait dit, à Maman et moi, que mes oreilles étaient bien formées. J'avais les tympans un tout petit peu abîmés à cause de deux diabolos qu'on m'avait posés quand j'étais petite – chose assez courante – mais à part ça, ils étaient normaux. Je n'entendais pas, c'était tout. L'interprète à l'écran a signé la même chose – *Tes oreilles ont l'air bien* – et ça a renforcé mon impression que ce rendez-vous était totalement inutile. Mais Maman avait toujours été une grande fan du proverbe : « Mieux vaut prévenir que guérir », qui était juste, je suppose.

Le Dr Porter a fini par me nettoyer les oreilles avec ce drôle d'instrument en forme de pic, puis elle s'est assise sur une chaise après s'être lavé les mains au lavabo. Si gentille qu'elle fût, ce rendez-vous était identique à tous les autres rendez-vous d'ORL que j'avais eus au fil des ans. J'avais hâte de rentrer à la maison et de me plonger dans mes devoirs ou de trouver des articles expliquant comment briller en entretien d'embauche, au lieu de rester assise dans un cabinet médical à mourir d'ennui.

Je ne sais pas combien de temps Maman a dû me tapoter le genou avant que je redevienne attentive. Elle me foudroyait d'un regard désapprobateur et a hoché la tête en direction de l'interprète, en signant : *Répétez s'il vous plaît.*

Montrant du doigt le Dr Porter, l'interprète a signé : *Elle demande si tu es curieuse au sujet des IC.*

Encore ?

J'ai haussé les épaules : *Un IC, jamais de la vie.*

Le Dr Porter a écouté l'interprète lui traduire ma réponse, en hochant la tête d'un geste compréhensif. Je l'ai regardée dire : « Eh bien... nombreux avantages. Il y a... »

J'ai complètement décroché pendant que le docteur énumérait tous les avantages de l'implant cochléaire pour mon avenir, et m'assurait que j'étais une bonne candidate potentielle à l'opération. Elle débitait sans doute le même discours à tous les parents d'enfants sourds ; elle faisait juste son travail.

Sincèrement, je ne voyais aucun problème pour mon avenir, ni en quoi un implant cochléaire le rendrait meilleur. Pourquoi accepterais-je de mon plein gré une opération sans laquelle je me portais bien ?

Plus encore – et c'est une chose que les gens n'avaient pas l'air de comprendre – j'aimais être sourde. Certains des événements les plus heureux de ma vie s'étaient produits alors que je n'entendais pas : la réussite de ma scolarité à Pratt, la rencontre avec Melissa, Nina et Beau...

Le rendez-vous s'est achevé plus tôt que prévu, et sans test d'audition. Je n'ai pas oublié de remercier l'interprète pour le temps qu'il m'avait accordé avant de mettre fin à l'appel, reconnaissante que nous n'ayons pas revécu le problème rencontré lors de notre passage aux urgences avec Connor.

J'ai serré la main du Dr Porter en quittant la pièce, et elle nous a saluées d'un nouveau sourire fatigué, mais joyeux. Maman marchait un pas derrière moi quand j'ai retraversé la salle d'attente en direction des ascenseurs. J'ai remarqué qu'elle avait des papiers à la main.

Qu'est-ce que c'est ? lui ai-je demandé.

Ça vient du docteur, a-t-elle signé. Elle tenait les documents de manière à m'empêcher de les lire.

À quel sujet ? ai-je signé, soucieuse de creuser la question.

L'ascenseur descendait vers le parking quand Maman a fini par me tendre les papiers. Comme je m'y attendais, ils contenaient des informations sur les implants cochléaires, sur les assurances couvrant l'opération – si cela existait – et sur les soins à la suite de l'intervention.

Maman ne m'a pas arrêtée quand j'ai froissé les papiers et que je les ai jetés dans une poubelle du parking. Nous étions attachées dans la voiture, moteur allumé, quand Maman a signé : *Qu'est-ce qui ne va pas ?*

Si j'étais en colère, ce n'était pas parce qu'on avait inventé les implants cochléaires ou que de nombreuses personnes choisissaient de subir l'opération. Les IC étaient une belle avancée technologique. J'étais en colère parce que c'était maintenant, alors que je fréquentais un lycée pour entendants, que les implants s'invitaient dans la conversation. Un an auparavant, les IC n'étaient même pas dans les radars de Maman, et tout à coup elle s'intéressait à la procédure pour m'en faire poser, ou du moins, c'est l'impression qu'elle donnait.

J'ai signé : *Rien*, en réponse à sa question.

Sûre ? a-t-elle insisté, peu convaincue.

Mes amis m'aiment bien sourde, ai-je signé lentement, en réfléchissant aussi attentivement que possible à ma réponse. *Je m'aime bien sourde*, ai-je ajouté, la main sur le cœur. *Pourquoi est-ce que j'aurais besoin d'IC ?*

Tu n'en as pas besoin, s'est-elle dépêchée de répondre, *mais tu as le choix, si tu veux.*

Je ne veux pas, ai-je rétorqué, résolument. Pourquoi changerais-je d'avis subitement ? *C'est bon maintenant ?*

Bien sûr, a signé Maman en démarrant.

Nous sommes rentrées à la maison en silence.

30

Je vérifiais religieusement ma boîte mail après le premier message du Haricot Fumant. J'y avais répondu par un « Oui, j'adorerais un entretien ! » enthousiaste, en suggérant quelques noms d'agences locales d'interprètes, après une brève explication sur ma surdité et sur l'emploi de la langue des signes. Je nourrissais le grand espoir de recevoir une autre réponse rapide, mais à chaque fois que je rafraîchissais ma boîte de réception sans y trouver de message, ma frustration croissait à une vitesse alarmante.

Encore ? a signé Kathleen en me voyant jeter discrètement un coup d'œil à mon téléphone sous la table de travail de l'atelier de Mme Phillips. *Qu'est-ce qui se passe ?*

Pardon, ai-je vite répondu, en laissant tomber mon téléphone dans mon sac. *J'attends un e-mail.*

Pour l'entretien ? a signé Kathleen, l'air presque aussi réjoui que le jour où je lui avais montré ma lettre d'admission à Cartwright.

J'ai eu du mal à lui rendre son sourire, cette fois.

Kathleen était au courant de cette perspective d'entretien au Haricot Fumant, parce que c'était elle qui m'avait fourni une liste d'agences d'interprètes à Denver. Il était de la responsabilité de mon employeur potentiel de fournir l'interprète, ce n'était pas à moi de le faire ; c'est pourquoi je n'avais pas sollicité Kathleen, et elle ne s'était pas proposée. Le processus était entièrement nouveau pour moi, mais je me disais qu'il valait mieux tout faire dans les règles dès le début.

Mais plus le temps passait sans réponse, plus la paranoïa s'installait au fond de mon esprit.

Faire appel à un interprète pour un événement quelconque ou pour un rendez-vous de médecin n'était pas une grosse affaire, parce que la loi l'imposait. Pareil avec un employeur, mais là, c'était différent. Je n'étais pas encore embauchée. Ils pouvaient facilement me disqualifier à cause de ma surdité et s'excuser ensuite d'avoir pris quelqu'un d'autre à ce poste pour éviter de payer un interprète, et ce serait terminé. Personne ne pourrait jamais prouver que c'était de la discrimination.

Alors cette inquiétude envahissante était probablement un peu prématurée, mais il m'était difficile de l'enfouir et de l'oublier. Je gardais à l'esprit les problèmes financiers de ma mère. Plus tôt je trouverais un boulot, plus vite nous serions à l'aise.

Patience, a signé Kathleen en me surprenant à jeter un autre coup d'œil à mon téléphone au lieu de me concentrer sur mes esquisses.

Je sais, ai-je répondu en appuyant très fort sur le papier avec mon fusain. *Stressée.*

Ça va aller, m'a dit Kathleen, et j'aurais aimé être aussi confiante qu'elle. *Ne t'inquiète pas.*

J'ai répondu : *Hahaha.*

Bien que je me sois efforcée de suivre le conseil de Kathleen et d'être patiente, j'ai péniblement traversé vingt-quatre heures d'attente épuisante avant que l'e-mail ne me parvienne. J'avais de nouveau sorti mon téléphone sous la table du labo de chimie, et je n'ai eu que le temps de constater la présence d'un message dans ma boîte de réception, avant de recevoir un regard désapprobateur de Kathleen, qui m'a montré d'un coup de menton le tableau blanc où M. Burke était en train d'écrire un ensemble de formules.

Il m'a fallu une folle maîtrise de moi-même pour garder mon téléphone au fond de mon sac pendant le restant de l'heure. Heureusement, ce n'était pas un cours que j'avais en commun avec Nina ou Beau. Je n'aurais pas été capable de garder l'e-mail pour moi.

O-K, regarde maintenant, a signé Kathleen, un sourire réjoui aux lèvres, alors que nous nous trouvions à côté de mon casier après la dernière sonnerie.

Mon cœur cognait douloureusement dans ma poitrine tandis que je tirais mon téléphone de mon sac. Ma main tremblait en ouvrant ma boîte mail et en cliquant sur le message du Haricot Fumant.

Chacun des mots que j'ai lus m'a fait l'effet d'une lame mordante, coinçant mon souffle dans ma gorge.

Chère Mlle Harris,
Malheureusement, le poste a récemment été pourvu, mais nous vous remercions de votre intérêt et vous encourageons à postuler de nouveau ultérieurement.
Sincèrement,

L'équipe du Haricot Fumant

J'ai sursauté quand Kathleen m'a serré l'épaule, m'arrachant à cet e-mail désastreux qui creusait un cratère brûlant dans ma boîte de réception.

Elle n'a rien signé ; elle s'est contentée d'un haussement de sourcils interrogateur.

Rien, ai-je signé une fois que s'est tu le sifflement imaginaire dans mes oreilles. *C'est fichu.*

Son expression pleine d'espoir s'est effacée : *Pas d'entretien ?*

J'ai secoué la tête en me mordant la lèvre, et fourré mon téléphone dans ma poche arrière.

« Ils ont trouvé quelqu'un d'autre. Mais ce n'est pas grave, ai-je dit tout haut. Des entretiens, j'en aurai d'autres. »

Les mots sortis de mes lèvres étaient un sérieux mensonge – bien sûr que si, c'était grave. Mais ils ont fait renaître le sourire de Kathleen ; c'était déjà ça.

C'est vrai, a-t-elle signé avec quelques autres signes d'encouragement, avant de me quitter.

J'ai été fière de contenir mes larmes de chagrin et de colère en me dirigeant vers le parking, où je savais que Beau allait m'attendre. Depuis quelques semaines, c'était lui qui me ramenait à la maison, ce qui facilitait la vie de Maman.

Beau était déjà dans sa voiture, un livre contre le volant ; il l'a jeté sur la banquette arrière quand j'ai ouvert la portière du passager.

J'avais pensé trouver un peu de réconfort auprès de Beau et de son sourire plein de charme, mais c'est le contraire qui s'est produit quand il a signé : *Coucou. Tu as reçu un e-mail ?*

La dissimulation était inutile, alors j'ai répondu : « Oui ». Il m'a aussitôt bombardée de questions par signes.

J'ai signé : *Attends*, et j'ai mis une minute à me ressaisir, en fourrant les doigts dans mes cheveux, que j'ai attachés en une queue de cheval désordonnée.

La tête que je faisais a dû trahir le fait que je n'allais pas bien. Quand je me suis enfin retournée vers Beau, il a signé : *Qu'est-ce qui ne va pas ?*

« Pas d'entretien, ai-je décidé d'annoncer. Le poste a été pourvu. »

J'ai quasiment vu les rouages de son cerveau s'activer ; il ajoutait les morceaux manquants, ce que je ne lui disais pas, ce qu'il lisait sans doute sur mon visage.

Pourquoi ? a-t-il fini par signer. En l'absence de réponse, il a ajouté : *Tu crois que c'est parce que tu es sourde ?*

Mon silence a paru lui confirmer quelque chose.

Beau n'était pas en face de moi, si bien que je n'étais pas sûre de ce qu'il disait – il s'était lancé dans une diatribe, en fait. Mais j'ai saisi deux choses importantes : « Pas t'embaucher » et « sourde ».

« Quoi ? Tu vas les forcer à m'embaucher ? »

Je me rappelais parfaitement avoir mis les choses au clair au début de l'année : je pouvais me débrouiller seule.

Non, a signé Beau en frappant son pouce de son index et de son majeur. *Mais s'ils ne t'embauchent pas à cause de...*

À cause de quoi ? De ma surdité ?

Beau n'a signé ni *oui* ni *non*, mais à voir son expression, il était évident que c'est à cela qu'il pensait.

« Beau, ce n'est pas... écoute, ai-je dit, en luttant pour mettre de la cohérence dans mes pensées. Tu crois que je ne m'y attendais pas ? Que ça ne m'est jamais arrivé ? »

Je crois que c'était la première fois que j'apercevais une véritable colère sur les traits de Beau.

« Maya, ne pas embaucher... à cause... surdité, c'est... »

« De la discrimination ? Bienvenue dans mon monde. »

Je ne pouvais que remarquer l'attitude de certains professeurs, comme M. Wells, qui m'interrogeaient rarement lorsqu'ils posaient des questions à la classe, même s'il n'y avait aucune raison de me croire incapable de donner des réponses aussi intéressantes que celles de mes camarades. Il fallait faire une croix sur ma participation pleine et entière aux séminaires socratiques, activité plébiscitée en cours de littérature historique.

Et je n'en étais qu'au lycée. À l'université et dans le monde du travail, les choses allaient être très différentes, et je n'avais pas du tout hâte d'y être confrontée. Je voulais croire encore un peu que le monde était un endroit agréable où l'on traitait avec bonté les gens « différents ».

« Ça ne te... » Beau s'efforçait de trouver ses mots. Il a conclu en signant : *dérange pas ?*

« Bien sûr que si », ai-je répondu. Je sentais ma voix trembler. « À vrai dire, ce genre de chose me dérangera sans doute toujours. »

« Dans ce cas... devrais aller... les obliger... »

Arrête, s'il te plaît, ai-je signé.

Un sentiment de défaite remplaçait rapidement la colère qui avait commencé à poindre lorsque j'avais lu l'e-mail du Haricot Fumant.

Pourquoi ? a signé Beau.

Il semblait absorber la colère que je sentais se dissiper chez moi.

« Il faut savoir choisir ses batailles, ai-je dit. Celle-ci n'en vaut pas la peine pour moi en ce moment. »

Sûre ? a signé Beau.

En réalité, ce qui était sûr, c'est que je n'avais jamais été aussi peu sûre de ma vie. Mais que faire ? Ce n'est pas comme si j'avais le temps ou l'argent nécessaires pour poursuivre ce café en justice, et même si ça avait été le cas, les procès de ce genre étaient un combat ardu.

Aussi pénible que cela puisse être, est-ce qu'il ne valait pas mieux oublier cet incident et continuer à chercher un autre boulot ? Peut-être un emploi où je n'aurais pas à interagir avec les gens ; à la Société protectrice des animaux, par exemple. Je pourrais travailler dans les chenils. Les chiens ne portent jamais de jugement, et le vacarme des aboiements ne me dérangerait pas.

Non, ai-je signé, sans trouver de mots.

Nous sommes restés silencieux jusqu'à notre arrivée dans mon allée. Beau s'est alors tourné vers moi, et j'ai senti des nœuds se former dans mon estomac à l'idée de ce qu'il allait peut-être me dire.

« Tu... déjà pensé... ? » a-t-il demandé, en tapotant sa tête d'un doigt, quelques centimètres derrière l'oreille.

Techniquement, ce n'était pas le bon signe, mais je savais ce qu'il voulait dire.

« Un implant cochléaire ne guérit pas tout, tu sais, ai-je dit, un peu trop brusquement peut-être. C'est une opération chère et irréversible impliquant un gros suivi ensuite. Et même si j'en voulais un, ça ne voudrait pas dire que ma vie s'améliorerait automatiquement. »

Les joues de Beau se sont empourprées, peut-être sous l'effet de l'embarras ou de la honte, je ne sais pas, et il a brièvement hoché la tête en signant : *Désolé*, puis : *C'était par curiosité.*

« Les implants fonctionnent pour beaucoup de monde, mais ce n'est pas pour moi, ai-je dit fermement. Crois-moi. »

Beau a de nouveau hoché la tête en signant : *O-K.*

« C'étaient peut-être des idiots de toute façon, ai-je dit, la main sur la poignée, avant de sortir de la voiture. Je trouve que mes appareils auditifs sont cool. »

Un sourire a fleuri sur le visage de Beau, qui a signé : *Oui.*

« Connor trouve qu'ils me donnent l'air d'un agent secret. »

« … exact », a dit Beau avant de se mettre à rire.

« Et tu sais quoi ? J'ai pu être acceptée dans l'université de mes rêves. Donc voilà. »

Je n'allais pas abandonner ma recherche d'emploi après un quasi-entretien raté, même si ce n'était pas un début très encourageant. Et vu la colère de Beau lorsqu'il avait compris ce qui s'était passé, je n'étais pas très enthousiaste à l'idée de renouveler l'expérience. Le risque qu'une chose pareille se reproduise n'était pas totalement inexistant.

Cela ne se passait pas toujours de la même manière, mais il m'arrivait presque quotidiennement de croiser du monde que ma surdité mettait mal à l'aise. La plupart des gens ne me disaient jamais bonjour dans les couloirs du lycée, et certains me dévisageaient encore chaque fois que je commençais à tripoter mes appareils auditifs ou à changer leurs piles, même si la rentrée à Engelmann remontait à plusieurs mois.

Hors du lycée, c'était encore pire. Où que j'aille, je recevais presque toujours ce regard de pitié que je détestais tant, même si je faisais quelque chose d'aussi simple qu'aider Maman à faire les courses. Personne n'a besoin de cela.

Alors, à quoi ressemblerait l'avenir pour moi et Beau s'il s'énervait et s'emportait pour une chose pareille à chaque fois qu'elle se produisait ? Beau travaillait dur pour réussir, et je le savais, mais il n'avait jamais eu à se donner autant de mal que moi pour obtenir les choses simples que certaines personnes recevaient sur un plateau d'argent.

En remontant l'allée, après avoir dit au revoir à Beau, j'ai commencé à me demander s'il n'était pas temps de réfléchir sérieusement aux différences entre nos deux mondes.

31

Quelque chose dans l'expression de Mme Stephens semblait un peu plus affûté que d'habitude. Nos rendez-vous bihebdomadaires après les cours pour discuter de l'université se déroulaient généralement sans heurts. Nous avons pris l'habitude d'entrer tout de suite dans le vif du sujet, Kathleen interprétant derrière le bureau de Mme Stephens ; nous discutions de mes notes, nous remplissions les formulaires nécessaires pour le choix de l'orientation, etc.

Mais peut-être y avait-il ce jour-là quelque chose d'anormal sur mes traits qui a poussé Mme Stephens à écarter le colis postal que j'avais reçu sur l'orientation des étudiants de première année. Elle m'a demandé : « … chose ne va pas ? »

J'ai regardé Kathleen pendant qu'elle finissait d'interpréter la question de Mme Stephens. Kathleen a signé : *Tu as l'air contrariée.*

J'avais fait de mon mieux pour oublier la déconvenue du Haricot Fumant. J'avais envoyé une nouvelle série de candidatures et j'attendais les réponses. Maman venait de me dire qu'il fallait que je me déplace directement, que j'aille à la rencontre d'employeurs potentiels.

Si décourageante qu'ait été la mésaventure du Haricot Fumant, et même si Maman m'avait déjà dit, quand je l'avais sondée sur l'état de nos finances, que la situation était correcte, j'avais quand même besoin d'un boulot.

Mais j'avais beau le nier souvent face à Beau et à Maman, l'incident du Haricot Fumant m'avait déstabilisée. J'avais passé trop de temps à y réfléchir, à me demander s'ils avaient vraiment pourvu le poste ou s'ils m'avaient fait cette réponse parce qu'ils ne voulaient pas payer un interprète. J'étais presque sûre que si j'en avais parlé à mes amis de Pratt, ils auraient eu des expériences similaires à raconter.

Ça va, ai-je signé en regardant alternativement Kathleen et Mme Stephens. *Je suis très occupée.*

Mme Stephens a hoché la tête en entendant la traduction de Kathleen, et m'a répondu : « Terminale… occupée… quelque chose… qui cloche ? »

« Ça va », ai-je répété, à voix haute cette fois.

Un instant, j'ai cru que Mme Stephens n'allait pas laisser tomber le sujet, mais au bout de quelques secondes intenses, elle s'est détendue.

Je me suis retournée vers Kathleen qui s'est remise à interpréter ce que disait Mme Stephens tout en manipulant des choses sur son bureau.

Ce serait une bonne idée que nous contactions C-A-R-T-W-R-I-G-H-T pour un rendez-vous, signait Kathleen.

Pourquoi ? ai-je répondu, perplexe. *L'internat ? Les cours ?*

Mme Stephens a secoué la tête et Kathleen a explicité : *Pour un interprète.*

J'ai dû admettre à contrecœur qu'elle n'avait pas tort. Mme Stephens m'a avoué n'avoir jamais travaillé avec un élève sourd et ignorer combien de temps prendraient les démarches pour qu'un interprète m'accompagne à tous mes cours pendant mes études à Cartwright.

Lorsque j'ai quitté le bureau de Mme Stephens, nous avions réussi à prendre rendez-vous avec le bureau des ressources pour les personnes handicapées sur le campus de Cartwright pour le mardi après-midi suivant. *Ne te fais pas de souci*, a signé Kathleen dans le couloir. *Pas de problème avec l'interprète. Promis.*

J'espère, lui ai-je répondu.

Un léger doute s'était instillé au fond de mon esprit à l'idée de ne pas pouvoir obtenir d'interprète à l'université. Prenant congé de Kathleen, je suis retournée à mon casier, de l'autre côté du lycée. Depuis que Beau et moi étions ce que nous étions désormais, il était parfaitement heureux de me raccompagner chez moi après les cours. Passer dix minutes de plus avec lui chaque jour était fantastique. Mais il y avait une certaine tension entre nous depuis l'incident du Haricot Fumant. Je savais très bien d'où elle venait – cette discussion sur les implants cochléaires, et la façon dont il avait paru croire que les choses deviendraient magiquement plus faciles pour moi si je m'en faisais poser.

Seulement, je n'étais pas prête à aborder le problème frontalement avec tout ce que j'avais à faire. Si Beau et moi poursuivions notre relation, ça reviendrait bien assez tôt.

J'ai vérifié mon téléphone après avoir pris dans mon casier le matériel nécessaire pour mes devoirs et j'ai vu que j'avais reçu un message de Beau, disant qu'il m'attendait à la bibliothèque. Je l'ai trouvé à l'une des tables en face du bureau du bibliothécaire, profondément absorbé par ses devoirs de statistiques.

Il a levé les yeux quand je me suis assise en face de lui, et il m'a souri. Même s'il semblait parfois que les choses étaient devenues bizarres entre nous, recevoir un sourire de Beau me réchauffait toujours autant.

« Comment... rendez-vous ? » m'a-t-il demandé en refermant son manuel.

Bien. Nous avons pris un rendez-vous pour l'interprète.

Beau a eu l'air perplexe : *Pourquoi ?*

« Ce sera pareil qu'avec Kathleen, ai-je répondu à haute voix. J'aurai besoin d'un interprète qui m'accompagne à tous les cours. »

Beau a acquiescé en signant : *C'est vrai.*

Je suis restée assise à l'attendre tandis qu'il rangeait ses devoirs dans son sac, et nous avons quitté la bibliothèque ensemble. Le trajet jusqu'à la maison s'est déroulé sans histoires ; je réfléchissais à tout ce que Mme Stephens avait dit sur la recherche d'un interprète pour ma première année d'université.

L'université allait être très différente pour moi. Il était peu probable que j'aie deux fois la même chance et que je me retrouve avec un interprète aussi doué que Kathleen. Mais je m'étais liée d'amitié avec Nina et Beau à Engelmann. Je pouvais me permettre d'espérer qu'il en serait de même à Cartwright.

Merci, ai-je signé à Maman alors qu'elle se garait sur le parking, devant le bâtiment administratif de Cartwright. *Je sais que tu es occupée, mais...*

Maman m'a interrompue en signant : *C'est bon*, avec un sourire exaspéré. *L'université, c'est important*, a-t-elle ajouté en arrachant la clé du contact.

Je sais, ai-je approuvé.

Je ne me sentais pas moins coupable de voler quelques heures à Maman pour rencontrer le bureau de ressources pour les personnes handicapées au beau milieu d'une journée de travail.

Ne t'inquiète pas, a signé Maman pendant que nous traversions le parking vers l'entrée du bâtiment. *Ils te trouveront facilement un interprète.*

J'ai fait de mon mieux pour esquisser un sourire, ne sachant pas trop quoi signer ou dire.

Le bureau de ressources pour les personnes handicapées se trouvait au quatrième étage, et le trajet en ascenseur a été tendu, même si Maman n'a cessé de me serrer dans ses bras pour me réconforter, en signant plusieurs fois : *Tout va bien se passer.*

J'ai emprunté d'un pas déterminé le couloir menant au bureau. D'un air aussi digne que possible, j'ai appuyé sur la sonnette et attendu qu'on m'invite à entrer. Maman m'a accompagnée jusque devant la réceptionniste, et j'ai dit : « Nous avons rendez-vous avec Nadine Frederickson. »

La réceptionniste a hoché la tête avec un sourire poli et a contacté quelqu'un au téléphone. Un instant plus tard, Maman m'a tapoté sur le bras en désignant la porte qu'une femme était en train d'ouvrir de l'autre côté de la minuscule salle d'attente. D'un abord agréable, la femme s'est avancée pour se présenter et nous serrer la main. Elle portait un badge orné du logo de Cartwright, au nom de Nadine Frederickson, directrice des ressources pour les personnes handicapées.

« Enchantée de..., a dit Nadine, puis elle a désigné la pièce derrière elle. ... mon bureau ? »

Nous l'avons suivie dans une pièce à peine plus grande qu'un placard et pourtant meublée d'un bureau de taille normale, d'un ordinateur, d'un meuble de rangement et de deux chaises pour les invités. Je me suis assise ; Maman est restée debout, se plaçant dans mon champ de vision afin d'interpréter.

Pendant quelques instants, Nadine a déplacé des objets sur son bureau et a tapé en silence sur son ordinateur. Je regardais Maman pour savoir ce qui se passait, mais elle s'est contentée de hausser les épaules. Lorsque Nadine s'est enfin retournée pour nous parler, les coins de sa bouche étaient froncés.

Qu'est-ce qui ne va pas ? ai-je signé à Maman.

Il y a eu une pause pendant que Maman écoutait Nadine, puis elle a commencé à s'assombrir.

Qu'est-ce qui ne va pas ? ai-je répété en me penchant en avant.

Quand Nadine a eu fini de parler – en s'adressant uniquement à Maman, argh – Maman s'est mise à signer d'un air peu enthousiaste.

L'université a besoin d'une preuve de ta surdité.

J'ai enlevé mes deux appareils auditifs et je les ai posés sur le bureau de Nadine en signant : *Tenez.*

« ... besoin... audition... », a dit Nadine avec une grimace, en évitant de regarder mes appareils.

Test, a signé Maman quand je me suis retournée vers elle. *A-U-D-I-O-G-R-A-M-M-E.* Obtenir une copie de mon dernier test, datant d'il y a des années, n'était pas un problème. Cela ne prendrait qu'un jour ou deux.

Nadine continuait à parler. Maman l'a écoutée avant d'interpréter. Ce qu'elle a signé m'a quasiment coupé le souffle ; je me suis agrippée aux bras de mon fauteuil pour me soutenir.

« Il y a une liste d'attente pour les interprètes ? » ai-je répété à haute voix.

De nombreux élèves sourds se sont inscrits récemment, a signé Maman tandis que Nadine se mettait à parler à cent à l'heure.

C'est bien, mais ici, il y a peu d'interprètes spécialisés dans l'éducation, et…

J'ai interrompu Maman au milieu d'un signe : « Attends une minute. S'il y a une liste d'attente, combien de temps est-ce qu'ils vont mettre à m'en trouver un ? »

Mon cerveau s'interrogeait plus vite que mes mains ne signaient ; je devais donc me résoudre à parler.

Nadine a levé les mains en un geste d'impuissance. Elle a répondu en nous regardant alternativement l'une et l'autre : « Peut-être… »

Sa réponse a fait ouvrir de grands yeux à Maman, qui a dit et signé : *Vraiment ?*

Combien de temps ? ai-je insisté, les nerfs à vif. Maman a signé : *Je ne sais pas. J'espère bientôt.*

« Bon… bon…, ai-je dit en me passant la langue sur les lèvres, la bouche inconfortablement sèche. Qu'est-ce que ça... »

Rien ne se passait comme prévu. Le fait qu'on ne m'attribue pas un interprète là, tout de suite, n'était pas la fin du monde, car le premier semestre ne commencerait que fin août. Mais je ne voulais pas attendre un semestre entier pour commencer l'université.

Maman a signé : *Ça va* ?

Oui, ai-je répondu. *On y va ?*

Maman m'a dit : *Attends*. Elle a passé quelques minutes de plus à discuter avec Nadine avant de signer : *O-K. On peut y aller.*

Nadine nous a raccompagnées hors de son bureau et nous a saluées d'un sourire courtois, mais j'ai choisi de l'ignorer. En chemin vers la voiture, Maman a recommencé à signer, mais je n'arrivais pas à lui prêter attention. Et si je devais renoncer à Cartwright faute d'interprète disponible ? Et si je devais attendre des années ?

« Colère » n'est pas vraiment le bon mot pour décrire ce que je ressentais à cet instant-là. C'était bien plus complexe que cela.

Des milliers de personnes sourdes comme moi voulaient étudier à l'université. Et pourtant soudain, on manquait d'interprètes ? Ça ne me convenait pas. Je tirais sans doute des conclusions hâtives, mais je me disais que c'était peut-être parce que personne ne s'attendait à ce que les personnes sourdes entrent à l'université.

Maman a ouvert la voiture et s'est installée sur le siège du conducteur, mais je suis restée là, le front appuyé contre la vitre, à supplier mon cerveau de se calmer. Je ne sais pas combien de temps s'est écoulé avant que Maman ne pose doucement la main sur mon épaule pour m'obliger à me retourner, à lui faire face.

Qu'est-ce qui ne va pas ? m'a-t-elle demandé en gardant une main ferme sur mon épaule.

Qu'est-ce qui va se passer si l'université ne me trouve pas d'interprète ? ai-je demandé en inspirant avec peine une bouffée d'air.

Elle va trouver, a répondu Maman en désignant d'un geste le bâtiment administratif. *Patience*, a-t-elle ajouté en me tapotant le front d'un doigt.

J'ai essayé de continuer à signer, mais mes mains semblaient incapables de coopérer comme je le voulais. « Je pensais avoir fait le plus dur, ai-je dit à Maman. Être acceptée à l'université et tout. Mais maintenant, ça ? Je sais que tu dis qu'ils vont finir par me trouver un interprète, mais… et si c'était un signe que je ne suis pas censée étudier la thérapie respiratoire ? »

Me prenant le visage entre ses mains, Maman a dit très clairement : « Adapte-toi… à ce qu'on attend. »

Elle a déposé un baiser sur mon front avant de me lâcher. Puis, reculant d'un pas, elle a signé : *La vie n'est pas comme on l'imagine.*

Je sais, mais…

Non, tu ne sais pas. Tu es jeune. Tu as besoin de temps.

J'ai tenté de répondre, mais Maman n'arrêtait pas de m'interrompre avant que j'aie pu esquisser mes signes.

Tu es triste maintenant, je le comprends, a-t-elle signé fermement. *Mais il te faut de la détermination. Les choses s'amélioreront.*

Elle a conclu en répétant : *Patience.*

Malheureusement, la patience n'avait jamais été mon fort.

32

Il ne faisait pas chaud dehors, mais j'ai estimé qu'un changement de décor serait le bienvenu pendant le déjeuner. Après les événements de la veille, je n'avais pas envie de parler, et je savais que Nina et Beau voudraient connaître chaque détail de ma visite à Cartwright.

Plusieurs tables de pique-nique étaient installées dans la petite cour à l'extérieur de la cafétéria, et j'avais le choix, puisque presque personne n'allait s'aventurer dans le froid pour déguster ses sandwichs. J'ai posé mon sac par terre, au pied de la table du fond, et je me suis assise. Broyer du noir n'avait jamais été mon passe-temps favori, mais je ne parvenais pas à me changer les idées.

J'ai violemment sursauté lorsqu'une main s'est posée sur mon épaule. Le souffle coupé, j'ai découvert Beau et Nina derrière moi, l'air aussi hagard que moi. Ils ont tous les deux signé : *Pardon*, tandis que je m'efforçais de reprendre haleine.

Ça va, ai-je signé, en gardant une main sur mon cœur.

Sûre ? m'a demandé Nina en s'asseyant face à moi. *Tu as l'air…*

Apparemment, elle n'a pas trouvé le bon signe pour décrire ma tête, alors elle a opté pour « ... mal ».

Beau s'est assis en face de moi à son tour. Je les ai regardés tous les deux, hésitant à leur raconter ce qui s'était passé la veille. C'étaient mes amis. D'accord, Beau était peut-être un peu plus qu'un simple ami. Mais ils ne comprendraient sûrement pas à quel point la nouvelle m'avait dévastée, et je n'étais pas d'humeur à prétendre que tout allait bien. Finalement, je leur ai expliqué ce qui s'était passé la veille au bureau de ressources pour les personnes handicapées, en essayant de ne pas me laisser emporter par l'émotion.

Désolé, ont signé Beau et Nina en même temps à la fin de mon récit.

« ... probable... trouveront... interprète, a poursuivi Nina, le menton dans une main. ... prendra juste du temps. »

Je sais, ai-je répondu en poussant un lourd soupir. « Mais... j'ai tort d'avoir envie que pour une fois dans ma vie les choses aillent bien ? »

« Qu'est-ce que... veux dire ? » m'a demandé Beau en fronçant les sourcils.

J'ai commencé à tapoter en rythme sur la table, m'efforçant de formuler mes pensées pour qu'elles aient un sens.

« Depuis que j'ai perdu l'ouïe, j'ai dû faire dix fois plus d'efforts pour me maintenir à niveau. À l'école et dans tous les aspects de ma vie. Je craignais vraiment de ne pas pouvoir entrer à l'université parce que je suis sourde. Et maintenant, ça ? Je veux dire, je ne changerais rien à ma vie, mais est-ce que je ne peux pas obtenir cette simple chose ? »

Je pense que..., a commencé Beau, les gestes hésitants. *Je comprends.*

« C'est vrai ? » ai-je dit, sceptique. Il n'avait jamais vécu cette situation, lui.

Beau a signé : *Oui*, avec un coup d'œil à Nina pour obtenir du renfort. Nina a pris son temps pour réagir.

« … pense… sera… vaut la peine… attendre, a-t-elle dit en souriant. Le travail porte des fruits… »

« Ouais, peut-être », ai-je répondu, de nouveau envahie par un sentiment de défaite. Je tenais vraiment à mes amis et je savais que c'était réciproque, mais ils ne m'aidaient pas à ce moment-là.

Eh, a signé Beau pour attirer mon attention. *Ça va ?*

Sa mine sérieuse et inquiète était si attachante que je n'ai pas pu réprimer un petit sourire.

Oui, ai-je signé, et cette fois, c'était sincère.

Beau a souri largement à son tour et a tendu le bras pour prendre ma main dans la sienne.

« ... sais... vous vous adorez, a dit Nina, l'air faussement exaspéré. Mais parlons... plus joyeux... comme... de Maya. »

« Pardon ? » ai-je demandé, perplexe.

Ton anniversaire, a signé Beau. *C'est bientôt, non ?*

J'ai été prise au dépourvu ; j'avais honnêtement oublié que c'était bientôt. J'avais d'autres choses plus importantes à gérer que mon dix-huitième anniversaire.

Mais c'était touchant que Nina et Beau s'en souviennent, eux. Ils étaient plus attentifs que moi à certaines choses me concernant. Je commençais à redouter ce qui allait sortir de la bouche de Nina, car je connaissais ce regard calculateur qu'elle avait parfois.

« Et ? » ai-je dit, décidant de la jouer cool pour que Beau et Nina voient que je ne voulais pas faire tout un plat de mon anniversaire.

Ton anniversaire ! a signé Nina en me lançant un regard qui disait clairement : « Espèce de cruche ».

« Oui, eh bien, j'ai choisi de ne pas le fêter cette année, ai-je dit en posant une main sur la table. Ce n'est pas important. »

« Hors de question, a dit Beau d'un air incrédule. … avoir dix-huit ans. »

« Et alors ? »

C'est important, a signé Nina en se trémoussant gaiement. *Il faut fêter ça.*

« Oh, allez. Vraiment ? » dis-je en réprimant une grimace.

Oui ! a répondu Nina avec enthousiasme.

Je me suis tournée vers Beau pour obtenir du renfort, mais il a levé les paumes comme pour dire : « C'est Nina qui décide. »

Vraiment ? ai-je signé avec une moue involontaire.

« *Oui !* » a dit Nina, tandis que Beau signait : *Tu vas bien t'amuser.*

Je veux faire simple, ai-je signé à Nina, et elle a aussitôt hoché la tête en répondant : *Je comprends.*

Espérant que cette histoire d'anniversaire allait passer à l'as, j'ai déballé mon sandwich et mordu dedans.

Beau et Nina ont attaqué leur propre repas et, pendant un moment, j'ai oublié tout ce qui avait mal tourné ces derniers temps. J'avais ici deux personnes qui, j'en étais presque sûre, me soutiendraient quoi qu'il arrive.

J'aurais voulu feindre d'ignorer l'affaire de l'interprète de Cartwright pour me concentrer sur des choses plus importantes, mais avant la fin de la journée, je me suis retrouvée à raconter ma mésaventure à Kathleen. Nous étions à côté de mon casier, après la dernière sonnerie.

C'est normal ? lui ai-je demandé. *Je trouve que l'université devrait avoir beaucoup d'interprètes.*

Kathleen hochait la tête, attentive. Elle a répondu : *Ce n'est pas étonnant. Ça arrive parfois. Mais…*

J'attendais la suite, le souffle court. Kathleen m'avait dit, quelque temps auparavant, qu'elle était interprète dans le domaine de l'éducation depuis longtemps. Elle devait bien être au courant de tout cela, non ?

« Pourvu qu'elle ne m'apprenne rien de déprimant », me disais-je, mal à l'aise.

Je vais passer un appel, a-t-elle soudain repris, un sourire confiant éclairant ses traits. *Je connais des gens. Je te ferai part des informations qu'on me donnera.*

Merci, merci, ai-je signé deux fois avant de la serrer dans mes bras.

Je la sentais rire d'après les vibrations de sa poitrine, et elle souriait encore quand je l'ai lâchée.

Cela ne signifiait pas que Kathleen offrait une solution, mais elle semblait être du genre à faire avancer les choses. S'il y avait quelqu'un à qui je pouvais me fier, c'était elle.

Essaie de ne pas t'inquiéter, a signé Kathleen, avant de me donner une petite bourrade sous le menton. *Tout se passera bien.*

« Tout se passera bien », me suis-je répété en sortant retrouver Beau.

Je l'espérais du moins. J'étais mal à l'aise en pensant à ce que Nina mijotait pour mon anniversaire, mais je ne pouvais que feindre d'être contente et me laisser faire. Sans Nina, je ne savais pas trop où j'en serais dans cette toile d'araignée qu'était Engelmann. Sans parler de Beau… Je l'ai retrouvé dehors, appuyé contre sa voiture, un livre à la main, comme toujours. Mon cœur s'est mis à battre à un rythme stupide lorsqu'il a levé les yeux à mon approche et qu'il m'a adressé un sourire chaleureux.

Ça va mieux ? a-t-il signé en posant son livre sur le toit de sa voiture.

J'allais répondre honnêtement à sa question, mais j'ai eu envie de faire autre chose avant.

J'ai posé les doigts autour du col de Beau et je l'ai attiré à moi pour l'embrasser, parce que… pourquoi pas ? Beau n'a pas eu l'air contre, puisqu'il m'a rendu ce baiser.

Maintenant, ça va mieux, ai-je dit après l'avoir lâché.

33

Je peux pas fêter mon anniversaire aujourd'hui, ai-je expliqué par texto à Nina ce samedi en fin de matinée, lovée sur le canapé du salon, Connor à côté de moi. **Mon petit frère ne se sent pas bien.**

Connor avait mal commencé sa journée. Il avait évacué plus de mucus que d'habitude, et son malaise était évident. Je ne pouvais pas faire grand-chose pour l'aider, à part rester près de lui et regarder les dessins animés de Spider-Man – son réconfort quand il n'était pas en forme.

Nina m'a répondu presque aussitôt, voulant savoir si Connor n'était pas trop mal en point et si elle pouvait aider d'une manière ou d'une autre. Je lui ai assuré que tout allait bien, mais qu'il fallait remettre à plus tard cette histoire d'anniversaire. Je n'avais pas encore l'esprit à la fête, même si j'appréciais sa volonté de rendre ce jour mémorable.

Ne t'inquiète pas, m'a écrit Nina. **On va te l'apporter, la fête.**

Je lui ai renvoyé plusieurs textos pour lui dire qu'il était inutile que la fête vienne à moi ; mais en vain.

Une bonne heure plus tard, on a sonné à la porte : l'éclairage du salon a clignoté pendant quelques secondes. Lorsque j'ai ouvert, Beau et Nina se tenaient sur le perron, une pile de pizzas à la main, ainsi qu'un ballon d'anniversaire et ce que j'ai soupçonné être quelques cadeaux.

Ils ont tous les deux dit : « Joyeux anniversaire », faute de pouvoir signer, chargés comme ils l'étaient.

« Qu'est-ce que c'est que tout ça ? » ai-je demandé, la main crispée sur la poignée de la porte. J'étais partagée entre la gratitude d'avoir des amis aussi extraordinaires et l'embarras d'être au centre de l'attention. D'autant plus que j'étais encore en sweat, je flottais dans un t-shirt de baseball trop grand, et je n'avais pas encore pris de douche.

« Allez… juste… deux…, a dit Nina en montrant Beau d'un signe de tête. … frère… amuser. »

Connor avait quitté le canapé et se tenait à côté de moi dans l'entrée, les yeux fixés sur le ballon que Nina avait enroulé autour de son poignet. Maman nous a rejoints, elle m'a posé une main sur l'épaule et a signé : *Bon anniversaire*, quand j'ai tourné les yeux vers elle.

Amuse-toi, a-t-elle ajouté en remuant les sourcils, geste familier qu'elle effectuait pour me faire rire.

Oui, ma mère était clairement dans le coup.

« Maman, je suis en pyjama ! »

« Et alors ? » Maman a haussé les épaules en montrant l'escalier du doigt. « Va te changer. »

J'en ai pour une seconde, ai-je signé tandis que Beau emportait les pizzas dans la salle à manger et que Nina donnait le ballon à Connor.

J'ai monté les marches quatre à quatre jusque dans ma chambre pour enfiler le premier jean et le premier t-shirt propre qui me tombaient sous la main. J'ai passé un coup de brosse dans mes cheveux pleins de nœuds, je les ai attachés en une vague queue de cheval, puis j'ai mis mes appareils auditifs avant de redescendre en courant.

Tout le monde était réuni autour de la table avec la pizza, la pile de cadeaux et un petit gâteau décoré d'un glaçage bleu à paillettes. Ils m'ont de nouveau signé : *Joyeux anniversaire*, à quoi j'ai réussi à répondre par un faible : *Merci*.

Au fond, c'était la moindre des choses que de laisser Nina s'amuser de cette fête. Elle était la première amie entendante que je m'étais faite à Engelmann, et il était difficile de ne pas penser que je lui en serais toujours reconnaissante.

Connor s'est assis à table avec nous pendant que nous prenions des parts de pizza, mais notre conversation l'a vite ennuyé, et il est retourné à ses dessins animés dans le salon. Quant à Maman, elle parlait et signait avec Beau et Nina, je ne l'avais pas vue aussi heureuse depuis longtemps, et je commençais à penser que tout ceci n'était peut-être pas une si mauvaise idée, après tout.

J'ai avalé deux tranches de pepperoni chargées de fromage avant de céder aux rires. Le spectacle de Beau essayant de signer et manger en même temps m'amusait plus que de raison.

« Comment... signer avec... main ? a-t-il demandé en fronçant les sourcils. Pendant... manges ? »

Avec le temps, signer et manger en même temps devenait une seconde nature pour les personnes sourdes. Je me suis mordu la lèvre pour étouffer mes rires, mais je crois que j'en ai laissé échapper un ou deux. « Entraîne-toi. »

Nina a insisté pour qu'on ouvre les cadeaux avant le gâteau, et j'ai été contente de n'avoir que trois paquets à déballer. Le premier venait de Nina – un ensemble de lotions et de savons pour le corps, parfumés au sucre vanillé, provenant d'une enseigne de luxe. Ensuite, il y avait un cadeau commun de Nina et Beau, un chèque-cadeau pour la librairie de Cartwright, qui, selon eux, était très important à cause de tous les manuels hors de prix dont j'allais avoir besoin.

Maman avait ajouté ses propres cadeaux à la pile – une carte d'anniversaire accompagnée d'un chèque-cadeau dans une boutique de vêtements pour ma nouvelle garde-robe universitaire et le coffret de toutes les saisons de ma série télé préférée. Plus touchant encore, Connor avait sacrifié son argent de poche pour m'acheter un nouveau cahier ainsi qu'un livret d'autocollants Marvel pour le décorer.

Mon dernier cadeau était un livre qui, sans surprise, venait de Beau ; il avait l'air issu de sa collection personnelle. Je n'étais pas aussi friande de lecture que Beau, et pourtant j'ai été très touchée par l'exemplaire abîmé de *Jane Eyre* que je tenais entre les mains.

J'ai inspecté le vieux livre, feuilleté ses pages jaunies. Ce n'était pas une édition originale, mais elle était réellement ancienne, avec des illustrations d'autrefois représentant des scènes du roman.

Glissée entre les premières pages se trouvait une enveloppe contenant une simple carte bleue avec les mots « Joyeux anniversaire » tracés au recto ; j'ai reconnu l'écriture bâclée de Beau. À l'intérieur, un petit mot m'était adressé :

« Je ne t'ai pas encore vue lire beaucoup, mais il faudra me dire ce que tu penses de ce roman. Tu te trouveras peut-être un ou deux points communs avec le personnage principal. »

Beau terminait par une citation tirée du roman : « Je ne suis pas un oiseau, et aucun filet ne me retient. »

J'ai rangé la carte dans l'enveloppe que j'ai remise entre les pages avant de poser soigneusement le livre sur la table.

Quand je me suis enfin tournée vers Beau, je n'ai pas été surprise de voir qu'il me scrutait attentivement, essayant d'évaluer ma réaction à son cadeau.

Il me semblait ridicule de ne signer que *Merci*, mais c'est tout ce que j'ai pu faire à ce moment-là, les yeux verts de Beau fixés sur moi.

Tu aimes ? a-t-il signé à la hâte.

Beaucoup, ai-je répondu sincèrement, la main sur le livre.

Bien. Content, a dit Beau avec un imperceptible soupir de soulagement.

Si Nina n'était pas intervenue en signalant qu'il était temps d'attaquer le gâteau, je crois que Beau et moi aurions pu nous perdre encore longtemps dans cet instant.

Je n'arrêtais pas de me répéter les mots du livre pendant que je coupais ma part de gâteau.

« Je ne suis pas un oiseau, et aucun filet ne me retient. »

Ma fête d'anniversaire ne s'est pas mal passée, vraiment. Nous avons abondamment ri, évoqué beaucoup d'histoires du lycée. Maman et parfois Connor étaient de la partie. J'ai été un peu surprise de voir à quel point je me sentais heureuse. Ça ne me gênait pas d'avoir mes amis et ma mère au même endroit, chose qui laissait généralement la porte grande ouverte à l'embarras.

Nina a dû remballer ses affaires plus tard dans l'après-midi, car elle travaillait le soir chez Target, et comme elle avait fait du covoiturage avec Beau, il a dû partir, lui aussi. J'étais un peu triste de les voir s'en aller, mais Beau avait probablement une montagne de devoirs pour le lundi.

Merci, ai-je signé à Nina et Beau en les accompagnant dehors une fois qu'ils avaient pris congé de Maman et Connor. *Je me suis bien amusée.*

Pareil, a signé Nina, en passant un bras autour de mes épaules pour me serrer dans ses bras. *Joyeux anniversaire.*

Beau s'attardait derrière nous pendant que Nina marchait jusqu'à sa voiture, les clés à la main. Alors j'ai signé : *Qu'est-ce qu'il y a ?*

Il a inhalé une grande bouffée d'air avant de signer : *J'ai un cadeau pour toi.*

« Quoi ? ai-je dit. Je croyais que c'était le livre, mon cadeau. »

« Oui, mais... » a répondu Beau. Il a tiré une enveloppe de sa poche de veste et me l'a tendue.

En prenant l'enveloppe, j'ai senti s'accentuer mon froncement de sourcils. Je l'ai regardée recto verso. Rien, à l'extérieur, ne fournissait d'explication sur sa provenance. Je l'ai ouverte avec soin et j'ai jeté un coup d'œil à l'intérieur, surprise d'y découvrir des papiers, une brochure et une carte de visite.

J'ai brutalement sorti le contenu de l'enveloppe pour le regarder de plus près. Mes mains se sont mises à trembler tandis que je feuilletais les papiers. J'avais peine à croire que Beau était la personne qui me donnait tout cela.

La brochure m'a échappé et elle est tombée par terre en virevoltant, tandis que je lisais la carte de visite, celle d'un certain Dr Janet Porter à l'hôpital pédiatrique d'Aurora.

« Qu'est-ce que c'est ? »

Même si je ne les entendais pas, je sentais les mots sortir tranchants de ma bouche.

En une demi-seconde, l'expression pleine d'espoir de Beau s'est transformée en stupeur. Il a signé : *Des informations sur...*

« Dans la phrase “Je ne veux pas d’implant cochléaire”, quelle partie tu n’as pas comprise ? »

J’ai laissé à Beau le temps dont il avait visiblement besoin pour rassembler ses idées, parce que de toute évidence, il ne s’était pas attendu à cette réaction. Se voyant à court de signes, il s’est mis à parler : « Je pensais que... l’entretien d’embauche et l’université... colère... chez toi. J’ai effectué des recherches... implants cochléaires... et... pensé que peut-être... voudrais... regarder. »

« Stop. Stop, s’il te plaît. »

Beau a serré les lèvres et hoché la tête.

Ma vision s’est un peu brouillée tandis que je ramassais la brochure tombée par terre. Des larmes chaudes de colère menaçaient de s’échapper.

Ça m’avait pris du temps, mais j’avais développé des sentiments sincères pour le garçon entendant qui se tenait devant moi. Il apprenait ma langue et m’encourageait beaucoup à poursuivre mes rêves – il avait probablement été la personne que mon admission à Cartwright avait le plus réjouie.

Je ne voulais pas penser que je m’étais trompée et que Beau, peut-être, n’aimait pas le fait que je sois sourde. Mais qu’imaginer d’autre alors que j’avais dans les mains toutes ces informations sur les implants cochléaires, avec la carte de visite d’un médecin ?

Pourquoi donc Beau souhaitait-il que je change cette part essentielle de moi-même ?

« Je ne veux pas de ça, ai-je dit aussi calmement que possible. Je n’en ai pas besoin. »

En une fraction de seconde, Beau est passé de la confusion à la stupéfaction. Il s’est mis à parler, mais j’ai essayé de hausser la voix pour couvrir la sienne.

« Pourquoi tu ne comprends pas que ma surdité ne m'empêche pas d'être heureuse ? »

« ... comprends, mais... pensé... »

« Non, je crois vraiment que tu n'as pas réfléchi. »

J'avais envie de lui jeter au visage cette stupide enveloppe et de rentrer chez moi comme une tornade. Ça m'a demandé un réel effort de rester sur place et de m'exprimer franchement, quitte à anéantir tout ce qui se développait entre Beau et moi depuis quelques mois.

« Je ne veux pas de ta pitié, Beau. Je ne suis pas une pauvre petite fille sans ressources qui a besoin d'être sauvée. Donc si c'est tout ce que tu as pour moi, s'il te plaît, va-t'en maintenant. »

Impossible de savoir combien de temps s'est écoulé pendant que je me tenais là, sur les marches devant chez moi, à attendre une réaction quelconque de la part de Beau. Il avait l'air d'être coincé entre deux murs, bien en peine de savoir quoi me dire.

Comme ce moment s'éternisait sans qu'il y ait une fin en vue, j'ai renoncé.

Très bien, ai-je signé. Puis j'ai ajouté : *Fini.*

Je n'avais aucune idée de ce qui était « fini », mais je choisissais d'en rester là.

Beau ne m'a pas arrêtée quand j'ai tourné les talons et monté les marches pour rentrer chez moi, les laissant dehors, lui et son « cadeau » d'anniversaire.

34

J'ai été assez surprise que Maman mette autant de temps à se glisser dans ma chambre en ne me voyant pas faire surface après ma sonnerie de réveil. Les couvertures remontées par-dessus ma tête, je n'ai pas bougé jusqu'à ce que Maman pose sa main sur mon côté en appuyant.

Qu'est-ce qui s'est passé ? a-t-elle signé quand j'ai repoussé les couvertures et que je l'ai regardée.

Elle avait allumé les lumières, si bien que j'ai clairement vu son expression, mélange d'inquiétude et d'exaspération.

« Je ne sais pas ce que tu veux dire », ai-je fini par dire.

Hier. À ton anniversaire. Qu'est-ce qui s'est passé ?

Rien, ai-je dit en m'asseyant sur mon lit, le dos au mur.

Maman a plissé les yeux, dans l'attente d'une explication plus satisfaisante. J'ai cédé avec un soupir et fourré la tête dans mes mains pour ne pas avoir à la regarder en parlant. J'ai utilisé ma voix, parce que je ne pensais pas réussir à trouver d'autres signes que *stupide* ou *frustrée* pour décrire ce qui s'était passé et ce que je ressentais à présent.

« Le second cadeau d'anniversaire de Beau a été un tas d'informations sur les IC et sur un médecin d'ici que je peux contacter si je voulais m'en faire poser. Le Dr Porter, quel hasard ! »

La pression de Maman sur mon genou s'est accentuée presque douloureusement.

Il sait que tu ne veux pas d'IC ? m'a-t-elle demandé lentement.

Oui. Il sait, et il m'a donné ça. Avant, je pensais que B-E-A-U m'aimait bien, ai-je poursuivi en me concentrant sur mes signes plus que sur ce qui remuait inconfortablement au creux de mon ventre. *Et je croyais qu'il m'aimait sourde. Mais maintenant... Je ne sais pas.*

Maman a signé : *Oh, je vois*, à la fin de mon histoire. Elle avait l'air tout aussi perdue que moi, bien en peine de savoir que penser de toute cette affaire.

Je pense qu'il veut t'aider, a-t-elle fini par signer. *Je pense que certains entendants s'imaginent que les sourds sont tristes de ne pas entendre.*

Ce n'est pas vrai, ai-je dit en me redressant. *Je ne suis pas triste d'être sourde. Je suis triste parce que B-E-A-U veut que je...*

« ... me transforme, ai-je achevé en employant ma voix. Je suis heureuse, sourde. Pourquoi c'est si dur à comprendre ? »

Je ne sais pas, a répondu Maman avec une grimace, en haussant les épaules. *Je te crois.*

D'ordinaire, ça me demandait un effort herculéen d'être honnête sur des sujets aussi intimes que celui-ci, mais dans la mesure où j'avais déjà dit tout le reste à Maman, je pouvais bien lui confier la suite :

« Maman, j'aime vraiment beaucoup Beau. Je ne peux pas... je ne peux plus le nier. Et juste au moment où je finis par me convaincre que ça n'a pas d'importance s'il est entendant, voilà ce qui arrive. »

« Ma chérie, les relations... jamais faciles, a dit Maman avec un petit sourire triste. Mais… pas… fin. Pas si… veux pas. »

« Je ne sais plus ce que je veux. »

Je crois que j'ai poussé un gémissement en me frottant le visage avec les mains.

Maman m'a de nouveau appuyé sur le genou pour que je lève les yeux, et elle m'a dit : *Ne t'inquiète pas. Tu es jeune. Tu as le temps.*

Je me suis dit que c'était vrai, mais en quoi est-ce que ça pourrait me faire du bien, du moins en ce qui concernait Beau ?

Quand elle a signé : *Désolée*, ensuite, ça n'a guère atténué mon sentiment de culpabilité.

« Non, c'est moi qui suis désolée, ai-je dit en inspirant profondément. Je suppose que tout est devenu... bizarre quand on a emménagé ici. Ça a été dur pour moi de savoir qui j'étais. »

Je sais, a signé Maman avec un sourire en coin. *L'art me l'a dit.*

J'ai acquiescé d'un signe de tête. Mon autoportrait peint pendant les cours de Mme Phillips, et toujours suspendu dans le salon, était un exemple plutôt parfait du regard que je portais sur moi-même depuis notre arrivée dans le Colorado. Je n'étais probablement pas la seule élève de lycée, sourde ou entendante, à ressentir les choses ainsi.

Et maintenant ? ai-je dit avec une grimace.

Maman a haussé les épaules : *Je ne sais pas. C'est toi qui décides.*

Bon… N'était-ce pas plus facile à dire qu'à faire ?

Maman m'a tapoté la jambe d'un geste réconfortant et s'est dirigée vers la porte.

Tu veux un petit déjeuner ? m'a-t-elle demandé d'une main, l'autre sur la poignée.

« Non. Je veux me rendormir. »

Elle m'a adressé un sourire compréhensif et elle s'en est allée en refermant la porte derrière elle.

Je me suis retournée dans mon lit et j'ai rabattu les couvertures sur moi, en fermant fort les yeux. Des images de Beau dansaient sans arrêt dans mon esprit, des images de son sourire encadré de fossettes, de son expression lorsqu'il riait.

Maman avait peut-être raison, peut-être qu'il voulait juste faire son possible pour m'aider. Mais pourquoi est-ce qu'il ne m'avait pas posé la question au lieu de supposer dans son coin que je voulais un implant cochléaire et que j'avais besoin d'aide pour l'obtenir ? Qui se permettait des jugements aussi hâtifs ?

« Toi », ai-je pensé subitement, alors que j'allais sombrer dans le sommeil.

N'avais-je pas pris Beau, pendant des mois, pour un snob populaire qui cherchait à gagner des points en devenant ami avec la nouvelle élève sourde ? Malgré ce qui venait d'arriver, je devais admettre que c'était faux et que Beau éprouvait authentiquement *quelque chose* pour moi.

J'ai sorti une main de sous ma montagne de couvertures et j'ai tâtonné partout sur ma table de nuit jusqu'à ce que je trouve mon téléphone. J'ai fermé tous les textos de Nina et celui que Beau m'avait envoyé – On peut parler, s'il te plaît ? – et j'ai adressé un SMS à Melissa. J'étais dans l'une de ces situations où il vaut mieux consulter sa meilleure amie avant de prendre des décisions trop hâtives.

Tout va bien ?? a-t-elle répondu à côté d'un émoji aux sourcils froncés.

Pas vraiment, ai-je répliqué.

Il m'a fallu quelques minutes pour taper tout ce qui venait de se passer pendant les jours précédents. Quand j'ai envoyé mon message à Melissa, il avait pris la forme d'un roman, mais c'était le seul moyen de tout lui raconter, et ça ne la dérangerait pas. Plus il y avait de détails, plus Melissa aimait ça.

OMG, a-t-elle répondu plus vite que je ne l'aurais cru.

C'était tout. Trois lettres. Pas vraiment l'aide que je cherchais.

Si mal ? ai-je tapé.

C'est... quelque chose, a-t-elle répondu. Mais tu te sens comment?

Blessée, ai-je écrit, sans avoir besoin de temps pour répondre. Fâchée. Je pensais qu'il m'aimait pour MOI.

Dis-le-lui, a répondu Melissa presque du tac au tac. Ne te laisse pas marcher sur les pieds.

Qu'est-ce que tu ferais ? lui ai-je demandé ensuite.

J'ai longtemps attendu une réponse qui s'est finalement limitée à : Sais pas, suivie par : On n'a pas besoin d'être réparées. S'il ne le comprend pas, ne perds pas de temps avec lui.

Elle avait raison. J'avais une certitude, celle d'être heureuse telle que j'étais, et je n'étais pas près de changer ça juste parce qu'un implant cochléaire me faciliterait peut-être la vie. Beau pensait me rendre service ; ça ne voulait pas dire qu'il m'en rendait un.

Beau était censé être un gars intelligent. Autrement, Yale n'aurait pas voulu de lui. J'hallucinais qu'il ne puisse pas comprendre ça. Et s'il ne comprenait pas cette chose essentielle à laquelle je tenais tant, était-ce vraiment la peine d'essayer de développer une relation ? Et si nous étions juste trop différents l'un de l'autre ?

35

À mon arrivée en cours de statistiques le lundi matin, j'ai très clairement montré que je n'étais pas prête à parler à Beau. Je n'ai pas établi un seul contact visuel avec lui en m'asseyant sur ma chaise habituelle et en sortant devoirs et manuels. Je sentais les ondes de tension qui émanaient de lui, et cinq minutes après le début du cours, j'ai eu l'impression de le sentir gigoter sur son siège.

Le cours a représenté cinquante-cinq minutes de tourment, et je ne suis pas sûre d'avoir absorbé beaucoup de ce que disait Mme Richardson. J'avais l'esprit qui partait à la dérive toutes les trois minutes, et je commençais à penser à tout ce que je voudrais dire à Beau, à quel point je voulais qu'il comprenne que je n'avais pas besoin de ce type d'« aide » de sa part. Je n'avais pas besoin qu'il soit mon sauveur entendant.

Je me suis levée d'un bond pour fourrer mes affaires dans mon sac à l'instant où Kathleen m'a indiqué que la cloche avait sonné. J'avais fait deux pas en direction de la porte quand la main de Beau s'est posée sur mon épaule.

Est-ce qu'on peut parler ? a-t-il signé quand je me suis contrainte à le regarder.

Non, ai-je immédiatement répliqué, en précisant aussitôt : *Pas encore.*

Cette histoire ne s'apaiserait pas avant qu'on en discute à fond, mais je n'étais pas encore prête pour ça. Et pourquoi ne pas le laisser mariner un peu plus longtemps ? Il commencerait peut-être à éprouver la même chose que moi.

Tournant les talons, je suis partie sans attendre la réaction de Beau, ne m'arrêtant dans le couloir que pour laisser Kathleen me rattraper.

Qu'est-ce qui ne va pas ? a-t-elle signé en me rejoignant à l'angle du couloir suivant.

Je n'avais pas l'énergie nécessaire pour lui expliquer dans les moindres détails les événements du week-end, donc je lui ai donné la version condensée.

B-E-A-U m'a donné des informations sur les IC pour mon anniversaire, ai-je signé par saccades. *Il pense que je veux en avoir.*

Les sourcils de Kathleen ont fait un bond vers le haut et sa bouche s'est pincée, comme à chaque fois qu'elle désapprouvait quelque chose.

Comment te sens-tu ? m'a-t-elle demandé après un moment.

Triste, ai-je répliqué tout de suite. *En colère.*

Il y avait toute une liste d'autres émotions, mais Kathleen pouvait se les figurer sans que j'entre dans les détails.

Je m'attendais un peu à ce qu'elle propose une solution, comme elle l'avait fait dans l'affaire de Cartwright et de l'interprète, mais elle a gardé le silence jusqu'à notre arrivée au cours d'histoire de M. Wells.

Je m'étais préparée à subir une autre salve de questions quand j'ai pris place à côté de Nina, mais d'après le minuscule sourire qu'elle m'a adressé, accompagné d'un regard compréhensif, elle était déjà au courant de tout.

Ça va ? s'est-elle contentée de demander au moment où Beau entrait à son tour et s'asseyait à côté de moi.

J'ai choisi l'honnêteté totale :

« Non », ai-je dit à voix haute.

M. Wells a commencé son cours à la seconde où la cloche venait de sonner, mais j'étais encore loin d'être attentive. Je me suis retrouvée à gribouiller partout sur ma page de cahier au lieu de prendre des notes. J'ai repris pied dans la réalité quand Nina s'est mise à tapoter sur mon bureau pour attirer mon attention. Elle a remarqué que j'avais dessiné toute une page de boîtes et de visages fâchés.

C'est l'heure de la discussion de groupe, a signé Nina quand je lui ai jeté un coup d'œil.

Super, ai-je répondu en levant les yeux au ciel.

J'ai fait face à Nina, tournant le dos à Beau. Je n'avais pas envie de lui parler d'histoire non plus.

Nina s'est mise à signer et parler pour discuter de quelque chose qui avait un lien avec la crise des missiles de Cuba, mais mon attention a dévié quand j'ai capté les regards que Jackson n'arrêtait pas de me jeter. Assis à deux rangs de là, il était penché vers son voisin, lui aussi membre de l'équipe de baseball. Clairement, le sujet de leur discussion n'était pas la crise des missiles de Cuba.

Un mélange de curiosité et de détermination m'a poussée à scruter la grande bouche de Jackson pour lire sur ses lèvres. Son regard faisait des allers-retours incessants entre Beau et moi ; il parlait de nous, et un sourire narquois lui est venu.

« Excuse-moi, ai-je lâché assez haut pour attirer l'attention de quelques camarades. Tu n'as pas vraiment dit ce que tu viens de dire, si ? »

Je mettais un point d'honneur à avoir le moins d'interactions possible avec Jackson, mais il était hors de question que je laisse passer ça sans l'interpeller.

Jackson s'est redressé d'un coup sur sa chaise, les yeux écarquillés.

« ... entendu ? »

« Bien sûr que non. Mais tu as oublié que ce "poussin handicapé" sait lire sur les lèvres ? »

Une teinte rouge cramoisi est montée le long du cou de Jackson et lui a envahi le visage tandis que la classe nous fixait – Beau et Nina inclus. Ce n'était pas le genre d'attention à laquelle il était habitué.

« Désolé..., a commencé Jackson sans même croiser mon regard. Je pensais juste... »

« Non, je ne veux pas de tes excuses, ai-je coupé. Je veux que tu comprennes que je ne suis pas handicapée. La seule chose dont je ne suis pas capable, alors que tu l'es, c'est d'entendre. »

Jackson a remué sur sa chaise, gêné, les yeux fixés sur un point au-dessus de ma tête. Tout ce qu'il a répondu, c'est : « OK ».

« Et j'aimerais que tu arrêtes de parler de Beau et moi, ai-je ajouté sur ma lancée, prête à poursuivre pour qu'il comprenne vraiment. Quoi qu'il se passe entre nous, ce ne sont pas tes affaires. »

Je refusais de croire l'horreur que Jackson venait de sortir, selon laquelle Beau cherchait seulement à se faire bien voir en sortant avec un « poussin handicapé ». Quelle que soit l'impasse dans laquelle nous nous trouvions, Beau n'aurait jamais été aussi cruel. Il avait trop de cœur pour cela.

Je me suis contorsionnée sur mon siège pour tourner le dos à Jackson, les bras fermement croisés.

« Qu'est-ce que... tout ça ? » m'a demandé Nina en me posant la main sur l'avant-bras.

Rien. Ça va, ai-je signé.

En jetant un coup d'œil à Beau – il faisait semblant d'être absorbé par son manuel, mais je savais qu'il avait l'esprit ailleurs – j'ai pris conscience que je n'allais pas bien. Je n'irais pas bien jusqu'à ce que nous discutions.

36

Ce mardi matin, Kathleen était en retard et ne m'attendait pas devant le bureau principal comme à son habitude. Ça m'allait parfaitement. Tout ce qu'il me fallait, c'était quelques minutes seule avec Beau pour pouvoir discuter. Ça aurait été trop gênant de tenir cette conversation devant une interprète.

J'ai trouvé Beau devant son casier, en train de fourrer des choses dans son sac, comme je m'y étais attendue. Il faisait ses gestes au ralenti ; soit il manquait de sommeil, soit il était complètement distrait. Il semblait être dans le même état que moi ces derniers jours.

J'ai frappé du doigt le casier voisin pour attirer son attention. Je n'allais pas utiliser ma voix dans ces circonstances.

Les yeux verts de Beau se sont écarquillés lorsqu'il a refermé son casier à la volée et qu'il m'a vue. Il a lâché : « Tu es là. »

Oui, ai-je signé. *Prête à discuter.*

C'est tout ce qui me venait. D'être si près de lui, j'avais déjà du mal à me rappeler tous les signes que j'avais préparés.

Les lèvres de Beau étaient entrouvertes, et il avait une main en l'air comme s'il allait se mettre à signer, pour présenter des excuses, j'en étais convaincue. Mais non, il a dit : « J'ai… boulder. »

Je comprends pas, ai-je signé après avoir tenté en vain de lier ensemble les bribes de sa phrase.

Je ne voyais pas du tout ce que voulait dire « boulder ».

Beau a fouillé dans son sac et en a extirpé une lettre. Je l'ai parcourue : c'était un document officiel provenant de l'université de Boulder. Je reconnus alors ce nom : c'était l'établissement où Nina avait demandé à être admise. Je n'étais pas surprise que Beau y soit admis, mais j'ignorais pourquoi il jugeait que c'était le moment approprié pour me faire part de la nouvelle.

O-K, ai-je signé en lui rendant la lettre. *C'est bien pour toi.*

Je voyais qu'il avait le souffle court, vu la manière dont sa poitrine se soulevait et s'affaissait. Il a rangé la lettre dans son sac. Quand ses yeux ont recroisé les miens, il a dit : « … fait ma demande d'admission après... discussion ce soir-là... voulais… sache… pouvais faire quelque chose d'autre. »

Quoi ? ai-je signé, si stupéfaite que j'ai senti mes sourcils se dresser d'un bond vers mon front.

Beau s'est décidé à signer : *J'ai dit à mon père que je ne veux pas faire médecine.*

« ... pas ce que… veux, a-t-il dit tout haut, une main sur le cœur. Je veux... littérature anglaise. »

« Oh », ai-je dit, oubliant ma résolution de ne pas utiliser ma voix.

J'étais toujours en colère et blessée après l'incident du samedi avec la brochure sur les implants cochléaires, et je ne voulais pas l'oublier. Malgré tout, je ne pouvais m'empêcher d'être fière de Beau.

« Pourquoi…, ai-je demandé, consciente que je n'arriverais pas à enchaîner tous les signes nécessaires. Pourquoi tu me dis ça maintenant ? »

Puis j'ai secoué la tête. Je ne voulais pas savoir ce qui arrivait à Beau, je voulais d'abord qu'il sache ce qui m'arrivait, à moi.

Attends, s'il te plaît, ai-je signé en levant un doigt. *Avant que tu commences, je veux…*

Qu'est-ce que je voulais exactement ?

Je ne me changerai pas, ai-je signé après un instant d'hésitation. *Pas d'IC. Tu me choisis sourde…*

« … ou pas du tout », ai-je conclu.

Ça m'était plutôt égal à présent que Beau soit entendant. Là n'était pas le problème. Le problème, c'était qu'il ait imaginé que je voudrais un IC juste parce que j'avais eu une mauvaise expérience au sujet d'un entretien et quelques complications pour trouver un interprète à l'université. Ça ne voulait pas dire qu'il fallait que je baisse les bras. Si Beau se figurait que je ne pouvais pas atteindre mes objectifs, ou qu'un IC – être capable d'entendre à nouveau – serait la réponse à tous mes problèmes, alors j'étais prête à m'éloigner tout de suite, et sans me retourner. Ce serait douloureux, mais je ne pouvais pas me trahir ainsi moi-même.

À peine avais-je fini de parler, qu'un sourire maladroit est apparu sur les traits de Beau, ce qui m'a rendue encore plus perplexe que quand il m'avait parlé de Boulder, une minute plus tôt. Il paraissait presque… calme. Comme s'il s'attendait à ces mots de ma part.

Je sais, a-t-il signé. *Et je te demande pardon.*

« … n'aurais pas dû… faire ça, a-t-il poursuivi. … pensé… »

Je vois maintenant que tu n'as pas besoin de mon aide, a-t-il fini avec un haussement d'épaules.

Non, ai-je approuvé. *Mais… j'ai besoin de toi.*

Je pouvais au moins être honnête là-dessus.

Beau s'est empourpré tandis qu'il signait en toute hâte quelque chose comme : *Avant, je pensais qu'on n'était pas... parce que tu es sourde et...*

Je le regardais sans rien exprimer, le laissant lutter pour trouver les mots qu'il cherchait. Il a fini par soupirer et lever les mains en l'air, en se contentant de signer : *La vie des entendants n'est pas parfaite.*

Pareil pour celle des sourds, ai-je répondu en hochant la tête.

Tu continues à me soutenir, a-t-il repris. *Je devrais le faire aussi.*

Je me suis sentie amorcer un sourire, malgré mon désir de garder un visage posé et impénétrable.

Qui t'a dit ça ? ai-je demandé, mais je devinais déjà la réponse.

N-I-N-A, a épelé Beau, et j'ai dû étouffer un rire.

« Merci de ton aide, Nina », ai-je pensé.

Je suis contente que tu comprennes maintenant, ai-je signé à Beau.

Oui. Pardon encore. Je…

Il a mis un moment à signer la suite : *Est-ce qu'on peut tout recommencer ?*

« Pardon, quoi ? »

Pivotant sur ses talons, Beau s'est éloigné et a disparu derrière l'angle du couloir, puis il est revenu vers moi. Lorsqu'il m'a rejointe, il m'a tendu la main avec un bon sourire.

« Salut, je m'appelle Beau… j'entends, mais… j'apprends. »

Je lui ai serré la main ; il m'était impossible de réprimer plus longtemps mon sourire.

Enchantée, ai-je signée. *Je m'appelle M-A-Y-A. Je suis sourde et heureuse.*

C'était bizarre, mais je comprenais. Un nouveau départ n'était pas une si mauvaise idée. Il était temps de nous défaire de toutes ces fausses conceptions sur les entendants et les personnes sourdes, et de tout recommencer.

« Je t'emmène... classe ? » m'a demandé Beau en m'offrant une main.

« Oui, ai-je dit en mêlant mes doigts aux siens et en serrant fort. Raconte-moi, pour ces études de littérature anglaise. »

Beau s'est mis à signer d'une main tandis que nous marchions dans le couloir. Il m'a décrit le programme de lettres qui l'intéressait et m'a expliqué avoir réfléchi de plus en plus sérieusement à enseigner depuis que je lui avais dit qu'il serait un bon professeur, le soir de la fête pour son admission à Yale.

C'est bien, ai-je signé. *Tu es intelligent. Tu feras un merveilleux professeur.*

Beau a répondu par un grand sourire, faisant réapparaître ses fossettes. *Merci*, a-t-il signé. Puis une grimace lui a soudain déformé les traits : « Mon père... comprend pas. »

« Ouais, bon, tu vas y arriver, ai-je répondu. Ce n'est peut-être pas facile, mais il n'y a pas grand-chose qui le soit. »

C'est vrai, a signé Beau. *Mais ce sera facile si je t'ai avec moi.*

Pareil, ai-je répondu après un instant de réflexion.

Ma vie n'était certes pas facile, mais elle était meilleure, de loin, quand j'avais Beau à mes côtés.

Épilogue

Un an plus tard

J'ai jeté le sac de serviettes sales dans le bac à linge et refermé le couvercle, plutôt fière de moi. Mon premier jour de stage à la clinique de réadaptation de Mountain View s'était passé sans trop de difficultés malgré mes inquiétudes préalables. Ce matin, un interprète m'avait accompagnée pour que je m'oriente et, juste après le déjeuner, j'avais pu faire mes premières tournées dans la clinique.

J'étais aidée par la gentillesse incroyable de tout le personnel, ravi d'accueillir une nouvelle tête. L'une des infirmières les plus âgées – elle s'appelait Liz – se promenait déjà avec un petit carnet dans la poche de sa blouse pour pouvoir m'écrire des notes. Elle avait déjà rempli environ trois pages en me posant des questions pendant le déjeuner.

Il ne s'agissait pas d'un stage en thérapie respiratoire, mais j'allais acquérir six mois d'expérience dans un milieu médical, ce qui, selon mon conseiller d'orientation universitaire, ferait très bien sur mon CV. J'en étais déjà à mon deuxième semestre d'université et j'étais bien plus avancée que l'année précédente à la même époque. Le lycée était derrière moi depuis longtemps et je n'avais aucune envie de regarder en arrière, même si ce qui m'attendait à ce moment-là, c'était des examens et encore des examens pour les deux ans à venir.

« Fini pour… journée ? » m'a demandé Liz alors que je sortais de la buanderie.

J'ai jeté un coup d'œil à mon téléphone dans la poche de ma blouse : il était presque 17 heures.

« Je pense que oui, dis-je. Merci pour votre aide aujourd'hui. C'est super jusqu'à présent. »

Liz a levé le pouce avec un sourire plein de gaieté, puis elle m'a accompagnée dans le couloir. « Comment… penses… passé ? »

« Bien, dis-je après avoir comblé les trous dans sa question. Beaucoup de choses à assimiler, mais… »

« Bien », a répété Liz, puis elle a signé : *Yeah !*

J'ai ri, forcément, et signé : *Yeah !* à mon tour.

La prochaine fois que j'allais venir pour une garde, Liz aurait probablement quelques signes de plus dans son arsenal. J'avais hâte de voir cela.

« Je… raccompagne ? » m'a demandé Liz en montrant l'entrée de la clinique.

« Bien sûr, merci. »

Liz s'est penchée vers la réceptionniste qui était encore à son poste. Elle lui a dit quelque chose qui lui a fait lever les yeux au ciel, puis nous sommes sorties.

Le soleil brillait ; une brise agréable agitait les arbres qui bordaient le parking. Cette douceur ne donnait pas envie de passer la journée enfermée, mais il faisait encore assez jour pour que je puisse en profiter.

Liz m'a mis une main sur l'épaule : « Est-ce que... te chercher ? »

« Oui, ma mère est censée venir. »

Ma voix s'est tue à la vue d'une voiture familière qui entrait en trombe dans le parking, sautait sur l'un des dos d'âne et se garait à l'arrache juste à l'entrée de la clinique.

« … les connais ? » m'a demandé Liz en montrant la voiture du doigt.

« Oui, je les connais. »

C'était Nina qui venait de sauter du siège du conducteur, faisant des signes enthousiastes par-dessus le toit de la voiture, et puis…

« Beau ? »

Viens ! signait mon petit-ami, et je pense que mon sourire était aussi fou que le sien.

J'ai traversé le parking en courant et je me suis jetée dans les bras de Beau. C'étaient peut-être des retrouvailles un peu trop théâtrales, mais je n'avais pas vu Beau depuis Noël, quelques mois plus tôt. Je pensais qu'il ne rentrerait pas pour les vacances de printemps. Beau suivait désormais le prestigieux programme de littérature de Yale, au grand dam de son père, mais le Dr Watson était en train de renouer doucement avec lui.

J'étais tout aussi occupée par mes cours à Cartwright et maintenant par mon stage à la clinique, de sorte que les occasions de voir Beau sur FaceTime n'étaient pas aussi fréquentes que je l'aurais souhaité. Toute occasion de le voir en personne était un motif de réjouissance.

Il était un peu plus facile de garder le contact avec Nina et de lui rendre souvent visite, puisqu'elle étudiait à Boulder, à seulement un peu plus d'une heure de route.

« Qu'est-ce que tu fais ici ? » me suis-je exclamée une fois que Beau m'avait relâchée en gardant un bras autour de ma taille.

Beau s'est mis à parler, disant qu'il avait voulu me faire une surprise, mais, si proche de lui, je n'arrivais pas à suivre ce qu'il disait. J'ai signé : *Un baiser*, parce que c'était à peu près tout ce dont j'avais besoin.

J'aurais été très heureuse de rester sur le parking à embrasser Beau, ses lèvres sur les miennes depuis quelques secondes, quand on m'a tapoté l'épaule. Je me suis écartée de Beau en sursaut, et la surprise m'a pétrifiée.

Devant moi, l'air exaspéré et amusé, se tenait Melissa. Melissa que je n'avais pas vue depuis plus d'un an et demi, depuis notre emménagement dans le Colorado. Le seul changement dans son apparence, c'étaient les reflets d'un bleu brillant qui luisaient dans ses cheveux noirs.

Je crois que j'ai commencé à bafouiller comme une folle ; mes signes et ma voix se télescopaient. La seule chose cohérente que j'ai réussi à exprimer a été le signe : *Pourquoi ?*

Melissa m'a répondu par un signe : *Surprise !* et elle m'a serrée dans ses bras, encore plus vigoureusement que Beau. *Joyeux anniversaire !* a-t-elle ajouté quand elle m'a relâchée.

Mon anniversaire, c'était il y a deux mois, lui ai-je fait remarquer, et Melissa s'est contentée de hausser les épaules en balayant ma remarque d'un geste léger de la main.

« On sait… anniversaire… quelques mois, mais… maman… voulait… » a dit Nina en se joignant à notre petite assemblée.

J'avais encore l'esprit en ébullition, essayant de tout assimiler, si bien qu'une grande partie de ce que Nina essayait de me dire me passait au-dessus de la tête. Mais bien sûr, Maman était impliquée d'une manière ou d'une autre dans ce cadeau d'anniversaire tardif.

Je comprends pas, ai-je signé, et Melissa a seulement répondu : *Heureuse !* en me montrant du doigt comme pour me dire : « Te pose pas de questions. »

Et c'est ce que je fis, parce qu'après tout, quelle importance ? L'essentiel était là : deux de mes meilleures amies étaient devant moi, ainsi que mon amoureux. Il fallait que je passe un maximum de temps avec eux.

Quand j'ai regardé Beau, il souriait de tout l'éclat de ses fossettes et j'ai senti mon estomac faire un de ces stupides loopings. C'était drôle : nous étions ensemble depuis un an et son sourire me faisait toujours cet effet.

« Tu… heureuse ? » m'a-t-il demandé en replaçant soigneusement une mèche de mes cheveux derrière mon oreille, en veillant à ne pas l'emmêler autour de mon appareil.

« À ton avis ! » ai-je répondu en réprimant l'envie de les serrer tous les trois ensemble contre moi.

Nous avons pensé que ce serait un meilleur cadeau d'anniversaire, m'a signé Beau, et j'ai tout de suite compris l'allusion.

Le « cadeau » d'anniversaire de l'an dernier n'avait rien à voir avec celui-ci, qui avait bien plus de valeur à mes yeux. Après cet échange à cœur ouvert que nous avions eu dans le couloir d'Engelmann, Beau et moi n'avions jamais rediscuté des implants cochléaires, et je crois que nous souhaitions que cela continue ainsi. Nous étions maintenant sur un pied d'égalité, malgré ma surdité et sa bonne audition.

Oui, ai-je approuvé avec un sourire.

Nina est intervenue, signant que nous devions retrouver ma mère et Connor au Cheesecake Factory le plus proche pour le dîner. Je me suis retrouvée serrée entre Melissa et Beau sur la banquette arrière après avoir couru jusqu'à la clinique pour dire au revoir à Liz.

Je tenais la main de Beau pendant que Nina sortait du parking, et mon regard allait et venait entre Melissa et lui. Deux des êtres auxquels je tenais le plus venaient de se rencontrer et, connaissant leur personnalité vive, ils allaient se lier d'amitié en un rien de temps.

Et maintenant, deux parties différentes de ma vie – sourde et entendante – s'unissaient encore davantage.

Il est mignon, a signé Melissa en montrant Beau. Celui-ci faisait exprès de regarder par la vitre, mais j'ai surpris son grand sourire. *Il signe bien.*

Je suis bon professeur, ai-je répondu.

Melissa a souri et j'ai deviné qu'elle se mettait à pouffer. *Je trouverai peut-être un garçon entendant moi aussi*, a-t-elle signé, et elle a décoché à Beau un regard faussement langoureux en battant des cils.

Il est à moi, ai-je signé avec un soupir, même si je savais qu'elle me taquinait.

Je sais, a-t-elle signé en me donnant une bourrade amicale. *Je suis contente pour toi.*

Moi aussi, ai-je répondu, en serrant la main de Beau de toutes mes forces.

Un an et demi plus tôt, je n'aurais pas pu me sentir plus mal en emménageant ici dans le Colorado, mais finalement, les choses n'avaient pas si mal tourné. J'avais trouvé Beau et Nina et maintenant Melissa était ici, et cela n'avait plus d'importance que certains soient sourds et d'autres entendants.

Nous étions, tout simplement.

Remerciements

Ce projet n'aurait jamais pu voir le jour sans Jillian Manning, qui a cru en moi, ou ma chère amie Staci Nichols, qui m'a donné les encouragements nécessaires pour que je commence à raconter l'histoire de Maya.

Mille mercis également à toute l'équipe de Blink, qui comprend, entre autres : Hannah VanVels, Sara Bierling, Jennifer Hoff, Annette Bourland, et beaucoup trop de monde pour tous les citer. Je suis extrêmement chanceuse de travailler avec une telle équipe éditoriale. Bien sûr, je me dois de remercier mon incroyable agente littéraire, Shannon Hassan, pour s'être emparée de l'histoire de Maya et de l'avoir emmenée loin.

Je souhaite aussi remercier la communauté sourde, de m'avoir soutenue quand je cherchais ma place dans les deux mondes et que j'apprenais leur si belle langue, et toutes les personnes que j'ai eu le plaisir de côtoyer lorsque je travaillais en tant qu'assistante aux services d'aide aux personnes sourdes. Ce fut une expérience bouleversante.

Comme toujours, je me dois de remercier mes parents, Sharon et Tony, pour leur soutien continu, et tous les membres de ma famille. Vous saurez vous reconnaître.

Je serais perdue sans le soutien de mes confrères écrivains, tels que Christina June, McCall Hoyle et Kelly Anne Blount. Ils ont bien plus de succès que moi, et sont toujours prêts à aider une débutante comme moi.

Enfin, des remerciements tout particuliers pour mon mari, Tyler. Je ne sais pas ce que j'aurais fait sans ta main dans la mienne pour traverser toutes mes crises de nerfs pendant le processus d'écriture – et tout en préparant notre mariage à côté. T'es un champion.

Entretien

avec Alison Gervais

Quelle a été votre inspiration pour écrire *Ce silence entre nous* ? Connaissiez-vous l'évolution de vos personnages dès le départ ou avez-vous eu quelques surprises en écrivant ?
L'inspiration pour *Ce silence entre nous* est venue en collaborant avec la communauté sourde de mon quartier et du désir de dépeindre un personnage non traditionnel dans la littérature YA. On ne voit pas beaucoup de personnages sourds dans la littérature d'aujourd'hui.
Je suis également moi-même malentendante, j'ai donc expérimenté certaines des frustrations de Maya face à la perte de son audition. Mon plan de départ était plutôt basique, mais l'histoire de Maya s'est déroulée d'elle-même au fil de l'écriture. Je suis assez surprise de la voir si courageuse au final !

Que souhaitez-vous que les lecteurs et lectrices retiennent de *Ce silence entre nous* ?

J'espère que les lecteurs comprendront que ce n'est pas parce que quelqu'un semble vivre dans un monde différent du sien que c'est nécessairement une mauvaise chose. Ce n'est pas parce qu'une personne est porteuse de « handicap » qu'il faut la prendre en pitié ou la ridiculiser. Chacun est capable d'atteindre ses propres objectifs, même s'ils diffèrent de ce qu'il avait imaginé.

Parlez-nous un peu plus de Maya et Beau.

Maya est le personnage que j'ai préféré écrire : elle dit ce qu'elle pense, elle n'a pas peur de mettre les gens face à leurs préjugés, et elle a bien plus confiance en elle que moi au lycée.

Beau est un peu plus réservé et conscient de l'image qu'il renvoie aux autres. Il tente de toujours paraître sûr de lui, mais en réalité, il est aussi perdu que tout autre adolescent sur ce qu'il veut faire de son avenir.

Considérez-vous vos personnages comme vos amis ou des extensions de vous-même ? Quel personnage vous ressemble le plus ? À quel personnage aimeriez-vous davantage ressembler ?

Il m'arrive de trouver des ressemblances entre moi et mes personnages, mais je pense que n'importe quel auteur pourrait en dire autant. Maya est sûrement celle qui me ressemble le plus car nous avons toutes les deux subi une perte d'audition, ce qui a créé des difficultés au lycée, mais elle est bien plus courageuse que moi et elle n'a pas peur de dire aux gens ce qu'elle pense. J'aimerais en dire autant pour moi !

Les amitiés entre Maya et Nina et Maya et Melissa sont importantes dans l'histoire. En quoi ces amitiés sont-elles différentes pour Maya ? Qu'est-ce qui rend chaque amitié unique ?
La principale différence entre l'amitié qu'éprouve Maya pour Nina et celle qu'elle éprouve pour Melissa est bien évidemment que Melissa est sourde – comme Maya –, ce qui n'est pas le cas de Nina. Nina aura beau être compréhensive et une véritable amie pour Maya, elle ne s'identifiera jamais à elle comme Melissa peut le faire. Maya et Melissa appartiennent à la même communauté et partagent la même langue et la même culture, tandis que Nina commence tout juste à découvrir cela. L'amitié entre Maya et Nina est unique car elle est comme un pont entre le monde des personnes sourdes et celui des entendants, et je pense que cela passe par une connaissance mutuelle des deux mondes.

Qu'est-ce qui a été le plus compliqué à écrire dans *Ce silence entre nous* ? Quelle a été votre scène préférée à écrire ?
Je pense que l'une des scènes les plus compliquées à écrire fut l'anniversaire de Maya. Je ne veux pas trop en dire, mais ce fut difficile. À ce moment-là, Maya espère construire une vraie relation avec Beau, et ça finit par lui éclater à la figure. La scène que j'ai préféré écrire est certainement celle où Beau et Maya travaillent ensemble sur leur présentation. C'est la première fois que Maya s'ouvre à Beau.

Selon vous, en quoi est-ce important que les jeunes lecteurs et lectrices rencontrent des personnages comme Maya, Beau, Nina, Jackson et Melissa ?
Je trouve que c'est une chance inestimable de pouvoir découvrir l'univers d'autres personnes à travers la littérature. Il y a peu de

romans YA avec des personnages sourds, et il est grand temps de les mettre un peu en avant.

Si vous pouviez faire passer un message à l'adolescente que vous étiez, que diriez-vous ?
Je lui dirais que le lycée n'est qu'un passage. L'heure viendra où tu te sentiras plus en contrôle de ta vie, et ça en vaudra le coup.

Quel est le meilleur conseil d'écriture que vous ayez reçu ?
Ce n'est pas un conseil qui m'a été personnellement donné, mais une citation de F. Scott Fitzgerald : « On n'écrit pas parce qu'on veut dire quelque chose, on écrit car on a quelque chose à dire. » Il est important d'écrire ce qui nous tient à cœur, et non ce qu'on est sûr de vendre.

Certifié PEFC

Ce produit est issu de forêts gérées durablement et de sources contrôlées

PEFC

PEFC/18-32-94

www.pefc-france.org

Cet ouvrage est imprimé grâce à des encres à base d'huile végétale,
garantissant la démarche de développement durable
de l'éditeur et de l'imprimeur.

Achevé d'imprimer en mars 2025
par Rotolito en Italie
N° d'édition : 25L0592
Dépôt légal : mai 2025